中国民航大学法学文库

航空恐怖主义犯罪的防范与控制

林 泉 著

法律出版社
LAW PRESS·CHINA
北京

总　序

凡世界强国无不是民航强国，无不参与乃至主导国际航空法律的规则和标准。民航是关系国家安全和国家经济命脉的七大特殊行业之一，在国家发展战略中举足轻重。中国民航从国家战略出发，制定了至2020年建设成民航强国的目标。建设民航强国关键要素之一是有大批通晓民航技术规范和掌握国际民航规则的高端民航专门人才。

中国民航大学是中国民用航空局直属的高等学府，民航学科专业门类齐全，将航空宇航科学技术与交通运输工程两大学科群交叉融合，具有鲜明办学特色，被誉为中国民航人才的摇篮、科学技术研究的中心、国际文化交流的窗口。中国民航大学地处天津滨海新区"航空城"，毗邻天津滨海国际机场，具有优越的航空地理位置。多年来，中国民航大学始终坚持"立足民航、服务社会、面向世界"的办学指导思想，坚持以学科引领为兴校之基，加快发展优势学科，积极构建民航特色学科群，努力将学校建设成享有国际声誉世界著名的民航类高等学府。

中国民航大学法学专业于2001年正式招收本科生，2008年由法学系改建为法学院，2010年取得法学一级学科硕士学位点授予权，同年，借助航空法的特色教学和学术研究成果，中国民航大学航空法律与航空政策研究中心被批准为天津市人文社科重点研究基地，成为目前国内唯一的省部级航空法律与政策重点研究基地。

中国民航大学法学学科的建设与发展以其深厚的行业背景和学科体系支撑，突出航空法特色，紧紧围绕国家航空发展战略，针对航空法理论与应用、航空运输政策等领域的重大理论与实践问题开展研究，努力争取使中国民航大学的航空法研究在国际相关领域享有较高声誉，实现法学学科建设发展目标。经过十余年的发展建设，中国民航大学法学学科已经逐渐拥有了较强的航空法研究团队，取得了较为丰硕的、特色鲜明的航空法学研究成果。

为了进一步推动航空法学的深入研究，在法律出版社的大力支持下，我们决定以法学院和航空法律与政策研究基地为依托，编辑出版《中国民航大学法学文库》系列丛书。

这套文库的内容在覆盖中国民航大学法学一级硕士学位点主要研究方向的同时，侧重于航空法律和航空政策领域中的热点、难点问题以及学界较少涉猎的航空法学理论与实务方面的研究。期望丛书的出版有助于进一步提升中国民航大学法科学生的学术品质，有助于造就一支具有坚实理论基础、深厚学术底蕴并富有远见卓识和深刻洞察力的师资队伍，有助于进一步推动我国航空法学的深入研究，为我国民航事业发展服务。

在民航法治建设的关键发展阶段，衷心希望中国民航大学法学专业老师，以国家航空法制建设为己任，以追求真理的勇气致力于学术研究，以甘为人梯的情怀献身于法学教育，严谨治学，与国内外航空法学界同人努力协作，为我国航空法学的繁荣与民航事业的进步不懈努力！

吴桐水

二〇一二年九月九日

前　言

航空恐怖主义是民航安全的最大威胁，美国“9·11”事件是人类历史上最大的一次民航恐怖主义袭击事件，也是民航反恐的转折点。随着国际整体形势的变化，航空恐怖主义对全球民航业造成的威胁也越来越大，近些年来，美国主导的反恐战争，对于遏制恐怖主义的蔓延起到了一定的积极作用，但是，由于美国的霸权主义做派，使全球恐怖主义呈现“越反越恐”的局面。国际民航反恐出现了越来越走近，同时又越来越不同的境地，在对恐怖主义的威胁方面，世界各国基本都有一致的看法，进而才有192个国家签署的《全球反恐战略》，这是人类历史上第一次有这么多的国家就反恐问题达成一致。有关航空安全的国际公约《东京公约》、《海牙公约》、《蒙特利尔公约》、《北京公约》等越来越多的国家加入签署，表明了世界各国在民航反恐方面越来越取得共识。但是，由于每个国家的各自利益不同，出发点也不同，因而，在反恐的实际行动中，又出现了越来越分化的趋势，国际反恐力量的不协调、行动的不一致，在某种程度上，给航空恐怖主义制造了生存和发展的空间。

航空恐怖主义是恐怖主义的一种表现形式，它具有恐怖主义的一切基本特征。但是其更具有专业化的特点，因此，在防范和打击航空恐怖主义方面，除了采取一般的反恐措施外，还需要集合一切可能的资源，动员社会的、国家的、民航的力量对航空恐怖主义采取综合防控才能取得实效。防控航空恐怖主义的手段包括军事打击、国家动员、技术措施、社会政策、法律手段以及民航业自己独特的具有鲜明行业特色的方法和手段，综合运用才能使防控效益最大化。才能保证民航处于社会可接受的、可持续的安全状态。

《航空恐怖主义犯罪的防范与控制》是作者多年教学科研成果的总结。全书共分 10 章，内容涉及了航空恐怖主义的相关概念问题、航空恐怖主义的起源和特征、航空恐怖主义防控的国际公约、航空恐怖主义防控的国内法律法规、航空恐怖主义防控的技术手段、航空恐怖主义防控的社会政策、航空恐怖主义防控的专门措施等相关内容，还就有关影响巨大的航空恐怖主义案例进行了具体分析，对几种比较特殊的航空恐怖主义表现形式进行了比较深入的剖析，总结其中的规律。航空恐怖主义随着国际形势的变化，随着民航业的发展也呈现出新的发展趋势，与航空恐怖主义斗争的基本脉络就是道高一尺魔高一丈，面对新的可能的更为复杂的航空恐怖主义威胁，世界上任何一国的民航都不可能独善其身，都必须要不断调整自己的反恐对策，做到与时俱进。

本书在撰写过程中，努力吸收国内外在此方面的研究成果，尽可能地做到既有理论深度，又有实际价值，力求能够对丰富我国的航空恐怖主义方面的研究做出自己的贡献，但是，由于题材的特殊性，有些具体的反恐、航空安保的手段和方法不能涉及，本书的案例全部来自公共媒体，对一些方面的内容做了技术性处理。因时间和资料所限，再加之航空恐怖主义的有关研究还相对比较薄弱，本书肯定会存在着这方面或者那方面的问题，都希望在今后的研究中进一步丰富和完善。

在本书的写作中，中国民航大学法学院刑法学专业研究生周航、王瑞、颜宁等同学都参与了资料搜集整理以及书稿部分章节初稿的写作。本书在写作过程中，参考了大量的民航业界和其他专家学者的研究成果，在此予以一并感谢。尤其需要感谢的是民航局公安局、中国民航大学航空法律与政策研究中心、中国民航大学法学院的大力支持；北京东方联合通用航空有限公司董事长刘钊先生在本项目的研究、写作、出版工作中给予的大力协助。

最后需要特别说明的是，本书所引用的案例、数据均来自公共媒体。本书不涉及航空安全、反恐的不便公开的内容，但是还是希望读者能注意保存。

林　泉

2015 年 5 月

目录

第一章　绪　论

“这是最好的时代，这是最坏的时代；这是智慧的时代，这是愚蠢的时代；这是信仰的时代，这是怀疑的时代……人们面前有着各样事物，人们面前一无所有；人们正在直登天堂，人们正在直下地狱。”——这是英国著名作家狄更斯在《双城记》中对19世纪步入工业化时代的英国的一段描述。眼下对一些国家的民众来说，随时可能不期而至的恐怖袭击，正使他们步入“最坏的时代”。“9·11”恐怖袭击事件已经过去14年，但是恐怖主义犯罪却越来越成为威胁当今世界安全的一大不安定因素，严重危害世界和平与发展，影响经济增长和社会进步，成为全世界各国共同瞩目的焦点。与此同时，民航业以其快速便捷性成为近代发展迅速的行业之一，也成为恐怖主义袭击的主要目标，航空恐怖主义犯罪影响大、涉及范围广、死伤严重，严重威胁世界航空安全。

第一节　恐怖主义定义问题

冷战结束以后，国际恐怖主义活动的规模迅速增大，层出不穷的国际恐怖事件给国际政治、经济和社会的发展带来了巨大的冲击。国际社会上将国际恐怖活动与地区冲突、核扩散以及毒品走私共同称为“橄榄枝下的罪恶”，很多国家都将恐怖主义列为最严重的全球性威胁和挑战之一。[1] 1988年发生在苏格兰上空的"洛克比空难"以及随后2001年美国的"9·11"恐怖袭击事件,使得航空恐怖主义活动成为国际恐怖主义的主要表现形式之一,各国愈加重视恐怖主义,尤其是航空恐怖主义的研究。

一、词语解读

恐怖主义是一个属于意识形态的基本概念。"它是一个运用极其广泛,但指谓极不确定的概念。唯一可以确定,就是说话人极其厌恶,赋予对方的邪恶(evil)含义"。[2] 现今国际社会对于防范和打击恐怖主义都十分重视,但是国际上对于什么是恐怖主义仍然没有一个统一的说法和定义。对于什么是恐怖主义的概念问题绝对不是简单的学术探讨,这其中体现了各国的政治、外交以及不同的意识形态问题。据有关学者统计,全世界有关恐怖主义的概念定义有几百种,我们国家对于什么是恐怖主义的争论也十分激烈,莫衷一是。这样的情况下,对于什么是航空恐怖主义也就没有定论。因此我们应该首先界定清楚什么是恐怖主义,那么航空恐怖主义的概念也就迎刃而解了。

恐怖主义,英文叫Terrorism,词根是terror(恐怖),加上ism(主义),只是显得正经一点,专指有政治目的,让你想不到、吓一跳的恐怖活动。它不像资本主义的"主义"是一套制度,或马克思主义的"主义"有一堆理论。从词义表面上来看,"恐怖主义"一词似乎是一种政治上的概念,如同社会主义、共产主义等指导人类实践的完整学说或理论体系一样。然而,实际情况并非如此,恐怖主义与这类主义实际区别很大,它强调的是一种行为方式,是"主义"一词的另一种使用——表示"某一(特定)人或物所特有之行为方式、作风"。它更相当于拿来主义、素食主义、急功近利主义、自由主义等概念。恐怖主义表示的是以恐怖为方式方法的一类行为的集合,也就是说,恐怖主义表征的是行为。有的研究者更直截了当地称"恐怖主义、亦称恐怖活动"。[3] 在西方人的语境中,它只是非常普通的一个词,当西方人使用这个词语时候,不能把他理解成很有体系,有系统、理论很完备的一

---

〔1〕 丁强:"国际恐怖主义的历史演变、现状分析及其概念界定",苏州大学2003年硕士学位论文。

〔2〕 李零:"中国历史上的恐怖主义:刺杀和劫持"(下),载《读书》2004年第12期。

〔3〕 尉文明:"论组织、领导、参加恐怖组织罪",载《法制日报》2002年3月24日。

个统一的理想和信仰,或者一种社会体制,在一般意义上来说,遇到恐怖主义这个词语,它并非什么高深术语,恐怖主义源于英文 Terrorism,其中 terror 既可译做"可怕的人",又可译做"恐怖行动",所以恐怖主义可以说是恐怖国际和恐怖分子两方面构成的。关于恐怖主义的定义,目前还未形成一个世界公认的统一的认识。尽管有形形色色的表述,但这不是恐怖主义本身的问题。因为不同的国家、组织和研究者从不同的政治立场、外交考虑以及意识形态来观察同一个事务,当然就有不同的理解和看法,由此产生的定义也就不同了。

二、国际组织以及国家关于恐怖主义的定义

(一)国际公约中有关恐怖主义的定义

世界上最早对恐怖主义进行界定的国际公约是 1937 年定于日内瓦的《防止及惩治恐怖主义公约》,公约中第 1 条第 2 款指出:"本公约'恐怖行为'一词是指直接反对一个国家,而其目的和性质是在个别人士、个人团体或公众中制造恐怖的犯罪行为。"虽然这部公约因为第二次世界大战的爆发而没有实行,但是其对恐怖主义的定义对当今仍有借鉴意义。它明确指出恐怖主义行为是一种犯罪行为,但是并没有说明恐怖行为的表现形式及其暴力手段等。之后 1963 年的《关于在航空器内的犯罪和其他某些行为的公约》(以下简称《东京公约》)中规定了非法劫持航空器犯罪以及一系列危及飞行安全的罪行,1970 年的《关于制止非法劫持航空器的公约》(以下简称《海牙公约》)更加具体地规制了非法劫持航空器罪的定义、制裁办法等,1971 年通过的《关于制止危害民用航空安全的非法行为的公约》(以下简称《蒙特利尔公约》)中规定了非法行为的内容、处罚,1973 年的《关于防止和惩处侵害应受国际保护人员包括外交代表的罪行的公约》中具体规定了如何保护国际人员包括外交代表的权益,以及危及前述人员的罪行如何处罚,1979 年的《反劫持人质国际公约》在遵照《联合国宪章》中的维持国际和平与安全以及促进各国间友好关系与合作的原则下,对劫持人质的行为进行规制与处罚等这一系列有关防范和惩治恐怖主义的国际公约都相继出台,这些国际法律公约条约虽然从各个方面对惩治恐怖行为做了规定,但其共同的不足就是没有对恐怖主义进行明确的概念表述。1997 年通过的《制止恐怖主义爆炸的国际公约》和 1999 年通过的《制止向恐怖主义提供资助的国际公约》中对恐怖主义都是采取列举式进行的解释,如《制止向恐怖主义提供资助的国际公约》中第2条指出向恐怖主义提供资助中的恐怖主义包括以下方面:(1)非法劫持航空器、危害民用航空安全的非法干扰行为、侵害应受保护的外交人员、劫持人质等;(2)意图致使平民或在武装冲突情势中未积极参与敌对行动的任何其他人死亡或重伤的任何其他行为,如这些行为因其性质或相关情况旨在恐吓人口,或迫使一国政府或一个国际组织采取或不采取任何行动。此外,《联合国宪章》和《国际刑法典草案》及《危及人类和平与安全罪法典草案》中也对恐怖主义进行了界定,一致规定恐怖主义是国际法上具有严重危害的犯罪行为。

与此同时,一些区域性国际组织也制定了一系列关于反恐的国际公约,其中一些公约对恐怖主义进行了界定,如1971年的《美洲国家组织关于防止和惩治恐怖主义行为的公约》、1977年的《欧洲制止恐怖主义公约》、1987年的《南亚区域合作联盟打击恐怖主义的区域协定》、1997年的《伊斯兰会议组织关于打击恐怖主义的公约》、1998年的《阿拉伯国家联盟关于打击恐怖主义的公约》、1999年的《非洲统一组织预防和打击恐怖主义的公约》以及2001年《打击恐怖主义、分裂主义和极端主义上海公约》等,这些国际公约中对与恐怖主义的定义也是通过列举式界定的,如2001年《上海公约》中,第1条规定“恐怖主义”是指(1)为本公约附件(以下简称“附件”)所列条约之一所认定并经其定义为犯罪的任何行为(包括非法劫持航空器、劫持人质、资助恐怖主义、危害大陆架、恐怖爆炸等);(2)致使平民或武装冲突情况下未积极参与军事行动的任何其他人员死亡或对其造成重大人身伤害、对物质目标造成重大损失的任何其他行为,以及组织、策划、共谋、教唆上述活动的行为,而此类行为因其性质或背景可认定为恐吓居民、破坏公共安全或强制政权机关或国际组织以实施或不实施某种行为,并且是依各方国内法应追究刑事责任的任何行为。

由此可见,国际组织对于恐怖主义并没有进行明确界定,只是通过附件形式列举了恐怖主义的表现形式,而对于恐怖主义的主体、对象、手段、程度等都没有进行统一的规定。这是由于国际恐怖主义的产生、发展的原因及其活动背景十分复杂,并带有高度的政治性,[1]因此国际上对于恐怖主义的定义如何界定的问题十分为难,大多数国际公约中采用列举式进行解释,还有

〔1〕 李影影:“恐怖主义的实质与中国反恐怖主义的实践”,载《法学论坛》2001年第6期。

一部分公约直接模糊恐怖主义的概念，只解释什么是恐怖活动和恐怖组织。

（二）国家对恐怖主义的定义

20世纪60年代后，国际社会中的恐怖主义越加猖狂，各国政府为了保护本国政治稳定以及经济发展，纷纷出台了国内法并且给恐怖主义做出了界定。如德国1986年的《反恐怖法》，法国1986年的《反恐怖法》，俄罗斯1998年的《俄罗斯联邦反恐怖法》，美国的1987年、1990年两部《反恐怖主义法》、2001年的《爱国者法》等，英国1978年的《反恐怖法》、2001年的《英国2000年恐怖主义法》等，印度的《2000年反恐法案》，日本2001年《恐怖主义对策特别措施法》等法律中都规定了恐怖主义的概念。

其中，1974年英国的《防止恐怖主义法》将恐怖主义定义为"为了政治的目的使用暴力，包括任何为了使公众或其任何部分陷入恐怖而使用暴力"。这个简洁的定义包括三方面的内容，即手段是暴力，目的是政治，结果是为了使公众或其任何部分陷入恐怖。虽然这个定义并不全面，没有指出恐怖主义的对象，但是已经有了很大的进步。美国是长期深受恐怖主义威胁的重灾区，尤其是2001年的"9·11"事件给美国带来了包括政治、金融、安全等多方面的冲击，长期以来，美国国务院每年4月份都要向全球发布一份长达百页以上的《全球恐怖主义状况报告》。这个报告中对恐怖主义的定义从1983年以来一直没有什么本质的变动，1997年仅仅做了一些小修正，之后一直如旧。美国国务院对恐怖主义的定义与其对国际恐怖主义现状的认识和判断以及美国本国的相关反恐政策息息相关，美国国务院对恐怖主义的定义实际上直接引自美国法典第22条中对恐怖主义的定义，即恐怖主义是指"亚国家或者秘密代理人对非战争人员实施的有预谋的，基于政治动机的，通常意图影响公众的暴力"。报告对美国法典的定义进行了一些改动，以2013年4月提出的最新报告为例，该定义将恐怖主义界定为由次国家组织或隐蔽人员对非战斗性目标所实施的、有预谋的、带有政治动机的、通常旨在影响受众的暴力活动。其中国际恐怖主义是指涉及的国民或疆域在一国以上的恐怖主义，恐怖组织（集团）是指任何从事，或其下属重要次级组织从事国际恐怖活动的组织（集团）。[1] 美国对于恐

---

〔1〕 U. S. State Department, Patterns of Global Terrorism: 2013, Department of State Publication, Washington D. C., 2013.

怖主义的定义概括出了恐怖主义的基本特征,从恐怖主义的主体、对象和目的以及手段等多方面进行界定,相对比较全面。但是,美国国务院对恐怖主义概念的定义与它对“国家支持的恐怖主义”的具体解释在逻辑上是矛盾的:前者认为国家不是恐怖活动的行为者,后者却认为一些国家不仅支持恐怖组织,实际上还直接参与了某些恐怖行动的策划和实施过程。这一矛盾绝不是偶然的。问题的实质,便是人们通常所说的双重标准问题。[1] 是美国从其全球战略出发,以其国家利益为核心,以其自身喜好为标准而故意为之。在西方国家除英美外,俄罗斯关于恐怖主义的定义也很具有代表性。俄罗斯联邦犯罪法案中对恐怖主义的定义是:“在侵犯公共安全、恐吓公众或强迫政府改变决定的爆炸、纵火、枪击,或其他造成人员危险或丧生、重大财产损失或引发其他社会危险后果的行为,以及相应的威胁行为。”

我们国家对于恐怖主义定义的法律也经历了很长时间的发展,形成了一套较为初步的体系,总体看来,我国反恐怖主义立法从功能上可分为预防法、处置法、制裁法和恢复法四大模块,它们相互衔接、相互配合,共同发挥着反恐怖主义的法律职能。[2] 这些法律错综复杂,甚至显得很凌乱,涉及范围很广,包括《邮政法》、《铁路法》、《外国人入境出境管理法实施细则》、《国家安全法》、《人民警察法》、《刑事诉讼法》、《刑法》等。在如此众多的法律条文中却很少给出明确的恐怖主义的定义。2011 年全国人民代表大会常务委员会《关于加强反恐怖工作有关问题的决定》中在第 2 条规定了恐怖活动和恐怖活动组织的概念,但是却没有对恐怖主义进行界定。我国刑法也只是对恐怖活动犯罪的范围以及恐怖组织进行了界定,恐怖主义行为罪在我国的刑事立法中主要是一些危害公共安全的犯罪以及《刑法修正案(三)》(以下简称《修正案》)所增设的一些新罪。具体包括 1997 年《刑法》第 114 条、第 115 条所规定的放火罪、决水罪、爆炸罪、投放危险物质罪(原来的投毒罪)、以危险的方法危害公共安全罪;第 116 条所规定的破坏交通工具罪;第 117 条所规定的破坏交通设施罪;第 118 条所规定的破

---

〔1〕 石斌:“试析美国政府对恐怖主义的定义”,载《世界政治与经济》2002 年第 4 期。

〔2〕 赵秉志、杜邈:“我国反恐怖主义立法完善研讨”,载《法律科学》(西北政法学院学报)2006 年第 3 期。

坏电力设备罪、破坏易燃易爆设备罪；第 119 条所规定的破坏交通工具罪、破坏交通设施罪、破坏电力设备罪、破坏易燃易爆设备罪的实害犯（第 116 条、第 117 条、第 118 条规定的是危险犯）；第 121 条所规定的劫持航空器罪；第 122 条所规定的劫持船只、汽车罪；第 123 条所规定的暴力危及飞行安全罪；第 124 条所规定的破坏广播电视设施、公用电信设施罪；第 232 条所规定的故意杀人罪；第 234 条规定的故意伤害罪；第 239 条规定的绑架罪；第 285 条规定的非法侵入计算机信息系统罪；第 286 条规定的破坏计算机信息系统罪；《修正案》在现行《刑法》第 291 条之后增加一条，作为第 291 条之一的投放虚假危险物质罪以及编造恐怖信息罪、故意传播编造的恐怖信息罪。由此可见，我国法律中并没有对恐怖主义的概念进行明确定义，主要定义还是由学者通过学术研究得出来的，是学理性质的定义。

三、专家学者关于恐怖主义的学理定义

国外关于恐怖主义的研究非常之多，特别是自 20 世纪 60 年代末以来，西方国家遭受了不同程度的恐怖袭击，恐怖主义问题引起了学术界的广泛关注，不同的学者也如雨后春笋般层出不穷。据研究恐怖主义的权威沃尔特·拉奎尔考证，恐怖主义概念最早出现是在 1793 年 3 月至 1794 年 6 月之间，是“恐怖统治”的同义语。以后这个概念很快传到了其他国家，《牛津英语词典》1795 年首次提到这个词，正好是在法国大革命恐怖时期之后。[1] 20 世纪以来，我国恐怖主义的活动不断增多，影响不断扩大，学术界研究恐怖主义的风潮渐起。研究恐怖主义首要就是研究恐怖主义的定义，只有界定出什么是恐怖主义，才能深入研究它的成因、对策等。学者们关于恐怖主义的界定最具学术性，他们可以不偏不倚以比较客观的视角分析恐怖主义。美国著名的国际关系学者卡尔·多伊奇认为：“恐怖主义是对个人或集团使用暴力行动或威胁以改变某一些政治进程结局的策略”。德国著名的犯罪学者汉斯·约阿希姆·施奈德在其《犯罪学》一书中指出：“政治恐怖主义指为了某个政治目的对个人和事物施以暴力或以暴力相威胁。实施暴力的可能是某个人或某一组织，他们受命于某个政府或者是反对某一个政府的组织。恐怖主义者通过对某一个直接受害者的伤害实现对另一个目标（一个间接的，或者是真正的受害者）的打击，进而迫

---

〔1〕 Walter Laqueur, *Terrorism*, Boston - Toronto, Little, Brown and Company, 1977, p. 6.

使对方做出有利于他们的(并为他们坚持要求的)行动。"我国学者赵秉志在其《新的国家安全观》一书中指出:"恐怖主义活动是某些国家、组织或个人,出于政治目的,而使用非战争暴力手段的活动"。李少军在其《国际安全警示录》一书中给恐怖主义下的定义是"恐怖主义是武装者基于政治目的对非武装者有组织地使用暴力或以暴力相威胁的行为,其目的是把一定的对象置于恐怖之中,逼迫其做出原本不会做的事情"。学术界对于恐怖主义的界定可谓是百家争鸣,虽然各种学派因其政治立场和意识形态的不同,给出的恐怖主义的概念各不统一,但是究其本质来说,主要分为以下几种。

犯罪说:犯罪说认为恐怖主义主要是一种犯罪,因此恐怖主义的定义必须包括所有的恐怖主义犯罪形式。这种学说认为恐怖主义是针对不特定的目标,包括处于非战时状态的军人与军事设施,以与实现其目的不相称的手段实施的足以引起社会恐慌的各种侵害或破坏活动。[1] 还有的学者认为恐怖主义实质上是一种跨国犯罪,"所谓恐怖主义犯罪,是指一切违反国际法规定,以暴力或暴力威胁实施具有系统恐怖性或者有组织恐怖性活动,制造人类恐怖气氛,使人类产生公认的生存和信念危机,严重危害国际社会共同利益,应当承担国际刑事责任的一系列国际不法行为"。[2] 我国学者更多的是从有组织犯罪中寻找恐怖主义的概念,认为恐怖主义是通过暴力或暴力威胁的方法使人们产生恐怖感从而达到某种政治目的的犯罪,是一种有目的、有计划的有组织犯罪。[3] 也有的学者认为恐怖主义是一种共同犯罪,只要是有恐怖性质的暴力犯罪活动都可以称之为恐怖主义活动,但是个人单独犯罪的除外,即恐怖主义犯罪,是指对特定目标的公众及财物使用爆炸、杀人或者其他危险行为,或威胁使用上述手段制造社会恐怖气氛,以实现政治、宗教或者其他社会目的的行为。[4] 将恐怖主义认为是一种犯罪,但是要和一般的犯罪行为相区别,恐怖主义主要考虑的是

---

〔1〕 王焰、吴大伟:"'恐怖主义犯罪'概念之探析",载《河南公安高等专科学校学报》2003 年第 4 期。

〔2〕 魏东:"论恐怖主义犯罪的性质与概念",载《犯罪与改造研究》2003 年第 6 期。

〔3〕 冯殿美、周长军、于改之等:《全球化语境中的有组织犯罪研究》,中国检察出版社 2004 年版,第 201 页。

〔4〕 田宏杰:"恐怖主义犯罪的界定",载《法律科学》2003 年第 6 期。

它对社会的危害性以及犯罪分子的人身危险性,通过一系列暴力手段引起社会以及公众的恐慌状态,从而达到自己的政治或者宗教目的。但是恐怖主义并不是仅以其目的为必要进行界定,也不考虑它的手段,即犯罪动机、手段对犯罪成立并不构成影响。

意识形态说:有的学者认为恐怖主义代表了一定的意识形态,是一种宗教信仰。这些学者将恐怖主义界定为“在特定的社会环境下形成的,某些个人或集团针对其政治对手或平民的,企图以残酷的暴力或暴力威胁作为改变政治进程手段的一种思想意识形态”。[1]

意识形态和犯罪双重属性说:还有学者将犯罪说与意识形态说结合起来,认为恐怖主义既是一种犯罪,也是一种信仰。如有的学者提出“恐怖主义是将恐怖奉为教条的一种思潮,是把恐怖观念和行为系统化和持久化的犯罪。恐怖主义是指任何个人、集团和国家,使用或威胁使用毁灭性手段,残害无辜,制造恐怖,威胁另一个人、集团和国家,以达到某种政治目的或社会目的的犯罪”。[2] 还有的学者认为“恐怖主义指的是使用或主张使用无规则的暴力或技术手段,或是袭击平民或是袭击公用设施,意图达到政治目的的一种行为与社会思潮”。[3]

恐怖体系说:还有的学者认为恐怖主义是一种连续性、有组织性的活动,单一的暴力性犯罪并不属于恐怖主义,有可能是恐怖活动,因此,他们将恐怖主义定义为是暴力实施者基于政治目的对非武装人员(包括军队非战斗人员)有组织的使用暴力或以暴力相威胁的行为,其目的是以特殊的手段把一定的对象置于恐怖之中,逼迫其做原本不会做的事情。

国家恐怖主义论:也有的学者从恐怖主义的主体入手,认为恐怖主义的主体不仅仅包括组织和个人,国家有时候也会成为恐怖主义的主体,认为“恐怖主义犯罪就是个人、组织或国家打着革命、民族、宗教等旗号,通过暴力或以暴力威胁,滥杀无辜,制造恐怖气氛,以达到其政治或经济目的的活动”。[4]

---

[1] 杨心宇、丁毅:“对恐怖主义及其相关概念的分析”,载《当代法学》2003 年第 3 期。

[2] 李智慧:《反恐学》,北京人民出版社 2003 年版,第 31~32 页。

[3] 李湛军:《恐怖主义与国际治理》,中国经济出版社 2006 年版,第 8 页。

[4] 康树华、胡戎恩:“论恐怖主义犯罪”,载《铁道警官高等专科学校学报》2003 年第 1 期。

二元定义论：有的学者主张从两方面解构恐怖主义犯罪，即恐怖主义学和刑法学。在恐怖主义学科下，恐怖主义是指由个人、组织或者国家实施的具有暴力性质的会引起公众乃至国家恐慌的犯罪行为。而刑法学上的恐怖主义犯罪是由刑法规定的，由恐怖主义组织或个人实施的，旨在引起社会恐怖气氛，危害国家安全或公共安全以及社会管理秩序的行为。〔1〕

定义体系论：有的学者认为对恐怖主义的定义不应该仅仅是从简单的一个方面界定，而是应该建立一个完整的定义架构，首先是最广义的定义，用于进行宣传和便于人们了解，其次是一个涵括很广的定义，主要用于学术研究，最后是一个法律定义，主要用于国内执法部门进行操作。到现今为止，学术界也没有形成一个关于恐怖主义概念的通说，因为学者各自的国籍不同，所处的环境不同，经历的恐怖事件不同，造成他们的情感与政治立场也不同，对恐怖主义这个概念界定的出发点和视角就不一样。恐怖主义定义如此难以形成定论，究其本质在于恐怖主义的历史与现状都密切地与国际以及国家间的政治问题息息相关。

四、辞典关于恐怖主义的定义

1989 年出版的牛津词典给恐怖主义界定了两个含义：一方面是专门指法国大革命后政府的恐怖统治；另一方面是指“意图以恐怖手段打击异己者的政策；威胁方式的使用；引起恐怖的事实或者使人恐怖的情况”。

韦氏大词典将恐怖主义定义为(1)系统地使用恐怖行为作为强迫的手段；(2)一种威胁或者暴力的气氛。这个定义强调了恐怖主义是一种系统的恐怖行为或者暴力、威胁的气氛，相对比较贴切。恐怖主义必然是使用暴力或者以暴力进行威胁，否则，就不能制造恐怖。而且，它不是孤立的暴力行为，而是系统地使用暴力。这种解释是与“主义”的含义相符合的。所谓“主义”，就是指“一种独特的教条，系统，或理论”。因此，恐怖主义就是把恐怖作为教条来信奉和实行。

《简明不列颠百科全书》对恐怖主义的解释是：恐怖主义是对各国政府、公众或个人使用令人莫测的暴力、讹诈或威胁，以达到某种特定目的的政治手段。各种政治组织、民族团体、宗教狂热者、革命者和追求社会正义者，以及军队和秘密警察都可以利用恐怖主义。这个定义指出了恐怖主义

〔1〕 童伟华：“论恐怖主义犯罪的界定”，载《甘肃政法学院学报》2002 年第 4 期。

的三个特征:(1)恐怖主义是达到某种特定目的的政治手段,这种手段主要是使用令人莫测的暴力、讹诈或威胁;在暴力前面加上“令人莫测”的形容词,是非常恰当的,精准地描述出了恐怖主义的最鲜明特征。恐怖主义的暴力具有很大的隐蔽性、突发性,总是在人们意想不到的时间和地点,发动突然的袭击;(2)恐怖主义的打击目标是各国政府、公众或个人;(3)恐怖主义的主体是各种政治组织、民族团体、宗教狂热者、革命者和追求社会正义者。但这里列举的主体是不全面的,例如,没有提到国家,因为有的学者认为,在恐怖主义的划分上,还存在着国家恐怖主义,而此处并未提及。

《美国传统大学英语辞典》对恐怖主义的解释是:对武力或暴力的非法使用或威胁使用,一个人或一个有组织的集团以威胁或胁迫社会或政府为目的而危害人类或财产,常带有意识形态或政治原因。

中国的各种辞典中没有对“恐怖主义”进行专门的词条解释,只有恐怖、恐怖组织、恐怖活动等,由此可见,中国是对恐怖主义进行了模糊化处理。

根据以上对于国际组织、本国、外国以及专家学者的有关恐怖主义的多种定义的分析,我们可以看出无论在法律上还是学术界对于恐怖主义都没有一个统一的定义,这其中的原因错综复杂,不仅仅涉及各个国际组织以及国家的政治立场问题,还涉及各种意识形态的问题。但是这些形形色色的定义总结起来仍然具有一些相同之处,概括起来有以下几个方面:

(1)恐怖主义危害人类社会,危害世界和平。恐怖主义的行动一般都是通过爆炸、劫持飞机、导弹等杀伤力非常大的暴力手段进行,这些暴力行为都会造成死伤人数巨大、经济损失无数、社会极其不稳定,都是严重危及人类社会的行为。

(2)恐怖主义具有暴力性质。前述每一类型的定义中都涉及了恐怖主义的暴力行为,这些暴力行为都是蓄意的并且具有组织性和目的性,它们与一般的刑事犯罪的不同之处在于,一般的刑事犯罪重视暴力犯罪的本身,而恐怖主义则更加重视暴力犯罪所带来的影响效果,血腥场面对人的冲击效果。这种恐怖主义目的就是通过暴力活动,制造出的血悍场面引起社会和公众的恐慌,因此行动都在公共场合,大多情况下并不针对特定人群,经常在人口集中的地区制造恐怖事件,为了达到恐怖的目的,甚至不惜牺牲自己的生命。所以,爆炸、砍杀、斩首等恐怖手段近些年来越来越多地被恐怖分子采用。

(3)恐怖主义重点追求的就是恐怖行为所造成的恐怖效果。恐怖主义与一般的刑事犯罪不同之处在于恐怖分子希望引起社会公众的注意,并不希望隐秘进行。恐怖分子实施恐怖活动的目的并不在于侵害特定的人群或者财物,而是在于通过一个恐怖活动影响到活动涉及以外的更多的人,通过电视台、广播、报纸、网络等媒介进行传播,公开宣传,给社会和公众心理带来恐怖,正因为媒体的这种有意无意的行为帮助恐怖主义扩大了他们的行为后果的影响,因此有的甚至直接称作媒体恐怖主义。

(4)恐怖主义一般都与宗教相联系。尤其是近些年以及今后一段时期,比较凶猛的恐怖主义组织都是打着宗教的旗号,要么是为了捍卫其教义的正统性、纯洁性,要么就是为了把自己的政治理想强加于世人,而强加的方式就是暴力。

(5)恐怖主义具有组织性、国际性、普遍性以及影响性。现今恐怖主义都是接受跨国资助,具有严密的组织性,同时恐怖主义的活动不仅仅局限在本国内,还经常发生国际行动,随着伊斯兰原教旨主义的复兴,恐怖主义越来越普遍,遍及全世界各大洲各个国家,并且每一次的恐怖主义活动都会给国际社会带来持久的影响。

从字面上分解恐怖主义犯罪,它是由“恐怖”、“主义”、“犯罪”三个词语组成的。“恐怖”在汉语里指的是一种心态。《辞源》中对“恐怖”的解释是“极度恐惧”。在《英汉辞海》中,“恐怖”的英文是 terror,含义是高度吃惊或恐惧的状态,很明显这两种解释是相同的。从这两种解释的意思进行分析可以得出,“极度恐惧”在一定程度上就是“恐怖”的广义含义。“主义”就是指一定的意识形态或信仰,以及为达成这一信仰所实施的行为。因此“恐怖主义”从字面上看就是指一定的意识形态以及在它的指导下进行的一种行为,即恐怖行为。“犯罪”从刑法的学理上可以有多种含义的解释,但是通说认为犯罪就是一种危害社会的行为。所以“恐怖主义犯罪”从字面上可以理解为通过实施犯罪行为制造恐怖来实现一定的意识形态。通过对比分析以上所有有关恐怖主义的概念并且结合我国恐怖主义的现状,可以认为,恐怖主义是指为了实现一定的目的,通过暴力或暴力威胁以及其他非暴力手段引起社会以及公众的慌乱和恐怖,并侵害他人生命财产的行为。而针对民航业的特殊性和与一般恐怖主义具有的一般性相结合后，就可以认为航空恐怖主义（aviation terrorism）是指为了一定的目的，通过暴力恐怖或者非暴力手段危及飞行安全、破坏航空器及其附属设施的行为。

航空恐怖主义的基本内涵应该包括，首先是发生在航空领域内的，侵害的客体是民航的正常运行，犯罪的对象所指是民航安全、航空秩序、与民航活动相关联的人或物以及航空设备设施。其次，航空恐怖主义与其他恐怖主义本质上并没有明显的区别，具备其他恐怖主义的一切基本特征，只是危害的领域有差别，航空恐怖主义危害的领域是特定的，因此有其独特的规律。最后，航空恐怖主义是针对我们研究和防控的需要进行的分类，现实中，并不存在特意的只针对航空活动的恐怖主义组织，对航空领域进行恐怖袭击只是恐怖主义组织的一类目标而已。

第二节　恐怖主义相关概念

除了恐怖主义外，与之相关的概念还有很多，这种相关概念可以为分两种，一种是对恐怖主义的不同叫法，如恐怖主义活动、恐怖主义犯罪、恐怖活动、恐怖主义行为。另一种是与恐怖主义关联的概念，如恐怖行为、恐怖组织、恐怖分子等。对于第一种概念，大多数学者都认为这是一种概念的不同叫法，只是因为语境不同而造成的区别；对于第二种概念，和恐怖主义不同，法律中和学术界对它们的争议很少，很多法律会对它们进行单独界定，学术界一般将其附在恐怖主义之后进行解释。有的学者以这组词语中“恐怖”之外的元素作为切入点进行分析，[1]还有的学者以恐怖行为作为中心概念，逐一定义了恐怖主义、恐怖行为、恐怖组织、恐怖分子。

一、恐怖主义相关概念的界定

（一）恐怖行为

国际恐怖主义犯罪在当今世界的严重泛滥和巨大危害，使得国际恐怖主义犯罪成为全人类所共同面临的重大社会政治问题之一，并成为当今社

---

〔1〕 莫洪宪：“我国恐怖主义定义研究综述”，载《北京行政学院学报》2005年第3期。

会所有国家和地区都不得不严重关注的重大问题。[1] 有的研究者更直截了当地称“恐怖主义、亦称恐怖活动”。[2] 我国刑法中没有使用“恐怖主义犯罪”或“恐怖主义”、“恐怖犯罪”的说法，只是用了恐怖组织、恐怖活动组织和恐怖活动等词汇，这只是为了符合我国对恐怖主义犯罪的法律称谓——恐怖活动犯罪。那什么是恐怖活动呢？2011 年 10 月 29 日第十一届全国人民代表大会常务委员会第二十三次会议通过《全国人大常委会关于加强反恐怖工作有关问题的决定》对此给出了明确的规定：恐怖活动是指以制造社会恐慌、危害公共安全或者胁迫国家机关、国际组织为目的，采取暴力、破坏、恐吓等手段，造成或者意图造成人员伤亡、重大财产损失、公共设施损坏、社会秩序混乱等严重社会危害的行为，以及煽动、资助或者以其他方式协助实施上述活动的行为。

恐怖行为与一般暴力犯罪有着明显的区别和联系。首先，暴力性是这两者的共同之处。一般的暴力犯罪最明显特征就是犯罪的主要手段是暴力或者以暴力相威胁，而恐怖行为也是以暴力性作为其最本质的特征。其次，两者之间的不同主要表现为三个方面：一是犯罪对象是否明确。一般的暴力犯罪有明确的犯罪对象，目标是特定的，不会伤及其他没有阻碍其犯罪的人。而恐怖主义犯罪则不同，它最大的特点是滥杀无辜，被侵害对象一般与其并无直接利害冲突，被侵害对象具有明显的不确定性。[3] 就算有的恐怖活动一开始有具体的侵害目标，但是他实施的方式很大程度会致使其他无辜的人遭受伤害。这也正是恐怖分子为了扩大影响而刻意追求的目标。二是犯罪目的不同。一般的暴力犯罪目的就是达到报复目的，侵害特定人群，而恐怖主义活动则希望通过恐怖主义行动达到社会以及公众恐慌、人人自危的景象。三是犯罪后果不同。一般的暴力犯罪的犯罪后果就是达到了犯罪分子自身的报复或者其他目的，不会给社会造成太大间接影响。但是恐怖主义活动就会由于其不可预测性和对象的随意性给整个社会带来巨大的破坏。给整个社会带来不可预知的恐慌。

恐怖行为一旦发生就会对国际社会的政治、经济、社会发展带来极大

---

〔1〕 赵秉志：《国际恐怖主义犯罪及其防治对策专论》，中国人民公安大学出版社 2005 年版，第 31 页。

〔2〕 尉文明：“论组织、领导、参加恐怖组织罪”，载《法制日报》2002 年 3 月 24 日。

〔3〕 唐燕文：“我国航空恐怖主义犯罪研究”，华东政法学院 2006 年学位论文。

的冲击,因此,国际以及各国对恐怖行为的惩治都有具体且严格的规定。世界上最早对恐怖行为进行界定的国际公约是1937年定于日内瓦的《防止及惩治恐怖主义公约》,恐怖主义行为罪在我国的刑事立法中主要是一些危害公共安全的犯罪以及《刑法修正案(三)》(以下简称《修正案》)所增设的一些新罪,对恐怖行为根据发生的领域、侵害的客体进行了列举式的规定。

世界上许多国家或地区都规定了恐怖主义组织罪。例如,《德国刑法典》第129条a专门规定了建立恐怖主义组织罪:“一、建立旨在实施下列犯罪的组织或作为成员参加该组织的,处1年以上5年以下自由刑:1.预谋杀人、故意杀人或灭绝种族犯罪(第211条、第212条、第220条a);2.第239条a(掠人勒索罪)或b(绑架人质罪)规定的妨害人身自由的犯罪;3.第305条a规定的犯罪,第306条c或第307条第1款至第3款,第308条第1款至第4款,第309条第1款至第5款,第313条,第314条或第315条第1款、第3款或第4款,第316条第1款或第3款,或第316条c第1款至第3款所规定的危害公共安全的犯罪”。我国澳门特别行政区的《澳门刑法典》第289条也明确规定了发起、创立、加入、支持恐怖主义组织罪,并明确规定,恐怖团体、组织或集团,系指所有二人或二人以上之集合,其在协同下行动,目的是借着实施下列犯罪,以暴力阻止、变更或颠覆已在澳门确立的政治、经济或社会制度的运作,或迫使公共当局做出一行为、放弃做出一行为或容忍他人做出一行为,又或威吓某些人、某人群或一般居民者。

(二)恐怖组织

恐怖活动组织是指为实施恐怖活动而组成的犯罪集团。[1] 恐怖组织在恐怖主义的研究中是一个十分重要的话题,因为认定恐怖组织是防范和打击恐怖主义的基础,既可以通过国家对恐怖行为的认定过程使得民众增加对恐怖主义和恐怖组织的理解,了解其实质;又可以通过规范化认知使得国家在反恐进程中有法可依,有的放矢。随着国际间不断的合作,全球化进程越来越迅速,在这个过程之中,恐怖主义和有组织犯罪集团作为两种独立的学说也开始进行了合作,在最近几年的时间内,学者们已经注意

---

〔1〕 2011年10月29日第十一届全国人民代表大会常务委员会第二十三次会议通过全国人大常委会《关于加强反恐怖工作有关问题的决定》。

到由于跨国犯罪组织和恐怖组织的变化和融合所带来的威胁。[1]

恐怖主义走向组织化进程的原因主要有两方面，即资金支持和地域优势。恐怖主义组织得到了大量的活动所需资金，得以扩大组织、购买武器、招揽人才，恐怖主义组织在世界各地都有生存和发展的场所，方便其建立基地用于培养人才和储备物资。这是一种广泛的又双赢的发展。随着全球化进程的发展，国际之间合作反恐也在不断深入，恐怖主义组织也在不断体系化、组织化，以此来逃避制裁、扩大势力，不断进行转型，适应当今世界的发展，从另外一个方面讲，打击恐怖主义和恐怖组织的难度不断增加。

目前，全世界的恐怖组织分布很广，数量也十分多，类型丰富多样，主要有以下几种，宗教极端主义恐怖组织：伊斯兰国（IS）、基地组织、伊斯兰军、圣战组织、博科圣地等；种族主义恐怖组织：印欧共和军、黑豹、创始人教会等；民族主义恐怖组织：解放巴勒斯坦人民阵线、法塔赫革命委员会、伊斯兰抵抗运动等；极左恐怖组织：直接行动、红色旅、赤军等；生态恐怖组织：反狩猎者协会、土地第一、动物解救阵线等。组织之多令人心惊胆战，据统计，目前巴基斯坦大约有 52 个极端组织，其中国内极端组织约 16 个，跨国组织 32 个，尚未确认的极端组织 4 个。[2] 长期以来，中东与巴基斯坦恐怖组织之间保持着千丝万缕的联系，双方不仅在人员和资金上存在互动，而且在组织恐怖袭击的操作层面，双方也相互支持。[3] 再如东南亚恐怖组织也很多，并且大多是由伊斯兰激进分子创立的。在美国国务院 2002 年公布的恐怖组织名单中，伊斯兰祈祷团、菲律宾的新人民军和阿布沙耶夫、柬埔寨的“自由战士”以及“马来西亚圣战组织”赫然在目。2005 年的黑名单则涉及更多，除了上面提到的，还包括印尼的自由亚齐运动、自由巴布亚运动，泰国的北大年联合解放组织，菲律宾的摩洛伊斯兰解放阵线等。时至今日，其中有些已经淡出人们的视野，有些却还在磨刀霍霍。这些恐怖组织大体可以分为两类：一类是伊斯兰暴力组织，另一类是伊斯兰准军

---

〔1〕 T. M. Sanderson, Transnational Terror and Organized Crime : Blurring the Lines, *SAIS Review*, Vol. 24(1), 2004.

〔2〕 张家栋：《全球化时代的恐怖主义及其治理》，上海三联书店 2007 年版，第 166 ~ 167 页。

〔3〕 孙德刚：“巴基斯坦恐怖组织中的中东因素探析”，载《南亚研究季刊》2008 年第 3 期。

事组织。[1]

关于恐怖组织的概念问题,恐怖组织界定是打击恐怖主义的基础和前提,因此世界上许多国家尤其是正在面临恐怖主义实际威胁的国家都相继出台了反恐专门法,有的甚至直接列出了恐怖组织的名单。例如美国、英国、德国、俄罗斯、印度等国家在反恐专门法中都明确界定了恐怖组织的概念,美国、英国、印度等国还列出了恐怖组织的名单。有关恐怖组织的概念类型主要有三种,第一种是形式概念,即不在法律中具体阐释如何鉴定恐怖组织,以恐怖组织是否被包含在被禁止、被取缔的名单里为标准,在该名单中出现的就是恐怖组织。第二种是实质概念,即明确作出认定恐怖组织的标准规定,只要符合特征的就可以将其确定为恐怖组织。第三种就是形式和实际相结合的方式,即同时具有恐怖组织名单和恐怖组织鉴定标准。关于恐怖组织的概念界定,我国的法律中没有明确规定恐怖组织的概念,只有在法条中使用了恐怖组织这一词语,如"组织、领导、参加恐怖组织罪"、"资助恐怖组织、恐怖活动个人罪"等。但是我国很多学者对恐怖组织的概念提出了自己的界定,主要有以下几种代表说法:恐怖活动组织是指以制造社会恐怖为目的,以渲染恐怖效果的犯罪工具作犯罪方法为主要手段,三人以上成员较为固定的,结构紧凑的共同犯罪组织;[2]恐怖组织是指由三人或三人以上组成,以恐吓、要挟社会为目的,实施各种恐怖犯罪活动,制造社会恐怖气氛,危害公共安全、扰乱社会秩序的犯罪组织;[3]恐怖活动组织是指由多人以较为严密的形式组织起来的,意图通过实施恐怖性犯罪活动在社会上制造恐怖气氛从而影响或操纵政府的行为以实现自己的政治或其他目的的一种危害特别严重的犯罪组织;[4]恐怖活动组织是指三人以上,出于政治或恐吓,要挟社会的目的,为实施恐怖活动而结成的具有一定稳定性的犯罪组织;[5]恐怖组织是指为了一定的政治或其他目的而组成的,经常地进行暴力恐怖活动的组织,是共同犯罪中危害严重的

---

〔1〕 刘琳:"东南亚恐怖组织概况",载《东南亚纵横》2003 年第 2 期。

〔2〕 张长青:《新编刑法学》,西南师范大学出版社 1997 年版,第 410 页。

〔3〕 赵秉志主编:《惩治恐怖主义犯罪理论与立法》,中国人民公安大学出版社 2005 年版,第 129 页。

〔4〕 王德育:"'恐怖活动组织'概念初探",载《现代法学》第 22 卷第 3 期。

〔5〕 陈家林:"'恐怖活动组织'界定问题初探",载《法律科学》1998 年第 2 期。

犯罪组织形式之一，它具有对公共安全构成严重威胁或危害的特点；[1]恐怖活动组织，是指三人或三人以上，出于政治目的、社会目的或其他目的，为实施恐怖活动而结成的具有一定稳定性的犯罪组织；[2]恐怖组织是指三人以上为共同实施杀人、爆炸、绑架等恐怖性犯罪而组成的犯罪组织。[3]

虽然前述关于恐怖组织的概念形形色色，各不相同，但是通过分析我们可以概括出恐怖组织概念中的一些共性，比如恐怖组织首先必须是一种犯罪组织，所以它首先必须要符合犯罪组织的一般特征，即由三人以上组成，有一定的组织性，即主要成员固定或基本固定，具有实施犯罪的目的性，具有一定的稳定性，并且还要严重破坏经济、社会生活秩序；其次恐怖组织还具有其独特的性质，比如恐怖活动的目的是给社会和公众造成恐慌和惧怕，同时一般具有极端思想色彩，且手段暴力残忍。

（三）恐怖分子

恐怖活动人员是指组织、策划、实施恐怖活动的人和恐怖活动组织的成员。[4] 恐怖主义是一个相当复杂的政治和社会问题，也是一个严重的经济问题。恐怖分子是恐怖主义违法犯罪的行为主体。要全面认识恐怖主义这一复杂的社会现象，还必须了解恐怖分子的基本特点及其未来发展趋势。这对于我们有针对性地开展反恐怖斗争将大有裨益。

一般来说，当代恐怖分子大多是男性和未婚成员。据专家研究发现，恐怖组织的骨干成员大多数是男性，70%以上的重大恐怖活动都是由男性恐怖分子指挥、领导和实施的。总体来说，当今世界的恐怖分子早已没有早年西欧发达国家的中产阶级家庭的极左恐怖分子较好家庭境遇。“大多数的恐怖分子都是绝对贫困者”，[5]在很多地区，加入恐怖组织往往成为恐怖分子谋求改善自己经济困境的一种方式，对于巴勒斯坦被占领土地

---

〔1〕 莫洪宪：“国际社会反恐怖活动组织犯罪及我国刑事立法”，载《法学评论》1999年第4期。

〔2〕 高一飞：《有组织犯罪问题专论》，中国政法大学出版社2000年版，第38页。

〔3〕 赵秉志：《刑法新教程》，中国人民大学出版社2001年版，第480页。

〔4〕 2011年10月29日第十一届全国人民代表大会常务委员会第二十三次会议通过全国人大常委会《关于加强反恐怖工作有关问题的决定》。

〔5〕 田宏杰：“恐怖主义犯罪的界定”，载《法律科学. 西北政法学院学报》2003年第6期。

区、内战时期的斯里兰卡贾夫纳地区、菲律宾南部地区、黎巴嫩等地区的一些年轻人而言，情况更是如此。可以预计的是，进入 21 世纪，随着教育的发展，人们受教育整体程度的上升，以及高新科技的广泛应用，恐怖分子的文化程度虽然仍会保持较低的水平，但其整体的文化程度将可能有所回升，而其中从事计算机恐怖主义活动等智能犯罪性质的恐怖分子的教育程度则可能越来越高。伊斯兰国（IS）通过互联网进行宣传就充分说明了这一点。在当代世界，恐怖分子大多数都是年轻人，以致人们往往都指“恐怖主义是年轻人的职业”。恐怖分子的年龄总体上呈下降趋势。90 年代以来，这一下降趋势有所逆转，但年轻化与低龄化仍是恐怖分子的主要特点。年轻人之所以成为恐怖活动的主流与骨干，主要是因为少数年轻人往往没有成功地接受社会化教育，因此不能将社会的普遍规范与目标内化为自身行动的基本准则与追求方向，从而在实际上往往表现出强烈的反社会性、反政府性。从心理学角度上讲，年轻人往往思想容易叛逆，相对来说思想激进，理想主义色彩较浓，对挫折与困难打击的承受能力较差，而现实社会的不公平、不公正现象（如贫富两极分化、失业问题、贫困问题、政治腐败等）往往更容易助长年轻人产生不满情绪与反社会、反政府的心理，面对现实社会选择一种逃避的方式。此外，年轻人往往没有什么家庭牵挂与顾虑，也是一个不可忽视的原因。今年以来，西方国家的青年人很多冒着违反法律的风险秘密出国参加“伊斯兰国”恐怖主义组织就说明了这个问题。

恐怖分子到底为何而战？这个问题的答案肯定包含多种要素。就目前的反恐形势来看，有关恐怖分子动机的研究很可能忽视了一个关键性的因素，即恐怖分子主观意识的边缘感与归属感。恐怖分子主观的“边缘感”并非源于其政治、经济和文化利益被边缘化，而是其价值取向与主流社会存在很大的差异。“伊斯兰国（IS）”队伍中有至少三千来自西方国家的人，而他们大多都是移民到欧美国家的阿拉伯裔或者非洲裔，而且大多都信奉伊斯兰教，对于生长在欧洲发达国家的穆斯林移民来说，即使能够拥有良好的教育背景和稳定的经济收入，他们依然难以获得与其经济地位相称的政治权益，在文化和信仰方面亦难以融入主流社会；在中东和东南亚国家，出身贫寒的恐怖分子的“认同缺失”源于缺乏最为基本的经济、政治权益；至于出身穆斯林国家中产阶级的恐怖分子，“认同缺失”主要源自于对伊斯兰文明日渐衰落的痛惜，以及对西方文明扩张的强烈不满。恐怖分子通过加入恐怖组织和进行恐怖活动实现某种形式的“归属感”，以补偿其主观“边缘感”带来的“认同缺失”。在大多数情况下，恐怖组织的“归属感”和战略选择并不一定基于特定的宗教和信仰，而是组织成员追求的“归属感”的有机整合。正是在这种经过整合的“归属感”的影响之下，恐怖分子倾向于不择手段地试图改变现有的秩序，甚至不惜牺牲他人和自己的生命。因此，大多数恐怖组织的发展轨迹和行动目标往往具有很大的不确定性，很大程度上是受到恐怖分子个人“归属感”和“认同缺失”的整合影响。

二、恐怖主义及其相关学科

（一）恐怖主义的研究对象和内容

恐怖主义是需要通过从国际关系、历史、民族、宗教、法律和心理等多角度出发进行分析的一门学科。它的研究对象，概括地讲就是研究现代社会中的恐怖主义活动及其内在发展规律，提出防控措施。对航空恐怖主义的研究也是如此，在恐怖主义的基础上更加偏重空域以及针对民用航空器及其附属设施的恐怖活动。恐怖主义经历了一个漫长的发展历程，所以恐怖主义的发展历程也是其具体的研究对象之一。恐怖主义为什么会让国际社会谈之色变，为什么会有恐怖主义的存在和发展，毫无疑问，恐怖主义的犯罪成因就是恐怖主义的第二个具体研究对象。恐怖主义的具体概念和成因都已经清楚之后，最重要的是对其进行防范，就是如何运用法律、技术、社会控制等手段对恐怖主义犯罪进行防控和打击。这就是恐怖主义的第三个具体研究对象。恐怖主义活动都具有规律性和相似性，都是有计划、有目标的活动，所以通过研究历史上著名的恐怖主义活动案例就是恐怖主义的第四个具体研究对象。归纳起来，我们对恐怖主义研究对象是：恐怖主义的发展、成因以及防控措施。

根据上述研究对象，恐怖主义研究的内容有：国际恐怖主义的发展历程，国际恐怖主义的宏观、微观以及特殊成因，航空恐怖主义国际法律防范，航空恐怖主义国内法律防范，航空恐怖主义技术防范，国际恐怖主义的社会预防，国际社会民航防范恐怖犯罪的主要举措以及民航恐怖犯罪的发展趋势，在此过程中，结合案例进行分析探讨。总体来说，航空恐怖主义研究的内容包括现象、成因、防范以及展望这些方面。

（二）航空恐怖主义研究中需要把握的特性

20 世纪以来，航空恐怖主义活动逐渐增多并且趋于严重化，随着政治冲突的剧烈以及现代社会的发展,恐怖主义的影响也越来越大,带来的危害从广度和深度来说都是史无前例的,呈现愈演愈烈的态势。航空恐怖主义自身的特点决定了研究过程中应该把握的几个方面:

1. 国际性

随着民航业的发展,航空恐怖主义越来越凸显出国际性的特征。首先,恐怖组织因其国内空间有限、影响有限,一般都会寻找国外的势力进行联合,恐怖主义的活动大多也是跨越国境,涉及人员众多,一经发生便会是影响国际社会的大事件,如基地组织的活动范围就跨越了世界上的数十个国家,影响了欧洲、美洲、亚洲等地,成员也来自全世界各地,袭击目标也从美国到伊拉克等等;其次,有关航空恐怖主义的法律依据大多来自国际以及区域性组织的国际公约还有国家之间的双边协定,如 1963 年的《关于在航空器内的犯罪和其他某些行为的公约》(以下简称《东京公约》),1970 年的《关于制止非法劫持航空器的公约》(以下简称《海牙公约》),1971 年通过的《关于制止危害民用航空安全的非法行为的公约》(以下简称《蒙特利尔公约》)等都是关于民用航空恐怖犯罪的具有代表性的国际公约,至今仍是各国进行惩治航空恐怖主义以及进行国内立法的主要依据;最后,民航业自身特殊的运输形式也决定了其恐怖主义的国际性,由于现今经济的发展以及国际沟通的发达,飞机成为跨国运输的主要方式之一,因此,航空恐怖主义活动尤其具有国际性,也使得航空恐怖主义犯罪的危害和影响越来越大,国际社会越来越认识到打击航空恐怖主义犯罪的重要性和紧迫性。

2. 应用性

航空恐怖主义学科是一门“术”多于“学”、可操作性很强的学科。航空恐怖主义发展很快,影响很广,从某种意义上来说,这和学科本身有很强的应用性是分不开的。对航空恐怖主义研究主要是如何通过分析和研究航空恐怖主义的犯罪手段、特点和规律,从而来制定防范恐怖主义的对策。航空恐怖主义是国际社会共同关注并期待解决的问题。所以无论我们从哪方面来看,都能清晰地认识到:航空恐怖主义是一门应用性极强的学科,具有很强的可操作性。

3. 边缘性

航空恐怖主义的外延很广,航空恐怖主义的本体知识并不多,但与之相关的交叉学科却非常之多。基础理论相互渗透,说明实际进行民航反恐时，需要交叉运用各种学科知识和手段。这是航空恐怖主义本身的特点决定的。

4. 多维性

研究航空恐怖主义的多维性首先表现在功能上的多维性。对航空恐怖主义的研究有很多功能，如了解功能、防范功能、制约功能。这就要求学科本身的构架要照顾到这几个方面。其次，由于航空恐怖主义的层次不同，具体的法律防范手段不同，表现在学科上就出现多维性。另外，航空恐怖主义学的多维性还表现在研究方向和方法上。不同的研究者根据自身的经验和见解，有着不同的切入口，用自己认为正确完善的体系来建构航空恐怖主义研究体系。

5. 综合性

航空恐怖主义的研究需要国际关系学、历史学、宗教学、心理学和法学等一系列有关学科的基础，涉及武器装备、军事理论、安全管理、危机管理、民航科技等许多专业行的学科，因此，航空恐怖主义的研究具有很强的综合性特征。

（三）航空恐怖主义与相关学科

由于航空恐怖主义的国际性、边缘性以及多维性和综合性，所以与之相关的学科特别多又特别杂，为理顺它们与航空恐怖主义之间的关系，我们把这些学科划分为五大部分，即国际关系、历史、民族、宗教和心理。

1. 国际关系

国际关系是恐怖主义的背景学科，为航空恐怖主义提供整个国际环境的背景。没有国际关系这个学科，航空恐怖主义研究也就没有了理论的起点、生存环境，甚至整个航空恐怖主义存在关联系统。在所有相关学科中，对航空恐怖主义影响最深刻的是国际关系，因为国际关系是关于国际之间权力与利益的学问，它为人们研究航空恐怖主义提供了观察问题和解决问题的国际视野。关于恐怖主义的研究和防范也是这样。比如，用什么样的观点去剖析航空恐怖主义的概念，如何认识其表现形式，如何进行有效的防控等，这些问题如果只以国内视野本身去解决、探讨是不够的，必须借助国际视野去思考。至于国际关系理论对航空恐怖主义研究的指导作用更是十分明显的。总之，作为背景学科，国际关系对航空恐怖主义研究所起的作用以及相互间的联系是显而易见的，对航空恐怖主义的研究起着一个铺垫的作用。

航空恐怖主义与国际关系之间的关系属于相互影响，紧密联系。一方面国际关系之间的变化是引发航空恐怖主义的因素之一，另一方面航空恐怖主义的存在、发生导致国际关系恶化并且变动剧烈。

首先，国际关系对于航空恐怖主义的产生、发展有着很大的推动作用。我们下面从两个国际关系理论出发分析国际关系对恐怖主义的影响。国际关系理论中最古老并且最具影响力的学派之一是现实主义学派，这个学派为我们提供了战争、联盟、帝国主义等国际现象的解释，其核心就是指国际政治的实质，即国家之间的权力利益斗争。在现实主义看来，航空恐怖主义只不过是另一种形式的冲突和战争，是国家间冲突在民航业的一种新形式。就像一位著名的学者所说，航空器已经变成了一个新的恐怖主义战场，并且随着新武器和新战斗形式引入21世纪，高科技时代正在革命性地改变21世纪的恐怖主义战争。[1] 在一个无政府的世界里，国家之间会为了权力和利益持续进行斗争，但随着时代的进步、随着民航业的逐步发展并在人们心中占有一席之地，这种斗争被转移到了空中，其本质却没有丝毫变化，于是传统的权力之争就演变成了航空恐怖主义。现实主义将航空恐怖主义的主体指向无辜的国内组织和个人，认为恐怖主义的发起者是国家，那么该国的组织和国民就要受到牵连。其目的是为了争取更大的权力和利益。在现实主义下治理航空恐怖主义是十分消极的，因为在现实主义者看来，航空恐怖主义会同权力和利益一直存在下去，只可能暂时缓和，不可能彻底根治。

建构主义是与后期发展起来但是与现实主义同样重要的国际关系理论，这种学派强调观念和文化的重要性。建构主义国际关系理论认为，国际体系既是物质的，又是观念的，但是归根结底是由后者即观念决定的。[2] 其中最著名的学说是哥本哈根学派提出的安全化，即安全需要主观、客观以及主客观结合，也就是说，安全是一种自我参照的实践，正是在实践中，该问题变成了一个安全事务，不但因为一个真正“存在性威胁”的

---

〔1〕 Adams James, Virtual Defense, *Foreign Affairs*, 2001(3), pp. 98 – 112.

〔2〕 王高阳：“国际关系理论视域下的网络恐怖主义分析”，载《重庆交通大学学报》2012年第5期。

存在,而且也因为这个问题是作为一种威胁被提出来的。[1] 一个成功的安全化过程需要国家在指出现实存在的威胁的基础上,建构合理的安全环境,最后取得平和的国内状态。因此,在安全化的视角下,航空恐怖主义是通过安全化的过程进入大众视野的。尽管政府和媒体不停地在控制着航空恐怖主义的消息,但真实的造成伤亡的航空恐怖主义活动很大程度上都是损失惨重的。这个远非政府官员或媒体所描述的那么平和的航空恐怖主义是如何引起人民的关注的呢?主要是因为民航业的发展带来了人们的偏向选择,民航事故造成的伤亡虽然不如交通事故的人数多,但是每一次民航事故都会引起国际社会广泛关注,大众传媒也会推波助澜、不断地渲染,航空恐怖主义成功地被大众接受为国家安全的重要威胁。国家有权在紧急时刻采取一切必要的手段来保卫国家民航安全。毫无疑问,国际反恐合作将会促进国家间关系的进一步发展,但是与之而来的矛盾也是不可避免的。

从另一方面来说,恐怖主义对国际关系也有一定的影响。由于恐怖主义的组织性、恐怖分子的多国籍性,使得跨国作案十分普遍,这使得各国之间认识到加强合作进行反恐的重要性。在国与国签订有关反恐的双边或者多边协议的时候,国家之间的关系就随之缓和了。国家之间为了实现在反恐方面的合作,不得不搁置分歧,减少争议。但是与此同时,各国之间的矛盾仍然存在。一方面各国因其政治立场和外交角度不同造成对恐怖主义的认识不同,有的国家认为是恐怖主义的活动其他国家却认为是正义活动,这就会给反恐行动的合作带来麻烦,使得行动缺乏统一化,合作难以深入有效地进行。另一方面,各国对于反恐怖主义的对象认识不同,再加上外部势力经常会干预反恐合作,一定程度上制约了国家进行的反恐斗争,使得签订的双边或者多边协议变成一纸空文,无法实际执行。如美国在2014年9月开始组织的对伊斯兰国打击的“国际联合阵线”就十分明显地体现出了这样的情况。

与此同时,反对恐怖主义会给世界格局带来革命性的变化。积极的方面比如“9·11”事件以来,在反对恐怖主义的合作中,中、美、俄三角关系发生了新的变化,进而对国际格局产生新的影响,中、美、俄将建立起比以往

[1] [英]巴瑞·布赞、奥利·维夫:《新安全论》,浙江人民出版社2003年版,第34页。

更加紧密协调的“三极关系”，使中、美、俄暂时搁置以往的分歧。而消极的方面就是国际恐怖主义经常成为国际事变的导火线和催化剂。国际恐怖主义的爆发会直接导致国际社会的不稳定，它带来的影响不仅仅是对被袭击的国家而言，有可能直接破坏世界和平局面，引发世界范围内国家之间的冲突，对国际关系的影响也就不言而喻。恐怖主义造成大面积的恐慌心理使得国际关系变得不可预测。恐怖袭击一般是为了一定的政治目的，当一个国家发生恐怖主义事件特别是造成大量伤亡人员时，一般结果是这个国家与恐怖分子所在国家的关系急剧下降，甚至出现断交和报复等事件，严重影响国家之间的关系。这样的事例在国际关系史中屡见不鲜，洛克比空难就是个典型的例证。1988 年 12 月 21 日利比亚恐怖分子炸掉美航空公司 103 航班，使得美国和利比亚的关系突然变得紧张，并开始了持续十几年的对抗状态。

总体来说，恐怖主义与国际关系之间的关系既有积极促进国际间不断加强合作、反恐行动更加有效的一面，也有消极地使得国家之间关进变得愈加紧张、恐怖主义成为国际关系冲突的新的因素的一面。

2. 历史脉络

历史是一切学科所共有的特征，这里所说的历史包括恐怖活动的历史、国际发展的历史、宗教形成的历史、航空恐怖主义犯罪的历史等，任何恐怖主义都是经历了一个从小到大、从弱到强的过程，在恐怖主义的发展中都跟不同时期的国际关系背景、民族关系与民族矛盾、宗教发展和社会心理等因素密切相关。

恐怖活动作为人类冲突的一种表现形式有着悠久的历史。经考证，恐怖活动可以最早追溯到古希腊和罗马时期。古希腊历史学家色诺芬专门记述过恐怖活动对敌方居民造成的心理影响。著名的恐怖历史事件还有中国古代的荆轲刺秦王，古罗马的凯撒大帝遇刺等。美国总统肯尼迪被刺身亡是当代历史中的典型恐怖事件。“恐怖主义”一词最早出现在 18 世纪法国大革命时期。为保卫新生政权，执政的雅格宾派决定用红色恐怖主义对付反革命分子。国民公会通过决议，“对一切阴谋分子采取恐怖行动”。由此我们不难看出恐怖主义不是反映一般的、孤立的、偶然的恐怖行动，而是指一种有组织、有制度和有政治目的的恐怖活动。18 世纪以前，恐怖活动基本上以暗杀、投毒为主要表现形式。从 18 世纪末到第二次世界大战结束,1881 年,沙皇亚历山大二世遇刺和 1914 年奥匈帝国斐迪南大公遇刺,是这一时期两起最严重的恐怖事件。他们都是在没有群众支持的情况下,通过谋杀某一政府要员向社会宣传自己的政治目的,吸纳民众参与。国际恐怖主义的真正形成是在第二次世界大战之后,直到 60 年代末这一时期完成的。在此期间,恐怖主义的活动热点是在殖民地、附属国或刚独立的民族国家,这一时期的恐怖事件明显增多,手段日趋多样,劫机、爆炸、绑架与劫持人质都有,袭击目标和活动范围已经超出国界,越来越具有国际性,逐渐形成了国际恐怖活动。70 年代以后,恐怖主义组织已经形成一个较为松散的国际网络。据美国著名的智囊机构兰德公司的有关资料,80 年代全世界共发生了近 4000 起恐怖活动,比 70 年代增加了 30%,死亡人数则翻了一番。据有关专门研究国际恐怖活动的机构统计,在 1970 年到 1979 年的九年间,因遭恐怖活动丧命的人数多达 4000 人,年均 400 余人;1988 年国际恐怖活动发生了 856 起,死亡人数多达 660 人,其中中东地区因民族矛盾比较复杂,共发生 313 起,占全世界恐怖事件的 36%,是恐怖活动的多发地区。进入 20 世纪 90 年代以后,恐怖活动有了明显的变化,老的恐怖组织开始逐步退出历史舞台,新的组织开始出现。从联合国发表的一份关于“全球恐怖活动状况”的报告中获悉,1997 年全球恐怖活动再次增多,高达 560 起,死亡 420 人。报告称:“国际恐怖主义活动中死亡的人数增加了。因为恐怖活动日趋残酷地袭击无辜平民并使用爆炸力更大的炸药或炸弹。”与此同时,报告强调:“恐怖行为更具隐蔽性和杀伤性。”恐怖事件发生后,再也没有人像过去那样站出来声称对事件负责。这是 90 年代国际恐怖主义的一个最为显著的特点,因为他们发现保持神秘也是一种武器,其恐怖作用高于以往的声张。像美国驻东非使馆在 1998 年 8 月 17 日被炸至今还没有人声称对其负责就是一个很好的例子。航空恐怖主义犯罪如果说从 1930 年秘鲁发生的第一次劫持民航飞机算起,也经历了几十年的时间,劫持飞机、爆炸飞机一直到把民航飞机作为空对地的武器使用,无论何种形式的针对民航的恐怖袭击,不同的历史阶段都有不同的原因,都呈现出了不同的阶段性特点,早年间是和国家之间的意识形态斗争相关联,尤其是美苏之间意识形态的斗争直接影响到了航空恐怖袭击的发生,后续航空恐怖袭击呈现多元化特征,经济的、生理的、个人心理的原因导致的航空恐怖犯罪日渐增多,而目前看来,极端宗教色彩的恐怖主义犯罪所进行的航空恐怖犯罪占主导。

3. 族群矛盾

族群矛盾是当今世界恐怖主义频繁爆发的主要因素之一，而许多族群矛盾又是通过政治因素表现出来的。族群之间的矛盾之所以和恐怖主义之间有不可分割的联系，主要有以下原因：第一，从事恐怖活动的民族主义团体往往因其“崇高的政治目标”而拥有强大的群众基础。有些族群为了自身的独立和摆脱外来的压迫和殖民统治，采取了恐怖主义的方式，因为其政治目标具有反帝、反殖民地、追求民族独立的性质，所以得到许多国家尤其是广大发展中国家的同情和支持。在劫持民航客机的恐怖主义犯罪中，有很多都是属于此类，都是打着民族解放的旗号，针对宗主国、殖民国的民航飞机进行恐怖袭击。第二，恐怖主义在迫使有关国家的政府改变政策方面起到了一定的效果。战后一些殖民地的民族主义团体曾成功地以恐怖主义手段迫使宗主国放弃殖民统治。而在一些独立国家内部，某些激进族群的团体的恐怖活动也使有关政府不得不在政策方面作出较大的改变。21 世纪以来，政治恐怖主义在中东地区表现得最为突出。自从 19 世纪末犹太复国主义产生以来，世界各地的犹太人迅速向巴勒斯坦地区集结，突然大批涌入的犹太人与当地已经生活了两千年之久的阿拉伯人展开了以水源和土地为核心的资源争夺，经济上日益尖锐的冲突使巴勒斯坦阿拉伯人与犹太人之间的矛盾激化为生存权之争。冷战以后，社会制度之间的意识形态争夺突然消除了，原来隐匿起来的国家内部和国家之间的民族矛盾冒了出来，民族分离成为一种世界范围内的风潮，在世界许多国家包括西方国家自身都出现了民族分离主义浪潮或者倾向，无疑为恐怖组织的壮大提供了社会基础。而许多由来已久的民族矛盾并未获得很好的解决，在巴以之间由于矛盾的不可调和，再加上大国之间在背后的博弈，导致面对强大的以色列，巴勒斯坦人只能用非常规的手段进行报复，或者进行抗争，这导致处于弱势群体的巴勒斯坦少数激进组织以自杀性恐怖事件来报复以军士兵的狂轰滥炸。在西班牙北部地区，由于巴斯克分离分子一直要求成立一个独立的国家，因而在未得到满足之后，屡屡制造诸如爆炸等恐怖事件。在菲律宾以及印尼，都存在着类似的情况。据统计，目前世界上有近 30% 的国际恐怖主义组织是由极端民族主义者组成的。

4. 思想意识形态问题

文化差异引起很多矛盾，从而构成诸多社会争端的根源，世界主要宗教之间的文化分歧和意识形态差异，构成了孕育国际恐怖主义以及发生冲突的大背景。不平等的国际经济政治秩序和一些宗教势力内部的派别纷争，使这一冲突更加复杂化。恐怖主义泛滥，是不同文化差异冲突加剧的结果。只有当所有的人都能享受人类文明的成果，人类创造带来的美好生活，否则没有一个国家的人民和一个国家会真正地繁荣，会真正地享受安全。真正的全球化应该是多元的，应该是一种全球民主，应该是平等的，在全球民主的框架下，各种民族文化，不分大小，都有存在的权利，有发展的权利。全球化意味着相互依存，相互需要。只有这种思想才有利于人类的共同生存。当人群和文化被窘迫得过于无奈，极端的思想在怪异的信仰驱使下就有可能应运而生。

恐怖主义作为一种古老的政治或社会现象由来已久，现代恐怖主义在政治、经济、军事上对全球安全都有着很大的影响。民航作为高科技、高风险、高投入的最现代化的交通运输业，历来是国际恐怖主义垂涎、染指和利用的重要领域和目标。协调世界各国政府在民用航空领域内各种经济和法律事务、制定航空技术国际标准是现今最重要的事情。安全与效益是国际民航的第一要义，安全是第一位的，是效益的前提，而要保证安全，也就是要有效地防范和打击针对民航的恐怖主义活动。

第二章 航空恐怖主义犯罪的成因与特点

国际恐怖主义从根本上说是国际和国内各种矛盾和冲突激化的产物。在对当代恐怖主义性质的认识上，世人的基本共识是：国际恐怖主义是全人类的敌人，是对全人类安全的共同威胁。但由于其产生的根源和背景非常复杂，国际社会对其至今尚未形成统一的看法。[1]

西方主流观点认为，恐怖主义是对西方文明和“和平、民主和自由市场”价值理念的挑战。无论美国人、英国人、法国人还是德国人，左派还是右派，西方人在价值观上有着根本的一致性。在分析恐怖主义的根源方面，国外学者从历史、政治、经济、文化、社会心理学以及病理学等方面都进行了大量的研究。我国学者认为，“恐怖主义的产生有其复杂的政治、经济和文化根源。应该承认，恐怖行为的原因在于国际、区域或国内政治生态的失衡，社会经济结构的缺陷甚至非正义性，以及非暴力解决途径和正义伸张渠道的缺失。但也必须看到，当代原教旨主义极端思潮确有其特殊性，包括其动机的颠覆性，其信念体型所蕴含的普遍征服、绝对

---

〔1〕 刘仁山等：《国际恐怖主义法律问题研究》，中国法制出版社2011年版，第42页。

统治和不容异端的绝对主义特征”。[1] 这种极端性是以宗教为外衣的恐性组织的共同点。“恐怖主义之所以如此猖獗,是与特定的国际体制、与某些国家的特殊政策和做法有联系的,正是这些特定的国际体制和国家政策,比如美国主导的国际安全与政治制度,超级大国的霸权主义和单边主义,以及在美国庇护纵容下发展出的以色列对待阿拉伯国家(尤其是对巴勒斯坦)的铁血政策,以及由此带来的众多矛盾和冲突,成为各种国际恐怖主义滋生蔓延的主要温床和催生剂。”[2] 还有学者对现代恐怖主义和后现代恐怖主义进行了比较研究。现代恐怖主义的兴起与后现代恐怖主义的形成发生在同一时代背景下,两者都含有批判、否定、摧毁和非理性的意义,特别是现代恐怖主义在决策上具有非常规性,在目的上具有反中心性,在方法上具有非理性,在后果上具有破坏性,这与后现代恐怖主义的精神内核有着惊人的相似性。

综上,我们认为分析产生国际恐怖主义的根源应该从如下几个方面入手:导致恐怖主义的国际关系、地区经济、民族主义、宗教主义等宏观成因;进行恐怖主义活动的不法分子的动机、目的、意识形态、个人背景和心理等微观成因;由于民航领域的国际性、脆弱性、重大影响性以及高成本性等特征导致的民航恐怖主义的特殊成因。

第一节　国际恐怖主义的宏观成因

目前,恐怖主义组织或团伙存在于世界各种类型的国家,全世界越来越多的国家正在遭受恐怖主义危害所带来的痛苦和灾难,恐怖主义已经成了此阶段全世界的瘟疫,已成为全球最严重的公害之一。

一、恐怖主义产生的国际背景

(一)霸权主义和强权政治

“9·11”事件发生,全世界在齐声谴责恐怖主义的同时,也在思考一个问题,为什么恐怖主义会袭击美国?当今世界恐怖主义存在的根源究竟是什么?试图正本清源,从根基上了解恐怖主义产生的机理,从本源上,采取

---

[1] 石斌:“试析美国政府对恐怖主义的定义”,载《世界经济与政治》2002 年第 4 期。

[2] 王逸舟:《当代恐怖主义溯源》,社会科学文献出版社 2002 年版,第 2 页。

相应措施铲除恐怖主义。冷战后世界格局体现为美国的单级霸权,美国依靠强权不顾及别国的安危与尊严,强行推行自己的价值观,不断干预别国的内政,在激化与一些国家之间矛盾的同时,也为恐怖主义所不能容忍,因此成为国际恐怖主义的众矢之的。美国无论是硬实力还是软实力都是世界第一,成为冷战后唯一的超级大国。作为一个超级大国,美国的力量是史无前例的,全世界花费在防务上的费用大约是八千亿美元,而美国在防务上的支出就有三千八百亿美元,比世界防务开支最多的14个国家的总合还要多。美国在武器技术方面远远超过它的盟国,因此极易倾向于单边主义。

中东地区一直以来就是恐怖主义盛行的地区,美国在中东的单边主义使它招来中东国家的广泛嫉恨,据《国际先驱论坛报》与PEW研究中心在2001年11月12日至12月13日的世界范围内的调查,77%的美国以外的人士认为美国在反恐战争中表现为单边主义,对伊拉克战争标志着"美国单边主义登峰造极"。尽管美国在伊拉克战争中组织了有数十个国家参与的"联盟",但是这个"联盟"本质上并不是真正意义上的多边体系。首先,美国的"志愿联盟"显然建立在美国单边的利益基础之上,在联盟内部美国与其他国家地位并不平等,在决策层面以及实施过程中更多的是唯美国马首是瞻。"联盟"要打击哪一国、如何打击、何时打击,完全取决于美国一国的利益和其对战略环境的判断。因此,美国在伊拉克战争中奉行的仍是单边主义。美国推行霸权的中东政策,在两伊战争中支持伊拉克,以削弱伊朗;在伊拉克成为中东地区军事最强大的国家且入侵科威特后,美国又联合盟国发动"沙漠风暴行动"重创伊拉克,并对其实施旷日持久的制裁;在巴以冲突中美国由于国内犹太势力的强大压力和与以色列的传统特殊关系,明显偏袒以色列,长期给予色列经济、军事援助,这一切引起阿拉伯世界对美国的强烈不满,引发对美国的极大仇视。在基地组织的成员看来,是美国在苏联撤出阿富汗后抛弃了他们,并采取了新殖民主义的中东政策。基地组织对美国的价值观产生了强烈的抵触,从而付诸武力。以色列作为美国推行霸权政策的产物,对巴勒斯坦土地的占领,是造成巴勒斯坦人及整个阿拉伯世界感到屈辱的根源。可以说如果巴以之间不合解,不能找到双方和平共处途径的话,中东地区就得不到安宁,中东地区的恐怖主义的根源就仍然存在,在中东的恐怖主义就还会不断发展,不断采取恐怖袭击行动。而他们的主要目标就是对准美国,正如“9·11”事件的策划者之一 Zacharias Missouri 在自我辩护中表白时说,他们的目标就是要摧毁美国。[1]

(二)西方国家在对待恐怖主义的问题上采取双重标准

美国对恐怖主义采取双重标准——凡是针对美国的恐怖主义就要反对,而针对别国的恐怖主义则区别对待,有时甚至支持。因此,那些受到美国打击的恐怖分子,认为受到了极其不公正的对待,增加的不是恐惧而是对美国为首的西方国家的进一步仇恨和报复。西方国家认为凡是对平民造成伤害的都是恐怖主义,而阿拉伯世界认为以色列是国家恐怖主义。阿拉伯世界反美最重要的原因是美国与以色列结下了不解之缘。这当然与美国国内犹太人的政治势力非常强有关。美国通过各方面犹太人的影响与以色列的关系非常紧密,以色列是得到美国外援最多的国家。正因为美国与以色列的亲密关系,美国直接介入以色列与巴勒斯坦的西岸的流血冲突,一直全权支持以色列,造成阿拉伯集团对美国的极大反感。[2]

20 世纪 80 年代末 90 年代初,随着苏联的解体,冷战格局结束,美国单级称霸世界的格局开始了。十多年来,其霸权主义和强权政治日益膨胀,力图把整个世界置于自己的统治之下。到处插手国际事务,建立符合自己利益的世界政治经济秩序,使美国逐渐成为世界上一切矛盾的中心和焦点。尽管美国的实力和势力都不断膨胀,但树敌越来越多。尤其是布什上台后,提出美国利益第一的“单边主义”,以超级大国、世界主宰的蛮横态度处理国际事务,拒不交纳联合国会费,退出《京都议定书》。国际上称:“美国利己时代已经来临”,美国霸权主义和强权政治恶性发展,使世界政治、经济、民族、文化、宗教等一切已有的矛盾进一步加深,世界秩序更加不合理、更加不公正,为恐怖主义的发展提供了更加肥沃的土壤。

美国霸权主义的膨胀燃起了阿拉伯世界复仇的烈焰。美国霸权主义的恶性膨胀殃及世界各种类型的国家,其中广大发展中国家受害尤深,而中东和伊斯兰国家受害尤重。冷战结束后,阿以冲突的加剧、伊斯兰宗教

〔1〕 陶德麟主编:《社会稳定论》,山东人民出版社 1999 年版,第 142 页。

〔2〕 James M. Lutz and Brenda J. Lutz, *Global Terrorism*, Second edition, Routledge Taylor and Francis Group, 2008, p. 22.

极端主义和恐怖主义的发展,是国际生活中一个突出现象。从表面上看这种现象是以色列与阿拉伯国家民族和宗教矛盾和冲突加剧的结果,但实际上,其根源还在于美国的全球战略和世界霸权。中东地区的战略地位并没有随着冷战的结束而下降,同时,这一地区的石油资源对美国具有极高的战略价值,而且它还是美国进入俄罗斯的后院。苏联解体后,美国成了中东地区的唯一主宰,其在中东的政策和行为更加蛮横。对昔日"友邦"的愿望、情绪和要求也不再考虑和顾及。在"海湾战争"中,美国对伊拉克十多年的封锁禁运和不断狂轰滥炸,使伊拉克民不聊生,夺去了上百万人的生命。这与其说是制裁和打击萨达姆政权,不如说是对那些不听话国家政府和人民杀鸡给猴看。美国对阿拉伯国家的蛮横政策,助长了以色列右翼势力的膨胀及其恐怖主义的滋长。所有这些,使阿拉伯人民对以色列及其后台美国的仇恨已达到沸点,从而为早已燃起的复仇烈焰浇了油,为一些亡命者的恐怖主义恶性发展提供了良机。[1]

美国对恐怖主义的双重标准使国际反恐合作陷入泥潭,加剧了国际恐怖主义的发展。美国在对待恐怖主义上推行双重标准,公开地运用恐怖主义手段来打击对手。美国对待各国民族分裂恐怖分子,向来采取实用主义和利己主义标准。对其西方盟友国家民族分裂分子制造的恐怖活动一向是谴责的,支持该国政府的打击政策,而对于发展中国家特别是美国视为敌人或对手的国家的这种恐怖活动则加以支持和纵容。阿富汗塔利班政权和本·拉登组织都是当年美国一手扶植起来,用于对抗苏联的军事占领。美国对南联盟科索沃穆斯林民族分裂分子的恐怖活动从不作声,甚至加以纵容和保护,而对土耳其库尔德工人党游击队的分裂活动加以谴责。美国对我国发生的恐怖活动更是一贯采取双重标准。对"东突"分子在我国新疆地区的恐怖活动不仅一向默不作声,并试图促进矛盾深化;对达赖集团恐怖分子公开支持和资助;对"法轮功"邪教组织更是视为自由斗士竭力加以支持、纵容和庇护。总之,美国对什么是恐怖主义活动从来没有客观标准,从不问是非曲直,而是以我画线、为我所用。有利于实现其全球战略的就是民主和人权斗士,就给予支持和保护,否则就是十恶不赦的罪人,必欲除之而后快。美国对恐怖主义的这种为我所用的双重标准,不仅助长

---

〔1〕 王逸舟:《当代恐怖主义溯源》,社会科学文献出版社2002年版,第137页。

了恐怖主义的发展,而且也使世界各国特别是各大国联合起来形成国际反恐机制变成不可能。[1] 在打击伊斯兰国(IS)这场反恐战争中各方的角力就充分地反映了这一点。

二、国际恐怖主义产生的地区经济原因

(一)贫富分化的世界经济秩序

贫困不是罪恶,但却是产生社会动荡的仇恨的根源。从“二战”结束到现在,虽然世界经济整体得到长足发展,发展中国家也实现了大幅度的增长,但增长的速度并不相同,贫国富国之间的差距进一步拉大。并且,很多发展中国家的经济并没有相应地带来福利的普遍分享,反而引起了贫困人口的绝对上升。这样,发达国家与发展中国家的差距越来越大,这就为社会中普遍的不满与仇恨情绪的产生提供了条件。而不满和仇恨,正是恐怖主义得以产生发展的温床。第一世界与第三世界的人均收入的差额之比,在1500年是3:1,到1850年达到5:1,1900年是6:1,1960年是10:1,1970年达到了14:1。最近十年来,世界各国中前15名和后15名的人均收入比率从60:1扩大到74:1;而1960年这个比率为30:1。世界银行行长沃尔芬森曾发出警告:“财富的严重不平衡是一种威胁”,“一个不公正的世界是一个危险的世界”。2001年9月14日,德国总统约翰内斯·劳在柏林举行的“9·11”事件的哀悼活动中指出:“防止恐怖战争暴力的最好方法是建立一个公正的世界秩序,公正的果实将是和平的到来”。[2]

经济全球化是贫困与发展问题的国际大背景,其实质是资本的大规模跨国运动和资本国际循环的形成。在经济全球化的进程中,世界日益分化为富裕的北方国家和贫困的南方国家,资本从发达国家流向发展中国家,利润和财富却反向地从欠发达国家流向发达国家。增长而不发展或不发达地发展,使许多国家陷入了发展的陷阱。同时应该注意的是,资本与利润虽然从表面上看都表现为货币的形式,但是却有着本质的区别。资本意味着可以用来增值的手段,而货币则只不过是一种价值符号,而财富则是以物质形式为主要成分的。根据联合国的统计,在一些发展中国家,虽然

---

〔1〕 张大伟:“对恐怖主义根源及反恐对策与措施的探索”,中国政法大学2003年硕士学位论文。

〔2〕 载http://blog.ifeng.com/article/2517112.html,2014年6月6日访问。

经济在绝对意义上仍然有所发展,但贫困化现象也在发展。从 1960 年到 1990 年,拉丁美洲国家的国民生产总值增长了四倍,而与此同时,拉丁美洲国家贫困人口的数量却增长了一倍。拉美国家陷入现代化的陷阱,很大程度上外源于美国所起的恶劣作用。全球化使有些穆斯林国家边缘化,反而趋向贫困,坠入社会经济阶梯的最底层。

如果回想一下"二战"后对待前法西斯国家的态度,发达国家对待发展中国家更加苛刻。1976 年美国在发展中国家投资的利润率是 25%,是在发达国家直接投资利润的两倍以上。1976 年美国在发展中国家的直接投资共获得 70 亿美元的外资,而流出的投资额只有 28 亿美元,而这些投资是为了增加美国经济发展所必需的关键性材料的产量。拉丁美洲在 1965 到 1968 年间获得 11 亿美元的外资,却付出了 54 亿美元的利润,净流失 43 亿美元。从发展经济学的角度解读此问题会更深入地揭示事情的本来,西方国家在从各种制度与市场手段从发展中国家攫取资源和财富后,企图进一步将发展中国家排斥在分配体系之外。在世界经济与政治决策的很多领域,西方国家确实是成功的。南北分裂之所以长期得以维持甚至不断扩大,还与全球性调节空缺有关,在资本主义世界经济中,各国经济被统一的劳动分工联系在一起,在同一的世界市场的支配下进行生产和销售创造全球范围内的资本积累,与此同时,收入分配却完全局限在国家范围内,由各国自行调节,不存在一个全球机制在全球范围内进行分配,更谈不上建立全球性社会安全保障制度了。在国际经济领域往往也有这样的结构性障碍。全球范围内资金人才和其他要素的自由流通,也是资金和利润向富国回流的现象。因为富国不断以可复制的纸币向发展中国家交换不可复制的产品,而这些纸币又由于政治经济的原因流回富国。在这种情况下,上层社会中的成员享受到全球化的好处,得以在国外安全地享受来自本国的财富。但是这种情况造成了很多国家陷入了经济增长但是不发达,或是不发达的发展的窘境,贫民也陷入了一种新的绝望的处境。

在巴勒斯坦青年失业率高达 50%,没有自己的家,而哈马斯给年轻人一种家一样的温暖,所以很多年轻人自愿加入哈马斯。在阿尔及利亚,人口中的 70% 是 25 岁以下的年轻人,他们接受了教育但由于自己国家的经济不景气,通货膨胀率高达 20%,失业率 25%,很多年轻人只有在街头游荡,"伊斯兰就是解决办法"的口号对它们是很有吸引力的。在菲律宾,特别是南部穆斯林居住区，经济不振，教育状况不良，而穆斯林民众在整个国家又是少数，在政府特别是中央政府没有强有力的代表。这样经济的贫困加上政治和文化的边缘地位，迫使部分穆斯林在体制以外寻找解决问题的方法，有些就走上恐怖主义的道路。普遍发展和共同繁荣是反恐的基础，只有在经济上相互促进、共同发展，才能铲除恐怖主义滋生的根源。只有缩小贫富差距推动社会的公平公正，才能使恐怖主义变为无源之水、无本之木。只有真正实现共赢共享共存的全球发展战略，才能让恐怖主义失去藏身之地。“二战”后新型独立国家虽然取得民族独立，但其在技术经济方面对发达国家的依赖相当大，在不平等的国际政治秩序下，南北差距不断拉大，这突出地表现为贫富差距。随着南北差距的拉大，发展中国家贫穷状态的加剧和全球化的日趋发展，弱势国家与民族无法与发达国家相提并论。南北差距导致的贫穷成为恐怖主义产生的真正原因，世界上有超过8亿人生活在绝对贫困中，至少有30亿人处于极度营养不良状态中。生活水平之间的巨大差距促使穷国的居民大量涌入发达国家。移民离开自己的穷国后，再次沦为待遇最低、最受歧视的阶层，为国际恐怖组织利用这些人创造了前提。从2000年10月到2001年10月，全世界因战争造成的难民数达1490万，比2000年增长40万。仍在本国国内的难民人数达2200万，阿富汗和巴勒斯坦难民数占全世界战争难民数的一半以上，恐怖组织可以在全世界被遗弃或被遗忘的人群中得到支持发展。《国际先驱论坛报》与Pew研究中心的调查表明52%的非美国人士认为，美国政策造成世界上贫富差距扩大，是这些国家反美的主要因素。[1]

美国助理国务卿洛恩·克拉纳在新疆大学的演讲中说，很多使恐怖主义滋生的原因是人们觉得前途、绝望，感到受害和不公，复仇心等。

（二）贫穷加剧是恐怖主义产生的温床

法国国家科学研究中心主任艾利·柯昂认为，最不发达国家贫穷加剧和南北关系恶化是产生打击纽约狂热势力的温床。[2] 南北差距，是指发展中国家和发达国家在经济和技术及人民生活水平等各方面的差距。进

---

〔1〕 Robespierre, Discours et Rapports de Robespierre, See Michael Stohl, *The Politics of Terrorism*, New York: marcel dekker, inc, 1986, p. 3.

〔2〕 ［埃及］格尔达威：《穆斯林行为中的优先选择》，罕戈译，香港天马出版社2005年版，第185页。

入新世纪，发达国家已进入新经济或知识经济时代，而大多数发展中国家还处在工业化进程中，有些甚至还是落后的农业国或矿业国。1999 年度的《人类发展报告》提供的情况令人震惊：占世界人口 1/5 的收入最高的国家的人民，拥有 86% 的世界国内生产总值、82% 的全球出口和 68% 的国外直接投资，控制着全世界 74% 的电话线。收入最低的 1/5 国家的人民只占每一项的 1% 。全世界最富有的 1/5 人口与最贫穷的 1/5 人口之间的收入差距从 1960 年的 30:1 扩大到 1997 年的 74:1。[1] 2014 年联合国开发计划署发布的人类发展报告指出，全球约有 12 亿人每天的生活成本不超过 1.25美元，仍有 15 亿的贫困人口存在于发展中国家，世界的不平等不均衡状况仍旧没有改观。以资本主义国家分工为基础的国际生产体系和以不平等交换为基础的国际贸易体系，以及以垄断资本为基础的国际金融体系和国际经济旧秩序继续存在。先进的资本主义国家在历史上对占世界人口大多数的落后国家进行了长期的殖民统治和掠夺，造成了二者在经济、社会发展上的巨大不平衡。在经济全球化的影响下，发达国家利用它们的国际经济规则，极力向世界各地扩张以寻求更多的资源和市场，从而建立起强大的经济优势。从某种程度上说，发达国家的经济是依靠牺牲发展中国家的利益发展起来的。

三、国际恐怖主义产生的社会原因

（一）分离主义走向极端

分离主义，目标是从现存的主权国家中分离出一部分领土建立自己独立的国家。分离主义的核心推动力一般是来自该国内的某少数族群，并且该族群有自己的集体认同和自己宣称的家国领土。但分离主义是单方面的行为，其分离的要求并不为当事国政府所接受。所以分离主义不是经过和平协商与谈判的程序达成协议转移主权或成立自己独立国家的行为，也不是非殖民化情况下的民族独立行为。在 20 世纪有三次世界性的建立现代国家的运动。第一次出现在第一次世界大战前后，这是建立在资本主义发展基础上的各民族要求消除封建割据，建立民族国家的运动，其特点是民族组合和反映资本主义经济发展要求的多民族国家的形成。第二次出现在第二次世界大战之后，觉醒的广大被压迫人民，要求摆脱帝国主义和

---

〔1〕 周仁华："恐怖主义的根源"，载《咸宁师专学报》2002 年第 5 期。

殖民主义的统治和控制,建立自己的独立的民族国家,改变了东西方的关系,也改变了东西方的世界格局。在这次运动中 80 多个国家独立了,非殖民化进程在 20 世纪 90 年代初基本完成。生活在殖民统治下的人口从 1945 年的 7.5 亿人(占当时世界人口的 1/3)减少到 1995 年的 150 万人。这两次建立现代国家的运动,对于促进国际社会的现代化与国际社会的平等,维护国家独立,促进国家政治经济的发展,维护多元化国际社会的存在等方面起着积极作用。它们是促进各国家统一的力量,在历史上起着进步的作用。第三次建立现代国家的运动出现在冷战后,苏联解体后,原来受两极格局的支配和控制国家内部和国家间的社会矛盾激化,并泛化为极端的分离主义,它以种族或者血统作为思想意识基础,追求族群的自决直至族群的分离权,要求建立单一制民族或种族国家,不顾一切地要求自决、独立,其特点是国家的分裂,因此,一般把它称为分裂主义,也有的学者把它称为种族分离主义。这种族群的分离活动至今都没有缓解。族群分裂情绪的高度膨胀往往走上恐怖主义之路。恐怖主义是分离主义的一种绝望表现,面对强大的反分离力量,相对弱小的他们用传统的战争方式根本无法与之抗衡,而破坏、暗杀、爆炸就成为他们的主要手段,从而,对国际社会的安定与世界和平却构成了严重的威胁。应当指出,当前,族群问题国际化的倾向日趋严重。同一族群在不同国家的分布,往往会引起很多矛盾和问题,在一定条件下,就会导致别国对相同族群的支持或干涉,相当一部分的恐怖主义就是以分离主义为基础的。据统计,目前世界上有近 30% 的国际恐怖主义组织是由分离主义者组成的。1991 年,这类恐怖活动就占全部恐怖活动的约 36%,比 1990 年增加了一倍多。

20 世纪 90 年代前后,随着苏联的解体和冷战的结束,在欧洲巴尔干地区、高加索地区,中亚地区,一直延伸到东南亚地区,许多原先由于两大集团的冷战而被掩盖和受到压制的各种族群矛盾几乎在一夜间急剧膨胀激化。"9·11"事件后恐怖主义活动成为世界的焦点,不知是出于某种巧合还是某种必然,我们可以发现几乎在大多数族群冲突中都存在着恐怖主义的阴影。族群矛盾与恐怖主义几乎一直以某种共生形式而彼此联系,一起存在。[1]

---

〔1〕 冯双星:《国际犯罪》,群众出版社 1989 年版,第 79 页。

分离主义往往借助某种意识形态为思想武器来发展壮大自己。恐怖主义是分离主义矛盾加剧的结果。在近些年中，不同文明之间的交融加剧，伴随着强大的物质文明的交融带来的是不同文明之间的冲突，特别是20世纪，许多分离主义分子通过恐怖主义的形式争取独立建国。美国学者欧文·沃尔认为恐怖主义在争取民族解放的反殖民斗争中最为成功，如1954年的阿尔及利亚摆脱法国的殖民统治而获得独立。在一国内的激进分离者企图分裂国土。由于其实力不足以与当地政府对抗，分离主义者往往采取暗杀、爆炸、破坏等恐怖主义手段来达到自己的目的。当然在分离主义中还存在着另外一种情况，就是那些宣扬种族至上，崇尚法西斯暴力的极端残忍的种族恐怖主义，如德国境内的光头党及美国的3K党。尤其是近些年来在德国时不时就冒出来的新纳粹。总体来说，由分离主义引发的恐怖主义繁多复杂。

（二）极端主义思想泛滥

极端主义是为了达到个人或者小部分人的某些目的，而不惜一切后果地采取极端的手段对公众或政治领导集团进行威胁。极端主义者往往片面地而非全面地看待事物或行为，同时往往在处理事物时会通过偏激的方式来解决。极端主义出现于20世纪90年代的西方学术研究中，是指以宗教名义从事反政府或以反对西方为政治目的的暴力恐怖活动。

极端主义往往和民族分裂势力和国际恐怖势力相联系，“9·11”事件以后，特别是进入21世纪，每当谈及宗教极端主义，最先出现在人们脑海里的是伊斯兰极端主义，伊斯兰极端主义是伊斯兰教中最极端的政治派别，其终极政治诉求就是利用一切手段建立由传统伊斯兰教法支配的社会。为此，伊斯兰教极端主义提出的口号是：既不要西方的资本主义，也不要东方的社会主义，只要伊斯兰教。伊斯兰原教旨主义是伊斯兰宗教极端主义的重要派别，伊斯兰极端主义者认为，对伊斯兰教基本教义的背弃是伊斯兰世界走到今天这种局面的罪魁祸首，解决伊斯兰危机方面的出路，就是要回归伊斯兰的基本教义，消除世俗影响，建立普遍范围内的实行伊斯兰基本教义的纯正的伊斯兰教国家。在原教旨主义的观念中，任何民选的、世俗的政权都是实现伊斯兰建国的绊脚石，特别是西方的价值观与伊斯兰世界的价值观是根本对立的、不可调和的，西方文明对伊斯兰世界的改变是伊斯兰危机的根源，双方处于对立面，并且本地的世俗政权与西方国家相互勾结,已经丧失了它统治的合法性,必须加以推翻。目前最令全世界关注的“伊斯兰国”,它不同于其他恐怖主义组织,它并不谋求参与所在国家的权力分配,其根本目的是要在中东地区建立政教合一的纯粹的伊斯兰宗教国家。同时,伊斯兰极端主义者认识到,在他们发动的这场不可避免的“圣战”中,西方在各个方面都处于绝对优势,因此为了实现自己伊斯兰建国的政治目标,必须采用极端手段。[1] 而在所有的恐怖主义组织中,目前看来,伊斯兰国则是最为残忍、最为凶狠、最为极端的恐怖主义组织。

邪教恐怖主义也可以看做是极端主义的一种表现形式。法国专家们经过深入研究,认为应该从社会学角度出发,以“危险性”来界定邪教:一个团体,利用科学、宗教或治病为幌子,掩盖其对信徒的权力、精神控制和盘剥,以最终获取其信徒无条件效忠和服从并使之放弃社会共同价值观(包括伦理、科学、公民、教育等),从而对社会、个人自由、健康、教育和民主体制造成危害,即为邪教[2]。西方英语文化圈通行的 cult(膜拜团体),法语、德语文化圈通行的 cult—sect(膜拜教派),学术上的全称为具有严重犯罪性质的伪似宗教组织(Pseudo Religion)。

第二次世界大战结束后,狂热的膜拜团体,打着某种新宗教旗帜的新兴教派,通常我们不认为其为宗教,普遍意义上认为其为伪宗教,而从政治的角度来看,可以称为邪教。邪教成为困扰世界各国的一个大问题,全世界的邪教组织多达 4000 多个,尤其是发达国家,邪教组织更是五花八门,数量众多。普遍来说,邪教组织都有共同的特点:大多都有一套以世界毁灭为核心的基本教义,宣称世界末日来临之际,只有信仰本教才能获得拯救。在日常的教务活动中,刻意神话本教教主,大搞个人崇拜,树立教主在教徒中至高无上的绝对地位和精神控制。他们通常大肆批驳现行的各种制度,将现行的存在视为“罪恶”,利用广大教徒追求“善”、“真”等朴素愿望,鼓励教徒按照本教的“神”的旨意消除世界上的“恶”,建立“光明的天国”,他们无端地将人们分成两类:即信徒与非信徒。[3] 主张对“异教徒”

---

〔1〕 樊杰辉:“论当代恐怖主义的根源”,山东师范大学 2013 年硕士学位论文。

〔2〕 载 http://www.people.com.cn/GB/guoji/24/20010329/428117.html,2015 年 3 月 1 日访问。

〔3〕 李湛军:《恐怖主义与国际治理》,中国经济出版社 2006 年版,第 95 页。

进行清除,对想退出的前教徒也予以杀害。邪教组织大都利用现实社会中的各种矛盾和冲突,攻击政府,敌视社会。利用教义将教徒个人的不幸、不满情绪激化为对政府和整个社会的极端敌视和仇恨感,培养与激化教徒们的报复心理和暴力攻击性,并总以“神”、“上帝”的旗帜为掩护,为其暴行提供“合理性”解释,减少其罪恶感。将教徒变成其教主实现政治或社会目的的工具,鼓动教徒们为“神”的旨意而献身取义。现阶段的邪教恐怖主义大多都是内向型的,表现为自杀、自焚、乱伦和内部的残害,不过邪教的暴力活动逐渐走向外向。[1]

(三)宗教成为恐怖主义的借口或者工具

西方媒体、民众对异教的曲解是恐怖主义的催化剂。深受基督教影响的西方媒体、民众对异教特别是伊斯兰教都具有极度的误解和深刻的偏见。在西方传统观念中伊斯兰教是罪恶之源,整个西方世界存在着对伊斯兰世界固有的偏见、蔑视甚至是诋毁,而这种消极的伊斯兰观直接反映在西方的大众传媒领域,在媒体的宣传教育下,从西方学界到普通民众对伊斯兰教世界都抱有极大的偏见,形成了对伊斯兰世界的一种固有的认知。西方媒体中,伊斯兰就代表着邪恶,就代表着恐怖主义。在欧美媒体的观点中,“阿拉伯人只懂得武力;野蛮与暴力是阿拉伯文化的显著标志;伊斯兰教是一种不能容忍异教徒、种族隔离主义的、中世纪的、狂妄的、残忍的、反妇女的宗教”,[2]把伊斯兰教总是贴上邪恶、暴力的标签。西方民众对伊斯兰世界的偏见不仅来源于西方媒体对于伊斯兰世界的误读,也来源于西方世界与伊斯兰世界长期的政治经济互动。在西方的传统观点中,伊斯兰是一种对西方文明的挑战,特别是20世纪70年代的石油危机和伊斯兰革命的发生之后,由于伊斯兰世界主要集中在中东阿拉伯半岛地区,因此,对阿拉伯人的指责就变成了对伊斯兰世界的指责,在这样的一种惯性思维下,西方世界逐渐形成了对伊斯兰世界的普遍性偏见,欧美传媒界逐渐出现类似“极端主义”、“恐怖主义”、“狂热主义”等负面的词汇来描述整个伊斯兰世界。欧美媒体对伊斯兰世界的观点集中体现在美国的媒体上,“穆斯林是恐惧与幽灵的象征”的观念与美国的精英主义和自由媒体相结合,

---

〔1〕 爱德华·W.萨义德:《文化与帝国主义》,李琨译,三联书店2004年版,第86页。

〔2〕 爱德华·W.萨义德:《文化与帝国主义》,李琨译,三联书店2004年版,第366页。

形成了当今美国主流社会对伊斯兰教的固有成见。苏联解体后,美国在全世界范围内进行扩张,在这个过程中伊斯兰世界的反美情绪逐渐强势,美国与伊斯兰世界冲突激烈爆发,美国就习惯地把恐怖主义和伊斯兰教等同起来。美国独一无二的国家地位,使美国对伊斯兰世界的看法就成了整个西方世界的占主流的价值观。在 2013 年的一项关于宗教的调查中,普通的美国大众有近 40% 认为伊斯兰教是一种反民主的宗教,而在美国上流社会中更是有多达 60% 的人认为伊斯兰教是对美国的威胁。

当西方国家在恐怖威胁的压力下,逐渐丧失对不同文化的尊重和包容、逐渐变得独断专行和更加自私自利的时候,变得越来越倾向于以暴力方式维护自身安全,甚至不惜剥夺其他国家民众选择的权利乃至无辜者的生命时,所激起的反抗和对立,必然是根深蒂固和长久的。让年轻人绝望到与无辜者同归于尽,是这个时代最可怕的“恐怖”。根据美国皮尤研究中心 2009 年 10 月的一项最新研究数据表明,全世界 200 多个国家的穆斯林已经超过 15.7 亿人口,占世界总人口的 23%[1],而与此同时全世界的基督教徒大概有 16 亿信徒,大部分的伊斯兰教徒都集中于中东地区,而大部分的基督教徒都集中于欧美。欧美诸国特别是美国,往往以上帝的名义传播美国的价值体系,传播美国式民主。以强大的经济军事力量做后盾的美国,作为世界上最大的基督教国家往往意图消灭世界的多样性和差异性,认为在基督教支配下的政治体制、价值观念、社会发展模式才是这个星球上唯一正确的。这个星球上就应该服从基督教也就是美国的意志,违背这种意志的教派都要受到美国的制裁。美国历届政府在文化上对伊斯兰教的政策基本一致——向信仰伊斯兰教的地区推广带有美国标志的基督教,用基督教在这些地区渗透直到取代伊斯兰教。在美国的视角下,消灭伊斯兰教就能彻底铲除恐怖主义,就可以保障美国的国家安全。很多年以来,美国政府到处兜售其“大中东民主计划”,其本质就是以基督教来改造这一地区的伊斯兰教。美国政府不仅在官方层面露骨地试图演变伊斯兰教,在民间层面也不遗余力地通过各种形式达到其目的。2003 年 7 月,一本由美国人创刊的阿拉伯语杂志《hi》在阿拉伯世界发行,这本杂志的主要受众就是阿拉伯的青年一代,主要内容就是以美国流行娱乐文化为代表的美国文

---

〔1〕 载 http://www.norislam.com/? viewnews - 13868,2014 年 10 月 14 日访问。

化。自杂志发行以来，迅速占领了沙特、阿联酋、叙利亚等20多个伊斯兰教国家的图书市场，但这本杂志表面上是由美国民营的美国期刊集团发行，实际上在其背后就是美国国务院对外新闻局，美国政府每年都拨出400万美金扶植这个杂志，美国国务院成立了一个专门的委员会审阅所有的文章。除了从文化的角度打击伊斯兰世界，美国更从军事上直接打击“不听话”的伊斯兰国家，从政治上控制或颠覆伊斯兰教政权，从经济上掠夺整个伊斯兰世界的财富。美国前国务卿黑格曾经对伊斯兰世界宣称：“如果我不喜欢它，我就叫它恐怖主义。”这句话充分说明了美国对伊斯兰的态度，利用恐怖主义的旗号，利用自己在国际上自由说话的权利和能力，肆意地打击整个伊斯兰世界，这必然引起伊斯兰世界的反弹，当然其中包括恐怖主义的反弹。[1]

四、国际恐怖主义的微观成因

恐怖主义成为全世界的“瘟疫”是由多方面的原因造成的，有本质性的、根本性的根源，也有一些具体的现实的背景，当今世界恐怖主义作为一种社会现象，其发生、发展和存在的原因是极其复杂的。

（一）恐怖主义者的意识形态

达到同样的目的有不同的途径，即便是选择了政治暴动，也有暴力革命、游击战、战争等诸多形式，但为何一些人和组织选择了恐怖主义作为手段。其重要原因是，对各种组织和政权来说，恐怖主义被证明是一种低成本、低危险、高收益的斗争方法。[2] 恐怖主义具有灵活、简便、隐蔽的特点，它适合怀有各种动机的个人或团体采用，特别适合那些非法的或实力弱小的组织或团伙采用。对这部分人来说，他们可能既无法通过正常手段达到自己的目的，也无力通过正规武装斗争实现他们的目标。而采用恐怖主义手段，行动简单、迅速，既无须太多的人马，也无须太大的成本，一支手枪、一个爆炸装置，单枪匹马就可以制造一起恐怖事件。现代社会是强大的，也是脆弱的，四通八达的交通、敞开的国门为恐怖主义活动提供了广阔的空间和大量的机会。在蜂拥而至的游人、商人、难民、移民中，恐怖分子

---

〔1〕 added Barbara：“ We pray the weapon of man be destruction，Islam，be torn down. Lord，we declare that you blood is enough to forgive every single Muslim”. Missionaries under cover. TIME. 2003/6/30.

〔2〕 美国兰德公司：《反击新恐怖主义论》，军事科学出版社2001年版。

可以四处活动；拥挤、嘈杂的城市和公共场所，是恐怖主义活动的最好屏障。恐怖主义活动难以控制，也难以预料。它与战争和冲突有所不同，恐怖活动通常是秘密的，而且具有流动、分散性，打了就跑。可以说在战术上恐怖分子是主动的，他们的活动有时可能中断一段时间，然后会突然采取行动；他们可能以一种看似随意的方式，对精心选择的目标进行攻击；有的恐怖主义事件无法知道是谁干的，有的恐怖主义组织会声称对某一恐怖事件负责，但你很难捉到具体的凶手。恐怖分子将在何时、何地对何目标采取行动，在大多数情况下都难以预料。他们今天袭击一艘客轮，明天劫持一架飞机，后天引爆一辆汽车，要不然在人员众多的场合引爆自己，来个“人肉炸弹”，犹如幽灵般出没，谁也不知道下个目标是谁。保安人员无法在任何时候、任何情况下，对任何目标都采取保护措施。恐怖主义活动防不胜防，给反恐怖主义行动带来极大的困难。这便是恐怖主义被称为“地下战争”或“秘密战争”的原因。恐怖主义的袭击这样的特点使之被称做“非对称性战争。”从目前看，恐怖分子的武器仍然是比较简单的，但装备精良、手段先进的反恐怖机构要想控制恐怖活动却是非常困难的，因为恐怖组织或从事恐怖活动的人会不断出现，打掉一个，会冒出另一个。

此外，恐怖分子一般没有耐心，他们对谈话和无休止的争论缺乏信心，他们是注重行动的人。选择恐怖主义手段的好处是迅速、简便、经济、实惠，而且不用经过漫长、艰苦的工作来动员人民。恐怖主义手段的另一个特点是可以钻安全、军事、外交和国际法方面的空子，给政府的反恐怖行动和外交、军事政策制造出许多麻烦。在军事上，发达国家拥有最先进的武器，拥有装备精良的军队，且有雄厚的经济、技术实力做后盾，它们在现代化战争中无疑将占据优势，但在对付流动、分散、隐蔽的恐怖分子时就显得无从下手了。从心理学的角度分析，“模仿”是人类的天性，同时也是行为感染和传播的重要媒体，一种恐怖行为获得成功就会在更大范围内被传播和扩散。“9·11”事件就是个模板，对于蠢蠢欲动的恐怖分子来说，就是个“榜样”，这次恐怖袭击的成功在很大程度上起到了鼓舞和促进国际恐怖主义发展的作用，会有越来越多的个人和组织以此为样板去效法、去模仿。

（二）恐怖主义者的个人特征

1. 恐怖主义者的心理特征

恐怖主义组织之所以选择恐怖主义犯罪手段，与其成员所特有性格、情感等心理素质有重要的联系。任何犯罪行为都是犯罪者一定的心理活动外化的产物,恐怖主义犯罪也不例外。作为一种常见的有组织犯罪,其犯罪的心理因素如犯罪的动机、目的等,对犯罪行为的实施在很大程度上起着支配、决定作用。恐怖主义组织的成员往往有着共同的政治、经济或其他社会目的,这些共同的需求给恐怖主义分子提供了心理基础,成为维系恐怖主义组织的纽带。[1] 为了实现共同的犯罪目的,犯罪者不仅需要群体合作的组织方式,还需要共同的行为方式,那就是恐怖手段。从对现实生活中的恐怖分子的分析来看,恐怖主义犯罪的行为人往往具有狂热化的性格特征。这一性格特征由其生活环境决定或与行为人的自身性格缺陷有关。如斯里兰卡的"泰米尔猛虎组织",该组织的英雄主义教育独具特色,该组织成员从童年时代就被灌输种族仇恨的思想,诸如泰米尔人如何被歧视、在种族暴乱期间如何被屠杀等,这种教育在其成员头脑中深深埋下仇恨的种子。该组织的敢死队中,被选中执行任务的队员往往受到该组织全体成员的尊敬,享受莫大的荣誉。在崇尚烈士的氛围熏陶下,很多人长大后成了视死如归的战士。其中,从个体的心理原因分析,有一部分恐怖主义分子对其自身的生活与成就不满,也会造成其一种特殊的心理状态即他们存在的理由就是献身于恐怖主义犯罪活动。对于很多恐怖主义分子而言,不属他们群体的人们都是恶魔,他们渴望通过暴力释放他们对现实的不满。在恐怖主义组织内部,团体性也是重要的因素,拥有强烈的团体性这一内部动因的恐怖主义组织认为必须持续不断地证明自身的存在。在国际上表现为,一些恐怖事件的发生往往就有恐怖主义组织出来"冒领",以此在壮大自己团体的声势。因此,恐怖主义分子必须以暴力行为保持团体的自尊和合法性,他们要求团体内部高度一致,不容忍异议。这些因素导致恐怖主义分子不断地制造恐怖主义事件以证明其存在,并维持其恐怖主义组织的存在。[2]

2. 恐怖分子的人格特征

早期的心理学家试图从精神病理学的角度探讨个体的暴力及反社会

---

〔1〕 马长生主编:《国际公约与刑法若干问题研究》,北京大学出版社2004年版,第320页。

〔2〕 载http://www.terrorism.eom/bpart.html,2014年6月7日访问。

行为,把行为看成是病理性的,是缺陷基因或先天人格缺陷造成的。但是现在大部分学者都一致认为,并不存在所谓的“恐怖分子人格”。心理学家Rasch(1979)曾对德国恐怖主义组织的几个成员进行研究分析,并警告说“很难说恐怖分子是心理变态”。McCauley(2002)也指出,通过这些年的研究发现,恐怖分子实施的行为与变态人格行为的本质是不同的。[1] 我国学者赵桂芬(2007)采用卡特尔的人格理论,总结出了恐怖分子的以下几个共同特质:(1)有较高的智能;(2)压抑感;(3)冒险敢为;(4)狂热性。另外一个心理特质通常被研究者忽视,即:压力寻求(stressseeking)。恐怖主义不同于其他反社会行动的地方不仅在于它的暴力性,也在于它能够制造压力的特点。恐怖主义之所以对有些人有吸引力,部分原因在于它能够带来生理上的危险性。恐怖分子可能是“压力寻求者”,他们喜欢能够提高情绪紧张和机体激活的行为。[2] 在某种程度上,也就解释了西方社会很多青年对“伊斯兰国”这个恐怖主义组织趋之若鹜的原因。

在当代世界,“恐怖主义是年轻人的职业”,恐怖分子大多数都是年轻人。不仅如此,随着时间的推移,“恐怖主义不但是年轻人的职业,而且在70年代末和80年代它已变成十足年轻人的职业”。2006年8月10日,英国警方宣布成功挫败一起恐怖分子炸毁多架英国飞往美国航班的图谋,并逮捕了数十名嫌犯。预谋恐怖袭击的主角是一群年轻人,在已经公布的19人嫌犯名单中,有15人出生于20世纪80年代,是所谓的“80后”一代。他们多为在英国出生的第二代亚裔移民,他们生活在大城市,受过良好教育,也有不错的工作。实在很难将这些年轻人等同于恐怖分子,他们怎会甘心与一群无辜者同归于尽?也许这些年轻人的生存环境值得关注,他们自小接受英国教育,对西方的社会秩序和价值观很熟悉,而同时他们又处处受到主流社会不同程度的排斥。尤其“9·11”事件之后,西方国家加强了对来自阿拉伯国家移民的监控,他们经常受到异乎寻常的关注和怀疑。无疑,这滋长了他们的挫败感,而当与他们拥有同样信仰的阿拉伯国家在“先发制人”的打击面前束手无策的时候,采取极端方式进行对抗往往成为这

---

〔1〕 黄希庭:《人格心理学》,浙江教育出版社2002年版,第109页。

〔2〕 赵桂芬:“个体恐怖分子的人格探究”,载《中国人民公安大学学报》(社会科学版)2007年第6期。

些年轻人的“神圣使命”,恐怖分子的年龄总体上呈下降趋势。年轻化与低龄化仍是恐怖分子的主要特点。年轻人之所以成为恐怖活动的主流与骨干,还有些是因为少数年轻人没有成功地接受社会化教育,因此不能将社会的普遍规范与目标内化为自身行动的基本准则与追求方向,从而表现出强烈的反社会性、反政府性。从心理学角度上讲,年轻人往往相对激进,理想主义色彩较浓,对挫折与困难打击的承受能力较差,而现实社会的不公平、不公正现象(如贫富两极分化、失业问题、贫困问题、政治腐败等)往往更容易助长年轻人产生不满情绪与反社会、反政府的心理。此外,年轻人往往没有什么家庭牵挂与顾虑,也是一个不可忽视的原因。有观点甚至强调指出:16～22 岁之间的年轻人最适合被培养成恐怖分子,在这个年龄段,最容易将他们训练成毫不质疑、任凭恐怖组织头目支配与指挥的无情杀手。正是在这种情况下,民族分离主义组织、宗教极端型组织、极左与极右组织等激进组织的道德宣传与说教,往往最容易俘虏或影响年轻人。

(三)恐怖主义者的社会背景因素

20 世纪 60 年代以来的相当长时期内,世界不少国家(特别是西欧国家)的极“左”恐怖分子不少来自中产阶级家庭,他们往往不满资产阶级统治,强调为社会公正而献身恐怖主义“事业”。例如,联邦德国的“红军派”和“六月二日运动”的大多数恐怖分子(65%)来自中产阶级家庭;在西班牙,“埃塔”(初期带有较强极左性质)的绝大多数恐怖分子也并不是失业者,而是中等城市的中产阶级的低级阶层和工人阶级(如银行职员、教师和商业售货员)。日本的“赤军”成员而更多地来自家庭条件优越的接受高等教育的学业优秀的大学生。对这些人来说,“革命”的极左意识形态对其影响是相当强烈的,他们痛恨资本主义的阶级统治,往往自命为无产阶级的“革命”代表,企图通过暗杀、爆炸等恐怖活动推翻资产阶级统治。

但是,世界其他地区恐怖分子的境遇往往要糟糕得多,即使是在英国、美国等发达国家,情况往往也是如此。例如,在英国北爱尔兰,无论是新教徒还是天主教徒的恐怖分子,大多数来自无产阶级家庭。在美国,极左恐怖分子 71% 是少数民族成员(特别是黑人),只有 29% 是白人,少数民族的境遇本来就差,而来自其中的恐怖分子自然往往更糟糕,除了职业工人,就可能是失业者;而极右恐怖分子虽然 97% 是白人(只有 3% 是印第安人),

但大多是失业或贫困的工人。总体来说，当今世界的恐怖分子早已没有六七十年代西欧发达国家那些来自中产阶级家庭的极左恐怖分子的较好家庭境遇。“大多数恐怖分子都是绝对贫困者”，在很多地区，加入恐怖组织往往被恐怖分子视为谋求改善自己经济困境的一种方式，对于巴勒斯坦被占领土地区、阿富汗北部地区、菲律宾南部地区、黎巴嫩等地区的一些年轻人而言，情况就更是如此。

家庭出身方面，大多数恐怖分子来自社会下层。但其中有一个特殊情况，即恐怖组织的领导层大多出自社会中上层。在欧美发达国家，恐怖分子主要是少数民族中贫困的下层贫民。在中东等地更是如此，穷人成为恐怖组织的人力资源宝库。参加恐怖组织对许多穷人或穷人子女而言，不仅可以发泄对不公平社会现实的不满，更为重要的是找到了一条谋生之路。贫穷是恐怖主义的温床，可谓一语中的。文化教育方面，情况较复杂。一般而言，极左恐怖组织成员受教育程度较高，而极右恐怖组织文化程度较低。如70年代全球18个极左恐怖组织中，有2/3的成员具有大学教育背景。相比之下，极右恐怖组织大多是小学文化、半文盲和文盲。另外，恐怖组织领导层人员普遍具有较高文化教育背景，有的甚至具有较高的理论水平。在中国的新疆地区，近些年来参加暴恐活动的一线人员基本都是缺乏系统教育，没有什么文化，也没有自己的一技之长，生活处于贫困与艰苦的状态中；而幕后那些恐怖分子的“大佬”则相对来说文化程度比较高，也比较富有。从总体上看，全球恐怖主义组织正在不断向知识化和科技化方向发展。[1]

第二节 航空恐怖主义

科学界定民航领域恐怖犯罪的概念是研究民航领域恐怖犯罪及其侦防对策的逻辑起点和根本前提。不可避免的是界定民航领域恐怖犯罪必然要对“恐怖犯罪”进行必要的厘清与定位。所谓“民航领域”特指“恐怖犯罪”发生的区域，是“恐怖犯罪”的下位概念和重要表现形式，而“犯罪”则是对“恐怖行为”的一种刑法上的评价和必然的结果。

---

〔1〕 胡联合：《第三只眼看恐怖主义》，世界知识出版社2002年版，第28页。

一、航空恐怖犯罪

（一）恐怖犯罪的概念

由于政治立场和研究方法的不同，迄今为止国际社会无论官方还是学术界，对恐怖犯罪一直没有形成一个完全一致的概念。有关恐怖犯罪的文章浩如烟海，论点庞杂，主要有以下几种。（1）恐怖犯罪的词义学概念。《牛津高阶英汉双解词典》对恐怖犯罪的定义是，使用暴力或威胁使用暴力（尤其是指为了政治目的）；《世界知识大辞典》对恐怖犯罪的定义是，为了达到一定的目的，特别是政治目的而对他人的生命、自由、财产等使用强迫手段，引起如暴力、胁迫等造成社会恐怖的犯罪行为的总称。（2）恐怖犯罪的法理概念。美国《联邦法规法典》中恐怖犯罪被定义为"为达到政治或社会目的，以威胁或胁迫政府公民群体，或其中部分而针对个人或财产而非法使用的武力和暴力"。我国刑法虽然并未单列"恐怖犯罪"，也未采用"恐怖犯罪"的称谓，而采取"恐怖活动"的称谓，将有关的恐怖活动犯罪行为分列在劫持航空器，暴力危及飞行安全罪，劫持船只、汽车罪，爆炸罪，组织、领导、参加恐怖组织等罪名中。虽然未见明确的定义，但根据有关司法解释，恐怖活动一般是指采取暴力或恐吓等手段，旨在威胁政府、社会，危害公共安全的行为。（3）恐怖犯罪的学理概念。中国社会科学院研究员、国际政治研究室主任李少军认为恐怖犯罪是武装者基于政治目的对非武装者有组织地使用暴力或以暴力相威胁的行为，其目的是要把一定的对象置于恐怖中，逼迫做其原本不想做的事情。[1]

（二）民航恐怖犯罪的定位

从以上遴选出的恐怖犯罪的概念中我们可以得出以下结论：第一，恐怖犯罪被界定为一种暴力（或武力）行动。第二，恐怖犯罪往往具有政治或社会目的。第三，恐怖犯罪往往能够制造恐怖气氛。鉴于研究目的及刑法规定的犯罪概念是发起侦查活动的依据这一基本原理，对恐怖犯罪的界定，将立足与我国刑法和司法解释中的恐怖犯罪的概念并借用刑法犯罪构成的有关理论对民航领域恐怖犯罪进行界定。（1）民航领域恐怖犯罪的客

---

〔1〕 载 http://wenku. baidu. com/link? url = 3bVYBFfnQWFdgDJOCaqHD5cVkcqalHwCFZtPRDo0cjyWoVjVVUntDWmT9uWJdhusXGcRxSmeN4jh0xDBd4x41H1 - cNoK2x180FXh - - B2WNS），2014 年 5 月 6 日访问。

体。民航领域恐怖犯罪的客体是指受一国法律所保护的而为恐怖行为所侵害的民用航空秩序及公共安全等社会关系。(2)民航领域恐怖犯罪的主体指的是实施了危害社会的行为,依法应负刑事责任的人。主体需实施了危害社会的行为,达到刑事责任年龄,具有刑事责任能力,包含个人或组织。(3)民航领域恐怖犯罪的主观要件是指恐怖犯罪的实施者对其犯罪行为及其结果所持的心理态度。恐怖犯罪在主观上必须是出于故意而且只能是直接故意,必须有通过实施恐怖活动强迫恐怖对象为或不为某种行为,以实现其预期的主观心态。(4)民航领域恐怖犯罪的客观方面主要是指恐怖犯罪的危害行为和危害结果。在危害行为方面不仅仅指传统的暴力(如劫机、炸机等),还应包括其他的非暴力手段(如通过计算机网络的控制传播虚假信息等)。危害结果方面,不仅应包括对不特定或者多数社会成员造成的恐惧心理或人人自危感的抽象危害结果,还应包括在具体的恐怖犯罪中被选择的那些具体对象所造成的实际危害结果。根据这样的认识,将民航领域恐怖犯罪定义为“为达到政治、经济或报复社会或某一特定目的而采取劫机、炸机、摧毁地面重要航空设施等极端恶劣犯罪手段,造成重大人员伤亡和财产损失,引起一定社会范围内社会恐慌的严重犯罪活动”。特别需要强调的是,民航领域恐怖犯罪不是一个简单的刑法罪名,不能以“恐怖罪”的罪名定罪,是一个类概念,所有具备恐怖犯罪定义特征的具体犯罪行为都可称之为恐怖犯罪,它是一个学理概念;所有针对民用航空安全所实施的犯罪行为,如劫持航空器、炸毁航空器、袭击地面重要航空设施设备和驾驶飞行器撞击地面重要目标等,因其犯罪行为、犯罪目的的特性,特别是其犯罪结果的特别严重性,都应被视为恐怖犯罪。[1]

二、航空恐怖犯罪的分类

对于一般事务来说,参照系的不同往往会得到不同的结论,从不同的角度去观察,往往会看到不同的特质,如同恐怖犯罪的定义一样,对恐怖犯罪的分类也是复杂多样的。

(一)航空领域个体恐怖犯罪与有组织恐怖犯罪

依据犯罪主体的不同,航空领域恐怖犯罪可分为恐怖主义组织实施的

---

〔1〕 李慎明、王逸舟主编:《2001 年:全球政治与安全报告》,社会科学文献出版社 2001 年版,第 205 页。

恐怖犯罪和个体恐怖犯罪。恐怖组织实施的恐怖犯罪,指具有明确政治、经济目的的恐怖组织为达到目的而实施的恐怖犯罪,这种组织和犯罪由来已久、为人们所熟识。震惊世界的美国“9·11”事件即属于此类。个体恐怖犯罪是近年来在我国国内研究界新出现的一种术语,是指不受任何恐怖组织的控制的自然人以达到报复社会、骗取高额保险费或引起社会关注为目的而单独或合作实施的,以爆炸、劫持人质、劫持飞机、砍杀无辜群众为主要手段,造成重大的人身伤亡和财产损失和一定范围内造成社会的恐慌的恐怖犯罪。这类犯罪区别于有组织的恐怖犯罪,也有人形象地称之为“没有‘主义’的恐怖”。有学者认为,对于一些特别重大的人类法益,如航空安全、核材料安全以及一些明显属于影响人类安全感的恐怖信息,由于行为人实施该行为本身即表明行为人的一种恐怖系统主张,因而即使行为人的行为不具有有组织性,也应当作为恐怖犯罪。亦有学者认为:“由于恐怖主义由原来的‘唯政治目标的恐怖主义’,转变为‘多目标的恐怖主义’,因此一些小型化甚至个人化的恐怖活动集团或恐怖分子也经常出现。”[1]自新中国劫机第一案至今,发生在中国劫机事件大多为个体恐怖犯罪,新疆“6·29”劫机则是明显的恐怖主义组织犯罪。

(二)劫机恐怖犯罪、炸机恐怖犯罪、袭击航空机场恐怖犯罪

依据犯罪行为方式的不同,航空领域恐怖犯罪可分为劫机恐怖犯罪、炸机恐怖犯罪、袭击民航机场恐怖犯罪。劫机恐怖犯罪是指犯罪行为人通过暴力或暴力威胁的方式使飞机改变预定航向,达到劫持飞机、人质或特定目的的恐怖犯罪。劫机恐怖犯罪是民航领域恐怖犯罪的最主要形式,发生在1994年法航8969次航班的劫持案及我国“子爵号”劫持案均属此类。此外,通过劫持的飞机撞击地面重要目标也是劫机恐怖主义犯罪的一种,美国“9·11”事件开创了这种恐怖主义犯罪的先河。炸机恐怖犯罪是指犯罪行为人运用各类爆炸物炸毁或炸伤飞行或停泊的飞机,它也是航空领域恐怖犯罪的重要形式。洛克比空难属于此类犯罪的表现形式。破坏地面重要航空保障设施设备恐怖犯罪是指通过袭击通信导航设施设备,破坏助航信号灯,破坏机坪运行指挥中心,破坏电力供应设施等形式危及飞行安

---

〔1〕 王世雄:“冷战后国际恐怖主义的新特征及其成因”,载《现代国际关系》2000年第9期。

全或瘫痪飞行系统的恐怖犯罪。此类犯罪在民航领域一般较少发生。[1]

(三)航空领域的传统恐怖犯罪和新型恐怖犯罪

前述劫机恐怖犯罪、炸机恐怖犯罪、袭击航空机场恐怖犯罪,均为航空领域的传统恐怖犯罪类型。随着国际范围内恐怖犯罪手法的不断翻新,这些犯罪手法必然也会波及和逐渐使用在航空领域的恐怖犯罪中,航空领域新型恐怖犯罪类型包括超级恐怖犯罪、网络恐怖犯罪、电磁恐怖犯罪、单一恐怖犯罪、国家支持的恐怖犯罪等类型。超级恐怖犯罪指利用人类最新科技成果来从事恐怖犯罪活动,被国际社会专家、学者称为超级恐怖犯罪。1995 年日本东京地铁“沙林”毒气事件给人们敲响了警钟。由于生化武器从原材料到价格,以及制造、使用方面并不像核武器那样难,因此人们十分担心,一旦恐怖分子使用生化武器进行恐怖活动,将造成难以估量的后果。正是基于这种认识,我们把使用包括生化武器在内的大规模杀伤性武器的恐怖犯罪称为“超级恐怖犯罪”。有国外专家提出以下看法:一是恐怖分子在世界范围内越来越多地使用生化武器。有关统计表明,自 1050 年以来,已经发生过 270 多起使用生化制剂的事件,恐怖分子使用的物质品种繁多,记录在案的该类事件中,食品投毒事件占 43%,而释放气雾剂和借助载体传播有毒物质分别只占 7% 和 2%。二是当今的恐怖主义者主要属于“低科技恐怖主义者”,也就是说,他们通常在组织上和后勤方面不具备大规模生产和有效施放神经毒气或生物武器的能力。他们使用的绝大多数有毒物质杀伤力不大,造成的受害者人数不多,只是有限地适用于政治经济讹诈。三是“超级恐怖犯罪”对国家及其公民构成的威胁越来越大。国际恐怖集团会越来越多地使用生产简单的生物武器(如炭疽杆菌)或化学武器(如神经毒气),互联特网提供的化学公式或某些专家的帮助也使恐怖集团生产化学武器变得容易了。超级恐怖犯罪的表现形式之一是核生化恐怖活动。所谓核生化恐怖活动,是指利用核生化等大规模杀伤性武器发动恐怖攻击。接下来是单一问题恐怖犯罪。单一问题恐怖主义是近年来国外学者提出的一种新型的恐怖主义类型。这种恐怖主义是恐怖主义组织或个人为了某个单一的目的而实施的恐怖主义行为。单一问题恐怖主

---

[1] 丁强:“国际恐怖主义的历史演变、现状分析及概念界定”,苏州大学 2003 年硕士学位论文。

义的产生主要是由于环境的恶化以及反对杀害动物或反对堕胎等问题所产生的。以上所有这些恐怖犯罪一旦在民航实施,其所造成的危害后果将会呈几何倍数地增大。

三、航空恐怖主义犯罪的主要手段

劫机在所有的航空犯罪中是最常用、最主要的一种手段和方法,用高科技装备的现代化航空运输工具为人类提供了最迅捷的交通工具。随着大型宽体客机向高速度发展,其属性中的天然弱点暴露出来,劫机者只要以暴力或暴力威胁挟持飞机中的工作人员,便很容易控制飞行中的客机。加之航空活动的国际性、承载旅客的国际性,载客量越来越多,也容易为恐怖分子所利用。劫持民航客机在不同的国家和不同的历史时期呈现出不同的特点。根据对中外劫机案例的大量分析,国际上劫持飞机在不同的历史阶段体现出不同的特点,每个历史阶段的劫持飞机都与这个阶段的国际关系、民航安全防范技术的进步等因素密切相关。[1] 1931 年秘鲁发生了世界上第一起劫机事件。第二次世界大战后,随着国际民用航空运输事业的迅速发展,航空领域恐怖主义犯罪发生频率加大。1960 年以后,劫机成为恐怖分子惯用的手法,这种恐怖活动渐成一股浪潮。根据国际上有关方面的统计和信息,仅在 1970 年到 1972 年的三年内,世界上就发生了 196 起劫机事件,平均每五天一起。自 1931 年至今全球各类劫机案件多达 775 起,绝大多数都有乘客伤亡。2001 年美国"9·11"系列劫机恐怖大爆炸事件,更是震惊了全世界。

(一)世界范围内劫机犯罪的特点

1. 劫机的目的多样化

全球的民航领域恐怖犯罪目的多种多样,但概括起来可分为政治目的、经济目的和逃避刑事打击三种。劫持民航飞机的犯罪随着社会的发展呈现出历史性的特点,20 世纪 40 ~ 50 年代劫机的目的绝大多数是一些东欧国家的年轻人因羡慕西方的生活方式,把劫持飞机这一快捷交通工具作为外逃的一种途径。1947 年至 1953 年间发生 22 起劫机事件中就有 20 起是由东欧国家被劫往西欧国家的,占同期劫机数的 87%。随着国际形势的变化,50 年代后期到 60 年代以后,劫机事件的政治性越来越强,劫机成为

---

[1] 商鹏:"论民航领域恐怖犯罪的侦防对策",西南政法大学 2006 年硕士学位论文。

达到某种政治目的而采取的重要手段，从而使劫机的数量猛增，劫机的政治色彩浓厚，对劫机事件的处置难度也就越来越大。以政治目的而实施的民航恐怖犯罪在所有劫机案例中占绝大多数。因政治目的的不同，又可分为政治打击、政治报复、政治要挟和政治丑化等，如1987年的韩国858航班爆炸案是典型的政治丑化案件，1987年11月29日下午2时05分韩国858航班在缅甸的孟加拉湾区域上空爆炸，造成机上115名人员全部遇难的惨剧。事件后来被揭发是由某国政府情报特工策划实施的，两名秘密特工负责执行，目的就是要在1988年汉城奥运会举办前给韩国一个打击，丑化韩国的国际形象。美国的“9·11”事件则可以视为“基地”组织对美国的政治报复性袭击。70年代以后，以经济目的而劫机的事件不断发生。这类劫机事件多发生在西方国家，尤以美国为甚。70年代后期开始，以制造恐怖活动为目的的劫机事件不断发生。这类事件有的是由民族宗教主义组织策划，以报复某个国家或政党，有些是由恐怖主义组织集团策划，以制造影响，要挟政府，报复社会。中国国内因经济目的和逃避刑事打击目的而实施的民航领域恐怖犯罪占多数，如2002年发生在中国的“5·7”空难，则是因为犯罪实施者张丕林为实现获得高额航空保险（一人购买七份航空保险）的目的而实施的恐怖犯罪活动。1993年中国发生多起劫持飞机飞往我国台湾地区的恐怖犯罪，犯罪的实施者多数为在国内有犯罪行为的犯罪嫌疑人，为逃避刑事打击而劫机外逃。

2. 劫机的方式多样化

劫机犯罪的犯罪主体呈现由个人向团伙集团化发展的趋势。犯罪团伙、犯罪集团的劫机不但比个人劫机危害要大得多，而且给反劫机方面也增加了很大的难度，因而劫机犯罪的得逞率较高。从已经明确劫机方式的836起劫机事件中，个人作案的有465起，占55.6%，得逞191起，占41%；团伙作案的有371起，占总数的44.4%，得逞283起占76%。可见团伙作案比例虽少但得逞率却高出将近一倍，从近二三十年的劫机发展趋势来看，团伙劫机呈明显的上升趋势。航空恐怖领域犯罪是具有重大影响的犯罪，其实施者必然采取训练、潜伏、踩点、隐蔽、收集情报、准备武器等一整套分步骤、有计划的行动，来保证既定目标的顺利实施。以1994年12月24日法国航空公司8969航班遭劫事件为例，这次劫机事件侦破后，发现了大量劫机成员的笔记；其间有对劫机技术、劫机时机及目标特征的大量记载。足见,这伙劫机恐怖分子是有充分准备预谋而来的。1996 年中,正当穆罕默德重新在阿富汗开始工作生活的时候,本·拉登及其同僚也刚刚从苏丹迁到阿富汗。通过阿特夫,穆罕默德在拖拉博拉(一个阿富汗战争时期修建的山体防御工事)与本·拉登见面。在这次会见中,穆罕默德向这位“基地”首领提出了一套恐怖主义行动的构想,穆罕默德还提出,可以让恐怖分子接受飞机驾驶训练,然后驾机与美国境内建筑相撞,此项提议最终演变发展成后来的“9·11”事件行动,其间共历时五年之久。恐怖分子为了实现其航空领域恐怖犯罪的阴谋,往往绞尽脑汁,作案手段日益多样化。犯罪手法可分为三大类,一是在空中实施恐怖袭击,二是在地面实施恐怖袭击,三是破坏地面重要航空保障设施设备使飞行指挥系统瘫痪。(1)在空中实施恐怖袭击的主要犯罪手法:手法一,藏匿刀具携带上飞机伺机劫持飞机;手法二,藏匿、伪装爆炸物、烈性可燃物携带上机伺机劫持飞布域炸毁飞机;手法三,佯装有爆炸物伺机劫持飞机;手法四,由他人捎带伪装爆炸物上机,利用气压或遥控引爆装置炸毁飞机;手法五,收买从业人员将伪装爆炸物装上飞机,利用气压或遥控引爆装置炸毁飞机;手法六,由飞机驾驶员直接劫持飞机。这些手法都是恐怖分子曾经成功使用过的,但是随着各国民航反恐措施的不断强化,一些手法显然已经越来越难以行得通了。(2)在地面实施恐怖袭击的主要手法:一是冲击机坪武力劫持飞机;二是冲击机坪向飞机射击或投掷爆炸物;三是在机坪围栏外射击或投掷爆炸物;四是利用火箭弹或小型导弹袭击。(3)破坏地面重要航空保障设施设备使飞行指挥系统瘫痪的主要手法:第一,袭击通信导航设施设备;第二,破坏助明航号灯;第三,破坏机坪运行指挥中心;第四,破坏电力供应设施。〔1〕

3. 从劫机所使用的犯罪工具来看,由传统的使用武器刀具向易燃易爆和讹诈劫机方向发展

以 1970 年为转折点,此前,劫机者多是使用武器、刀具等作为劫机工具。此后,由于先进的安全检查设备在全世界各机场的广泛投入使用,加之各国对乘机旅客和行李物品的安全检查的加强,迫使劫机者改变手段,有的使用隐蔽性较强、不易被检查出来的非金属易燃易爆和危险性溶液劫

---

〔1〕 胡联合:《当代恐怖主义与对策》,东方出版社 2001 年版,第 368 页。

机;有的甚至没有带任何武器,谎称携带炸药,使用假武器讹诈,进行劫机。这类劫机案例数量增加较快,70 年代占同期的 31%,80 年代增加到了 38%。在民航领域进行恐怖犯罪必须绕开和躲避民航机场的检查,在已发生的恐怖犯罪中除去民航工作人员的粗心大意及里应外合的因素外,恐怖分子运用高科技手段逃避检查也是犯罪得逞的重要原因。特别是在对作案工具的伪装手段上突出反映出这类犯罪的高智商和高科技化特征,如几乎所有的空中爆炸事件都使用了气压和电子延时组成的联合引信装置,为躲避安检仪器的检查经常采用液体炸药等非常规爆炸物。恐怖分子普遍心理素质较好。有的采取装扮成保安人员公开持武器大摇大摆顺利进入机舱。1986 年 9 月 5 日,美国泛美航空公司 073 号班机在巴基斯坦卡拉奇国际机场遭劫就是由化装成保安人员的劫机分子造成的;1994 年 12 月 24 日,四名武装伊斯兰组织(Groupe Islamique Arme,GIA)成员身穿阿尔及利亚航空公司制服,以检查旅客护照为名,登上法航 8969 航班,出其不意地劫持了飞机,有的面对检查高度镇定。2003 年 1 月 24 日犯罪分子彭兴荣为骗取航空保险,将自制炸药捆绑在小腿内侧躲过安检人员的检查登上重庆飞往成都的航班,最后在空中实施爆炸。事后侦查人员调取录像资料发现,在对彭兴荣进行安全检查时该人神情自若毫无慌张之意,甚至在经过安检后又返回安检处向工作人员询问"去成都在哪登机"(事后讯问供述),足见其心理素质之好。

4. 地面劫机呈上升趋势

从劫机总数来看,地面劫机所占比重不足 10%,但从 1985 年以来逐渐上升。以 1986 年和 1987 年两年间发生的 17 起劫机事件来看,地面劫机占 6 起,占这一时期的 35.3%。从总的情况看,地面劫机是一个新方向,给机场的全封闭管理和安全提出了更高更严的要求。

5. 劫机的手段智能化、隐蔽化

科学技术的发展使先进的多功能安全检查设备在世界各地机场广泛使用,使用金属武器刀具、采用一般手段劫机越来越困难,因而劫机者也就随之改变了携带违禁物品的方法和劫机的手段,劫机者藏匿携带违禁物品的方法手段变化多端,智能化成分在增加。在恐怖犯罪方式和手段上来看,恐怖分子为达到目的几乎是无所不用其极。恐怖分子不但大肆利用各种传统手段制造各种耸人听闻的恐怖事件,而且疯狂地猎取现代科技的最新成果来不断增强恐怖主义活动的能力。恐怖手段的科技含量越来越高，杀伤力越来越大；恐怖主义活动的具体手段也不断翻新，越来越多，越来越先进。不过，从根本上说，由于当代恐怖分子选择恐怖活动方式与手段的根本原则，往往仍然在于制造最大的社会、政治影响和恐怖气氛，并且越来越多地趋向于“简便实用”和“耸人听闻”。因此，可以预计的是，虽然恐怖主义活动的方式未来可能发生一些变化，但是在相当长的时期内不会发生根本性的变化。(1)在今后相当长的时期内，爆炸仍将是恐怖主义活动的主要方式，恐怖分子使用的炸弹的技术含量大部分将越来越高，但自制的技术含量超低的土制炸弹等仍将长期存在。(2)绑架与劫持人质、劫机、暗杀、袭击仍将是恐怖主义的基本方式。(3)计算机恐怖主义活动将越来越突出，并将成为一种日益严重的恐怖主义方式。(4)恐怖主义分子更可能诉诸生物、化学武器。(5)恐怖主义分子谋求掌握与利用核武器、核原料进行恐怖主义活动的可能性将长期存在。劫机(及炸机)活动作为一种能引起广泛关注的恐怖活动方式仍将长期存在。随着反劫机国际合作的不断加强，各国机场及飞行安保工作措施的不断完善，积累的反劫机经验不断丰富，反劫机的技术能力不断提高，劫机活动将可能被限定在目前的水平，甚至可能继续减少。但是，由于恐怖分子的技术攻击能力也在增强，可以肯定的是劫机活动永远不可能消失，在相当长的时期内仍将继续存在，并将对一些重要建筑物(如商业中心、政府办公楼、核设施等)构成严重的安全威胁。值得注意的是，利用肩扛式导弹对起飞和降落的客机实施攻击，也正成为恐怖分子的重要攻击方式之一。[1]

6. 航空领域恐怖犯罪(特别是劫机、空中炸机等犯罪)的空间跨度大、犯罪最初实施地和结果地非同一地

由于民用航空器是快速移动的现代化交通工具，所以随着航空器的快速移动，常出现甲地实施、乙地或丙地结果的情况，犯罪过程的空间跨度大，致使多国多地区被卷入其中。如韩国的858航班爆炸案，该航班的飞行任务是由巴格达起飞经阿布扎比、曼谷到达汉城，两名特工人员在巴格达机场将改装成小型收音机(使用电子定时装置)的炸弹带上飞机，两人在阿布扎比下机，炸弹在飞机继续飞往曼谷的航程中爆炸。1988年的洛克比

---

〔1〕 A/Res./49/60(1994).

空难（泛美 103 航班爆炸案），1988 年 12 月 21 日下午泛美航空公司的 103 航班由法兰克福起飞经伦敦到达纽约，在由伦敦起飞后不久在苏格兰洛克比镇上空爆炸，机上 259 人全部遇难，地面有 11 人被飞机残骸砸死。经最终调查发现，引起飞机爆炸的爆炸物由两名利比亚特工在马耳他托运，他们利用伪造的行李转机标签使该行李在法兰克福装上 103 航班，导致该航班在空中爆炸。可见，该案由最早的犯罪实施地到犯罪结果地已转换了三个地方。

7. 被劫持航空器工具化特点明显

美国"9·11"事件开创了成功利用被劫持航空器作为恐怖袭击工具的先河，对民航领域的恐怖犯罪有着巨大的负面提示作用。但"9·11"事件并不能被看做该类犯罪手法的最先构想，最早实施该构想的应该是泛美 8969 航班劫持案。有关部门在处置 1994 年的法航 8969 航班被劫持事件中已经获知在 8969 航班上恐怖分子携带了超过 20 支炸药计划利用飞机炸毁埃菲尔铁塔，其后恐怖分子在临时经停的马赛机场要求为飞机加注 27 吨燃料，这大大超过了飞往巴黎所需的 9 吨油量，有关部门可以充分肯定恐怖分子是想将飞机变成一个飞行炸弹。鉴于劫机分子最后全部被击毙，这一推断未能最终证实。"9·11"事件中这一犯罪手法所产生的巨大损失和带来的巨大震撼，必然会使得恐怖分子更为关注和青睐该种犯罪手法，这样被劫持航空器犯罪工具化的特点更为明显。

8. 利用非目标国的防范疏漏实施犯罪起到打击目标国的目的，将是今后很长一段时期的主要犯罪情形

由于"9·11"事件后美国和欧盟等恐怖袭击的主要目标都不同程度加强了在民航领域的反恐力度，使恐怖分子在上述国家和地区的本土难有可乘之机，因此有迹象表明恐怖分子将犯罪实施的重点转移到了一些非最终目标国家，利用非目标国的防范疏漏来劫持目标国航空器或劫持、炸毁搭乘目标国人员的航空器，或是劫持非目标国航空器袭击目标国的地面目标。在 2005 年下半年和 2006 年年初，中国的有关部门就得到了有国际恐怖分子高度关注中国飞往美国、中东和欧洲的各类航班的情报，说明该种犯罪构想已经实施。[1]

---

〔1〕 唐叔智：《中东国家和中东问题》，河南大学出版社 1989 年版，第 206 页。

（二）我国劫机犯罪的特点

我国发生的劫持飞机事件存在着与国际劫机相类似的情况，但也呈现出不同于世界上其他国家和地区的特点，与我国的基本地理分布和历史遗留问题紧密相关，无论是从航线分布上和劫持飞机的目的地方面都有着非常明显的地域性特征。主要说来体现在如下几个方面：

1. 劫机事件的发生由沿海沿边的航线向西北内陆转移的趋势。劫机者为了达到劫机的目的，对实施劫机多进行周密策划，从所发生的劫机事件看，多数选择靠近台湾的厦门、广州、福州、深圳的沿海沿边航线。在我国发生的 64 起劫机事件中，在 1977～2007 年的 48 起劫机事件中，发生在飞往厦门或者厦门起飞的航班上就有 15 起，占总数的 31.2%。而随着新疆反恐怖形势的变化，西北地区民航反恐面临着巨大的现实和潜在的威胁。

2. 2010 年前，劫机的目的地多选择台湾地区。1977 年至 2007 年 6 月的 48 起劫机事件中，劫机犯胁迫机组飞往台湾的占 34 起，占总数 70.8% 的劫机分子有的是对现实不满，为满足个人欲望，不惜铤而走险，以身试法；有的是刑事犯罪分子为了逃避法律的制裁；有的是向往海外境外的生活；有的纯粹就是法盲，意气用事，激情犯罪。

3. 劫机犯罪者中中青年居多。1977 年至 1999 年 7 月我国发生的 46 起劫机事件中涉及犯罪嫌疑人 61 人，这些人中男子 55 人，占总数的 90.16%，除一人 50 岁（精神病）外，年龄都在 45 岁以下，占总数的 88.5%。年龄最小的 17 岁，最大的 44 岁，这些人大部分文化程度较低，好逸恶劳，贪图享受。

4. 内部人员参与劫机犯罪。随着地面和机上安全保卫措施的加强和日趋完善，劫机的难度无疑加大了，于是犯罪分子就想方设法同民航内部人员拉关系，探听安全保卫方面的情况，寻觅可乘之机。1983 年“5·5”劫机事件就是机场领导泄密造成的，使劫机阴谋得逞。劫机犯金义兴利用飞行员身份携带武器上飞机，打死机长，其劫机阴谋险些得逞，1998 年 10 月 28 日，中国国际航空公司执行北京—昆明—仰光航班任务的飞机被带队机长袁斌以及其妻徐梅以造成机毁人亡相威胁劫往台湾地区，造成很坏的影响。

5. 劫机者手段阴险狡诈、凶恶残忍。劫机者多是亡命徒，为了达到劫机目的，都要事前经过精心准备，手段极其狡诈而不计后果，根本不考虑造成机毁人亡惨重后果铤而走险的。

6. 劫机事件具有诱发性。劫机事件本身对社会就有很大影响，加之有些新闻媒体为了炒作效应，详细报道劫机事件的过程、方法和手段，产生了极为严重的负面影响，很容易发生连锁反应。"7·23"、"10·23"、"4·23"劫机案都是这样。2003年1月24日四川航空公司一架由重庆飞往成都的小型飞机机号为B3043，被一名歹徒手持引爆自制爆炸物，企图劫持飞机。他就是在此前阅读了报纸上刊登的有关劫持飞机的报道从而铤而走险的。[1]

7. "东突"势力是我们所面临的最主要的恐怖威胁。目前在我国，与国际恐怖势力联系最为密切、最具有国际恐怖活动特点的是各类"东突"组织和团伙。新疆与八个国家相邻，其中大多数的相邻国家都存在"三股势力"的问题。"东突"组织利用这种形势在境外生存、发展，与"基地"组织等国际恐怖组织紧密勾结，不断派人入境发展组织，策划暴力恐怖活动，唆使境内的恐怖分子到境外接受恐怖手段的训练，境外恐怖主义组织制作相关的视频资料，教唆境内的恐怖分子，给他们洗脑，教授他们恐怖袭击的犯罪手段和方法。更有甚者，境外民族分裂分子将南航新疆公司一些飞往中亚、西亚国家的国际航班机型、航班时刻等信息在恐怖组织网站上发布，恐怖破坏的矛头直指中国民航。

8. 藏独势力激进派以及法轮功等邪教敌对势力的潜在恐怖威胁依然存在。"达赖集团"进入了准后达赖时期，以"藏青会"等为首的激进派逐渐取得集团内部的主导地位，向境内渗透、策反活动加剧，他们加紧培训武装力量，搜集境内藏区情报，策划向我境内运送炸药和枪支，渗透人员，进行暴力破坏活动的准备，并公开扬言在国内制造轰动事件。一旦达赖去世，境内外"藏独"分子对我实施暴力袭击的威胁还将随之加大。此外，"法轮功"分子等敌对势力的潜在恐怖威胁也不容忽视，2004年被公安机关抓获的境外"中国联邦发展党"头目彭明，一直主张对我国实施"暴力革命"，并多次策划在我国境内劫持人质，并图谋在中国周边国家建立军事训练基地；前几年，我国还先后发生了"法轮功"邪教分子企图颠覆列车和投放毒

---

〔1〕 林泉："对中外劫机犯罪的分析与认识"，载《云南行政学院学报》2007年第3期。

物危害公共安全的案件。

9. 社会转型期矛盾引发恐怖行为值得重视。我国正处在转型期，社会心理失衡、个人利益受损、群体性治安事件等，如不能妥善处理甚至激化，可能会导致个别人采用恐怖手段报复社会。2002 年的“5 · 7”空难和 2003 年的川航炸机案，就是由于个人经济原因引发的。

10. 国际恐怖活动对我国威胁增大。首先表现为我在国外的机构、人员多次遭到恐怖袭击。其次表现为国际恐怖势力对我国渗透加剧。近年来，一些国际恐怖组织成员频繁地秘密进出国境，有的以经商为掩护在我境内滞留。

此外，我国正处于经济转轨、社会转型的特殊历史时期，诱发违法犯罪的因素大量存在，当前刑事案件总量居高不下，地方团伙犯罪、暴力犯罪案件显著增多。一是航空运输市场竞争激烈，无序、无证经营和航空安全把关制度淡化、弱化的问题严重，地方黑恶势力已经渗透和侵入航空货运市场，采取各种非法手段搞垄断、搞敲诈勒索，扰乱地空货运秩序；二是针对民航旅客财物的诈骗、机上盗窃案件呈上升趋势；三是一些犯罪嫌疑人可能将民航作为目标，采取极端手段对抗打击、逃避惩罚或报复社会。〔1〕最近一起劫机事件则是典型的恐怖分子劫机民航客机事件，劫机者劫机的目的就是要去参加所谓的圣战，就是要制造机毁人亡的后果。2012 年 6 月 29 日，由新疆和田飞往乌鲁木齐的 GS7554 航班于 12:25 起飞，12:35 飞机上有六名歹徒暴力劫持飞机，随后被机组人员和乘客制服，飞机随即返航和田机场并安全着陆，6 名歹徒被公安机关抓获。2012 年 12 月 11 日新疆和田地区中级人民法院一审公开开庭审理木沙 · 玉素甫等 4 名被告人暴力恐怖劫机案并当庭宣判，判处被告人木沙 · 玉素甫、艾热西地卡力 · 依明、吾麦尔 · 依明死刑，剥夺政治权利终身；判处被告人阿里木 · 木沙无期徒刑，剥夺政治权利终身。

---

〔1〕 陈静：“当前国际恐怖主义的新特征及其成因”，载《内蒙古农业大学学报》（社会科学版）2005 年第 2 期。

第三节 航空恐怖犯罪的特殊成因及表现形式

航空运输以其方便、快速、高效等特点,日益成为现代社会的一种重要交通方式。与此同时,航空安全问题也成为航空业发展最值得关注的问题。在探讨航空恐怖主义犯罪前,我们先对什么是航空器做一个简单的交代。根据《国际民航公约》(以下简称《芝加哥公约》)附件二"空中规则"规定:凡是能够从空气的反作用,而不是从空气对地面的反作用,在大气中获得支持的任何器械,叫做航空器。诸如气球、纸鸢、飞艇、滑翔机和各种飞机等均属于航空器的范畴。20世纪以来,航空业取得了突飞猛进的发展,飞机的发明有效地缩短了世界上不同地区的人们之间的时空距离,为人类社会的进步创造了有利的条件。另外,我们再来了解一下航空业的发展历史。1783年,法国的蒙特高戈尔兄弟第一次乘坐热气球飞离地面,被公认为航空活动的开始。1903年,美国的莱特兄弟发明了世界上第一架飞机。随后,飞机首先被应用于军事领域,之后又陆续被广泛应用于交通运输业、工业、林业、渔业和建筑业的作业飞行或者从事医疗卫生、抢险救灾、气象探测、海洋监测、科学实验、教育训练、文化体育等各个领域。航空业是高成本、高科技的代表行业,也是现代社会高速度、高效率的象征,是全球化的链条。[1]

自20世纪30年代于秘鲁发生首次恐怖事件后,尤其是60年代至80年代间,国际上以暴力劫持民航飞机和破坏民航设施的事件频繁发生,肆虐全球,严重危害了国际民航的安全,引起了国际社会的极大关注。1984年10月13日布莱顿大爆炸,4死32伤,撒切尔夫人侥幸逃脱;1987年6月1日,黎巴嫩总理座机爆炸,卡拉米总理身亡;1988年8月17日,巴基斯坦总统专机爆炸,哈克总统遇难;2001年9月11日美国时间上午,美国航空公司的两架客机遭劫持,这两架飞机共有156名乘客和机组人员。8时48分,其中一架波音767飞机在超低空飞行后一头撞向世贸中心南侧大楼,把大楼撞了个大洞,在大约距地面20层的地方冒出滚滚浓烟。18分钟后,

---

〔1〕 李晓锋:"应对恐怖主义危机——对'9·11'后美国反恐行动的实证研究",华东师范大学2005年硕士学位论文。

另一架被劫持的波音 757 飞机再次以极快的速度撞穿了世贸中心姊妹楼的北侧大楼，并引起巨大爆炸。稍后，美国国防部五角大楼也因遭到一架被劫持的飞机的撞击而起火。此后不久，南侧的大楼终于在另一次爆炸后轰然倒塌。当地时间 11 日 10:30，随着又一声巨响，北楼也在爆炸中成为一片废墟，闻名世界的纽约世界贸易中心姊妹双塔从此告别了这个世界。大约 30 分钟之后，另一架被恐怖分子劫持的波音 747 飞机在美国宾夕法尼亚州坠毁。这就是美国发生的以本·拉登为首的基地恐怖组织劫持飞机，利用两架飞机撞击纽约世贸大楼的"9·11"事件，造成三千多名金融界精英死亡，直接经济损失达四百多亿美元，达到了航空恐怖主义犯罪的顶峰。[1] 按照目前对恐怖犯罪的定义和理解，以此类犯罪所造成的后果进行判断，我们把针对民航飞机及其附属设施的劫持、爆炸、袭击都称为恐怖犯罪。

一、航空恐怖犯罪的特征

特征是反映事物本质属性的一种简洁归纳，是一事物区别于另一事物的关键因素。经过对我国 63 例民航恐怖事件的分析得出，相对于国外恐怖犯罪，我国民航恐怖犯罪呈现出明显的特征，即简单性、国内性和运输工具性。

（一）简单性

简单性是我国民航恐怖犯罪的最主要特征，其具体包括：主体简单、工具简陋、动机单纯和目的地单一四个方面。

1. 主体简单

分析实施劫炸机恐怖犯罪的主体，我们发现恐怖分子多为个人单独犯罪。我国 1977～2014 年 37 年间的 63 起劫炸机恐怖犯罪中仅 9 例是共同犯罪，仅占恐怖总数的 14.3%；并且，共同犯罪中有 3 例是夫妻共同犯罪，妻子在犯罪活动中并未起积极作用。而从国外恐怖犯罪的主体看，从 1931 年在秘鲁发生的第一起恐怖事件开始，到 2001 年的"9·11"事件为止，约 70% 以上的恐怖事件是共同犯罪，且恐怖袭击者大多为武装分子或游击队员。这说明，我国民航恐怖犯罪多为无联络的单个个体行为，较国外多个

---

〔1〕 Alex P. Schmid and Albert J. Jongman, eds, *Political Terrorism*, North - Holland publishing company, 1988, pp. 33 - 34.

个体有组织、有预谋的团体恐怖犯罪或恐怖主义犯罪而言,具有明显的简单性。

2. 工具简陋

我国民航恐怖犯罪案例,可以看出犯罪分子所使用的工具主要是刀具、枪支(含枪支仿制品)和炸药(含伪装、谎称炸药)。统计数据表明:21例使用刀具,占工具总数的29.16%;9例使用枪支,占工具总数的12.17%,其中仅4例为真实枪支;36例使用炸药(含伪装、谎称炸药),占工具总数的50.17%,其中仅7例为真实炸药,伪装、谎称炸药的比例高达40.18%;3例使用易腐蚀液体硫酸,占工具总数的4.12%;2例使用易燃液体汽油,占工具总数的2.18%;还有5例是没有使用任何工具。可见,在我国民航恐怖犯罪中,犯罪工具多为刀具和伪装、谎称的炸药。根据1982年8月30日公安部颁布的《对部分刀具实施管制的暂行规定》,所管制的刀具包括匕首、三棱刀(包括机械加工用的三棱刮刀)、带有自锁装置的弹簧刀(跳刀)以及其他相类似的单刃、双刃、三棱尖刀。这类管制刀具在机场安全检查时是绝对禁止携带的,并应受到公安机关的行政处罚。然而,在刀具中,除了极个别属于公安部规定的管制刀具外,绝大部分是常见的生活用刀及工作用刀,如餐刀、水果刀、美工刀及手术刀等。与国外恐怖犯罪中大量使用枪支、爆炸物及其他先进武器,甚至是高科技产品,如制造洛克比空难的最新塑胶炸药等〔1〕相比,我国恐怖犯罪所使用的工具堪称简陋。

3. 动机单纯

动机行为最早是普通罪犯为逃避国内法律制裁、利用劫持航空器出境以达到逃亡目的的一种方式,这种劫持行为的动机即为逃避法律制裁。〔2〕随着国际形势的变化,20世纪50年代后期到60年代以后,劫炸机恐怖事件的政治性越来越明显,劫炸机成为一种达到政治目的而采用的重要手段,从而使劫炸机事件的数量猛增。20世纪70年代以后,因经济目的而引发的劫炸机事件不断发生。到了70年代后期,以制造恐怖活动为目的而袭击民航飞机的事件不断发生。

---

〔1〕 林泉:《航空犯罪与预防》,中国民航出版社2002年版,第51页。

〔2〕 洪慧珠:《劫机行为之国际法研究》,台湾商务印书馆1987年版。

但是,通过对民航领域发生的恐怖犯罪的分析可见,我国发生的航空恐怖犯罪大多动机极为单纯:或为逃避法律制裁、逃避债务;或对自己的生活状况、经济状况不满,期望改变;或是对工作、对领导不满,进行发泄、存心报复等,概言之都属个人动机,不存在政治图谋。虽然1983年5月5日发生的恐怖事件中,卓长仁等人赴台后被台湾当局称为"(反共)六义士",卓本人也屡屡被安置于公众场合歪曲大陆现状和发表反共、反社会主义的言论,但分析其犯罪过程和背景资料,我们不难发现,其劫机动机并非为政治目的,而是为逃避法律制裁,利用两岸关系获得个人私益。[1] 因此,我们可以归纳我国航空恐怖犯罪的动机绝大多数为个人动机,而非政治图谋,较国外恐怖犯罪而言,动机极为单纯,[2] 直到2012年"6·29"新疆劫机事件发生为止。

4. 目的地单一

目的地单一是我国航空恐怖犯罪简单性的又一大表现。在63例劫炸机恐怖犯罪中,多达43例的劫持目的地为我国台湾地区,占恐怖总数的68%。之所以绝大多数目的地选择为我国台湾地区,原因在于我国台湾地区一度奖励劫机者并拒绝向大陆遣返,使我国台湾地区成了"劫机犯罪者的天堂",成为航空恐怖犯罪首选的目的地。另外,动机也决定着目的地的选择。国外航空恐怖犯罪的动机复杂、情况多变,因而目的地繁多,更不断地因政治因素发生着变化。因此,相对国外而言,我国航空恐怖犯罪呈现出目的地单一的显著特点。

(二)运输工具性

飞机作为一项快捷、舒适的交通工具而备受世人喜爱。在国际恐怖犯罪中,民用航空器因恐怖动机和目的不同充当着不同的角色。以逃亡为目的,则航空器仅作为一项交通工具,只要机长听从劫持者安排变更航程,劫持者一般不会故意伤害航空器上的旅客、机组人员或破坏机上设备、炸毁航空器;以金钱勒索为目的,航空器及机上的人充当了劫持者握有的把柄,即劫持者主要利用航空公司为避免航空器失事造成更大损失的心态,以航

---

〔1〕 于祖范:《劫持者的下场》,警官教育出版社1990年版。

〔2〕 李运文:"关于恐怖主义定义误区与缺失的思考",载《国际政治研究》2003年第2期。

空器及机上人员为危害对象进行威胁；以抢劫为目的，则航空器成为一个理想的封闭的抢劫场所，劫持者往往控制飞机抢劫旅客财物后、携降落伞跳机逃亡；基于政治目的而劫持民航飞机的，则航空器充当了多个角色，既是交通工具，又是威胁的对象，更往往成为打击报复、发泄的直接对象，甚至成为进行恐怖活动的工具。在以实现政治目的的恐怖事件中，机毁人亡的危险大大增加。

我国民航恐怖犯罪案例中，绝大多数都是动机单纯——逃亡，目的地单一——我国台湾地区为主，这决定劫持者仅将航空器作为交通工具使用，而不追求其他用途。

（三）国内性

纵观世界航空恐怖犯罪的历史，我们不难发现国外航空恐怖犯罪，尤其是发生在国际航班上的恐怖犯罪往往涉及多个国家，如航空器登记国、航空器降落地国、航空器承租人的主要营业地国或永久居住国、犯罪发生地国及犯罪人国籍国等。只要恐怖犯罪中，涉及两个或两个以上国家，则该起恐怖犯罪就具有国际性。而我国的航空恐怖犯罪中，航空器的登记国或航空器承租人主要营业地国或永久居住国为我国；劫持者均为我国国民；恐怖犯罪发生在我国领域内（我国台湾地区是我国领土不可分割的一部分，属于我国一个行政区）；航空器降落地除了个别为韩国、日本外，均为我国台湾地区。以上各因素都指向我国，相对于国外恐怖犯罪普遍具有国际性而言，我国民航恐怖犯罪具有国内性的特征。

（四）脆弱性

由于民用航空器在安全防范上的极端脆弱性，民航飞机很容易成为恐怖分子攻击的重要目标。比如波音 747－400 飞机价值数亿美元，满载旅客可达 400 人。民航飞机一旦遭受恐怖袭击，不仅会造成巨大的人员伤亡和财产损失，同时最重要的是造成严重的社会恐慌，而这恰恰是恐怖主义犯罪所追求的价值理念。因此，恐怖分子很清楚地看到了这一点，他们在不放弃传统的绑架、暗杀、枪击、武装袭击、投毒、爆炸六类传统恐怖袭击方式的同时开始转向袭击航空器或与航空相关的机场设施、人员等，从而使危害国际航空安全犯罪日益成为最为严重的国际恐怖主义犯罪。〔1〕

---

〔1〕 赵维田：《论三个反劫机公约》，群众出版社 1985 年版，第 280 页。

二、航空恐怖犯罪的原因

从分析我们可以发现，我国国航空恐怖犯罪所呈现出的特点，与国际航空恐怖犯罪有很大的不同。之所以会有这样的差异是由于具体犯罪发生的背景和原因复杂和多元的。

（一）航空恐怖主义的外因

所谓外因，是指非恐怖者本人的原因，相对恐怖者而言是外在的原因，主要指社会经济原因和政治原因。与一般恐怖主义的成因相比，航空恐怖主义同样也受到南北分裂、国际关系、国家战略、种族主义以及宗教冲突等外在因素的影响。

据可查到的资料，世界上第一次劫持飞机事件发生在1931年的秘鲁，有几名失败的“革命者”劫机逃走。但一般认为，16年后，即1947年一名保加利亚叛逃分子劫持该国飞机逃亡西欧，是近代劫机事件中的第一桩。在50年代，劫机事件一般是零星、断断续续地发生在东西欧之间，大都属于叛逃性质。因为这些劫机事件限于局部地区，伤害无辜比较少，未受到世界各国的重视。到60年代初，美国与古巴断绝外交关系后，在加勒比区域开始出现了一股劫机的浪潮。到目前为止，2001年“9·11”恐怖袭击事件仍然是一个没有完全解开的谜，没有人承认自己是肇事者，也没人站出来解释策划组织这个行动的动机。要了解所有细节也许是不可能的。这并不妨碍我们做出一些基本判断。与劫持人质或者暗杀等恐怖活动不同，这个恐怖袭击一不为财，二不为实现某个具体要求，三不留谈判、妥协的余地。恐怖行为的真正策划者可能抱有不为外人所知的目标，但就这个行动造成的客观影响来看，这类事件更像一种以极端残暴的形式传达的仇恨，肇事者同归于尽的决绝表达了矛盾的不可调和已经达到势不两立的程度。

这类恐怖袭击的特点是攻击美国的标志性设施和建筑，从美国官方驻外机构和军事机构，到资本主义经济和军事象征的纽约大厦和五角大楼。无论直接策划者的具体动机是什么，攻击者与被攻击对象同处一个世界却又处于对立之中，这一点是清楚的。不管具体的目标是什么，这种仇恨折射出一些社会群体对现存秩序的极度不满，其根源离不开当代资本主义世界体系的内在结构，离不开世界结构最突出后果即南北分裂。[1]

---

〔1〕 王逸舟：《恐怖主义溯源》，社会科学文献出版社2010年版，第66页。

航空恐怖主义同样受到大国关系的影响。第二次世界大战之后,世界形势和格局发生了重大的变化。这集中表现为:民族解放和民族独立运动蓬勃发展,亚非拉原殖民地国家纷纷独立,西方列强国家的殖民主义体系开始瓦解,世界上逐渐形成了一种新型的发展中国家体系;随着殖民主义体系的瓦解,老牌帝国主义大国相对衰落,以美国为首的西方国家对社会主义国家实行禁运、封锁和冷战政策,使社会主义国家与资本主义国家特别是与美国的矛盾突出了。

犯罪是基于一定经济基础的社会现象,它与一定的社会发展水平相适应,与其他社会现象一样依赖于一定的社会形态。在任何社会,无论是经济发展,还是经济危机,无论是经济形态的变更,还是经济制度的改革,都会深刻影响社会生活,使社会矛盾趋于激烈或平缓,或直接或间接地影响社会犯罪,包括影响着恐怖犯罪的发生和变化。从 20 世纪 80 年代开始,我国社会进入了以经济形态变革为重要标志的社会转型期。市场经济的发展,促使社会生产资源和经济结构重新组合,经济内部结构不断调整。在这样一个矛盾整合的过程中,出现了种种矛盾和新的社会关系失调,如多种所有制、多元化的分配方式的出现,多种利益群体的矛盾与冲突,贫富差距的扩大,社会腐败的泛滥,体制改革出现漏洞,上层建筑领域混乱,我国加入 WTO 后面临挑战等,社会的变革和各种各样的矛盾冲突对每一个人都会产生影响,心理调适会出现偏差,于是恐怖犯罪随同其他类型的犯罪一样有所出现和增加。甚至在 1993 年达到劫机高潮:劫机 15 例,得逞 10 例,未得逞 5 列,还有 4 列属于在预谋中被侦破的。从这个意义上讲,犯罪是社会发展进程中必须付出的"代价"。[1]

国际与国内政治形势是影响民航领域恐怖发生的非常重要的原因。一些理想主义者在行动中,为达成自己的目的,对民航发动了一系列的恐怖袭击。一些地区的分离主义者也将苗头指向了民航,近些年来,极端主义、恐怖主义日渐迅猛的时候,它们成了航空恐怖犯罪的主角。外在的社会变化使航空恐怖犯罪也不断地发生着变化,无论从犯罪主体到犯罪手段都随着国内外形势的发展而呈现出动态的特征。

---

〔1〕 黎国智:《犯罪行为控制论》,中国检察出版社 2002 年版,第 96 页。

(二)民航恐怖主义的内因

所谓内因,即恐怖分子主体自身的原因,较之社会原因、政治原因而言属于内在原因,也是恐怖分子产生恐怖动机的主要原因,对恐怖犯罪的发生起着直接的、决定性的作用。

研究恐怖者资料发现,这些劫持者在实施犯罪前都经历了一些生活事件,即心理学所指的人们在社会生活中所经历的各种紧张性刺激。自20世纪30年代以来,生活事件便作为一种心理应激变量,受到人们的关注和研究。美国学者HolmesT. H.和RaheR. H.编制了社会再适应量表(SRRS),说明不同的生活事件会带给人不同的压力。例如,配偶死亡,压力均值为100;离婚,压力均值为73;亲近家属死亡,压力均值为63等。并且,他们指出,如果在一年内发生在一个人身上的生活事件压力均值(LCU)总分超过300分,说明这个人面临较大的压力,来年有70%的可能罹患身心疾病;如果分值在150~300分之间,来年有50%的可能患身心疾病。[1] 这种身心疾病主要是指心理健康的失衡,严重的个体心理失衡极易导致犯罪意识和动机的产生,促使个体实施违法犯罪行为。事实上,由于文化背景的差异以及个人社会生活的复杂性,这样的分析研究方式是存在一些问题的,但也能从一个方面说明问题,就是个人生活的变化对个人内在心理的和行为产生非常重大的影响。

有人认为恐怖分子的产生是出于对自身生活与成就的不满,而社会又不能给他们提供一个适当的机会成就自己,这会使其产生一种特殊的心理状态,令他们认为自己天生就应该投身恐怖活动来实现人生价值。其实,在大多数情况下,恐怖分子的行为及心理规律与常人并没有太大区别。无论是合理还是不合理,恐怖分子和常人一样,被同样的生理、行为规律所支配。恐怖分子为了实现其政治或社会目的,往往也要考虑各方面的可行或不可行因素,从筹措活动经费到日常的组织管理和生活,从制定恐怖行动计划到实施恐怖活动的程序与步骤,恐怖分子遵循的往往是与平常人一样或类似的行为与心理规律。从根本上讲恐怖分子作为一类特殊性质的行为主体,其个性心理也可能存在一些特殊性(或变态型):即恐怖分子身上

---

[1] 教育部社会科学研究与思想政治工作司:《心理卫生学》,高等教育出版社2003年版,第97页。

的狂热心理、敌对心理这两大重要的非常性或变态型的心理特征。应该说，正确认识这一问题，不但可以使我们科学认识恐怖主义现象、客观看待恐怖分子，还可以正确研究恐怖分子心理因素，从而更有效地开展反恐怖斗争。

对照社会再适应量表中的生活事件，统计发现：在我国发生的劫炸机案例中，劫炸机者最少的经历了一项生活事件，最多的经历了六项生活事件，平均2.7项。无业（辞职或被解雇）的最多，占生活事件总数的21.8%；其次是患病或受伤的，占生活事件总数的20.7%，其中患有精神疾病的14人，占患病总数的77.8%。以1994年6月6日劫机犯罪中邹某为例，邹某经历了夫妻闹离婚、疾病、无业、经济拮据、与单位有矛盾、表姐死亡未获公正赔偿六件生活事件，其压力均值高达297。可见，劫机者经历了一些生活事件，导致其心理失衡，是引发犯罪的一个重要原因。另外，这些生活事件直接或间接地反映出了他们的需要。需要是引起相当一部分犯罪动机的直接原因。[1] 如被监禁或被通缉的有逃脱法律制裁的需要；负债或经济拮据的有逃避债务或改善经济状况的需要，等等。正如邱国梁先生指出的：需要→心理失衡→心理紧张→驱力→动机→目标行动→满足需要→恢复平衡→紧张消除→新的需要。[2] 这就是一般恐怖犯罪的基本犯罪动机轨迹。

当然，从心理学角度看，经历生活事件并不必然会引发犯罪，如果生活事件所带来的紧张和压力可以通过正常途径缓解和释放，那么生活事件只是一种生活经历而已；但如果生活事件所带来的压力造成了严重心理失衡，并结合罪犯个体的一些因素，如错误的人生观和价值观、人格障碍、个性特征、需要等，那么犯罪发生的可能性就增大。结合上述外因，加上部分受媒体的不良影响，恐怖犯罪更易发生。

从表面上看，内因并没有直接决定恐怖犯罪的特点，毕竟，心理失衡和需要推动是犯罪心理学上所有犯罪都具有的一个共性，但是通过研究劫机者的经历和行为，结合心理学推断出其犯罪动机，甚至有的劫机者在实施犯罪前直接写有“遗嘱”，表明其行动的原因和动机，这为我们分析恐怖犯

---

〔1〕 康树华：《犯罪学通论》，北京大学出版社1992年版，第148页。

〔2〕 邱国梁：《犯罪动机论》，法律出版社1988年版，第99页。

罪特点提供了确实的依据。如负债的想到我国台湾地区挣大钱，刑事犯罪的想逃离大陆，与单位或领导有矛盾的想借机报复领导等等，只有正确分析了内因才能准确把握恐怖犯罪的特征。

三、航空恐怖犯罪的主要表现形式

经过国际社会不断的努力，逐步形成了一系列预防和惩治危害国际航空罪的国际法律文件即国际公约，并确立了相应的国际刑法原则、规则及制度。综合有关预防、禁止和惩治危害国际航空罪的国际法律文件的规定，我们可以看出，国际航空恐怖主义犯罪并不是一个具体的罪名，而是有关破坏国际航空秩序、危害国际航空安全这一类恐怖主义犯罪的总称。具体来说，它应当包括劫持航空器罪、危害航空器飞行安全罪和危害国际民用航空机场安全罪三种类型。

（一）劫持航空器罪

所谓劫持航空器罪，是指行为人以暴力、暴力威胁或者其他恐吓方式，非法劫持或者控制飞行中的民用航空器的行为。1963 年的《东京公约》曾规定："如航空器内有人使用暴力或暴力威胁，非法地干扰、劫持或以其他不正当方式控制飞行中的航空器，或准备采取此类行为者，缔约国应采取一切适当措施，恢复与保持合法机长对航空器的控制。"该规定虽没有明确把空中劫持行为宣布为一种国际犯罪，但是实际上已经初步指出了空中劫持的概念，为惩治劫持航空器的犯罪奠定了基础。[1]

1970 年的《海牙公约》发展了这一规定，明确指出："凡在飞行中航空器上的任何人，以暴力或暴力威胁，或者以任何其他恐吓方式，非法劫持或控制该航空器，或者企图从事这类行为，或是从事或企图从事这种行为者的共犯，均构成犯罪。"根据《国际民用航空公约》（以下简称《芝加哥公约》）的规定，航空器有民用航空器和国家航空器之分。《东京公约》第 1 条第 4 款、《海牙公约》第 3 条第 2 款和《蒙特利尔公约》第 4 条第 1 款均规定"本公约不适用于供军事、海关或警用的航空器"。因此，如劫持的是国家航空器也不构成劫机罪。所谓"正在飞行中"，正常情况下是指"航空器从装载完毕，机舱外部各门均已关闭时起，直至打开任一机舱门以便卸载

〔1〕 Satish Chandra, *International Terrorism and It's control* , Allahabad (India) : Vohra publishersand Distributors, 1989, p. 7.

时为止”;航空器被迫降落时,“在主管当局接管对该航空器及其所载人员和财产的责任前,应被认为仍在飞行中”(《海牙公约》第3条第1款)。值得注意的是,本罪的主体既包括处在飞行中的航空器内的乘客,也包括该航空器的机组成员,甚至是航空器上的合法机长;如果他违背航行目的,为实现某种犯罪目的而改变事先声明的航线,也构成劫持航空器罪。

(二)危害航空器飞行安全罪

广义的危害航空器飞行安全罪包含非法劫持航空器,但鉴于非法劫持行为的严重性,《海牙公约》已将其规定为一种独立的国际犯罪,所以,这里所说的实际上是指非法劫持以外的其他危害国际民用航空安全的行为。《东京公约》最初规定了这种行为,《蒙特利尔公约》将该行为进一步具体化和专门化。《蒙特利尔公约》第1条明确规定:(1)任何人如果非法地和故意地从事下列行为,即是犯罪:①对飞行中的航空器内的人从事暴力行为,如该行为将会危及该航空器的安全;或②破坏使用中的航空器或对该航空器造成损坏,使其不能飞行或将会危及其飞行安全;或③用任何方法在使用中的航空器内放置或使别人放置一种将会破坏该航空器或对其造成损坏使其不能飞行或对其造成损坏而将会危及其飞行安全的装置或物质;或④破坏或损坏航空设备或妨碍其操作,凡任何此种行为具有危害飞行中航空器的安全;或⑤传递他明知是虚假的情报,从而危及飞行中的航空器的安全。(2)任何人有下列行为者,亦为犯罪:①企图犯本条第1款所指的任何罪行;或②是犯有或企图犯任何此种罪行者的共犯。这里“飞行中”与前面劫持航空器罪中的“飞行中”相同。所谓“使用中”,是指“航空器从地面人员或机组人员为某一次飞行而进行航空器飞行前准备时起,到任何降落后24小时止”。在任何情况下,使用的期间当然包括前述所规定的航空器在飞行中的整个时间(《蒙特利尔公约》第2条第2款)。这里的航空器,仅指民用航空器,不包括国家航空器和无人驾驶的航空器。虽然《蒙特利尔公约》中未曾把诸如“9·11”事件中用飞机撞大楼等新型航空恐怖主义犯罪行为列举为危害航空器飞行安全罪具体犯罪类型之一,但显而易见,这是最严重的危害航空器飞行安全罪。[1]

---

〔1〕 王树友:“恐怖主义概念体系研究”,载《武警学院学报》2002年第6期。

（三）危害国际民用航空机场安全罪

根据《蒙特利尔公约补充议定书》的规定，危害国际民用航空机场安全罪是指行为人非法地故意地使用任何装置、物质或武器从事该补充议定书所禁止的危害国际民用航空机场安全的犯罪行为。具体来说，这种行为主要表现为以下两种方式：(1)非法、故意地使用任何装置、物质或武器，在为国际民用航空服务的机场上对人进行了暴力行为，造成或可能造成严重的伤害或死亡。(2)非法、故意地使用任何装置、物质和武器，毁坏或严重损害为国际民用航空服务的机场上的设备或停放在机场上未使用的航空器或使机场的服务陷入混乱状态，如果这种行为危及或可能危及该机场的安全。上述行为的未遂行为和教唆、共谋或帮助行为，也可构成危害国际民用航空机场安全罪。[1]

（四）"或起诉或引渡"原则

《海牙公约》第7条和《蒙特利尔公约》第7条都一致规定："凡在其境内发现所称案犯的缔约国，如不将他引渡，则不论犯罪是否发生在其境内，必须毫无例外地为起诉目的，将案件送交其主管当局，该当局应以与本国法中任何严重性质普通罪的同样方式，作出决定。"这就是著名的"或起诉或引渡"原则，它排除了"政治犯不引渡原则"的适用。它要求各缔约国如果不把其在领土内发现的被指称的罪犯引渡给有关国家，就必须"毫无例外地"将案件交给主管当局起诉，而且该当局必须"以与本国法中任何严重性质普通罪的同样方式"作出处理。这样规定的主要意图是"不受这种罪行的任何政治方面的影响"，防止任何犯危害国际航空罪的犯罪分子的漏网。[2] 该原则同普遍管辖权原则在内容上有交叉，但解决了管辖权冲突的问题。

但是，在司法实践中，对危害国际航空罪的惩治远没有这么简单和顺利。障碍之一是有关当事国之间因意识形态不同和种种利益冲突而导致的矛盾往往使"或起诉或引渡"的原则大打折扣；障碍之二是有关危害国际航空罪的几个国际法律文件都没有规定具体的刑罚种类和刑罚幅度，而有

---

〔1〕 陈志军："恐怖主义定义解读"，载《犯罪研究》2004年第1期。

〔2〕 刘凌梅："国际反恐怖犯罪与我国刑事立法"载《法学评论（双月刊）》2001年第2期。

赖于各国的国内法去落实。但是各国国内法在这方面的发展很不平衡，有的国内法与国际公约衔接得比较好，适用起来就比较方便，有的国内法则与国际公约衔接得不够好甚至根本就没有衔接，适用起来很不方便。对于前者，国际社会和许多国际法学家曾希望通过制定一个“制裁公约”之类的国际法律文件来对那些违反公约者予以制裁。但由于问题复杂，各国意见不一，至今没有取得实质性进展。对于后者，国际民航组织也曾作过努力，如《蒙特利尔公约》就曾经想规定一个危害民用航空安全罪的最低刑罚，但是都没有成功。这反映出国际法的实施要比国内法的实施更加复杂、更费周折的特点。[1]

---

〔1〕 刘仁文：“论危害国际航空罪”，载《法律科学》1998 年第 1 期。

第三章　航空恐怖主义犯罪的若干案例分析

恐怖分子对民航进行恐怖袭击造成了很大的社会危害，不但威胁到整个航空业的安全，也威胁到国家安全，威胁到世界的和平和人类社会的安宁，恐怖组织一直以来都把民航作为他们攻击的一个重要目标，不断变换花样，采取各种手段，甚至是不惜牺牲自己生命对民航发起自杀式的恐怖袭击。每次对民航的恐怖袭击都造成了巨大的影响。通过一些案例的分析，我们不难从中发现一些共同的规律。

第一节　洛克比空难

一、事件概况

1988 年 12 月 21 日，美国泛美航空公司的 PA103A 航班在德国黑森州法兰克福起飞，前往英格兰希斯罗机场。乘客在那里转机，然后航班改名为 PA103 继续旅程，计划飞往纽约肯尼迪国际机场。在格林尼治时间 19:03，飞机起飞后 38 分钟，进入苏格兰领空才几分钟，刚刚抵达洛克比小镇上空，飞行于空层 9100 米时，前货物舱（41 段）里约 280 ~ 400 克塑胶炸药被引爆，飞机爆炸并坠毁。爆炸后解体的飞机以巨大的冲击力冲向地面，在 220 英尺长的机身旁边炸出一个 20 平方英寸的洞，飞机残骸遍布在一条 142 公里长的走廊地带上,面积达2188平方公里。本次空难因发生在洛克比上空而被称作洛克比空难。这次炸弹袭击一共夺去了270条人命。机上259名乘客及机组人员全部丧生,来自19个国家,其中189人为美国人。其余11人在洛克比地面被波及丧生。数十间房屋夷为平地,巨大的爆炸威力使地面上的人瞬间被汽化。

事故发生后由美英两国成立联合调查团,苏格兰也展开了独立的调查。调查人员推算,那土制炸弹由280~400克塑胶炸药(可能是塞姆汀炸药,一种捷克制的强力炸药)、一枚电池和一个电子计时器组成,藏在一部东芝收音录音机(可能是型号RT-SF16)里。塑性炸药(Plastic Explosive)是一种制式烈性炸药,诞生于"二战"期间。它具有腻子或生面团的外观,塑性极强,有较好的稠度,工艺性能良好,一般具有较高的密度,便于携带和伪装,并可装填弹形复杂的弹体,在军事上具有广泛的用途。然而,正是由于塑性炸药集高爆性、可塑性、防水性、适应温差范围大、隐蔽性强等众多优点于一身,它就像一把"双刃剑",在生产建设和国防中发挥重要作用的同时,也成为恐怖分子制造恐怖爆炸事件的理想工具。虽然找不到任何塑胶炸药,他们在相信为炸弹所在行李集装箱的金属碎片上,发现季戊四醇四硝酸酯(PETN)和黑索金(RDX)。太安和黑索金是塑胶炸药(包括塞姆汀)的成分。英国专家从一颗在洛克比找到的10公厘粒子及中央情报局提供的资料——从塞内加尔恐怖分子手上找到一批类似计时器,鉴定出炸弹的计时装置。中央情报局的资料帮助调查人员追溯出那MST-13计时器的来源:一家位于苏黎世的瑞士生产商埃文·保利亚。人们在审讯中发现,保利亚在炸弹袭击前向一名利比亚情报官员售出20个这类计时器。这些计时器的可设定时间是1分钟至999小时。

关于洛克比空难飞机爆炸的技术原因,众说纷纭,归纳起来,至少有三种可能:第一种是两架飞机在空中相撞,第二种是飞机有巨大的结构性问题,第三种是炸弹被带上了飞机。根据空中的控制报告,排除了第一种情况和第二种情况的可能性。最后一种情况是炸弹被带上了飞机,认为有三种可能,首先飞机上有亡命之徒,随身将炸弹带上了飞机,其次是恐怖分子将炸弹藏入一名无辜旅客的行李之中,最后是航空公司内部出现了问题,机场某个职工利用职务之便将炸弹藏入行李然后将炸弹送上飞机。随后的调查排除了随身携带炸弹登机以及无辜旅客行李被藏入炸弹的可能,最后认定是利比亚的恐怖分子麦格拉希和费希迈将高效炸药装入行李实施了爆炸行为。

洛克比空难发生的背后有深层次的历史背景,进入20世纪80年代以来,国际恐怖主义事件明显增多,而大多都是针对美国和欧洲盟国的公民。从1984年开始,国际社会公认的由利比亚所策划的恐怖主义事件袭击频频出现:3月中旬利比亚人在苏丹首都制造爆炸事件,一个月以后在利比亚驻伦敦办事处英国警察被杀。从1985年开始,恐怖主义袭击到达了一个新的高峰,春天在马德里和利雅得不断遭受的不明组织攻击,这个组织由伊朗等国赞助,这些组织多数都与巴勒斯坦组织有关联。6月法兰克福机场的爆炸事件,11月埃及民航客机遭到劫持造成60人死亡,12月在罗马和维也纳机场的炸弹事件造成12人死亡。1986年在西柏林的迪斯科舞厅爆炸造成两名美国士兵的死亡,根据美国中央情报局的侦察认定是驻东柏林的利比亚大使馆策划了这次事件,这是美国对利比亚进行空中打击的直接原因。随后美利关系的恶化,双方矛盾日益加剧,美国采取军事打击、经济制裁等方式对利比亚进行打击,利比亚也以宗教为旗号不断清除在本国的美国势力,并且在国际上积极支持伊斯兰原教旨主义。美国对利比亚进行了号称"草原烈火"和"黄金峡谷"两次军事打击,并积极支持利比亚国内反对派颠覆现有政权,对利比亚的国内政治产生了严重的不利影响。美国对利比亚的经济制裁旷日持久,到了里根时期起对利比亚经济制裁更加细化,根据制裁的方式美国对利比亚的经济制裁分为投资制裁和贸易禁运两种,美国在80年代的经济实力在全球最强,是世界上最大的能源消费国和进口国,它对利比亚的石油经济产生了很大的影响。

PA103的袭击有两个明显动机。第一个动机是美国在1985年轰炸的黎波里(Tripoli)和班加西(Benghazi),令卡扎菲夫妇收养的一名小女孩丧生。第二个动机是1988年7月3日美国巡洋舰温森斯号(USS Vincennes)在波斯湾击落伊朗航空655班机,该航班满载的290名乘客,其中包括63名儿童全部遇难;战舰误将客机当做来袭战机对其发射了两枚地对空导弹。西方国家和传统伊斯兰势力的矛盾,利比亚无力与美国进行正面的抗衡,民族、宗教恐怖组织通过极端的方式表达自己的政治诉求,表现在洛克比空难上,就是利比亚以恐怖袭击航空器这种极端的方式对美国进行的报复。

二、空难的处理

美国在确定是利比亚人麦格拉希和费希迈涉嫌制造了洛克比事件以后,随即联合英法两国开始对利比亚施加压力,同时采取提升国家的安全级别,加大对美国外交设施和人员的保护工作等措施。里根执政时期美国政府反恐措施逐步完善,特别是在洛克比空难后,美国考虑到本土的机场安全,加强了国内机场的检查,对于一般登机的旅客,都进行录像,然后对行李进行认真检查,此外还有一些额外的措施例如对食品和邮件的检查,以防止恐怖分子的再度偷袭。利比亚阿拉伯航空公司的前保安主管阿卜杜拉·巴塞特·阿里·麦格拉希(Abdelbaset Ali Mohmed Al Megrahi)和他的助手阿明·哈里法·费希迈(Al Amin Khalifa Fhimah)于1991年因为那次袭击而被指控。美英两国与利比亚开始了十几年之久的法律诉讼,期间双方对争议展开了激烈的争论和较量。1992年、1993年联合国安理会分别通过了第371号决议、第784决议,要求利比亚配合国际调查,终止恐怖主义活动并引渡嫌疑人。美英双方一致要求利比亚交出犯罪嫌疑人,但利比亚以侵犯主权、要求在中立国审判、审判公正性等理由拒绝引渡犯罪嫌疑人,此后6年多的时间,利比亚一直未将犯罪嫌疑人交付于英美两国。在洛克比空难问题上,英国态度一直都比美国积极。1998年,英国政府就提出在荷兰审判涉嫌制造空难的两名利比亚情报人员,以打破僵局。另外,加之数个阿拉伯及非洲国家开始无视联合国因空难而对利比亚实施的经济制裁,利比亚政府作出让步,同意在中立国进行审讯;经卡扎菲同意,在1999年4月5日将嫌犯移交苏格兰。审判地点位于荷兰,在前美国空军基地宰斯特营(Camp Zeist)成立苏格兰法庭。根据英荷两国签订的协议,审讯期间苏格兰拥有该处地方的主权,在苏格兰法律下进行审判。在各方同意下,1998年8月,联合国制裁暂停(但非解除)。在美英两国经济制裁和军事的压力下,利比亚终于同意英美的条件,将犯罪嫌疑人交与荷兰审判。审讯在2000年5月3日开始,经过冗长的法律程序,法庭于2001年1月31日达成裁决,认定麦格拉希罪名成立,被判终身监禁,建议最少服刑20年;费希迈被判罪名不成立,并在翌日回到利比亚的家。2002年3月14日麦格拉希的上诉被驳回,他被移送到位于苏格兰格拉斯哥的巴连尼监狱。常年的制裁使利比亚社会经济难以承受,不得不低头认罪,屈服于英美。2002年10月,据报告,利比亚政府为死难者提供27亿美元赔偿,约每人1000万美元。2003年8月15日，利比亚正式对袭击承认责任。2003年9月12日，联合国终止对利比亚15年的制裁。2003年11月24日，根据欧洲人权法要求，苏格兰最高法院将麦格拉希的最低刑期（即可接受假释前的最少服刑年期）定为27年，由1999年的羁押开始计算。2009年8月20日，英国苏格兰司法部门宣布，麦格拉希因已被确认患有晚期前列腺癌，离生命终止最多只有3个月的时间等原因，决定释放因制造洛克比空难惨案而正在英国服刑的利比亚特工麦格拉希，至此洛克比空难才算告一段落。值得一提的是在洛克比空难后的第三年泛美航空公司也就破产了。

第二节　“9·11”事件

一、事件概况

美国东部时间2001年9月11日，恐怖分子使用有毒化学喷雾器和刀具劫持了美国4架民航客机，其中两架撞塌了纽约世贸中心“双子大厦”，世贸中心附近的5幢建筑物也受震而坍塌损毁，另外一架撞毁华盛顿美国国防部的五角大楼的一角，最后一架在宾夕法尼亚州坠毁（美国国会山或白宫可能成为预计的撞击目标）。这一系列袭击导致3201人死亡，并造成数千亿美元的直接和间接经济损失。众多救援人员因此事件而因公殉职，当地多个警种的警察被掩埋在倒塌的大楼里；纽约市消防队员进入火场救援中，因无法准时接到撤离的命令等原因造成共有411名救援人员殉职。这次事件是继第二次世界大战日本以大型潜艇搭载的水上飞机和“气球炸弹”空袭美国后，美国本土首次遭受来自空中的袭击，也是继珍珠港事件后，外国势力首次对美国领土造成重大伤亡的袭击。

美国政府在事件发生后立即秘密拘留、逮捕、盘问了至少1200人，大多数是非美国公民的阿拉伯或穆斯林男子。美国司法部也查问了5000名来自中东的男子。政府后来承认，当中只有10~15人与基地组织有关，但是无人牵涉“9·11”事件。但是依然有500人因触犯移民条例而被监禁，70名以色列人因违反旅游观光签证而被拘留。多部被指责为侵犯人身自由、为政府监视民众提供便利的法律也获得通过。2001年10月10日，联邦调查局公布了“FBI恐怖分子通缉令”名单。“9·11”事件后，有很多报道称巴勒斯坦民族解放阵线宣称对事件负责，但很快遭到该组织一名高级官员的否认。在美国的穆斯林组织迅速谴责了袭击,并呼吁穆斯林美国人“献出他们的技能和资源,以帮助减轻受灾群众及其家属的痛苦”。2006年5月4日,美国联邦地方法院法官正式作出宣判,判处因“9·11”恐怖袭击事件而受审的基地组织成员穆萨维终身监禁,并不得假释。2007年1月8日,德国汉堡高等法院宣布判处涉嫌参与“9·11”事件的摩洛哥男子穆塔萨迪克15年徒刑;3月9日,基地组织海外军事活动首领哈立德·谢赫·穆罕默德在听证法庭上首度招认:“9·11”行动从头到尾都是我负责主导。他2003年3月在巴基斯坦被捕,被秘密关进美军关塔那摩湾基地。

“9·11”事件使世界多数国家把反恐纳入国家安全的战略层面,它对国际社会的众多领域产生了重大而又即时的影响,其背后具有深层次的原因。但就基地组织的形成其实和美国有很大关系,从20世纪80年代开始,美国、沙特阿拉伯和巴基斯坦联合起来资助和组织阿富汗的“穆斯林游击分子”抗击苏联入侵阿富汗行为,基地组织正是在这个过程中建立起来的。1996年,塔利班政权成功地掌握了阿富汗政局,并立即与本·拉登的基地组织建立了密切关系。从某种程度上来说,基地组织是塔利班政权的“武装侧翼”(militarywing)。然而,冷战结束后,随着美国在中东乃至整个伊斯兰世界干预力度的日益加强,伊斯兰世界的反美情绪日益高涨;尤其是在“9·11”事件之后,伊斯兰世界的反美情绪被急剧扩大了。“9·11”事件与美国在全世界推行其霸权主义、强权政治的外交政策和许多单边主义的行为尤其是中东问题上支持以色列的立场有重大关系,同时在美国影响下联合国宣布的“不干涉原则不再适用于违反人权的国家”的政策,使国际法准则失衡,美国的这些对外政策和做法促使了恐怖分子以恐怖活动来报复美国对其民族、宗教以及主权、内政等问题的干预,恐怖分子本·拉登在2004年10月30日卡塔尔半岛电视台播放的录像中强调,如果美国停止威胁自由伊斯兰世界的安全,那么将可避免似“9·11”恐怖袭击事件那样的惨剧重演,同时首次公开承认,自己下令开展“9·11”恐怖袭击活动的原因是为了报复美国和以色列破坏黎巴嫩和巴勒斯坦人安全的侵略行径。

二、“9·11”事件对美国的国内影响

“9·11”事件的影响力,则远远超越了以往任何恐怖袭击事件。策划“9·11”恐怖袭击事件的成本为50万美元左右,但造成的经济损失(仅以纽约来看)高达900亿美元;“9·11”事件发生之前,美国对于本·拉登的危险性一直不太重视。本·拉登早在1996年就在沙特阿拉伯国家发动了对美国的恐怖袭击事件,但没有引起美国政府的恐慌情绪,在本·拉登和他的穆斯林教徒们宣讲他们必须为最后的战争而奋斗的时候,许多美国人却认为他们正生活在历史的最后的终结阶段。但在“9·11”事件后,美国开始了以反恐为重心的单边、临时性结盟的国家安全战略,强调本土防御的重点是防控以高科技为手段的恐怖主义,更加热衷于武力干涉和预防性打击介入国际事务,重点将伊朗、伊拉克和朝鲜等其认为滋生恐怖主义作为防卫重点并成立国土安全部以及在国防部下组建专司本土防卫的“北方司令部”以保障全美防卫工作。2001年9月30日小布什政府出台首份安全战略报告—2001年《四年防务评估》,这也是“9·11”事件后美国发布的首个防务政策声明,指出在武器扩散日甚的时代,经济全球化和商贸旅行的增加使得美国地缘上的优势不复存在;地理距离和强大的军力已不足以保证美国本土免受恐怖袭击和敌对分子渗透,必须把保卫美国本土、人民和基础设施免遭攻击作为首要任务。布什政府发动的这场全新的“全球反恐战争”有一个显著的特征,即将反恐与武器控制和核不扩散政策紧密地结合在一起,如在《反恐怖主义国家战略报告》指出:“由于恐怖分子能够获得一些重要的核技术,某些科学家愿意与恐怖分子合作,国家间交通越来越便利……这些因素让恐怖组织能够更容易地获取、生产和部署WMD武器,并在美国国土内外发动一场WMD恐怖袭击”。2002年3月,美国国务院发布题为《2001年全球恐怖主义的模式》(Patterns of Global Terrorism 2001),提出了美国反恐战略的四个原则:第一,美国政府坚决不会向任何恐怖分子低头或者进行任何交易;第二,美国政府将会在抓捕恐怖分子的第一时间将其进行司法审判;第三,美国将会孤立并施压于那些协助煽动恐怖主义的国家;第四,美国将会努力帮助反恐盟国提高打击恐怖分子的能力,并为其提供援助。

“9·11”事件之后美国人在心理方面的不安全感,对美国选举政治造成了很大影响,美国的穆斯林群体对共和党的支持者不断减少,在2004年的总统选举中,据美国社会政策与理解研究所的报告,高达82.3%的受访穆斯林表示支持克里,而布什的支持率仅为6.7%。虽然布什总统也因为反恐成为强势总统,但是随着总统及联邦政府在反恐名义下的权力扩张,美国司法制度、总统与司法部门关系以及联邦与州政府关系等都受到了很大影响。美国在中东的政策受到了国际社会的批评和谴责,行政部门利用"爱国主义"来进行舆论控制美国主流媒体,美国的移民政策在"9·11"事件之后收紧,美国政府出台了许多针对穆斯林的有关移民的法律、法规如《加强边境安全和入境签证改革法》、移民与海关执法局 ACCESS 计划等。2001 年 10 月,美国国务院强制暂停了来自非洲、中东、中亚等 26 个国家的非移民签证申请。受到此政策影响的人大多是男性阿拉伯人或穆斯林,年龄在 18 岁至 45 岁之间。按照规定,他们需要接受特殊的安全调查。美国的穆斯林群体受到了在日常生活、新闻媒体、宗教信仰以及职场上的各种歧视,该群体在《爱国者法案》通过实施中、"预防性拘捕"行动中、"特殊登记"制度中、"前线行动"中受到了诸多消极影响,而且美国的仇恨情绪使该群体受到了诸多人身攻击,"9·11"事件发生后的 9 个星期中,共发生了 700 余起针对阿裔美国人的暴力事件;而 2002 年前 9 个月的暴力事件是 165 起。其中,故意破坏与纵火行为占 27%,仇恨邮件与炸弹威胁占 22%,殴打与身体攻击占 16%,被证实为仇恨罪行的谋杀事件占 1%,在其影响下,宗教意识形态,宗教活动、宗教组织被动得参加在美国民众反对恐怖主义的斗争中。

"9·11"事件对美国经济也产生了重大影响。国会通过了 400 亿美元紧急拨款,还有大约 200 亿美元拨款用于航空公司补助。2000 年下半年美国经济增长放慢,2001 年 8 月,美国经济指数比 7 月下降 0.2%,为连续 4 个月上升后的首次回落,消费者信心指数由 7 月份的 116.3 下降至 114.0,连续 2 个月下滑,失业率达 4.9%,比 7 月份上升 0.4%,为四年来的最高水平,工业生产下降 0.8%,比 7 月份 0.1% 的降幅明显加大,并创下 40 年来最长的收缩期纪录。美联储在 9 月份发布的经济情况报告中称,7、8 月份美国经济基本处于低增长或停滞状态。以上这些现象表明美国经济已处于非常脆弱的阶段。"9·11"事件使美国的"中间性"衰退变成实际的衰退,美国的直接和间接经济损失达 2000 亿美元。美国第 3 季度的经济增长原预计为 -0.4%,现预期修订进一步下降为 -1.1%。"9·11"恐怖袭击造成的直接经济损失有:地处纽约曼哈顿岛的造价高达 11 亿美元的世界贸易中心被摧毁,修复五角大楼需要至少几亿美元,人才损失严重,恐怖袭击造成的超百亿美元的财产保险赔偿使美国保险业面临困境。证券交易商和交易所损失也极其严重,11 ~ 14 日,纽约证券交易所、纳斯达克交易所等证券市场悉数关闭，只有政府债券市场 13 日开始营业，此次股市停业造成的直接交易损失约为 10 亿美元。"9·11"恐怖袭击对美国的民航业和旅游业影响十分严重，9 月 11 日至 16 日，全国航班一律停飞，其他国家飞往美国的航班或停飞或改飞加拿大；恐怖袭击造成的恐惧感大大影响了美国旅游业的发展。关口和部分边界封闭，部分国内贸易和国际贸易、陆路和海上交通、城市交通中断，给美国也带来直接的经济损失。"9·11"事件更重要的是影响了人们的投资和消费信心，使美国经济陷入衰退，经济复苏的时间被推迟，增长率下降，失业率增高。美国高科技公司盈利欠佳、大量裁员、投资大幅度下降，贸易继续出现庞大的逆差，经济主要依靠占国民生产总值 70% 的消费来支撑。同时消费者信心下滑、股市下跌和企业利润减少，也进一步限制企业的投融资能力，企业兼并活动也将相应减少，从而影响早已负增长的美国投资。美元相对主流货币贬值、股市下跌、石油等战略物资价格一度上涨，并实时从地域上波及欧洲及亚洲等主流金融市场，引起市场的过激反应，从而导致美国和世界其他国家经济增长减慢。

三、"9·11"事件对民航业的影响

（一）对经济方面的影响

航空运输业是受"9·11"事件影响最深、打击最大的行业。14 年来，"9·11"已经成为整个世界挥之不去的印记，对世界政治经济都产生了巨大的影响。世界航空业遭遇前所未有的"寒流"。"9·11"事件之后，航空公司都面临石油价格和安全等问题，航空旅行大幅减少。2002 年，全美航空和联合航空根据破产法第 11 章申请破产保护，2005 年达美航空和西北航空也曾采取同一措施。"9·11"事件之后 10 年来，美国对以基地为代表的恐怖组织进行了持续的打击和制约，甚至发动了阿富汗和伊拉克两次战争，虽然美国分别取得了这两场局部战争的胜利，但不可否认的是自从"9·11"事件之后，美国的经济就陷入了长期的低迷，甚至维持了长达半个多世纪的世界霸权地位也开始衰退。而美国的航空业则更是因此遭受到了前所未有的打击，据统计"9·11"之后的 10 年间，美国各家航空公司共计亏损 550 亿美元，减少了约 16 万个工作机会。"9·11"事件后，旅客对飞行安全的信心严重下降，导致国际航空运输的大幅滑坡，航空公司已身陷重围之中。仅在当年国际航协对全世界航空公司亏损的预计，从原先的 28 亿美元增至 100 亿美元。2001 年的"9·11"事件中，航空业面临几亿美元

的安全和保险赔偿成本以及事件发生后乘客仍然对飞行的紧张和恐惧而带来的持续上升的收益损失。此外,各大航空公司也面临着在该次袭击中受伤人士和死亡人士家属的赔偿诉讼。恐怖主义袭击发生两年后,美国已经有两家航空公司申请了破产保护——美联航的前身 UAL Corp. 和美洲航空。一些小型航空公司也停止了营业。美洲航空和美联航曾经不顾工会的反对,削减员工薪金来降低公司营运成本,以此与严峻的环境抗争,但是最终也没有很大的成效。虽然"9·11"事件造成的交通损失和航空公司用于安全检查的费用到底有多大,不能清楚的计算出来,但是有一件事是十分明确的,短于 500 公里的短途飞行需求量急剧下滑,速度远比长途旅行航班快速。人们尽量乘坐汽车和火车代替飞机。短途航空业绩下降了 20%,长途航空业绩则下滑了 9%。

(二)对民航反恐方面的影响

"9·11"事件 10 年之后,表面上看在美国持续打击下恐怖组织的势力得到了削弱和限制,甚至本·拉登也被击毙,但是我们必须看到,恐怖组织也在不断地进行自身调整,他们不断和宗教原教旨主义相结合,使自身更加"年轻化"、"本地化"和"网络化",拉登死后扎瓦赫里马上就成为基地组织新的领导人,在基地组织内部,拉登被认为是精神象征,而扎瓦赫里则被视作"战略家",美国更是认定 1998 年美国驻肯尼亚和坦桑尼亚大使馆爆炸案和"9·11"事件的真正幕后主使正是扎瓦赫里。据传扎瓦赫里比拉登更激进、更热衷于使用恐怖手段达到目的。本·拉登的死是一个符号的结束,随之而来的是后继的恐怖主义分子,他们犹如脓疮毒瘤般一个一个地冒出来,祸乱相寻,所以从长远来看,恐怖主义依然是国际民航安全的长期大敌。

随着中国国际化程度的日益提高,中国民航已成为国际民航的重要组成部分,因此反恐也成为中国民航安全发展的重要环节。但是我们更应该清楚地看到,目前对我们威胁最大的"东突"等组织依然在伺机而动,而由于美国一直对东突采取姑息纵容的双重标准,所以"东突"并不能得到应有的强有力的打击和限制,因此"东突"等恐怖组织将成为对中国民航安全最大的威胁。值得肯定的是"9·11"之后,中国民航针对新的反恐形势作出了积极的应对,不断完善自身的安全管理体系,并于 2004 年正式成立了中国民航空警总队,目的就是建立一支防范和制止劫机、炸机、保护飞行安全、维护国家安全的反恐精英队伍。与此同时，“9·11”之后中国民航也经受了奥运安保、国庆60周年安保、亚运安保、大运安保等考验，成功处置了“3·7”事件、新疆“6·29”劫机事件等针对中国民航的恶性事件，极大地打击了恐怖组织的气焰。

但是，民航安全所面临的第一威胁仍然是恐怖主义，“9·11”事件14年后的今天，恐怖主义对世界的威胁不但没有削减，反而呈现越来越猖獗的态势，“伊斯兰国”、“哈里发战士”、“救国阵线”、“呼罗珊”这些恐怖主义组织像雨后春笋一样迅猛发展，而且比此前的基地组织更残忍、更狡猾、更富有、更具有战斗精神，影响的势力范围更大。中国新疆地区的恐怖主义组织近些年来在中国境内呈现出外溢的特征，已经走出了新疆，连续在昆明、北京等地发动了多起恐怖袭击事件。在中国政府的坚决打击和严密监控下，新疆地区的恐怖活动仍然时有发生。恐怖主义的这种状况，对中国的民航安全与社会稳定构成了严峻的现实威胁。毫无疑问，从恐怖主义的惯常本质来看，恐怖主义不会放过任何一个能造成更大损失、更大影响的机会，民航无疑是首选目标。“内裤炸弹”的持续更新与改进、“鞋子炸弹”的出现、“人体注射炸弹”的出现都一再表明恐怖主义对民航的恐怖威胁正在一步一步的升级，我们必须强化民航的各项反恐措施，绝对不能掉以轻心，提升民航的安全保卫水平和能力，从而保障民航运输的安全与秩序。

第三节　中国劫机案例

一、卓长仁劫机案

(一)事件概况

劫机事件中的犯罪嫌疑人，据公安部门事后通报，6名武装劫机者分别是卓长仁(原为辽宁省机电设备公司统配产品科汽车计划员)、姜洪军、安卫建(两人原为沈阳体育学院的工作人员)、王彦大(原为沈阳市于洪区陵东公社上岗大队第四生产队金属结构厂业务员)、吴云飞(原是广东省琼海县温泉公社农场工人)、高东平(卓长仁姘妇)，他们均为犯有盗窃枪支弹药、伪造证件、投机诈骗等罪行的刑事犯罪分子。1983年，从沈阳机场运载105名乘客飞往上海的中国民航客机296号，自沈阳东塔机场起飞后，遭遇6名持枪歹徒采用暴力和威胁的方式劫持。飞机被迫在我国渤海湾、沈阳、大连和丹东的上空盘旋后飞经朝鲜人民共和国,又飞入了南朝鲜领空,被南朝鲜4架鬼怪式战斗机拦截,迫降在该国的春川军用机场。飞机降落后,歹徒又控制飞机和机上人员长达8小时之久。最后向南朝鲜当局缴械并受到拘留。

事发后,南朝鲜有关当局对事实进行了调查,并迅速将情况通知了中国政府和国际民用航空组织理事会。中国外交部收到通知后,向南朝鲜提出请求按照有关国际条约规定,立即将被劫持的航空器以及机组人员和乘客交给中国民航当局并将劫机罪犯引渡给中国处理。国际民用航空组织理事会主席阿萨德·科泰特、秘书长朗贝尔致电南朝鲜当局,表示对中国民航296号班机被非法劫持一事的密切关注,并相信南朝鲜将不遗余力地、安全地交还乘客、机组人员和飞机,按国际民用航空组织大会的决议和南朝鲜参加的1970年《关于制止非法劫持航空器的公约》的规定,对劫机犯予以惩处。

当时,在中国与南朝鲜两国还没有建立外交关系的情况下,经南朝鲜民航局局长金彻荣的同意,中国民航局局长沈图率民航工作组一行33人于1983年5月7日赴汉城协商处理这一事件。经与南朝鲜代表谈判,签署了一份关于交还乘客、机组人员和飞机问题的备忘录。按备忘录规定,被劫持的飞机上的乘客,除三名日本乘客回日本外,其余中国乘客和机组人员都先后返回中国。被劫持的飞机经南朝鲜有关部门做了技术检修后归还了中国。

(二)劫机事件的处理

1983年5月18日,民航296号客机经过必要的技术性准备之后从汉城金浦国际机场起飞(5月15日从春川机场顺利起飞安全降落在汉城金浦机场),于中午12时半抵达北京,劫机时被暴徒开枪打成重伤在南朝鲜治疗的机组人员也随机返回祖国。中国有关部门指出,5月5日劫持中国民航296号客机的6名武装暴徒卓长仁、姜洪军、安卫建、王彦大、吴云飞、高东平(女)等人,不但犯有劫机罪,而且是犯有盗窃枪支弹药、伪造证件、投机诈骗等罪行的刑事犯罪分子,因此,南朝鲜当局应当按照有关国际公约和中国法律,立即把他们交还中国进行审判。对于劫机罪犯,南朝鲜拒绝了中国的引渡请求,而坚持由其自行决定进行审讯和实施法律制裁。故1983年6月1日南朝鲜汉城地方检察院以违反南朝鲜《航空安全法》、《移民管制法》和《武器及爆炸物品管制法》对6名劫机犯提起诉讼。7月18日汉城地方刑事法院开始审判。1983年8月18日汉城地方刑事法院作出判决,以6犯违反《航空器运输安全法》、《武器及爆炸物品管制法》、《出入国境管理法》,判处卓长仁、姜洪军有期徒刑6年,安卫建、王彦大有期徒刑4年,吴云飞和高东平有期徒刑2年。6犯不服判决,向高等法院及最高法院上诉,均被驳回。1984年8月13日,南朝鲜提前释放了卓长仁等6犯,并以此为政治原因将6犯送到我国台湾地区。卓长仁及其同伙在20世纪90年代在台北犯下绑票、撕票的"一级谋杀罪",于2001年8月10日22时07分在台北分临刑场被执行死刑。

二、张振海劫机案

(一)事件概况

张振海,别名张萤,男,中国公民,生于1954年1月10日,中国河北省邯郸市丛台区四季青乡四季青村人。1987年10月至12月,在他担任棉机配件厂厂长期间,因贪污公款被邯郸市丛台区人民检察院认定构成贪污罪,并于1989年12月2日被免予起诉。张对此不满,遂蓄意劫机外逃。1989年12月16日,他买了去上海的机票,携妻带子登上了从北京经由上海、旧金山飞往纽约的中国国际航空公司CA981航班82448号飞机(机上共有乘客和机组人员223名)。飞机起飞约20分钟后,其便以炸机相威胁。在这种紧急情况下,机长为保护飞机和乘客安全,不得不同意将飞机驶往南朝鲜。飞机在南朝鲜上空被拒绝降落,在油料不足的情况下,被迫转飞日本,在1989年12月16日14时52分降落在日本福冈市的福冈机场。事发后,中国驻日使、领馆派人赴现场处理有关事宜,日本当局也给予合作,使被劫飞机和机上人员包括张振海的妻子和儿子顺利返回中国。

(二)劫机事件的处理

对于劫机犯张振海,中国政府向日本政府提出了引渡请求。按照日本的《逃犯引渡法》,在决定是否引渡时须经法院审理。故中方首先向日方提交了请求将张犯临时拘留的照会,还送达了中国司法机关签发的逮捕令。随后日本警方将张犯临时拘留,并将其从福冈转移到东京关押。张犯在被拘捕后向日本当局提出政治避难的申请。

1990年1月,应日方要求,中国派出专案小组赴日就引渡张振海一事进行商洽。2月,中方正式提交了请求引渡的照会和对解释中国法律的一份意见书并附有证明张劫机罪的证据材料。中方还表示,日本政府将张振海引渡给中国,中国司法机关将就其劫机罪依法审判,而不对其劫机罪以外的行为处罚。4 月 6 日,日本东京高等检察院向东京高等法院提出了最终意见书,其中认为:对张振海的劫机行为"即使是为了政治亡命,也不属于政治犯罪",不适用日本《引渡法》关于政治犯不引渡的规定。在此之前,日本外务省首脑也曾指明:"对于劫机犯,基本上是不能允许按照政治犯来对待的"。日本法务大臣也曾表态说:"法务省入国管理局已认定张振海不属于难民条约所说的难民",因为日内瓦难民公约已规定:某人"在以难民身份进入避难国以前,曾在避难国以外犯过严重政治罪行",则不适用公约给予的保护。4 月 20 日,东京高等法院在经过三次公开审理后作出决定,将张振海引渡给中国。4 月 23 日,日本法务大臣长谷川根据东京高等法院上述决定,向东京高等检察院检察长颁布了引渡命令,批准将劫机嫌疑人张振海引渡给中国审判,并通过外务省向中方交付了接收张的"人身领取状",要求中方在 30 日内将其引渡回国。4 月 28 日下午,中国警方人员将张从东京拘留所提出,在成田机场乘中国民航飞机离日回国。

张振海被引渡回中国后,北京市人民检察院于 1990 年 6 月 30 日以劫机罪对其提起公诉。北京市中级人民法院于 7 月 18 日对本案公开审理后,认定被告人劫持民用航空器,危害了公共安全,比照我国 1979 年《刑法》第 107 条,对张的罪行类推定为劫持飞机罪,宣布判处有期徒刑 8 年,剥夺政治权利 2 年。张对该判决不上诉。此案移交北京市高级人民法院审核后依法上报最高人民法院,最高人民法院核准了北京市中级人民法院对张振海劫机案的判决。

张振海被引渡以及回国后被刑事处罚,在这个过程中,反映出当时中国在刑事法律制度方面的不健全,比如当时刑法中就没有劫持航空器这个罪名,日本方面的法无明文不为罪与中国的类推制度发生了法律冲突,造成了引渡的困难和麻烦。

三、广州白云机场劫机案

(一)事件概况

劫机者蒋小峰,男,1969 年 8 月 11 日出生,湖南省临澧县人,曾任临澧县物资局开发公司驻长沙采购站采购员。蒋晓峰本身为逃犯,曾于 1988 年 9 月因盗窃罪被该县公安局治安拘留。1990 年 7 月 13 日,蒋晓峰骗取了其公司的 17,000 元货款后潜逃,临澧县检察院在事后对他立案追捕。1990 年 1 月 2 日,厦门航空公司的波音 737 型 2510 号飞机 8301 航班于 6 时 57 分自厦门飞往广州。正从厦门高崎飞往广州途中班机被蒋小峰劫持,驾驶员在油料不足的情况下,于 9 时 4 分在广州白云机场紧急降落,着陆后飞机沿跑道滑行,飞机一连穿过跑道与停机坪之间的五个联络道后,在冲到最南端的一个停机坪上时,先是撞到了一个正在为刚从成都飞来的 B707 飞机提供电源的电源车,又撞到了 B707 飞机的前部,使 B707 飞机的整个机头被切断;紧接着撞到曾献武任机长的 B757 飞机的机翼根部,B757 的机翼部位被断为两截。随后,2510 号飞机在空中翻滚后摔在地上。

(二)劫机事件的调查处理

劫机事件发生在北京亚运会期间,事后成立了调查小组,全国各地机场加强了安保工作。劫机使 3 架民航飞机全部报废。承保的广州保险公司支付赔款 5559.9 万美元,折合人民币 2.9 亿元,占赔款和给付总额的 78%。据对 2510 号客机驾驶舱现场勘察,发现舱内仅有两具尸体,一具为驾驶员岑龙裕,另一具尸体的衣袋中有一张未被烧毁的居民身份证,身份证姓名为蒋小峰。经对蒋小峰尸体检验,未发现炸药。广州市公安局及民航等有关机关派人前往湖南临澧、福建厦门等地,对蒋小峰进行了大量的调查取证工作,最终确认 2510 号客机驾驶舱内的另一具尸体即为 2510 客机的劫机者。此次事件中国改变早期定下的处置劫机事件原则,此后不再鼓励机组和乘客正面对抗劫机者,要以保护乘客和飞机安全为第一要务。此次处置劫机事件暴露了民航在应对突发的劫机事件处置过程中存在的一些问题,成为日后完善处置民航突发安全事件的一个重要节点。

四、民航工作人员袁斌机长劫机案

(一)劫机者的动机

袁斌 1968 年 11 月 7 日出生,再过几天才满 30 周岁,航校毕业后在国航任职 5 年,刚取得波音正驾驶资格,是国航最年轻的机长之一,可谓年轻有为,每月收入也在 1 万元左右;徐梅 1971 年 3 月 13 日出生,刚满 27 岁,在北京某小学教书。他们两人各自都有令人羡慕的工作,可为什么会作出这等劫机的事来呢?据说是为了分房。袁斌曾于 1996 年分得北京的两居室一套,按排队分房,他明年又能分到新房。有单位领导事后认为袁斌是“个人私欲膨胀”,“想要更多的房”,不可能满足他。袁斌和徐梅从当年 10

月5日起,就在家中密谋劫机到我国台湾地区。袁斌称与其夫人商量劫机,其夫人徐梅并不赞同,但因他十分坚持,徐梅只好同意收拾行李随他同行。

(二)劫机过程

1998年10月28日早晨,中国国际航空公司的CA905次航班机长、正驾驶袁斌登上了B－2949号波音737飞机,袁斌的妻子徐梅也由丈夫安排在正副驾驶后面的座位上。8点零5分,这次执行北京—昆明—仰光的航班飞上天空。除了徐梅违反规定坐进驾驶舱外,一切情况都很正常。8点40分左右,飞机飞至太原上空东北约30公里处,袁斌突然以不寻常的低沉语调对副驾驶说:“我要把飞机开到我国台湾地区,你配合我。”35岁的副驾驶在国航担任驾驶员已有十年,同袁斌共事也已四年多,彼此飞行默契不错,相处也算愉快,面对袁斌的突然之举,他一直以为是开玩笑,但看见袁斌和他的妻子徐梅一本正经的模样,他才知道是真的。副驾驶劝阻袁斌不要干傻事,袁斌故意猛踩方向舵,造成飞机晃动,并表示如果反抗或不配合,正、副驾驶各自为政,可能使飞机方向不稳而失事,全机落个机毁人亡的下场。副驾驶基于乘客的安全,只得放弃副驾驶舵,将飞机驾驶权交给袁斌一人。机组人员发现情况有异,敲驾驶舱门要进入查看,此时副驾驶想开门让其他机组人员也帮忙劝劝袁斌,但袁斌制止他放人进来。随后,袁斌用麦克风向客舱广播,表示他准备将飞机飞往我国台湾地区,要求大家坐好不要慌张或轻举妄动,绑上安全带,他保证机上人员安全。

(三)对被劫持飞机的营救

9点15分左右,副驾驶通过飞航广播频道向航管中心汇报该机已遭劫持,将往台湾地区飞行。航管中心马上联络中国民航,中国民航曾通过无线电要求袁斌放弃劫机行动。11点17分,被劫持的CA905次班机在副驾驶的帮助下,安全降落在我国台湾地区的中正机场,停于战备跑道上。CA905次航班上共有旅客95名(其中有20名外籍人士)、9名机组人员,全部安然无恙。事件发生后,大陆海协会紧急致函台湾海基会:(1)保证该机旅客、机组人员及飞机的安全;(2)由该机机组人员驾机于下午返回厦门,请我国台湾地区有关方面给予必要的协助;(3)尽快遣返劫机犯。我国台湾地区在下午1点作出人机分离的处理决定,并对其他乘客提供服务和中转第三地飞行的几点决议。为了解劫机者的动机及行为,迅速将袁斌夫妇带出紧急侦讯，并对相关人员进行侦讯，包括9名机组人员和10名乘客。侦讯的过程在下午大致2点30分结束，2点40分，经过有关方面确认后的正驾驶和副驾驶廖向农在机场地勤人员的陪同下，下机一一检视飞机的轮胎、飞机外观等，做起飞准备。我国台湾地区“中华”航空公司则为飞机加油、为机上旅客提供饮料和食品。18点3分，这架飞机从中正机场起飞，19点18分在厦门高崎国际机场安全降落，稍做休整后，飞机再度起飞，于当日23点35分平安飞抵昆明。

五、新疆和田机场劫机案

（一）事件概况

2012年6月29日，由新疆和田飞往乌鲁木齐的GS7554航班（GS7554航班为天津航空的EMB190型客机，中国民航注册号为B－3171号。此次劫机事件发生时，客机上共有乘客92人，机组成员9人）于12:25起飞，12:35飞机上有6名歹徒暴力劫持飞机，被机组人员和乘客制服，飞机随即返航和田机场并安全着陆，歹徒被公安机关抓获。在制服歹徒过程中，有机组人员和乘客受轻伤。除了机上的空警、乘务员和乘客以外，还有因公到乌鲁木齐出差的6名警察，这6名警察中，除两人是汉族外，其余全是维吾尔族干警。经和田公安机关初步审查，6名劫机者为：木沙·玉素甫、阿巴拜柯热·伊比拉伊木、艾热西地卡力·依明、买买提艾力·玉素甫、亚森·麦麦提、吾麦尔·依明。歹徒全部为维吾尔族男性，这是一起以劫持飞机为手段的严重暴力恐怖案件。在处置过程中，有4名乘客受伤。

（二）“新疆和田机场劫机案”的法院判决

新疆和田地区中级人民法院一审公开开庭审理木沙·玉素甫等4名被告人暴力恐怖劫机案并当庭宣判，以组织、领导、参加恐怖组织罪、劫持航空器罪、爆炸罪数罪并罚，分别判处被告人木沙·玉素甫、艾热西地卡力·依明、吾麦尔·依明死刑，剥夺政治权利终身；判处被告人阿里木·木沙无期徒刑，剥夺政治权利终身。

法庭审理查明，2011年10月至2012年2月，被告人木沙·玉素甫、艾热西地卡力·依明、吾麦尔·依明、阿里木·木沙和阿巴拜柯热·伊比拉伊木等人，接受宗教极端、暴力恐怖内容的反动宣传，形成以木沙·玉素甫、艾热西地卡力依明为首要分子的暴力恐怖组织，并为实施暴力恐怖活动进行了多次准备。2012年5月中旬至6月间，木沙·玉素甫等人商议劫持飞机出境进行恐怖活动，并多次踩点、探查机场安检和机舱内情况，准备燃爆物品和金属拐杖、打火机、火柴等作案工具，又招募买买提艾力·玉素甫参与并进行策划、分工，同时商定如果劫机不成就炸毁飞机，与机上人员同归于尽。6月29日，木沙·玉素甫等人分别携带伪装后的燃爆物品、作案工具通过安检后登上GS7554航班。飞机起飞后，艾热西地卡力·依明、木沙·玉素甫、吾麦尔·依明、阿里木·木沙等被告人和买买提艾力·玉素甫、阿巴拜柯热·伊比拉伊木手持拆卸后的金属拐杖，高喊宗教极端口号撞击驾驶舱，殴打、威胁机组人员和乘客，在引燃爆炸装置过程中，分别被乘客和机组人员奋力制服。GS7554航班被迫返航降落和田机场，木沙·玉素甫等6人被抓获。其中，阿巴拜柯热·伊比拉伊木、买买提艾力·玉素甫在制服过程中受伤，经医治无效死亡。上述被告人的犯罪行为致24名乘客、机组人员不同程度受伤，造成财产损失2858.3万元。上述犯罪事实，有现场提取的物证、书证、证人证言、被害人陈述、鉴定结论、现场勘验检查笔录等证据证实，4名被告人对其犯罪事实供认不讳。

法庭审理认为，被告人木沙·玉素甫、艾热西地卡力·依明组织、领导恐怖组织，策划、指挥并直接参与劫持航空器，在飞机上实施爆炸，致多人受伤、公私财产遭受重大损失，系首要分子；吾麦尔·依明积极参加恐怖组织，参与劫持航空器，并在飞机上实施爆炸，系主犯；阿里木·木沙积极参加恐怖组织，参与实施劫持航空器及爆炸犯罪，但在犯罪过程中作用相对较轻，且认罪态度较好，遂依法作出上述判决。

（三）劫机事件后，我国的反恐工作

2013年新疆发生数起暴力恐怖案件后，我国成立国家反恐领导小组。国家反恐领导小组是国务院的议事协调机构，前身是2001年成立的国家反恐怖工作协调小组。2002年，公安部成立反恐怖局，负责研究、规划、指导、协调、推动全国反恐怖工作，地方也相应设立机构，国家反恐协调小组办公室也设立在公安部反恐局，承担协调小组的日常工作。2014年8月27日召开的国家反恐怖工作领导小组召开第一次全体会议，会议强调牢牢把握维护国家安全和社会稳定的总要求，坚持打早打小、露头就打原则，按照积极预防、综合治理方针，统筹推进、全面落实反恐怖斗争的各项措施，最大限度地将暴力恐怖活动摧毁在行动之前，最大限度地消除暴力恐怖主义的现实威胁，最大限度地铲除滋生暴力恐怖活动的土壤。随后，新疆启动严打暴恐活动专项行动,2014 年 5 月经中央同意,根据国家反恐怖领导小组的决定,结合新疆当前严峻的反恐维稳形势,新疆维吾尔自治区党委决定开展为期一年的以新疆为主战场的严打暴力恐怖活动专项行动,坚决把暴力恐怖分子的嚣张气焰打下去,切实维护各族人民群众生命财产安全和正常的社会秩序。在专项行动中,新疆维吾尔自治区集中各方面力量,综合运用依法打击、重点整治、严密防范、机制建设和舆论宣传等多种方式,充分发挥政法机关和军队、武警作用,形成反恐维稳整体合力,下重手、出重拳,重点围绕暴力恐怖和宗教极端团伙、制枪制爆窝点、恐怖训练窝点,以及具有现实危害的暴力恐怖和宗教极端分子、暴力恐怖和宗教极端违法犯罪在逃人员,发现一批、深挖一批、严惩一批。同时,管控一批涉恐、涉宗教极端重点人员,整治一批与暴力恐怖活动密切相关的突出治安问题和重点乡镇村,大力营造严打、严治、严防的社会氛围,使暴力恐怖、宗教极端分子成为“过街老鼠、人人喊打”。坚决遏制住暴力恐怖活动多发频发势头,坚决防止暴力恐怖、宗教极端活动向内地发展蔓延,确保新疆社会大局稳定和长治久安。新疆为主战场的反恐行动为维护国家安全起到了非常重要的作用,同时客观上也为保证民航安全营造了一个良好的大环境。

第四章　航空恐怖主义犯罪防控的国际法律与国际公约

恐怖主义犯罪是全人类共同面对的威胁，运用法律手段打击和防范恐怖主义犯罪是国际社会不断努力的一个重要方向。其中，联合国安理会在其中发挥了重要作用。随着恐怖主义威胁的增长、各国对反恐怖主义的逐渐认同，在安理会的主导下，相继通过了许多法律，还成立了专门的反恐怖主义机构，并发挥了积极的作用。联合国安理会反恐怖主义委员会在美国"9·11"事件发生后不久成立，不断推进防恐怖的立法工作成为它的主要职责。在通过第1373(2001)号决议和设立反恐怖主义委员会之前，国际社会业已颁布现有16项国际反恐文书中的12项。然而，加入这些公约和议定书的联合国会员国的比例很低。"9·11"事件使人们的注意力集中到反恐上，安理会也通过了呼吁各国加入这些国际文书的安全理事会第1373(2001)号决议，加入比例因此上升：有约三分之二的联合国会员国批准或加入了16项文书中的至少10项，再没有任何国家既没有签署也没有加入至少其中一项文书。1963年至2004年，国际社会在联合国及其专门机构的主持下，制定了13项国际反恐文书，并开放供全体会员国加入。2005年，国际社会还对这些国际文书中的3项做出实质性改动，专门说明恐怖主义的威胁；同年7月8日，各国通过了《核材料实物保护公约修正案》，

10月14日，各国就2005年《制止危及海上航行安全非法行为公约议定书》和2005年《制止危及大陆架固定平台安全非法行为议定书》达成一致。从1972年以来，大会一直把恐怖主义作为国际问题加以关注，而在整个20世纪80年代，大会通过各项决议断断续续地处理了这一问题。在此期间，大会还通过了与反恐有关的两项文书：《关于防止和惩处侵害应受国际保护人员包括外交代表的罪行的公约》（1973年）和《反对劫持人质国际公约》（1979年）。1994年12月，大会再度关注这一问题，通过了《消除国际恐怖主义措施宣言》（A/RES/49/60）。1996年，一项对《宣言》的补充（A/RES/51/210）设立了恐怖主义问题特设委员会。此后，大会持续处理了恐怖主义问题。在过去的10年间，各会员国完成了另外三项反恐文书的工作，内容涵盖特定类型的恐怖主义活动：1997年《制止恐怖主义爆炸的国际公约》、1999年《制止向恐怖主义提供资助的国际公约》和《制止核恐怖主义行为国际公约》。其中最后一项是2005年4月通过的。2000年以来，各会员国还在特设委员会框架内就《关于国际恐怖主义的全面公约》草案展开谈判。

目前，在联合国框架下的有关反恐怖的公约和议定书共有16个。我国参加的国际反恐公约有以下几种：（1）1978年11月14日加入了《关于在航空器内的犯罪和其他某些行为的公约》。（2）1980年9月10日加入《关于制止非法劫持航空器的公约》。（3）1980年9月10日加入了《关于制止危害民用航空安全的非法行为的公约》。（4）1987年8月5日加入了《关于防止和惩处侵害应受国际保护人员包括外交代表的罪行的公约》。（5）1992年12月28日加入了《反对劫持人质国际公约》。（6）1988年12月2日加入了《核材料实物保护公约》。（7）我国于1988年2月24日签署，1998年11月4日批准了《补充1971年9月23日在蒙特利尔制订的关于制止危害民用航空安全的非法行为的公约的制止在为国际民用航空服务的机场上的非法暴力行为的议定书》。（8）我国于1988年10月25日签署，1991年8月20日批准了《制止危及海上航行安全非法行为公约》。（9）我国于1988年10月25日签署，1991年3月1日批准了《制止危及大陆架固定平台安全非法行为议定书》。（10）我人大常委会于2001年10月27日通过加入《制止恐怖主义爆炸的国际公约》，2001年11月递交了加入书。（11）我国于2001年11月13日签署《制止向恐怖主义提供资助的国际公约》,2006 年 2 月 28 日人大常委会批准,4 月 19 日交存了批准书。(12)2005 年 4 月 13 日第 59 届联合国大会通过了新的《制止核恐怖行为国际公约》,我国外交部长于 9 月 14 日在纽约签署。另外,2001 年 6 月 15 日,中国和俄罗斯、哈萨克斯坦、吉尔吉斯斯坦、塔吉克斯坦及乌兹别克斯坦元首在上海签署了《打击恐怖主义、分裂主义和极端主义上海公约》,该公约中国人大常委会于 2001 年 10 月 27 日批准。2002 年 6 月 7 日,上海合作组织成员国又在圣彼得堡签署了《上海合作组织成员国关于地区反恐怖机构的协定》,开展地区反恐合作。1984 年中国还加入了国际刑警组织,开展了国际刑警方面的业务合作。同年,中国加入了《禁止生物武器公约》,1996 年中国批准了《禁止化学武器公约》,开展在生化武器方面的国际合作。因此,中国政府积极参与国际、地区及各个领域的反恐合作,在有关国际组织和国际会议上,中国代表积极参与关于国际反恐怖主义问题的讨论和研究,提出了许多建设性的意见和建议。中国公安部设立了反恐局,并建立了有关反恐工作的研究机构,负责调查研究国际恐怖主义活动的规律和特点,加强与各国有关国际恐怖主义活动情况的交流,加强反恐怖主义的相互协作。公、检、法、外事部门携手合作为预防、打击和制止国际、国内恐怖主义活动发挥了重大作用。

第一节 国际民航组织主持制定的国际航空刑事公约

随着经济全球化和科技现代化的发展,民用航空运输业飞速发展。航空安全问题也日益严峻,尤其是劫持飞机、机上暴力、携带危险品等危害航空安全的问题凸显。为了防范各种非法干扰航空安全的行为,打击惩治危害国际航空安全的违法犯罪活动,20 世纪 60 年代起,国际民航组织陆续主持制定了 1963 年《东京公约》、1970 年《海牙公约》、1971 年《蒙特利尔公约》以及 1988 年《蒙特利尔议定书》等一系列预防、惩治国际航空犯罪的公约。进入 21 世纪以来,随着人员、物资跨国交流的日益频繁和恐怖主义势力的抬头,尤其是美国“9・11”恐怖袭击事件的发生,出现了以航空器作为武器实施攻击等新型危害航空安全的犯罪行为,为了有效应对诸如利用航空器运输或者释放生物武器、化学武器、核武器以及利用航空器为攻击武器的“新的和正在出现的威胁”,国际民航组织于 2010 年在北京主持签订了《北京公约》及《北京议定书》,对现行航空安保公约进行修订和补充,进一步完善了国际航空安保法律体系。

目前,国际航空安保公约在一国的适用方式主要是通过各缔约国将公约的内容转化为国内法的规定,只有所有缔约国刑事法律都以公约的规定为标准,转化公约的内容,才可能在国际社会范围内形成打击国际航空犯罪分子的严密法网,使犯罪分子无处藏身。从这一意义上讲,了解公约内容,明确我国刑事法律规定与公约的衔接状况,是国际合作、预防和打击危害国际航空安全犯罪的前提。

一、1963 年《东京公约》

(一)1963 年《东京公约》产生的背景

在航空运输史上,最早危害民用航空安全的犯罪是 1931 年 2 月发生在秘鲁的劫持飞机事件,几名失败的"革命者"劫机逃走。事隔 16 年以后,在 1947 年发生了第二起劫机事件,一名保加利亚的叛逃分子劫持该国飞机逃往西欧。1948 年 7 月,亚洲发生第一起劫机事件,四名劫机者登上从澳门飞往香港的航班,驾驶员和副驾驶员遭杀害,飞机最终坠入海里,机上 25 人全部遇难,这就是所谓的"澳门小姐号劫机事件"。20 世纪 50 年代,劫机事件零星地、断断续续地发生在东西欧之间,大部分属于劫机叛逃性质。这些劫机事件由于仅限于局部,伤害无辜较少,其危害性也就没有引起世界各国的足够重视。到了 60 年代初,随着国际国内矛盾的尖锐和斗争的激烈,特别是美古断交后,在加勒比海区域掀起了一股劫机浪潮。航空器上经常发生的危害飞行安全的非法行为甚至是犯罪行为令各国震惊,全世界为之瞠目,严厉惩治这种犯罪活动逐渐成为国际社会之共识。

然而当一些国家对此类非法行为甚至是犯罪行为予以追究惩罚的时候,却发现由于各国法律对刑事管辖权的规定不同,找不到管辖的法律依据,这就可能给在民用航空器上的犯罪行为留下逃避惩罚的漏洞。20 世纪 50 年代,英美两国发生了几起著名的在飞机上犯罪却无人管辖的案件,以"美国诉克多瓦"案为例,1950 年,一架从波多黎各飞往纽约的美国客机,在飞越公海上空的时候,机上一名乘客殴打了包括驾驶员在内的一些人员。此案被交给纽约联邦东区法院审理。法院审理认为,美国法律只规定美国对在公海上的美国船舶内的犯罪有管辖权,但航空器不是"船舶",所以美国法院对此案没有管辖权。因缺乏管辖的法律依据,结果导致案件无人管辖。与此相反,对一桩航空犯罪,还可能发生包括犯罪嫌疑人国籍国、犯罪发生地国、受害人国籍国等数国主张管辖而引起“管辖冲突”的情况。

为了维护国际民用航空运输的安全,弥补处理此类案件中管辖权问题上的缺陷,避免相关犯罪行为人逃避惩罚,国际民航组织决定主持签订一个国际公约,使各国刑法的适用范围都能达到该国的航空器上。国际民航组织法律委员会从1950年起就把“航空器的法律地位”问题列入研究课题。1956年该委员会专门法律小组为未来要制定的公约确立了三个要达到的目标:一是鉴于航空器飞行速度快,在较短时间内就可飞越几国领土,必须为航空器上的犯罪规定相应的刑事管辖权。二是要避免管辖冲突和双重起诉。三是授予航空器机长必要的权力,以便对机上危害航行安全或纪律的行为采取必要措施。1959年,在德国慕尼黑举行的国际民航组织法律委员会会议草拟了一个国际公约草案。该草案经过多次修改,最后在日本东京举行的外交会议上讨论。在国际民航组织和国际社会的共同努力下,1963年9月14日,61个国家参加了在东京举行的国际航空法会议,终于签订了第一个打击危害国际航空安全的非法行为的公约,即《关于在航空器内的犯罪和其他某些行为的公约》(1963年《东京公约》)。目前,已有180多个国家加入该公约,我国于1978年11月14日交存加入书,1979年2月12日该公约对我国生效。

(二)1963年《东京公约》的主要内容

1. 公约的适用范围

(1)公约适用的行为范围

《东京公约》对其所适用的或要惩治的危害行为并没有做出统一的规定。这是因为《东京公约》所要适用和惩治的违法行为在表现形式上多种多样,而各国法律尤其是刑事立法对这些行为的规定差别很大。例如酗酒,在有些国家规定为犯罪,而在另一些国家可能不认为是犯罪。因此,《东京公约》为避免引起不必要的冲突而将其适用的违法行为规定为两类:违反刑法(指各缔约国刑法)的犯罪;凡可能或确已危害航空器或机上人员或财产的安全、正常秩序与纪律的行为,而不论此种行为是否构成犯罪。

第1类“违反刑法的罪行”是指按照公约规定,对发生在航空器内的违法行为有管辖权的国家的刑法中已经被规定有刑罚的犯罪行为,这些行为既包括危害航空器飞行安全的行为,如劫持航空器的行为;也包括行为本身并没有危害飞行中的航空器的安全，但是却被缔约国规定为犯罪的行为，如在飞机上运输毒品的行为等。这些行为都可以适用《东京公约》的规定。

第 2 类行为则表明《东京公约》还适用于在某些国家刑法中没有被规定为犯罪的一般违法行为。主要是指那些没有构成违反刑法的犯罪或是一些轻微的犯罪，但却已经或将会危及航空安全或危害航空器上良好秩序和纪律的行为。不论这种行为是否构成犯罪，都可以适用《东京公约》的规定。

这是因为，很难在危害机上正常秩序与纪律和其他犯罪行为之间找出一个共同的概念。例如，贩运毒品的犯罪行为，虽然不危及航空安全，但对法律而言，可以认为它是一种违反正常秩序与纪律的犯罪行为，也可以认为它是违反公共秩序但不违反机上正常秩序与纪律的行为。如果机长不加干预，放走了嫌疑人，就可能因应加干预而未进行干预受到控告，并且会使在某些国家飞机上发生的多种犯罪得不到惩处。

《东京公约》对危害民用航空安全的行为试图从法律层面上加以解决，但是，它所规定的犯罪范围涉及面太宽，基本上涵盖了所有危害民用航空安全的行为，却没有为国际航空犯罪设定一个可以由各国统一适用的标准，也没有将危害民用航空安全的犯罪行为作为公约惩治的重点。可以说，《东京公约》在对航空犯罪行为的规定上是一次虽不成功但却有益的尝试。

《东京公约》第 2 条规定："在不妨害第四条规定的条件下，以及除非出于航空器及其所载人员或财产的安全需要外，本公约的任何规定均不得被解释为准许或要求对政治性刑法或对以种族或宗教歧视为基础的刑法的犯罪，采取某种措施"，即公约有条件地排除了对政治性犯罪、宗教犯罪以及基于种族歧视犯罪的适用，前提条件是这些犯罪行为不能危及航空安全。如果这些行为危及航空安全，公约中的所有规定同样可以适用于这些行为。

(2)公约适用的空间范围

《东京公约》第 1 条第 2 款规定了公约适用的地域范围：除第三章规定者外，本公约适用于在缔约一国登记的航空器内的犯罪或犯有行为的人，无论该航空器是在飞行中，在公海上，或在不属于任何国家领土的其他地区上。即对“犯罪”与“行为”的发生地而言,不分国内与国际飞行,公约一律适用。因为对纯国内飞行,不论是作为航空器登记国还是飞经国、降落地国,管辖权都在该国家,不会与国际法规发生矛盾。

但是,本款特别排除了第三章关于“机长的权力”的规定。这主要是因为各国国内法中,对国内航班上机长权力的规定是不完全一致的。如果将国内飞行机长的管辖权力包括进去,会遇到国内法与《东京公约》相抵触的情况。因此,《东京公约》将第三章第 5 条第 1 款专门适用于机长管辖的范围排除在《东京公约》第 1 条第 2 款的规定之外。

《东京公约》第 5 条第 1 款对机长行使权力的地域范围作了专门规定:“除航空器前一起飞地点或预定的下一降落地点不在登记国领土上,或航空器继续飞往非登记国领空,而罪犯仍在航空器内的情况外,本章规定不适用于航空器在登记国领空、公海上空或不属于任何国家领土的其他地区上空飞行时,在航空器内所发生或行将发生的犯罪和行为”。

《东京公约》仅适用于在任何缔约国登记的飞行中的航空器内的人在航空器内的犯罪或其他行为,而不适用于在非缔约国登记的航空器内发生的犯罪或其他行为,也不适用于在航空器以外发生的任何犯罪或行为。另外,《东京公约》明确规定不适用于执行军事、海关或警察部门飞行任务的航空器。

(3)公约适用的时间范围

《东京公约》所指的犯罪或其他行为都是发生在航空器处于飞行中,或者处在公海海面上或处于不属于任何国家领土的其他地区地面上这一期间。在一般情况下,《东京公约》所指的“飞行中”是指航空器从其为了起飞而开动马力时起到着陆滑跑完毕止。但是,因为这一界定并不严谨,以后的 1970 年《海牙公约》和 1971 年《蒙特利尔公约》都不再采用这一定义,而采用公约第 5 条对机长权力所设定的“飞行中”的定义。

2. 管辖权

《东京公约》规定了缔约国对公约所规定的犯罪和其他行为行使管辖权的基本规则,这是《东京公约》中最为重要的一项内容。

(1)根据《东京公约》第 3 条的规定:航空器登记国有权对在该航空器内的犯罪和所犯行为行使管辖权。缔约国应当采取必要的措施,对在该国登记的航空器内的犯罪和行为规定其作为登记国的管辖权。这一规定表明,登记国不仅有权实际行使对航空器内发生的犯罪和其他行为的管辖权,而且也有义务在国内立法上明确规定这种管辖权。

这一规定首次用国际条约的形式确立了空中刑事管辖权的航空器登记国管辖权,这一规定具有重大意义。这是因为,飞行中的航空器作为一个临时单位,与机上旅客和财物关系最为密切,因此,航空器内发生的违法犯罪行为由航空器登记国管辖非常合理。

(2)《东京公约》第3条第3款规定:本公约不排斥各缔约国根据本国法律行使的任何刑事管辖权。这一规定表明,登记国的管辖权并非专属的、排他的,作为非登记国的缔约国,也可以按照本国刑法行使管辖权。即公约实际上建立了一种并行管辖体制。

但是,这种并行管辖权的实际行使是有条件的,根据《东京公约》第4条的规定,非登记国的缔约国对飞行中的航空器内的犯罪行使刑事管辖权必须符合以下条件之一:飞行中的航空器内发生的犯罪行为在该国领土上发生后果;犯罪人或受害人是该国国民或在该国有永久居所;该犯罪行为危及该国的安全;该犯罪行为违反该国现行的有关航空器飞行或驾驶的规定或规则;该国必须行使管辖权,以确保该国根据某项多边国际协定,遵守其所承担的义务。

一般而言,一个独立的主权国家都会在其刑法中对刑事管辖权的范围作出规定,这种管辖权的规定一般包括四种情况:第一是属地管辖原则。这是从国家主权派生出来的最普遍适用的管辖原则。即以地域为标准,凡是在本国领域内犯罪,无论是本国人还是外国人,都适用本国刑法;反之,在本国领域外犯罪,都不适用本国刑法。第二是属人原则。即以人的国籍为原则,凡是本国人犯罪,不论是在本国领域内还是在本国领域外,都适用本国刑法。第三是保护原则。即以保护本国利益为标准,凡是侵害本国国家或者公民利益的,不论犯罪人是本国人还是外国人,也不论犯罪地在本国领域内还是在本国领域外,都适用本国刑法。第四是普遍原则。即以保护国际社会共同利益为标准,凡是发生国际条约所规定的侵害国际社会共同利益的犯罪,不论犯罪人是本国人还是外国人,也不论犯罪地在本国领域内还是在本国领域外,都适用本国刑法。现代世界大多数国家的刑法都是以采用属地原则为基础,兼采其他原则。因此,任何国家都可以按照本国国内法的规定对国际航空犯罪行为行使上述四种刑事管辖权。

基于航空活动的国际性特征,可能同时有数个国家都对航空器上的犯罪拥有管辖权,从而引起管辖权冲突。虽然有许多国家提出以排定优先管辖次序的方案解决管辖权的冲突问题,但是,任何优先管辖都必须有一套保证措施,主要是保证引渡的规则,否则就是一句空话。而根据传统国际法的引渡规则,各国间要有双边(或多边)引渡协定才有引渡义务。因此,就目前国际法的发展情况而论,对国际航空犯罪的并行管辖体制是合理的。对于其所引起的刑事管辖权的积极冲突,即同时有两个或两个以上的国家对某一国际航空犯罪主张刑事管辖权的情况出现时,可以通过冲突国家协商解决。

3. 引渡

引渡是国际合作以惩治国际犯罪的最重要的渠道和环节。《东京公约》第 16 条规定了引渡问题:"一、在一缔约国登记的航空器内的犯罪,在引渡问题上,应被认为不仅是发生在发生地点,而且也是发生在航空器登记国领土上。二、在不影响前款规定的情况下,本公约中的任何规定不应当被解释为规定引渡的义务",即《东京公约》没有为任何发现犯罪嫌疑人的国家设定引渡的义务;因此,从国际法的角度看,《东京公约》对引渡的规定没有任何突破性进展。

4. 机长的权力

航空器的机长对于飞行中的航空器上的犯罪或者危及航空安全或者正常秩序的行为具有管理的权力和职责。这是《东京公约》规定的一项重要而且独立的内容。

《东京公约》第三章是对机长权力的专门规定。其中,第 5 条第 1 款规定了机长行使权力的空间范围:"除航空器前一起飞地点或预定的下一降落地点不在登记国领土上,或航空器继续飞往非登记国领空,而罪犯仍在航空器内的情况外,本章规定不适用于航空器在登记国领空、公海上空或不属于任何国家领土的其他地区上空飞行时,在航空器内所发生或行将发生的犯罪和行为。"即东京公约所规定的机长权力范围不包括国内飞行、公海上空的飞行或在不属于任何国家领土内的其他地区上空的飞行,因为在这些地域飞行的航空器上的机长权力的行使并不涉及与飞经国国内法冲突的问题。在这种情况下,机长只需要根据航空器登记国国内法行使机长的权力就可以了。

第5条第2款规定了机长行使权力的时间范围:“航空器从装载结束、机舱外部各门关闭时开始直至打开任一机舱门以便卸载时为止的任何时候,应被认为是在飞行中。航空器强迫降落时,本章规定对在航空器上发生的犯罪和行为仍继续适用,直至一国主管当局接管该航空器及其所载人员和财产时为止。”即机长行使权力的时间范围是在飞行中的航空器上。

《东京公约》规定了机长具有以下实体权力:机长具有保障飞行安全的权力。机长具有采取必要管束措施的权力,机长可以采取措施的条件方面,《东京公约》第6条第1款规定了机长采取管束措施的条件限制:“机长在有理由认为某人在航空器上已犯或行将犯第一条第一款所指的罪行或行为时,可对此人采取合理的措施,包括必要的管束措施,以便:甲、保证航空器、所载人员或财产的安全;乙、维持机上的良好秩序和纪律;丙、根据本章的规定将此人交付主管当局或使他离开航空器。”

机长可以采取措施的方法方面。根据公约的规定,机长采取的是“合理的措施,包括必要的管束措施”,这种措施可以包括较轻的口头制止措施,也可以包括最严厉的剥夺行为人自由的措施。只要机长所采取的措施是必要的和合理的,就是合法的。对机长所采取的措施是否是“合理的措施,包括必要的管束措施”的判断是一个客观的标准。

因为国际上对机长资格有严格标准,他必须是从熟练并有经验的驾驶员中遴选出来的、精通航空技术的高级技术专家;当遇险时尤其需要他有高超的亲自操作的能力和经验。因此,机长的主要精力、专长与职责是驾驶好飞机,使之安全抵达目的地;他不是法律工作者,航空企业虽然可以对他进行法律培训,但是不能要求他像一般执法者那样熟悉通晓法律。而航空器上可能发生的犯罪行为和一般违法行为的情况十分复杂,即使是专业执法者都难以作出合理的判断并采取适当的措施。因此,《东京公约》对机长行使权力所遵循的判断标准是:把机长当做一个通情达理具有常识的人。因此,只要机长所采取的措施是为了“保证航空器、所载人员或财产的安全”或者“维持机上的良好秩序和纪律”就应该是合法的。

所采取治安措施的执行方法。为保证机长及时有效地采取治安措施,公约第6条第2款规定:“机长可以要求或授权机组其他成员给予协助,并可以请求或授权但不能强求旅客给予协助,来管束他有权管束的任何人。任何机组成员或旅客在他有理由认为必须立即采取此项行动以保证航空器或所载人员或财产的安全时，未经授权，同样可以采取合理的预防措施。”即机长可以命令或者授权其他机组人员协助实施治安措施，也可以请求或者授权旅客实施治安措施。而且，机上任何人员有理由认为必须立即采取治安行动以保证航空器或所载人员或财产的安全时，无须授权，都可以采取合理的预防措施。

所采取治安措施的时间限制。根据《东京公约》第7条第1款的规定，“对一人所采取的管束措施，只有在下列情况下，才可以在航空器降落后继续执行：甲、此降落地点是在一非缔约国的领土上，而该国当局不准许此人离开航空器，或者已经按照第六条第一款丙项对此人采取了管束措施，以便将此人移交主管当局；乙、航空器强迫降落，而机长不能将此人移交给主管当局；丙、此人同意在继续受管束下被运往更远的地方”。

据此，一般情况下，机长对违法犯罪行为人的管束措施只能维持到航空器降落后、行为人被接收为止。如果行为人不被接收或者不能被接收或者行为人同意继续接受管束的情况下，该管束措施才可以继续执行。

机长具有使危害航行安全、违反机上正常秩序和纪律的行为人在任何降落地点下机的权力。公约第8条第1款规定：“机长在有理由认为某人在航空器内已犯或行将犯第一条第一款乙项所指的行为时，可在航空器降落的任何国家的领土上使该人离开航空器，如果这项措施就第六条第一款甲项或乙项所指出的目的来说是必要的。”这一权力所针对的主要是那些在机上实施了较轻违法行为的人。当然，根据第8条第2款的规定，“机长按照本条规定使一人在某国领土内离开航空器时，应将此离开航空器的事实和理由报告该国当局”。即机长在行使这一权力的同时，负有将该事实告知主管当局的义务。

机长具有将在机上实施严重犯罪行为者移交给航空器降落地国主管当局的权力。公约第9第1款规定：“如机长有理由认为，任何人在航空器内犯了他认为按照航空器登记国刑法是严重的罪行时，他可将该人移交给航空器降落地任何缔约国的主管当局。”但是，根据公约第9第2款的规定，机长在移交行为人前负有以下义务，即“应尽快，并在可能时，在载有该人的航空器降落于该国领土前，将他要移交此人的意图和理由通知该国当局”。并且，根据公约第9第3款的规定，机长在将嫌疑犯移交当局时，“应将其按航空器登记国法律合法地占有的证据和情报提供该当局”。

在上述情况下,违法行为人的行为是否构成严重犯罪的标准由机长的掌握。但是,机长并非法律专业人士,不可能精通法律的规定,只能依靠他对本国刑法的一般了解作出主观判断。因此,机长对违法行为性质的该判断标准是一个比较宽松的主观标准。

机长具有依据登记国法律,合法掌握证据的权力。根据公约第 9 条第 3 款的规定,“机长依照本条规定,将嫌疑犯移交当局时,应将其按航空器登记国法律合法地占有的证据和情报提供该当局”。该款包含了机长具有采取合法手段掌握证据的权力。

机长行使权力的保障措施。公约第 10 条规定:“对于根据本公约所采取的措施,无论航空器机长、机组其他成员、旅客、航空器所有人或经营人,或本次飞行是为他而进行的人,在因遭受这些措施而提起的诉讼中,概不负责。”如前所述,机长并非法律专业人士,在其针对不法行为人行使治安权的过程中,对行为性质的判断可能发生错误,所采取的治安措施也可能会超出合理的限度,从而可能使“被采取行动者”受到伤害,或者增加其经济负担。当“被采取行动者”就此治安措施对自己所造成的损害提起行政、刑事或者民事诉讼时,在任何情况下都不追究机长因为行使治安权力而可能承担的责任。

如果所采取的治安措施有失误,则受损害的人还可能包括无辜的第三者,但本条仅规定针对“被采取行动者”引起的责任,无辜第三者受到损害所引起的责任问题由各国依据国内法解决。除航空器的机长外,根据本条免除责任的人还包括机组其他成员、旅客、航空器所有人或经营人,以及为其利益而进行这次飞行的人。所谓“为其利益而进行这次飞行的人”一般指包机人、租机人或承运人。有的学者认为也包括代码共享的航空承运人。

5. 关于非法劫持航空器的行为

非法劫持航空器的行为应该说已包括在《东京公约》第 1 条所规定的违反刑法的犯罪或其他行为之中。

劫持航空器行为只是航空器内发生的各种犯罪或其他行为中的一种,但在制定《东京公约》时,考虑到劫持航空器对飞行安全的巨大危害,而且劫持航空器行为会引起一些特殊问题,所以将“非法劫持航空器”专列一章。公约第 11 条规定:非法劫持航空器的行为包括航空器内某人非法地用暴力或暴力威胁对飞行中的航空器进行干扰、劫持或非法控制这三种行为类型。对非法劫持航空器行为的管辖权同样适用前面所述公约关于管辖权的有关规定。另外，《东京公约》还规定，发生劫持航空器的行为后，缔约国有义务采取一切适当措施恢复或维护机长对航空器的控制，航空器降落地的缔约国应准许机上乘客和机组人员尽快继续其旅行，并将航空器和所载货物交还给合法所有人。

6. 关于缔约国的权利和义务

(1)各缔约国有义务支持机长行使公约赋予的权力

根据《东京公约》第五章的规定，缔约国应允许在另一缔约国登记的航空器的机长按照公约的规定使任何人离开航空器。缔约各国应接受航空器机长按照公约的规定移交给它的人。如果缔约各国在认为情况需要时，应立即采取拘留或其他措施以保证被怀疑为曾犯了劫持航空器行为的人以及被移交给它的人仍在境内。

(2)各国对航空器内犯有刑事犯罪或其他行为的人采取调查、逮捕措施或行使管辖权时，应适当考虑航空器的安全和其他利益，并应避免对航空器、乘客、机组人员或货物造成不必要的延误。

综上所述，《东京公约》是国际社会关于空中犯罪及刑事管辖权问题的第一个普遍性国际公约。首次对劫持航空器行为做了专门规定，首次规定了航空器登记国管辖权，第一次明确了机长的权力，为缔约国设定与航空安保有关的权力和责任，对惩治危害国际民用航空安全的行为有积极的奠基性的作用。

二、1970 年《海牙公约》

(一)1970 年《海牙公约》产生的背景

《东京公约》虽然规定了非法劫持航空器的概念，但其重点不是惩治劫持航空器犯罪，也没有规定对劫持航空器犯罪行为的特殊惩处规则。因此，无法对危害国际航空的犯罪行为起到遏制作用。

《东京公约》开放签字以后，劫持航空器的犯罪行为仍然逐年增加，从20 世纪 60 年代末期起，劫持航空器的犯罪行为达到空前频繁和严重的地步，蔓延到全世界，成为最典型、最常见的危害国际航空安全的犯罪行为。1968 年中就发生了 30 起劫机事件，1969 年发生了 91 起劫机案件。1968 ~ 1972 年仅在美国就发生了 124 起劫机事件。1970 年全世界共发生 85 起劫机事件。其中最引人注目的是1970年9月6日巴勒斯坦人民阵线游击队在一天之内劫持了4架从欧洲飞往纽约的国际航班。与此同时,单纯的劫持航空器的犯罪行为也扩大为在地面直接攻击航空器和民航设施、炸毁飞机、危害人质以及进行财物和政治敲诈等。

上述事件引起了国际社会的关注。然而,当国际社会纷纷谴责劫持航空器的犯罪行为、要求将犯罪人绳之以法时,才发现《东京公约》的规定显然已不足以对付日益高涨的劫机浪潮。人们指责《东京公约》既没有将劫持航空器的犯罪行为宣布为犯罪,也没有规定相应的惩治措施。为此,联合国大会两次通过决议,要求保障国际民航安全,制定新的国际法规则,以预防和严惩劫持航空器的犯罪行为。在联合国的敦促下,1970年12月1日,国际民用航空组织在海牙召开了由77个国家代表参加的外交会议,通过了《关于制止非法劫持航空器的公约》(1970年《海牙公约》)。目前,已有180多个国家加入该公约,中国于1980年9月10日加入《海牙公约》,同年10月10日对中国正式生效。

(二)1970年《海牙公约》的主要内容

1. 劫持航空器犯罪行为的定义、特点

《海牙公约》明确规定了劫持航空器犯罪行为的定义。按照《海牙公约》的规定,所谓劫持航空器犯罪是指任何人在飞行中的航空器内使用暴力或暴力威胁或任何其他方式劫持或控制该航空器,或企图从事上述行为,或对从事或企图从事上述行为的人予以协助的行为。

《海牙公约》规定的劫持航空器犯罪具有以下几个鲜明特点:

(1)从劫持航空器犯罪行为发生的时间地点来看,是指发生在飞行中的航空器内的行为。对于“飞行中”这一概念,《海牙公约》将其限定在从航空器装载完毕、机舱外部各门均已关闭时起,至打开任一机舱门以便卸载时止。

(2)从犯罪行为形态来看,劫持航空器犯罪行为既包括既遂行为,也包括未遂行为。

(3)从行为主体来看,既包括直接从事劫持航空器犯罪行为的行为人,也包括与之进行同谋或提供协助的同犯,而且这些人的行为也是发生在飞行中的航空器内的行为。

(4)从行为表现方式来看,劫持航空器犯罪行为包括使用暴力或用暴力威胁的方法劫持或控制航空器的各种行为。“用暴力威胁的方法”是指以暴力为内容的威胁行为,例如“以不改变航向就杀死或者实施爆炸行为”为内容的威胁行为。这些威胁行为也都是发生在飞行中的航空器内的行为。

《海牙公约》规定劫持航空器的犯罪行为属于在飞行中的航空器内实施的犯罪行为。

2. 公约的适用范围

《海牙公约》第3条第1款规定了公约适用的时间范围:“在本公约中,航空器从装载完毕、机舱外部各门均已关闭时起,直至打开任一机舱门以便卸载时为止,应被认为是在飞行中。航空器强迫降落时,在主管当局接管对该航空器及其所载人员和财产的责任前,应被认为仍在飞行中。”这一规定是沿用了《东京公约》第5条“飞行中”的定义。

《海牙公约》第3条第3款规定了公约适用的地域范围:“本公约仅适用于在其内发生罪行的航空器的起飞地点或实际降落地点是在该航空器登记国领土以外,不论该航空器是从事国际飞行或国内飞行。”但是,其第3条第5款补充规定:“如罪犯或被指称的罪犯在该航空器登记国以外的一国领土内被发现,则不论该航空器的起飞地点或实际降落地点在何处,均应适用第六、七、八条和第十条。”说明公约原则上适用于发生在实际从事国际航行的航空器上的空中劫持行为。但是,即使劫持航空器的犯罪行为没有国际因素,而属于国内犯罪的情况下,如果罪犯逃往国外或者在国外发现罪犯,也可以适用公约中强制措施以及引渡的规定。

根据《海牙公约》第3条第2款的规定,《海牙公约》不适用于供军事、海关或警察使用的国家航空器,即仅适用于民用航空器。

3. 管辖权

《海牙公约》除了规定航空器登记国管辖权外,其第4条第1款(乙)项规定:“在其内发生罪行的航空器在该国降落时被指称的罪犯仍在该航空器内”;第4条第1款(丙)项规定:“罪行是在租来时不带机组的航空器内发生的,而承租人的主要营业地,或如承租人没有这种营业地,则其永久居所,是在该国”,即航空器降落地国和承租人主要营业地国也具有管辖权。

这两项管辖权在传统国际法中并不存在,仅在少数国家国内法中有所规定,属于一国对外国人在外国犯罪的域外管辖权,这一规定是将国际私法上的管辖规则转移到国际公法中，可以解决航空器登记国全部或者部分职能与责任的转移问题。这是基于将所有情况力争全部囊括在内的一种考量。

《海牙公约》第 4 条第 2 款规定："当被指称的罪犯在缔约国领土内，而该国未按第八条的规定将此人引渡给本条第一款所指的任一国家时，该缔约国应同样采取必要措施，对这种罪行实施管辖权。"这是我国刑法学教科书中所阐述的一般意义上的普遍管辖权的理论，即不论犯罪分子是本国人还是外国人，也不论其罪行发生在本国领域内还是本国领域外，只要罪犯实施了国际公约规定的犯罪行为，罪犯在该国领域内被发现，该国如果不将罪犯引渡给有管辖权的国家，就应当对该犯罪行使刑事管辖权。该管辖权的特点在于，对该管辖该罪的国家而言，犯罪行为与该缔约国没有任何法律联系因素。普遍管辖权的行使是以保护各国的共同利益为标准，进一步扩大了各国行使管辖权的空间范围。

《海牙公约》第 7 条规定了普遍管辖权的执行机制，即"在其境内发现被指称的罪犯的缔约国，如不将此人引渡，则不论罪行是否在其境内发生，应无例外地将此案件提交其主管当局以便起诉。该当局应按照本国法律以对待任何严重性质的普通罪行案件的同样方式作出决定。"第 4 条第 2 款的规定为该条所规定的"或引渡或起诉"原则提供了管辖的法律根据。

与《东京公约》的规定一致，《海牙公约》也规定了航空器登记国管辖权和相关缔约国的并行管辖权。

4. 引渡

《海牙公约》中有关劫持航空器罪犯的引渡规定的内容虽然不多，但其中包含的内容十分丰富。其第 8 条规定：

"一、前述罪行应看做包括在缔约各国间现有引渡条约中的一种可引渡的罪行。缔约各国承允将此种罪行作为一种可引渡的罪行列入它们之间将要缔结的每一项引渡条约中。二、如一缔约国规定只有在订有引渡条约的条件下才可以引渡，而当该缔约国接到未与其订有引渡条约的另一缔约国的引渡要求时，可以自行决定认为本公约是对该罪行进行引渡的法律根据。引渡应遵照被要求国法律规定的其他条件。三、缔约各国如没有规定只有在订有引渡条约时才可引渡，则在遵照被要求国法律规定的条件下，承认上述罪行是它们之间可引渡的罪行。四、为在缔约各国间的引渡的目的，罪行应看作不仅是发生在所发生的地点，而且也是发生在根据第四条第一款要求实施其管辖权的国家领土上。”

上述第1款要求将劫持航空器罪作为缔约国引渡条约中可以引渡的犯罪，自动纳入缔约国间现存的引渡条约，而不必修改现有引渡条约。并且各国在未来签订引渡条约时也应该将劫持航空器罪包括进可引渡之罪的清单中。即《海牙公约》为各缔约国间的引渡条约增加了一项可以引渡的犯罪。

第2款是指那些以引渡条约为引渡条件的国家，如果请求引渡国没有与之订立引渡条约，引渡就缺乏法律，根据无从进行，该款为解决这一问题而设立。如果这些缔约国接到没有与其订立引渡条约的另一个缔约国引渡罪犯的请求时，可以以《海牙公约》作为引渡的法律根据。但是，公约毕竟不是引渡条约，是否将《海牙公约》作为引渡的法律根据，还要由被请求国“自行决定”是否同意这样做。

第3款是指那些不以引渡条约为引渡条件的国家，既然没有规定必须有引渡条约才可以引渡，那么就应承认公约所规定的犯罪是可以引渡的犯罪。但是，公约只是规定了“承认上述罪行是它们之间可引渡的罪行”的义务，该义务并非强制性义务，是否引渡，还是由被请求国自行决定。如果被请求国不同意引渡犯罪嫌疑人，并不违反《海牙公约》的规定。

因此，《海牙公约》第2款和第3款表述的都是任意性规则，即具体的引渡问题都需要根据“被请求国法律规定的条件”确定。

《海牙公约》第4款是对《东京公约》第16条第1款的沿用，并没有实质的意义。

5. 劫持航空器罪的处罚

《海牙公约》虽然没有规定对劫持航空器罪应处的具体刑罚和刑罚幅度，但明确要求各缔约国对本公约规定的罪行给予严厉惩罚。所谓“严厉惩罚”，是指各缔约国主管当局应按照本国法律以对待任何严重性质的普通罪行的同样方式作出决定。这里一方面是要求各缔约国应当在刑法中规定劫持航空器罪及其处罚，另一方面要求缔约国将劫持航空器罪作为普通罪处理，而不要将该罪作为政治罪。

6. 或引渡或起诉原则

为避免罪犯因不被引渡而逍遥法外的情况发生，《海牙公约》和《蒙特利尔公约》都引入了“或引渡或起诉原则”：“在其境内发现被指称的罪犯的缔约国，如不将此人引渡，则不论罪行是否在其境内发生，应无例外地将此案件提交其主管当局以便起诉。该当局应按照本国法律以对待任何严重性质的普通罪行案件的同样方式作出决定。”这一条款是《海牙公约》和《蒙特利尔公约》中“最重要的关键性条款”。对这一重要原则我们可以从以下方面进行理解：

(1)或引渡或起诉原则与普遍管辖权紧密联系，只有在其境内发现罪犯的国家，才有权对这一案件做出处理决定、进行管辖。因此，规定了“或引渡或起诉原则”的公约都同时规定了“或引渡或管辖原则”作为前提条件，《海牙公约》第 4 条第 2 款与《蒙特利尔公约》第 5 条第 2 款都对此做了规定：“当被指称的罪犯在缔约国领土内，而该国未将此人引渡给本条第一款所指的任一国家时，该缔约国应同样采取必要措施，对这种罪行实施管辖权。”

(2)“或引渡或起诉原则”表明，不论罪犯逃到哪个国家，如果这一国家不接受他国的引渡请求，就应该将犯罪案件移交给该国刑事司法主管部门，由该部门按照本国法律中对普通刑事犯罪诉讼程序的规定进行处理。这一原则为国际合作惩治国际犯罪布下恢恢法网；否则，即使某国有惩治国际犯罪的愿望，也因为该罪与本国没有任何连接因素而无权管辖。

(3)该原则只是将“案件提交其主管当局以便起诉”规定为强制性义务，但对“主管当局应按照本国法律以对待任何严重性质的普通罪行案件的同样方式作出决定”没有做出限制性规定。因为此处的“本国法”是一个含义较广的概念，既包括惩治普通刑事犯罪的刑法，也包括庇护和其他法律。条文措词并没有排除这样一种可能性，即依据该国刑法应该起诉该罪，但是，因为犯罪有政治动机或者目的，或者具有其他可以豁免的理由，依据该国庇护法及其他法律，主管部门可以决定免予起诉或者不起诉。此外，还可能基于其他技术性理由，例如，案件证据不足，或者出于人道的理由，使起诉成为不合理的情况。即《海牙公约》把为了起诉而将“案件提交其主管当局”规定为强制性义务，至于主管当局能否将案件起诉则取决于许多不确定的因素，这使公约规定的起诉义务具有一定的任意性，并不彻底。

但是，尽管如此，该原则毕竟为一切善意履行条约义务的缔约国惩治罪犯提供了明确的法律依据。

7.《海牙公约》规定的缔约国的其他主要义务

《海牙公约》规定的缔约国的其他主要义务有以下几个方面：

（1）当本公约所指的劫持航空器犯罪行为已经或将要发生时，缔约各国应采取一切适当措施以恢复和维护合法机长对航空器的控制；发生劫持航空器犯罪行为后，航空器或旅客或机组人员所在的任何缔约国应对旅客和机组人员继续旅行尽速提供方便，并将航空器和所载货物不迟延地交还给合法所有人。

（2）缔约国在对公约所指的罪行提出刑事诉讼时，应相互给予最大程度的司法协助。

（3）各缔约国应尽可能迅速地向国际民航组织报告有关犯罪情况、履行公约义务的行动以及引渡程序的进展和其他法律程序的结果。

总之，《海牙公约》不仅将劫持航空器犯罪行为规定为国际罪行，还明确了劫持航空器犯罪行为的构成要件，确立了对劫持航空器犯罪行为的普遍管辖原则，规定对劫持航空器犯罪行为实行"或引渡或起诉"的刑事追究原则。较《东京公约》而言，《海牙公约》在劫持航空器犯罪行为的认定、管辖和责任追究方面更加具体明确，更便于各国依公约规定对这一国际罪行进行惩治。

《海牙公约》虽然是专门处理劫持航空器犯罪行为问题的公约，但是由于该公约中的"劫持航空器犯罪行为"仅针对"飞行中"的航空器，其适用范围仍然有限。

三、1971 年《蒙特利尔公约》

（一）1971 年《蒙特利尔公约》产生的背景

尽管《海牙公约》明确规定了对劫持航空器的犯罪行为或控制正在飞行中的航空器的犯罪行为进行惩罚。但是，危害民用航空安全的行为并不局限于在航空器内犯罪或非法劫持航空器的行为，而是发展到破坏使用中的航空器和从事各种形式的危害民用航空安全的行为，如破坏地面导航和助航设施、在飞机上放置炸弹和其他危险物、传递虚假的导航信号和情报等，这些行为都严重威胁着国际航空运输安全。《海牙公约》面临着新的挑战。于是，国际民航组织准备起草一个惩治劫持航空器犯罪行为之外的非法干扰国际民用航空行为的公约草案，为此，国际民航组织 1971 年 9 月 8

日在加拿大蒙特利尔举行了由60个国家参加的外交代表会议,讨论并通过了《关于制止危害民用航空安全非法行为公约》(1971年《蒙特利尔公约》)。目前,已有180多个国家加入该公约,我国于1980年9月10日加入《蒙特利尔公约》,该公约于同年10月10日对我国生效。

《蒙特利尔公约》的目的在于通过国际合作,惩治那些从地面破坏航空运输安全的犯罪行为,与《海牙公约》互为补充,共同构筑国际航空运输安全的法律堡垒。因此,从这个意义而言,该公约是《海牙公约》的姊妹篇。

(二)1971年《蒙特利尔公约》的主要内容

1.犯罪行为

《蒙特利尔公约》规定,任何人如果非法地故意从事下列行为便构成犯罪:

(1)对飞行中的航空器内的人实施了危害该航空器安全的暴力行为。

(2)破坏使用中的航空器使其不能飞行或危及其飞行安全,或用任何方法在使用中的航空器内放置一种将会破坏该航空器安全飞行的装置或物质。

所谓"使用中的航空器"是该公约新采用的一个概念,它是指从地面人员或机组为某一特定飞行而对航空器进行飞行前的准备时起,直到降落后24小时止。

(3)破坏航行设备或妨碍其工作,或传递虚假情报以危害飞行中的航空器安全。

《蒙特利尔公约》在《海牙公约》基础上进一步对危害民用航空安全的各种非法行为作了详细而具体的规定,将直接破坏飞行中航空器的行为及破坏机场地面上正在使用中的航空器及其航行设施等行为规定为犯罪,使国际航空犯罪由狭义的"空中劫持"行为扩大到包括一切破坏、损害和其他危害民用航空安全的罪行。不仅包括在或者针对"飞行中"的航空器实施的犯罪行为,而且包括针对"使用中"的航空器实施的犯罪行为;不仅包括以航空器为对象的犯罪行为,也包括以航空设备为犯罪对象的犯罪行为。对航空运输安全的保障更为全面。

2.适用范围

根据《蒙特利尔公约》第4条第2款的规定,"不论航空器是从事国际飞行或国内飞行,本公约均应适用,只要:(甲)航空器的实际或预定起飞或降落地点是在该航空器登记国领土以外;或(乙)罪行是在该航空器登记国以外的一国领土内发生的”。其第 3 款规定:“如罪犯或被指称的罪犯是在该航空器登记国以外的一国领土内被发现,则本公约也应适用。”即公约的适用以航空器实际起飞或者降落的国际因素为标准,但即使是国内犯罪,如果罪犯逃往国外或者在国外被发现,也适用公约的规定。

对“破坏或损坏航行设备或妨碍其工作”的犯罪行为,只有当被破坏或者被损坏的航行设施是用于国际航行时,公约才予以适用。但是如果罪犯逃往国外或者在国外被发现,公约仍然不适用。凡是破坏或者损坏用于国内的航行设施,公约不适用。

根据公约第 4 条第 1 款规定:本公约不适用于供军事、海关或警察用的航空器。这一点与前述几个公约相同。

3. 管辖权

(1)犯罪发生地国管辖权

1971 年《蒙特利尔公约》第 5 条第 1 款增加(甲)项规定:“罪行是在该国领土内发生的”,这是一般意义上的属地管辖权内容,是从国家主权派生出来的最普遍适用的管辖原则。“领土”是指一国国境以内的全部区域,包括以下几类:①领陆,即国境线以内的陆地;②领水,即内水和领海及其地下层;③领空,即领陆、领水的上空。该款规定表明,飞行中的航空器内发生犯罪时,该航空器的飞经国作为犯罪发生地国具有管辖权。而对于使用中的航空器而言,航空器停放地国对发生在航空器停放地的犯罪行为有管辖权。

(2)受害航空器登记国管辖权

1971 年《蒙特利尔公约》第 5 条第 1 款增加规定:“罪行是针对在该国登记的航空器”时,该航空器登记国有权行使管辖权。该款规定属于保护管辖权范围,保护管辖权是指为了保护本国的重大利益,如安全、经济利益等,对外国人在本国领域外对本国犯罪而行使的管辖权。规定这一管辖权,是因为《蒙特利尔公约》规定了“破坏使用中的航空器”的犯罪行为,当停放在甲国机场的乙国的“使用中的航空器”遭到犯罪行为的侵犯时,不仅犯罪发生地的甲国有管辖权,而且受害航空器登记国的乙国也有管辖权。又如,通过破坏或损坏航行设备或妨碍其工作危及飞行安全的行为,不但航行设备所属国有管辖权,而且被危及飞行安全的航空器的登记国也有管辖权。

除上述规定外,《蒙特利尔公约》对管辖权、引渡、罪犯的处罚以及缔约国的主要义务等内容的规定与《海牙公约》的规定相同或相似。

四、1988 年《蒙特利尔议定书》

(一)1988 年《蒙特利尔议定书》产生的背景

1971 年《蒙特利尔公约》虽然较《东京公约》和《海牙公约》明显扩大了惩治危害国际航空安全犯罪的范围,但是,该公约没有规定危害国际航空机场安全的犯罪行为以及破坏机场上尚未使用的航空器的犯罪行为。鉴于袭击国际机场事件的发生及增加,例如,1973 年 8 月,发生在希腊雅典国际机场,恐怖分子向正在排队候机的旅客投掷手榴弹,致使 5 人当场被炸死,55 人被炸伤。1985 年 12 月,一个自称为"阿布达尼尔游击队"的恐怖主义组织在一天内袭击了维也纳和罗马的达芬奇国际机场。1984 年至 1986 年,类似的袭击机场的恐怖事件还发生过很多。而 1971 年《蒙特利尔公约》仅限于惩治"使用中"或"飞行中"的航空器内的犯罪行为或针对航空器的犯罪行为,为了进一步防止、制止和惩处危害国际航空安全的犯罪行为,保护国际民用航空机场内的服务人员、设备及其未使用的航空器的安全,1988 年 2 月 9 日,国际民航组织在蒙特利尔召开了由 81 个国家参加的航空法会议,讨论并通过了《制止在用于国际民用航空的机场发生非法暴力行为以补充 1971 年 9 月 23 日订于蒙特利尔的制止危害民用航空安全非法行为公约的议定书》(1988 年《蒙特利尔议定书》)。目前,已有 160 多个国家加入该公约,我国于 1999 年 3 月 5 日加入该公约,该公约于同年 4 月 4 日对中国生效。

(二)1988 年《蒙特利尔议定书》的主要内容

1988 年《蒙特利尔议定书》在 1971 年《蒙特利尔公约》的基础上补充增加了有关国际民用航空机场的犯罪行为:任何人使用一种装置、物质或武器,非法地和故意地实施下列行为,即为犯罪:

1. 在用于国际民用航空的机场内对人实施暴力行为,造成或足以造成重伤或死亡的;或者

2. 破坏或严重损坏用于国际民用航空机场的设备或停在机场上未在使用中的航空器,或者中断机场服务危及或足以危及该机场的安全。

这一规定扩大了 1971 年《蒙特利尔公约》的适用范围,弥补了《蒙特利

尔公约》的不足。1988 年《蒙特利尔议定书》在公约的适用范围、管辖权、引渡、国家间协助的义务等内容适用 1971 年《蒙特利尔公约》的规定。

《关于注标塑性炸药以便探测的公约》也称为 1991 年《蒙特利尔公约》,签定于 1991 年 3 月 1 日,并于 1998 年 6 月 21 日起生效,重点是惩治恐怖分子利用难以探测的塑性炸药进行恐怖活动的非法行为。

五、2010 年《北京公约》及《北京议定书》的产生

(一)历史背景

国际航空安保公约一直肩负着打击和防控航空恐怖犯罪的重任,1963～1991 年,国际民航组织主持制定了一系列国际航空安保公约。这些公约已被世界各国广泛接受,成为打击非法干扰民用航空安全的有效法律文件,对制止危害航空安全的违法犯罪行为、保障航空运输秩序起了重要作用。但是,随着国际形势的变化、航空运输的快速发展和广泛应用以及科学技术的日新月异,非法干扰航空活动、危害航空安全的事件日趋增多,手段日趋隐蔽、翻新,利用航空器、核武器、生物技术等实施危害航空安全的犯罪不断发生。

其中最为典型的是“9·11”恐怖袭击事件。“9·11”事件是美国历史上最严重的恐怖袭击事件,对美国及全球经济社会发展产生了巨大的影响。美国政府对此次事件的谴责立场得到大多数国家同情与支持。对于全世界范围来说,由于飞机数量的增多,民航业在现代世界中的作用越来越突出,使原来一些对航空恐怖犯罪还持有不同立场的人和国家开始转变了看法,“9·11 事件”的惨状与破坏性使全世界人民对此次事件深感恐惧,担心类似事件的再次发生。该事件进一步促进了国际范围内多国反恐合作的发展。

“9·11 事件”也暴露出国际航空安保公约对某些非法干扰行为,特别是对机上滋扰行为以及利用高科技实施的航空犯罪防不胜防,暴露出其对新型违法犯罪行为适用上的“先天不足”,航空保安法律制度面临着严峻挑战,亟须与时俱进。多数国家认为,有必要修正现行国际航空法律文本,或者制定新的国际航空保安法律文本,以应对新的和正在出现的民用航空新威胁。

(二)产生过程

2001 年 9 月 25 日,国际民航组织第 33 届大会在加拿大蒙特利尔国际

民航总部开幕。与会代表一致强烈谴责恐怖分子利用航空器犯罪的行径，并呼吁各成员国在航空安保和打击恐怖主义的斗争中保持密切合作，大会发表了《民用航空中滥用航空器作为破坏性武器和其他恐怖主义行为的宣言》。宣言指出，使用民用航空器作为破坏性武器的行为与国际民用航空公约的精神相悖，这种行为以及其他涉及民用航空或者民用航空设施的恐怖主义行为是违背国际法的严重犯罪。国际民航组织要求各缔约国根据《国际民用航空公约》第4条的规定，确保民用航空不得用于与国际民用航空公约不相符合的目的，并且对滥用民用航空器作为破坏性武器的行为包括计划或者组织、支持、协助和包庇犯罪者的行为予以严惩。各国要加强合作，保证不庇护任何参与恐怖主义活动的人；要求对目前航空保安公约的充分性进行审议，以处理新的和正在出现的对民用航空的威胁，以便修订、完善国际航空保安法律体系，推进航空保安法律制度的现代化，保障航空运输安全、有序地进行。由此正式拉开了航空保安公约现代化的序幕。

2010年8月30日，国际民航组织（ICAO）国际航空安保公约外交大会在北京隆重开幕，来自近百个国家和组织的300多名代表以及ICAO的高级官员参加了开幕式。在为期12天的会议期间，共有77个国家4个国际组织（IATA、ACAC、AFCAC、联合国毒品和犯罪问题办公室）共500多名代表参加，商讨并审议1971年《蒙特利尔公约》和1970年《海牙公约》等相关航空安保公约的修订文本，针对使用航空器作为武器等新的和正在出现的威胁以及惩治危害航空犯罪的国际安保公约的不足，形成了新的国际多边条约的正式案文，全体委员会以55票赞成和14票不赞成通过了《制止与国际民用航空有关的非法行为的公约》（简称《北京公约》），以57票赞成和13票不赞成通过了《制止非法劫持航空器公约的补充议定书》（简称《北京议定书》）。这既是国际航空保安公约的最新发展与完善，也是国际民航史上第一次以中国城市命名的民航公约。

此次外交大会是新中国民航成立60年来第一次承办的以法律为主题的国际性会议，对于提升我国在国际航空运输业内的影响，尤其是在国际航空法律界的影响，具有深远的意义。此次外交大会是国际民航组织通过多边性国际条约的最终程序，会议通过并由各国全权代表签字的这两个条约须经各国批准后方能生效。《北京公约》和《北京议定书》将成为国际民航反恐公约体系的重要组成部分，截止到2015年4月，已有20个国家签署了北京公约,22 个国家签署了北京议定书,中国民航局副局长代表中国已经在《北京公约》和《北京议定书》上正式签字,公约将在 22 个国家批准书送达后的第 2 个月在各缔约国生效。《北京公约》和《北京议定书》对于有效保护旅客的生命和财产安全,防控航空恐怖主义,促进全球民用航空业的健康发展将产生深远影响。

六、2010 年《北京公约》对《蒙特利尔公约》及其补充议定书修订的内容

(一)新增危害民用航空安全的犯罪

《北京公约》在吸纳 1971 年《蒙特利尔公约》和 1988 年《蒙特利尔议定书》所规定的七种犯罪行为的基础上,根据“9·11”恐怖袭击事件以来“新的和正在出现的威胁”,新增了五种犯罪行为。具体包括以下方面:

1. 利用使用中的航空器造成死亡、严重人身伤害,或对财产或环境的严重破坏。

针对罪犯劫持航空器后将飞机转换成为一种攻击性武器攻击地面目标会导致大规模伤亡严重后果的情况,2010 年《北京公约》新增了“任何人如果利用使用中的航空器造成死亡、严重人身伤害,或对财产或环境的严重破坏,该人即构成犯罪”的条款,将此作为一种新的犯罪行为类型写入公约,目的是要警示和震慑那些进行恐怖犯罪活动的组织和个人。此外,这一新罪种的增加,也是国际社会对“9·11”这种大规模恐怖犯罪行为的政治和法律层面的回应。将这一犯罪用国际公约的形式固定下来,传达出国际社会打击恐怖犯罪行为的决心。

该项将利用使用中的航空器以造成死亡、严重人身伤害或对财产或环境造成严重破坏的行为确定为犯罪,而没有对行为人如何利用航空器实施攻击行为做出限制性规定,因此,这一规定所包含的行为范围较广。公约将作为武器利用的航空器限定为“使用中”,并且以非法和故意为条件,这就可以确保仅具有定义所描述特征的航空器被包括进来,限定了该罪的适用范围。该犯罪涵盖了从地勤人员开始为航空器进行飞行前准备时起至航空器着陆 24 小时后止,在这段时间中使用航空器进行任何攻击的犯罪行为。

2. 从使用中的航空器内释放或排放任何生物武器、化学武器和核武器或炸药、放射性,或类似物质而其方式造成或可能造成死亡、严重人身伤害,或对财产或环境的严重破坏。

这项犯罪包括从地勤人员开始为航空器进行飞行前准备时起至航空器着陆24小时后止，即航空器在“使用中”的时段，从航空器上“释放”某些材料的行为。目的在于涵盖诸如从航空器上释放材料以便对地面上及其周围的航空器、航站楼或周边财产和其中的人员造成死亡、重伤、严重的财产或环境损害等情况。这种材料可以是在登机前或下机后以及在航空器“飞行中”的期间释放的。

3. 对一使用中的航空器或在一使用中的航空器内使用任何生物武器、化学武器和核武器或炸药、放射性，或类似物质而其方式造成或可能造成死亡、严重人身伤害，或对财产或环境的严重破坏。

为了加强对利用生物武器、化学武器和核武器进行犯罪活动的打击，2010年《北京公约》增加了使用生物、化学和核物质对民用航空进行攻击和使用民用航空器非法传播生物、化学和核物质方面的规定。增加这两种犯罪行为一方面能够打击利用这类武器对航空器进行攻击的行为，另一方面也将有效阻止这些危险武器落入恐怖分子手中。

增加本罪的目的，在于涵盖从使用中航空器的外部针对航空器本身人为使用这种材料的行为。它还包括人为地故意感染或携带这种材料到航空器上以便造成机上旅客死亡或重伤，而并不一定危及航空器本身的安全或不大可能损毁航空器的情况。同时，也包括“使用中”的航空器以外的人故意针对该航空器使用这种材料但未能损害或影响“飞行中”的航空器或机上人员的安全，但却在地面上造成了死亡、重伤、严重的财产或环境损害的行为。

这项犯罪针对“使用中”的航空器，涵盖诸如在航空器飞行前准备期间对其使用这种材料，以便对地面上该航空器周边的人员和财产造成死亡、重伤、严重的财产或环境损害等情况。同时，还包括有人进入并在航空器上使用这种材料，以便杀害或重伤后来登机的旅客的情况。所用材料本身可能并不一定危及航空器的安全或对航空器本身造成损害。

4. 在航空器上运输、导致运输或便利运输：

（1）任何炸药或放射性材料，并明知其意图是用来造成，或威胁造成死亡或严重伤害或损害，而不论是否具备国内法规定的某一条件，目的是恐吓人群，或胁迫某一政府或国际组织采取或放弃采取任何行为；或

（2）任何生物武器、化学武器和核武器，并明知其是第2条中定义的一

种生物武器、化学武器和核武器;或

(3)任何源材料、特殊裂变材料或为加工、使用或生产特殊裂变材料而专门设计或配制的设备或材料,并明知其意图将用于核爆炸活动或未按与国际原子能机构的保障协定置于保障措施下的任何其他核活动;或

(4)任何对设计、制造或运载生物武器、化学武器和核武器有重大辅助作用的设备、材料或软件或相关技术,且其意图是用于此类目的。但涉及缔约国进行的活动,包括缔约国授权的个人或法人进行的活动,则不构成(3)和(4)项下的犯罪,只要运输这类物品或材料符合其作为缔约国适用的多边不扩散条约包括第7条提到的条约拥有的权利、责任和义务或进行与此相符的使用或活动。

该条款是为预防犯罪分子实施危害性更大的使用生化核武器的犯罪行为而设。该类运输行为本身可能并不危害国际航空安全,但其意图实施的犯罪却极大地威胁到人类安全。公约的这一规定,可以有效预防国际社会遭受生化核武器的袭击,保障人类安全。

5. 当情况显示做出的威胁可信时,任何人也构成犯罪,如果该人:

(1)做出这种威胁实施第1款中的任何犯罪或第2款中的一种犯罪;或

(2)非法和有意地造成任何人收到这种威胁。

在当前恐怖犯罪活动活跃的形势下,这种可信度高的威胁行为必然会在一定范围内引起公众恐慌,从而危及国际航空安全。因此,增加这类犯罪行为对预防恐怖犯罪是必要的。

综上所述,《北京公约》规定了12种犯罪行为类型,其中的新增条款主要是用来应对“新的和正在出现的威胁”,其涵括了诸如“滥用航空器作为武器”进行恐怖袭击,利用生化核武器进行恐怖袭击,在航空器上运输生化核武器及采用“威胁”手段进行恐怖犯罪等新的犯罪行为类型,严密了打击恐怖犯罪的刑事法网,这是维护航空安全、防范和打击航空恐怖主义的及时之举,从法律层面上来书,使对国际航空恐怖犯罪的防控进入了一个新的阶段。

(二)规定共同犯罪的具体内容

共同犯罪比一个人的犯罪具有更大的社会危害性。这是因为共同犯罪人之间可以通过密谋策划、互相分工,使犯罪更易于实行,并便于对抗侦

查，逃避打击。当前各国均加强安保措施，提高反恐力度。针对这一国际形势，恐怖主义犯罪分子更易于采用共同犯罪的组织形式实施犯罪，以逃避侦查和打击。共同犯罪成为航空恐怖主义犯罪的新特点，为应对此种情况，就必须在法律层面予以明确规制。

1971 年《蒙特利尔公约》和 1988 年《蒙特利尔公约补充议定书》都有共同犯罪的规定："任何人如果他是犯有或企图犯任何此种罪行的人的同犯，也是犯有罪行。"但是，这两个公约对共同犯罪的规定过于简单和概括，没有明确"共犯"的概念是否可以解释为涵盖犯罪的组织者、指使者和财务支持者。而各国对共同犯罪的理论及规定又非常复杂，因此，公约的概括规定不利于各国在打击共同犯罪问题上统一标准及此后的刑事司法协助措施。

《北京公约》针对共同犯罪这一恐怖主义犯罪的重要组织形式，将现实中可能出现的共同犯罪形式细化规定为危害民用航空安全的共同犯罪的内容，增强了对恐怖主义犯罪的打击力度，具体包括以下几个方面。

1.《北京公约》首次将组织或指挥他人实施犯罪者，非法和有意协助他人逃避调查、起诉或惩罚者纳入了公约的制裁范围。

根据《北京公约》第 1 条第 4 款的规定，任何人也构成犯罪，如果该人组织或指挥他人实施犯罪；或非法和有意协助他人逃避调查、起诉或惩罚，但明知此人犯有构成本条确定的一种犯罪的行为，或此人因此种犯罪被执法当局通缉以提起刑事起诉或因此种犯罪已经被判刑。

这一新规定解决了此前国际航空保安公约中存在的缺陷。例如，在"9·11"事件中，劫持航空器者利用航空器作为武器实施犯罪活动，通常会随着飞机的爆炸而葬送生命。按照现行公约的规定，将无法继续追究恐怖事件幕后策划者和组织者的刑事责任。而新公约生效后，犯罪行为的幕后组织者和领导者将被定罪、受到法律制裁，这必将有效加大对破坏民用航空安全犯罪活动的打击力度。

公约将协助他人逃避调查、起诉或惩罚的行为规定为犯罪，就是要确保所有当事国都将这类行为确定为犯罪，从而为打击国际航空恐怖犯罪设立立法管辖的基础，并使引渡和相互司法协助等国际法律合作机制得以实行。

2.《北京公约》还将与他人共谋实施国际航空犯罪，或者协助团伙实施犯罪等共同犯罪形式纳入制裁范围。

根据《北京公约》第1条第5款的规定，每一当事国也应当将有意实施下述两者之一或两者确定为犯罪，而不论该人是否实际实施或企图实施本条所规定的任何犯罪：

(1)与一个或多个其他人商定实施本条确定的一种犯罪，将共谋行为纳入犯罪。

将共谋罪纳入《北京公约》是反恐怖犯罪朝前迈进的一大步，可以确保仅对主要犯罪行为进行计划，而没有实际参与犯罪行为的人能被拘留和起诉。这就使国际社会在恐怖犯罪实施的早期就能及时采取行动，可以增加对犯罪阴谋进行干预的机会。

构成共谋罪的实质是达成了实施犯罪的协议，而并不需要作为协议标的的主要犯罪已经开始或完成。《北京公约》所增加规定的协助罪和共谋罪是公约非常重要的内容，因为这扩展了《蒙特利尔公约》的适用范围，即不仅涵盖实际实施主要犯罪的罪犯，而且将为各国提供国际法律工具，对参与谋划这种犯罪的罪犯予以定罪和惩罚。该规定使那些参与主要犯罪者承担与实施主要犯罪者同样的刑事责任。

(2)以任何其他方式协助以共同目的行事的团伙实施本条所规定的一种或多种犯罪。

对于这种以共谋方式或以协助方式进行共同犯罪活动的行为人，不论本人是否实施犯罪的实行行为，只要参与者中有人实施犯罪的实行行为，则共谋者或者协助者全体均构成犯罪。这可以有效地解决“在空中和地面自杀性攻击”造成的无法追究除自杀性攻击人以外的组织者、策划者等相关人员刑事责任的难题。公约生效后，将对“有关组织者、指使者、资助者和财务支持者的犯罪”均能依据公约的规定予以制裁，以有效保障国际民航业安全、有序、健康发展。

此外，共谋罪能够确保计划用民用航空器非法运输生物、化学和核材料的人定罪，而无论主要犯罪是否实际发生。同样，共谋罪也将确保当有计划地协助犯有公约规定的罪行的嫌疑人逃避司法审判时，即使计划没有实现，计划者仍然是犯有罪行者。

(三)增加规定法人犯罪

通常情况下，国际犯罪主体以个人为基础，主要是实施国际犯罪行为的个人,包括以个人犯罪行为为基础的有组织犯罪中的犯罪组织。1971年《蒙特利尔公约》和1988年《蒙特利尔公约补充议定书》秉承了国际法自然人犯罪主体的传统,对犯罪主体问题没有作出任何特别的规定。但是,随着国际形势的变化,许多国际公约也开始规定法人可以成为国际犯罪的犯罪主体,《北京公约》吸纳了这一国际法发展成果,增加规定了法人犯罪主体。

《北京公约》第4条规定:"一、每一当事国可根据其本国法律原则采取必要措施,对于设在其领土内或根据其法律设立的法人,如果负责管理或控制该法人的人以其身份实施第一条所述犯罪,得以追究该法人的责任。这种责任可以是刑事、民事或行政责任。二、承担这些责任不影响实施犯罪的个人的刑事责任。三、如果一个当事国采取必要措施按照本条第一款追究一个法人的责任,该当事国应努力确保适用的刑事、民事或行政制裁具有有效性、相称性和劝阻性。这种制裁可包括罚款。"

增加法人犯罪,进一步严密了打击危害国际航空的恐怖主义犯罪的法网,表明国际社会打击恐怖主义犯罪的决心。对国际航空犯罪而言,这是一项重大突破。

(四)明确规定国际航空犯罪不是政治罪

以政治的理由或者借口劫持或者爆炸民航客机是航空恐怖主义犯罪的一个重要特征,尤其是六七十年代,一些针对民航的恐怖犯罪往往被视为基于政治原因而引发的所谓"正义"的事业,为从根本上扼制此类行为,必须要从法律层面封堵这方面的理由或者借口。但是,现行国际航空安保公约都不能阻止当事国以政治犯为借口拒绝引渡国际航空犯罪行为人。

2010年《北京公约》与1971年《蒙特利尔公约》相比较的一个重大改变,是明确规定不得只以政治性理由对公约规定的犯罪拒绝引渡或拒绝司法互助请求。《北京公约》第13条规定:为引渡或相互司法协助的目的,第1条中确定的任何犯罪均不应当被视为政治罪、与政治罪有关的犯罪,或政治动机激发的犯罪。因此,对于此种犯罪提出的引渡或司法互助请求,不得只以其涉及政治罪、与政治犯罪有关的犯罪或政治动机激发的犯罪为由而加以拒绝。

伴随政治罪条款的规定,《北京公约》还规定了一个"保障条款",它对引渡或互相给予司法协助的义务允许一项例外,其第14条规定:如果被请求的缔约国有重大理由认为，要求为第1条确定的犯罪进行引渡或要求为此种犯罪进行司法互助的目的，是为了因某人的种族、宗教、国籍、族裔、政见或性别而对该人进行起诉或惩罚，或认为顺从这一请求将使该人的情况因任何上述原因受到损害，则本公约的任何规定均不应当被解释为规定该国有引渡或提供司法互助的义务。

以前，国际社会对劫持航空器和其他危害民航运输的行为是否属于政治行为存有较大争议。1971年《蒙特利尔公约》只是将此类犯罪规定为缔约各国现行引渡条约中的一种可引渡犯罪。但是，根据“政治犯不引渡”的国际法原则，现实中“政治犯”经常成为一些国家对这类犯罪拒绝引渡与司法互助的借口。也就是说，如果危害国际航空安全的犯罪被认定为政治犯罪，那就可能受到某些国家的庇护而不被引渡，犯罪分子将不会受到应有的惩罚。在《北京公约》和《北京议定书》之前，这一问题尚无明确规定，各缔约国也没有就此问题达成一致认识。随着这类危害行为对民航业破坏力的增大，国际社会大家都可能遭受航空恐怖犯罪之害的共同感受，以及法律的发展进步，各国已逐步将这类犯罪归为普通刑事犯罪。2010年《北京公约》和《北京议定书》对此类犯罪的性质进行了明确规定，不再将其认定为政治罪，各国也不得以政治罪作为拒绝引渡和拒绝司法互助请求的理由，实施危害国际航空安全的恐怖犯罪者必须加以严惩，不得享受政治犯待遇。

（五）增加新的管辖理由

1971年《蒙特利尔公约》第5条第1款规定了四种强制性管辖理由：（1）罪行是在该国领土内发生的；（2）罪行是针对在该国登记的航空器，或在该航空器内发生的；（3）在其内发生犯罪行为的航空器在该国降落时被指称的罪犯仍在航空器内；（4）罪行是针对租来时不带机组的航空器，或是在该航空器内发生的，而承租人的主要营业地，或如承租人没有这种营业地，则其永久居所，是在该国。

与《蒙特利尔公约》相比，《北京公约》吸收了国际反恐怖主义公约的发展趋势，增加规定了一种强制性管辖理由和两种任择性管辖理由，为打击国际航空犯罪提供了更广泛的管辖权。

《北京公约》第8条第1款增加规定“犯罪是由该国国民实施”的情况下，该国民的国籍国应当确立管辖权。这将确保那些本来不对其国民行使治外法权的国家,要求其就本公约中的犯罪行使治外法权。列入这项强制性管辖理由表明,为了引渡的目的,缔约各国将被要求将其国民在其他国家实施的这种犯罪当做在其领土内发生的犯罪一样对待。

《北京公约》规还定了两条任择性管辖理由。在下列情况下,每一当事国也可对任何这种犯罪确立其管辖权:(1)犯罪是针对该国国民实施的;(2)犯罪是由其惯常居所在该国境内的无国籍人实施的。

公约增加的这两条任择性管辖理由,对其适用于公约新增犯罪条款特别有利。因为《北京公约》扩大了公约的适用范围,不论是对于在航空器内还是对于在航空器外的死亡、重伤和严重的财产和环境损害行为都予以适用。任择性管辖理由给予缔约国更大的行使管辖权的机会,尤其是当犯罪是针对其国民实施的时候,有了行使管辖权的依据。对管辖权的修改加大了国际社会对国际航空犯罪的管辖机会,使恐怖犯罪分子在世界各地都没有藏身之所,强化对国际航空犯罪的追诉。

(六)增加规定军事除外条款

两份文件还将联合国反恐怖主义公约中普遍存在的一些规定纳入其中。如军事排外条款。《北京公约》第6条规定:"一、本公约中的任何规定均不应当影响国际法,特别是《联合国宪章》、《国际民用航空公约》的宗旨和原则以及国际人道主义法规定的国家和个人的其他权利、义务和责任。二、武装冲突中武装部队的活动,按照国际人道主义法所理解的意义,由国际人道主义法予以规范,不受本公约规范;一国军事部队为执行公务而进行的活动,由国际法其他规则予以规范的,亦不受本公约规范。三、本条第二款的规定不得被解释为容许非法行为或使其合法化,或使其逃避其他法律的起诉。"

《北京公约》和《北京议定书》规定军事除外条款,目的在于确保公约并不规范国家控制下的武装部队的行为,因为其他多边国际公约对这部分内容已经做了规定,特别是国际人道主义法、与对国际不法行为的责任有关的法律以及《联合国宪章》。它表明《北京公约》和《北京议定书》规范的重点内容是个人行为而不是国家的活动。军事豁免条款并没有将刑事责任完全排除在外,而只是对适用法律的一种限定,它属于宣言性质。

(七)增加规定人权保障条款

《北京公约》增加规定了公平待遇条款,《北京公约》第11条规定:"应当保证被拘留,或对其采取任何其他措施或依据本公约正被起诉的任何人获得公平待遇,包括享有符合该人在其境内的国家的法律和包括国际人权法在内的适用的国际法规定的所有权利和保障。”保证对被羁押或被采取其他措施或被起诉的人获得公平待遇,旨在保护基本人权。

(八)对公约中出现的概念进行解释

《北京公约》对1971年《蒙特利尔公约》的修订还体现在对公约新增犯罪中所出现的概念所做的体现公约意旨的解释,对生物武器、化学武器、核武器等概念所做的解释与联合国所规定的多边国际公约内容保持一致,保证了公约所规定的犯罪的适用统一性。此外,对《蒙特利尔公约》中的原有概念也做了符合公约现代化意旨的新的解释,如对“空中航行设施”的解释,1971年《蒙特利尔公约》规定了“破坏或损坏航行设备或妨碍其工作”的犯罪行为,但没有对“航行设备”作出解释,这使得很多与“航行设备”有关的行为性质无法明确。例如,航空器上驾驶员所使用的计算机是否被认作航空电子设备而成为航空器的一部分,或成为空中航行“设施设备”或两者皆是。另一个问题是,信号本身,即使是用于空中航行目的,是否构成空中航行设备。《北京公约》第2条(c)项“空中航行设施”包括航空器航行所必需的信号、数据、信息或系统的规定弥补了这一不足。

以上八个方面是《北京公约》对1971年《蒙特利尔公约》修订的重点内容。

2010年《北京公约》第24条规定:在当事国之间,本公约应优先于1971年9月23日在蒙特利尔签订的《制止危害民用航空安全非法行为公约》和1971年9月23日在蒙特利尔缔结并于1988年2月24日在蒙特利尔签署的补充《制止危害民用航空安全非法行为公约》的《制止在国际民用航空使用的机场的非法暴力行为的议定书》。即当《北京公约》生效后,《蒙特利尔公约》及其补充议定书也仍然是在国际上有效的公约,当这两个公约与《北京公约》在适用过程中发生冲突时,《北京公约》应优先适用。

综上所述,2010年《北京公约》对1971年《蒙特利尔公约》及其议定书的修订,全面吸纳了国际社会反恐怖犯罪活动的立法成果,对于防控航空恐怖主义犯罪必将起到非常重大的作用。

第二节　联合国大会有关打击空中劫持等行为的决议

一、联合国大会的决议

联合国是一个统一的世界性、综合性的政府间国际组织。联合国作为当今世界最大、最重要、最具代表性和权威性的国际组织，其国际集体安全机制的功能已经得到国际社会的普遍认可。

联合国在维护世界和平、缓和国际紧张局势、解决地区冲突方面，在协调国际经济关系，促进世界各国经济、科学、文化的合作与交流方面，都发挥着积极的作用。在打击犯罪、保卫世界和平方面联合国发挥着不可替代的作用。联合国十分重视航空犯罪的防范和打击，其发挥作用的机制主要是两种方式：一是联合国做出大会决议或者安理会做出决议；二是制定国际公约。20世纪60年代末期由于复杂的国际关系，导致了世界范围内劫持飞机的事件屡屡发生，在1968年到1969年两年时间内，就发生了122起劫持民航飞机的事件，劫持民航飞机的事件几乎每星期都要发生，引起了国际社会的强烈关注。各国对民航飞机的安全表现出了强烈的担忧，各国民众对航空安全的现状表达出了强烈的不满，各国政府也希望联合国在打击和防范劫持民航飞机方面能有所作为，遏制劫持民航客机的高发态势。

针对这种情况，1969年12月12日，联合国第24届大会通过了第2551(XXIV)号决议，即《民用飞机在飞行中被迫改道》，此决议的主要内容是："1.促请各国采取一切应有的措施，确保本国立法具备适当体制，规定有效法律措施，以防范对飞行中民用飞机实施各种形式的非法干预、夺取或者以其他以武力或武力相威胁行使不当控制之行为；2.促请各国特别确保将飞机内此种行为之人依法追诉；3.促请充分支持国际民用航空组织所进行的努力，以期迅速拟定并实施一项公约，其中规定适当措施，除其他事项外，将非法夺取民用飞机行为定为应予惩处之罪行，并将此犯罪之人依法追究；4.促请各国依照1963年9月14日在东京签订之飞机内所犯罪行及若干其他行为公约之规定，批准或者加入该公约。"

联合国的这个决议并未能够完全阻止劫持飞机等严重威胁航空安全的犯罪的不断发生，在不到一年的时间里，又发生了数起劫持民航飞机的事件，引起了国际舆论的高度关注。

在国际社会的共同努力下,正在召开的联合国第25次会议于1970年11月25日通过了2645(XXV)号决议,即《空中劫持或干预民用航空旅行》。这个决议为五天后在海牙召开的航空法国际会议创造了条件。联大的这个决议主要内容是:"1. 谴责一切空中劫持行为或其他以威胁或者使用武力干预原为国内或者国际民用航空之旅行的行为,及一切以民用航空旅客、机务人员以及飞机和所有民用航空设备及航空通信为对象之暴力行为,无例外;2. 请各国采取一切适当措施,在其管辖的范围内,对此种行为,与其每一执行阶段加以制止、防范或者镇压,并对于此种行为人规定与其罪行之严重性相称之追究及惩处办法,或在不妨碍各国依照现行有关此事项之国际文书所有权利与义务情形下,对此种行为人规定引渡以便诉究之办法;3. 宣告对为获取人质利用非法夺取飞机之行为,予以谴责;4. 宣告对于从事民用航空旅行之旅客以及机务人员,于其过境时或在其他情形下加以非法扣留,系对自由无阻航空旅行之另一种形式之非法干预,予以谴责;5. 促请各国于飞机被劫持改道至其领土时,对该飞机旅客及机务人员予以照料及保护,于可能范围内提早使彼等得以继续其旅行,并将飞机及所载货物归还依法有权占有之人;6. 请各国依照1963年9月14日在东京签订的飞机内所犯罪行及若干其他行为公约之规定,批准或者加入该公约;7. 请各国按照联合国宪章,采取一致行动,以谋镇压一切危及国际民航安全顺利发展之行为;8. 促请各国依照联合国宪章与联合国及国际民航组织合作,采取联合或者单独行动,确保民用航空旅客、机务人员及飞机不被用作任何勒索之工具;9. 促请充分支持国际民航组织目前依照其职权就民用航空旅行遭受干预问题制定并协调有效措施之努力;10. 请各国竭力使1970年12月为通过非法夺取飞机问题公约在海牙召开外交会议获得圆满结果,使一项有效公约得以早日实施。"

以上这两个联合国大会决议做出的时间,恰好是世界范围内劫持民航飞机犯罪的高发期,面对不断严重的劫持飞机等严重危害航空安全的犯罪行为,为了维护世界航空安全,为了维护各国民航事业的健康发展,联合国做出了自己的努力,争取更多国家的支持,尽力使在针对劫持民航客机这样的事实面前取得一致的看法,就是世界各国都能够认识到这样的行为对航空安全构成的威胁,认识到世界各国应该对此采取的态度,从而使世界各国能够就防范和惩治这样的犯罪行为达成共识,在法律制度层面做出自己的规定,因此,联合国这两个决议很大程度是力争世界各国对此类犯罪的态度上取得一致,在基本解决了认识上的问题后,制定相应的法律对策。

可以看出,这两个决议与之前的《东京公约》有很大的相似之处,实际上是对《东京公约》基本内容的再次肯定,同时,这两个决议与后来分别于1970年和1971年制定的《海牙公约》和《蒙特利尔公约》有很大的相似内容。这实际反映了国际社会不断磋商达成共识的基本历程,尤其是联合国大会2645号决议,为《海牙公约》制定了个基本基调,此决议的第2条为:"请各国采取一切适当措施,在其管辖的范围内,对此种行为,与其每一执行阶段加以制止、防范或者镇压,并对于此种行为人规定与其罪行之严重性相称之追究及惩处办法,或在不妨碍各国依照现行有关此事项之国际文书所有权利与义务情形下,对此种行为人规定引渡以便诉究之办法"。这实际是为后来的处置航空犯罪行为定下的"非引渡即起诉"的原则。

二、联合国安理会的决议

联合国安全理事会(以下简称"联合国安理会"、"安理会")是联合国的六大主要机构之一。根据联合国宪章的宗旨及原则,安理会负有维持国际和平与安全的责任,是唯一有权采取强制行动的联合国机构。安理会有权调查任何引起国际争端或摩擦的任何情况,并可提出解决这些争端的方式或办法。会员国或接受联合国宪章的非会员国、联合国大会或秘书长,均可就国际和平与安全问题提请安理会注意。安理会有权断定任何威胁和平、破坏和平或侵略等行为的存在,并可提出采取强制措施以维持或恢复国际和平与安全的建议或做出这方面的决定,如认为这些措施还不能解决问题,它可以通过采取关于军事行动的决议去解决这些问题。

安理会还有向联合国大会提出年度报告、特别报告、对战略性地区行使托管等职能。根据宪章,联合国所有会员国同意接受并执行安理会的决定。联合国其他机构只是向各国政府提出建议,唯有安理会有权做出根据《宪章》规定各会员国必须执行的决定。

经安理会通过的决议,对会员国具有约束力。安理会是联合国中唯一有权对国际和平与安全采取行动的机构。它有权对国际争端进行调查和调停,可以采取武器禁运、经济制裁等强制性措施,还可以派遣联合国维和部队,以协助缓和某一地区的紧张局势。联合国安理会作为国际集体安全机制的核心,已经成为公认的多边安全体系最具权威性和合法性的机构。

联合国宪章明确规定,安理会的决议具有强制性的法律效力,联合国安理会迄今已经做出过数十个关于民航航空的决议,其中比较有影响的有三个:

(一)第286号决议

1970年9月9日,针对当时发生的巴勒斯坦人民阵线游击队在9月6日一天之内劫持美国泛美航空公司、美国环球航空公司、瑞士航空公司、以色列艾尔奥尔航空公司四架从欧洲不同国家飞往纽约的大型客机,并将其中三架焚毁的事件,联合国安理会作出了第286号决议,其主要内容如下:

"对于无辜平民之生命因从事国际航行上之飞机被劫持并遭任何其他干预而受到威胁,深感忧虑。一、呼吁所有关系方面将因国际航行上之劫持及其他干预行为而遭拘留之所有旅客及机务人员立即释放,不得例外;二、促请各国采取一切可能之法律步骤,以防止再度发生劫持或者任何其他干预国际民航旅行之事。"

(二)第337号决议

针对1973年2月和8月,以色列空军战机连续两次拦截利比亚和黎巴嫩民航客机,并其中一次将利比亚的波音727客机击毁,造成机上106人全部遇难的事件,联合国安理会做出了第337号决议,谴责以色列侵犯他国领土和领空的行为,重申了《国际民航公约》确立的领空主权原则。

(三)第1373号决议

以"9·11"事件为代表的新的恐怖主义正在以更加恐怖、更加难以预料的形式威胁着人类的和平与安全。针对这一形势,联合国安理会于2001年9月28日通过了关于打击国际恐怖主义的1373号决议,要求世界各国必须取缔和惩罚对恐怖主义活动的资助、支持和庇护,并加强在打击国际恐怖主义方面情报的合作与交流。

三、联合国主持签订的与民航关联的国际反恐公约

目前,由联合国直接主持制定的反对恐怖主义的国际公约有5个,再加上国际民用航空组织、国际海事组织等国际组织主持制定的现行有效的反恐怖国际公约,总数已经达到13个,与民航相关的主要有以下几个:

(1)1963年9月14日订于东京,于1969年12月4日生效的《关于在航空器内的犯罪和犯有某些其它行为的公约》(简称《东京公约》)。该公约于1979年2月12日对我国生效。该公约主要是为了解决在国际民用航空器上犯罪的刑事管辖权问题,避免产生刑事管辖权的漏洞或空白,从立法管辖和司法管辖两方面对航空器上的犯罪进行了规定。

(2)1970年12月16日订于海牙,1971年10月14日生效的《关于制止非法劫持航空器的公约》(简称《海牙公约》)。该公约于1980年10月10日对我国生效。

(3)1971年9月23订于蒙特利尔,1973年1月26日生效的《关于制止危害民用航空安全的非法行为的公约》(简称《蒙特利尔公约》)。本公约于1980年10月10日对我国生效。

(4)1979年12月18日订于纽约,1983年6月生效的《反对劫持人质国际公约》。由于劫持民航飞机并把乘客作为人质以及其他劫持人质的案件经常发生,严重危害国际公共秩序和公民人身自由与安全,引起了国际社会的严重关切,迫切需要在各国之间加强国际合作,采取有效的措施,制订明确的规则,以防止作为国际恐怖主义的表现的一切劫持人质行为,并对犯此种罪行者予以起诉和惩罚。联合国大会于1979年12月18日通过了《反对劫持人质国际公约》。该公约于1993年1月26日对我国生效。

(5)1980年3月签订,1987年生效的《核材料实物保护公约》,我国于1988年加入该公约。

(6)1988年2月24日订于蒙特利尔,1989年8月6日生效的《制止在为国际民用航空服务的机场上的非法暴力行为的议定书》(简称《蒙特利尔公约补充议定书》)。该议定书于1989年8月6日对我国生效。

(7)1991年签订,1998年生效的《关于在可塑炸药中添加识别剂以便侦测的公约》,我国没有加入该公约。

(8)1997年12月15日通过,2001年5月23日生效的《制止恐怖主义爆炸的国际公约》,2001年12月12日对我国生效。该《公约》由序言和24条正文组成,界定了恐怖主义爆炸罪的定义。其规定各缔约国应当在国内法律上将恐怖主义爆炸行为作为国内犯罪予以规定;规定了缔约国对恐怖主义爆炸案的刑事管辖范围,缔约国如果不将国内发现的有恐怖主义爆炸行为的犯罪嫌疑人引渡给有关国家,则必须对该犯罪嫌疑人进行起诉,规定了对恐怖主义爆炸罪不适用政治犯不引渡的原则等。该《公约》是人类历史上第一个专门打击恐怖主义爆炸活动的国际法律文件。

(9)1999 年 12 月 9 日签订,2002 年生效的《制止向恐怖主义提供资助的国际公约》,2006 年该公约对我国生效。

(10)2005 年 4 月签订,2007 年 7 月生效的《制止核恐怖主义行为国际公约》,2010 年对中国生效。

2006 年 60 届大会在 9 月 8 日通过的《联合国全球反恐战略》再次强烈谴责一切形式和表现的恐怖主义,无论其为何人所为,在何处发生,为何目的而为,因为它是对国际和平与安全的最严重威胁之一;重申 1994 年 12 月 9 日大会第 49/60 号决议附件所载的《消除国际恐怖主义措施宣言》、1996 年 12 月 17 日大会第 51/210 号决议附件所载的《补充 1994 年消除国际恐怖主义措施宣言的宣言》和《2005 年世界首脑会议成果》,特别是成果文件中有关恐怖主义的一节;回顾大会关于消除国际恐怖主义的措施的所有决议,包括 1991 年 12 月 9 日第 46/51 号决议,安全理事会关于恐怖行为对国际和平与安全造成威胁的各项决定,以及大会关于在反恐的同时保护人权和基本自由的各项有关决议。在附件中,制定了行动计划,内容包括:消除有利于恐怖主义蔓延的条件的措施;防止和打击恐怖主义的措施;建立各国防止和打击恐怖主义的能力以及加强联合国系统在这方面的作用的措施;确保尊重所有人的人权和实行法治作为反恐斗争根基的措施。《联合国全球反恐战略》是联合国的一个纲领性文件,对于指引国际社会的防范和打击恐怖主义,包括航空恐怖主义具有指导性作用。国际民航组织于 2010 年在北京主持签订了《制止与国际民用航空有关的非法行为的公约》(《北京公约》)和《制止非法劫持航空器公约的补充议定书》(《北京议定书》)。《北京公约》和《北京议定书》不仅弥补了之前航空保安公约存在的空白和不足,还关注了大规模杀伤性武器的非法运输问题,为实现国际民用航空安全提供强有力的法律保障,能够有效地保护旅客的生命和财产安全,促进全球民用航空业的安全发展。

四、上海合作组织等有关航空犯罪的国际公约和相关法律文件

由于民航安全的特殊性,民航的健康发展成为世界各国普遍关注的焦点,也成为一些刑事犯罪分子和恐怖主义势力攻击的重点目标,美国“9·11”事件后,经历了惨痛的血的教训的世界人民认识到航空安全与国家安全息息相关,民航安全已经成了国家安全的重要组成部分,航空安全事关国家安全已经成了国际社会的共识,许多国际组织在防范和打击针对民航

的犯罪行为上都做出了自己的努力。实际上,国际社会一直在为防范和打击航空犯罪做着不懈的努力,许多国际组织都在自己的范围内为维护航空安全做出了直接的和间接的贡献具体包括以下几个方面。

(1)国际航空运输协会在制定保安标准、组织建立全球的航空保安行动集团以及建立航空保安的管理系统方面都不遗余力地做出了具体而有成效的工作,甚至更具体地提出了一系列有关防范和打击航空犯罪的措施,比如开发了应对肩扛式导弹的对策措施,对于每年泛滥到世界各地的流入非法组织的5万~10万枚这样的对民航飞机具有非常强的杀伤力的武器,减少其对民航造成的危害或多或少地起到了积极的作用。针对航空安全的形势发展,特别是恐怖势力犯罪的新特点,国际航空运输协会还专门制定了货运保安的建议措施,从民航货运的各个环节尽可能地采取恰当而有效的防范手段来减少和防止针对民航的犯罪的发生。

(2)亚太经合组织(APEC)早在“9·11”之前,于2000年3月就成立了一个运输保安专家组(TSEG),处理所有运输方式的保安问题。专家组的目标之一是推动运输保安技术和运行程序的研究、开发和使用等领域的合作,以保护旅客和货物的运输。在2001年10月的上海APEC领导人会议上,针对美国的“9·11”事件,各国领导迅速做出了反应,与会的各国领导们发布了一份声明谴责“9·11”恐怖袭击事件,要求成员都应执行国际海、空运输的相关安全要求。交通部长们应积极讨论保障机场、航空器和港口安全的有效措施,力争尽早取得实际成效,确保全面落实与合作。加强亚太经合组织在关键领域的保护工作,诸如电信、交通、卫生和能源等。加强海关联系网络,加快发展一体化的电子通关网络,以便既减少对贸易流动的影响,又更有效地执法。合作建立人员流动电子记录系统,以加强边境安全,增加合法旅行人员的行动便利。

(3)欧洲民航委员会历来重视防范和打击航空犯罪的工作,它最早提出并进行了航空保安审计,并随着国际民航安全形势的变化不断调整其内容,不断完善,以适应形势的发展,提出的一系列有关航空犯罪防范的措施形成了比较成熟的法律文件,被誉为“欧洲航空保安手册”。在保安审计和成员国合作、风险评估、保安计划以及预防性措施、对非法干扰事件的响应安排等都做出了具体而详尽的规定。欧洲的经验对世界民航安全、防范航空犯罪做出了贡献。

(4)上海合作组织有关航空安全的努力:中华人民共和国、哈萨克斯坦共和国、吉尔吉斯共和国、俄罗斯联邦、塔吉克斯坦共和国和乌兹别克斯坦共和国为了维护自身国家安全达成一致,于2001年6月15日发表了《打击恐怖主义、分裂主义和极端主义上海公约》,该公约的签署是基于这些国家遵循联合国宪章,特别是有关维护国际和平与安全和发展国家间友好关系与合作的宗旨和原则;认识到恐怖主义、分裂主义和极端主义对国际和平与安全,发展国家间友好关系和实现人的基本权利和自由构成威胁;认为上述现象对各方的领土完整和国家安全以及政治、经济和社会稳定构成严重威胁。

《上海公约》是上海合作组织成员国联合打击“三股势力”的区域反恐国际法律文件。它首次在国际上对“恐怖主义”、“分裂主义”和“极端主义”的含义做出了明确定义,深化了国际社会对恐怖主义的认识;对缔约国合作反恐原则和要求作出了法律规定,强调各方应将公约所规定的恐怖主义行为视为可相互引渡的犯罪行为;明确了各方对区域恐怖主义犯罪的国际司法合作义务;明确规定建立地区反恐怖机构以促进成员国在打击三股势力中进行协调和相互协作。

上海合作组织所制定的公约即《打击恐怖主义、分裂主义和极端主义的上海公约》。这是一部明确规定打击与“恐怖主义”、“分裂主义”和“极端主义”三股势力有关的犯罪行为的综合性国际公约,为六国合作打击“三股势力”、维护地区安全奠定了坚实的法律基础。该公约除序言和结尾外,有21条正文和1个附件。该公约首先在国际上对恐怖主义、分裂主义和极端主义做出了明确的界定,并阐述了合作打击“三股势力”的原则、内容、方式和程序等。

公约明确将恐怖主义定义为:“1. 为本公约附件(以下简称‘附件’)所列条约之一所认定并经其定义为犯罪的任何行为;2. 致使平民或武装冲突情况下未积极参与军事行动的任何其他人员死亡或对其造成重大人身伤害、对物质目标造成重大损失的任何其它行为,以及组织、策划、共谋、教唆上述活动的行为,而此类行为因其性质或背景可认定为恐吓居民、破坏公共安全或强制政权机关或国际组织以实施或不实施某种行为,并且是依各方国内法应追究刑事责任的任何行为。”

此定义比较独特的方面是公约规定,为恐吓居民、破坏公共安全或要挟政权机关或攻击组织实施或不实施某种行为而采取的造成人员伤亡或重大物质损失的犯罪行为，也属恐怖主义犯罪行为。此外，该公约明确将联合国主持签订的国际反恐公约作为附件。

2011 年 1 月 24 日，莫斯科多莫杰多沃机场发生恐怖袭击，造成 35 人死亡、135 人受伤。该事件发生后，国际社会迅速做出反应，联合国安理会当日发表声明，强烈谴责当天在俄罗斯莫斯科多莫杰多沃机场发生的自杀式爆炸袭击，并重申安理会打击一切形式恐怖主义的决心。中国政府向俄罗斯政府的慰问电中指出：中方谴责任何形式的恐怖主义行径，坚决支持俄方为打击恐怖主义所采取的措施，愿在双边及上海合作组织框架内加强同俄方的合作，共同打击“三股势力”，维护中俄两国人民的生命财产安全，维护地区和世界的和平、稳定与安宁。实际上是重申了上合组织在防范和打击恐怖主义、维护航空安全的基本精神。

实际上，国际法、国际公约甚至是联合国等国际组织的相关法律文件能够落实，还需要主权国家的共同努力。人类对航空恐怖犯罪的认识也是经历了一个漫长的过程，在航空业发展的初始，涉及航空器的违法犯罪是无法想象的。有学者指出“在民用航空的初创时期，关于航空机可能会成为适用刑法的领域的看法，……完全似乎是荒诞的。”〔1〕依上述三个关于航空安全的国际公约的法定程序，发现案犯国应对恐怖分子加以拘留或监管（海牙/蒙特利尔公约第 6 条），并立案侦查，搜集证据，或者把案犯引渡给别的有权审理案件的国家，或者决定予以起诉（海牙/蒙特利尔公约第 7 条、第 8 条）。但在随后发生的事件中，完全信守三个公约而依法惩治者极少。在此情况下，有的国家不得不以违反国际法的手段谋求惩治犯罪。1985 年 10 月中旬，美国使用军用飞机在地中海上空拦截了载有意大利游船劫持者的埃及民航飞机。事情的经过是 1985 年 10 月 7 日，四名巴勒斯坦人在埃及塞得港附近劫持了“阿基利·劳罗”号意大利游轮。经埃及政府从中斡旋并将此四人用租用的民航飞机送往突尼斯，途中被美国军用飞机拦截并强制其降落在西西里美国军事基地。几经曲折，才由意大利法院审判了这起案件。进过几十年的发展，航空恐怖犯罪对人类社会的一桩桩

---

〔1〕［英］彼得·马丁等修订：《肖克罗斯和博蒙特航空法》，徐克继摘译，法律出版社 1987 年版，第 208 页。

血案警醒了世人,在当前的状况下,没有哪个国家在面对航空恐怖威胁的时候能够独善其身,没有哪个国家胆敢冒天下之大不韪包庇恐怖分子,对航空恐怖分子的惩处和打击基本成为目前国际社会的共识。

第五章　航空恐怖主义犯罪防控的国内法律规制

近些年来，随着国际恐怖主义日益猖獗，恐怖主义犯罪愈演愈烈，“伊斯兰国(IS)”攻城略地，成为世界上最凶狠、最残酷、最富有、势力最强大的恐怖主义组织，在中东地区的作乱，搅乱了整个世界的秩序。在中国，以新疆为根基的恐怖主义也蠢蠢欲动，发动了一系列的恐怖袭击事件，呈现了从新疆向内地扩展的势头。这些恐怖主义组织内外勾连，杀人越货，爆炸袭击，攻击政府和无辜群众，造成了大量人员和财产损失，对中国社会稳定和国家安全构成了严重威胁。民航一直以来就是恐怖分子重点袭击的目标，发生在新疆的“6·29”劫机事件就是一个典型的例证。因此，强化反恐法制建设、强化民航安全保卫工作、强化防控航空恐怖主义的法律建设成为一项刻不容缓的工作。

我国一贯高度重视反恐怖法律制度建设，刑法、刑事诉讼法、反洗钱法、人民武装警察法等法律，对恐怖活动犯罪的刑事责任、打击恐怖活动犯罪的诉讼程序、涉恐资金监控等作出了规定；同时，我国还缔结、参加了一系列国际反恐怖条约。这些法律规定和条约，为反恐怖斗争提供了重要依据。但是，随着反恐斗争形势的发展，还有一些迫切需要从法律上解决的问题。恐怖主义犯罪是现代社会的产物，是社会政治、经济、宗教、文化多方面因素综合作用的结果，由于导致恐怖主义犯罪发生的诸多因素不可能一下子消除,恐怖主义犯罪也就不可能在短期内消失。国家层面、双边合作和地区性合作层面及超国家层面的遏制恐怖主义犯罪的立法与实践虽然发挥了重要作用,但要有效遏制恐怖主义犯罪的蔓延,还需要进一步完善国内反恐怖主义犯罪的立法,增进主权国家制止恐怖主义犯罪的积极性和自觉性。作为一类犯罪的统称,国际恐怖主义犯罪已经严重威胁着世界的安全与和平,这已经成为世界各国的共识,其中,危害国际航空安全犯罪是严重的国际恐怖主义犯罪。

第一节　航空恐怖主义犯罪的法律防控

"9·11"事件以后,美、英等国均修改或制定了本国的反恐怖法律,以适应反恐怖斗争的需要。新制定或修改后的法律均加强了对恐怖主义活动的打击力度和处罚力度,并赋予安全机构、情报机构和司法机关更大的权力。我国在这方面也采取了相应的行动。2001 年 12 月 29 日我国人大九届常委会第 25 次会议审议通过了刑法修正案,对《刑法》作了修订,增补了反恐怖条款,对恐怖犯罪的界定及处罚作了修改。但仅此还不足以适应反恐怖斗争的需要,立法工作的力度还应当加大,应适当考虑制定专门的反恐怖法、宗教组织活动法等相关法律,并进一步完善《刑法》和《国家安全法》,使其内容更加适应我国当前和今后打击恐怖主义活动的需要。同时也应当赋予公安、安全部门更多的侦查和处置权力,使其在反恐怖行动中能牢牢掌握斗争的主动权,充分发挥职能作用,更好地维护国家安全和社会稳定。

一、宪法中有关恐怖犯罪的相关法条

宪法是一个国家法律架构中的最高法律,是一个国家法律体系的母法,具有最高的法律效力,我国宪法明确规定了坚决打击各种破坏社会秩序、危害国家安全、损害人民利益的犯罪活动。《宪法》第 28 条规定:"国家维护社会秩序,镇压叛国和其他危害国家安全的犯罪活动,制裁危害社会治安、破坏社会主义经济和其他犯罪的活动,惩办和改造犯罪分子。"

从当代恐怖主义的类型看,民族分离和极端宗教型的恐怖主义是其主要类型。2004 年修改的《宪法》多处涉及维护国家统一、保护公众安全等条款。其中,第 4 条规定的"中华人民共和国各民族一律平等。国家保障

各少数民族的合法的权利和利益，维护和发展各民族的平等、团结、互助关系。禁止对任何民族的歧视和压迫，禁止破坏民族团结和制造民族分裂的行为……”及第36条第3款、第4款规定的“国家保护正常的宗教活动。任何人不得利用宗教进行破坏社会秩序、损害公民身体健康、妨碍国家教育制度的活动。宗教团体和宗教事务不受外国势力的支配”均表明反对民族分离主义和极端宗教型恐怖主义的立场。《宪法》新增加的第33条第3款“国家尊重和保障人权”以及《宪法》第二章保护公民合法权益的内容，包含了公民有不受包括恐怖主义在内的各种侵害权利。《宪法》第67条第20项规定了全国人大常委会有职权决定全国或者个别省、自治区、直辖市进入紧急状态。这一规定是防止和处理恐怖主义活动的宪法依据。[1] 宪法的这些规定为我国打击和防控恐怖主义犯罪提供了基础性的法律保障，为其他相关法律的出台和制定奠定了基础。

二、刑法中有关恐怖犯罪的相关罪名

（一）刑法中有关恐怖犯罪的罪名

新中国成立初，中央人民政府草拟了《刑法大纲草案》，为新中国刑法典的编撰奠定了基础。在这部法律中的第四章规定了反革命罪，第41条规定了恐怖行为罪，即行为人以反革命为目的，袭击机关、团体、部队，或对国家工作人员、民主爱国人士、英雄模范、积极分子及其家属实施杀害，或其他强暴恐怖行为的，处死刑、终身监禁或七年以上十五年以下监禁，并处没收财产。情节轻微的，处五年以下监禁。该罪要求以反革命为目的，与现代刑法中的恐怖主义目的并不相同。虽然《刑法大纲草案》并未颁布实施，但首次在刑法中规定了恐怖行为，在立法沿革中具有开创价值。[2]

我国刑事法律有关航空反恐的相关规定也是在遇到新的问题后，不断修订完善的。1989年12月16日，中国公民张振海劫持了一架中国国际航空公司的民航班机逃亡日本。当时，我国尽管已经加入了三个反劫机公约，但是由于我国1979年《刑法》中没有规定劫机罪或危害航空安全犯罪，在处理国内劫机犯罪的司法实践中，我国司法部门采取类推制度，导致在处理国际劫机案件时，常常陷入尴尬。在张振海劫机案发生后，由于我国

---

〔1〕 李淑娟：“中国反恐怖主义法律对策研究”，兰州大学2012年学位论文。

〔2〕 高铭暄、赵秉志：《中国刑法立法文献资料精选》，法律出版社2007年版，第208页。

刑法没有规定劫机罪,不符合国际引渡法的规定要求,而日本采取的是罪刑法定主义原则,根本排除类推制度。因此,中日双方的引渡谈判一度陷入僵局。最终,在我国做出同样的引渡承诺后,按照互惠原则,才于1990年4月28日把张振海引渡回国。紧随其后,为了解决法律上的困境,1992年12月28日,全国人大常委会29次会议通过了《关于惩治劫持航空器犯罪分子的决定》,增补了劫持航空器罪。该决定规定:"为了惩治劫持航空器的犯罪分子,维护旅客和航空器的安全,特作如下决定:以暴力、胁迫或者其他方法劫持航空器的,处十年以上有期徒刑或者无期徒刑;致人重伤、死亡或者使航空器遭受严重破坏或者情节特别严重的,处死刑;情节较轻的,处五年以上十年以下有期徒刑。"可以看出来,这个规定比后来的刑法有关的规定在量刑上显得明显过轻。

我国一直坚持反对恐怖主义的斗争,早在1997年,我国新颁布的《刑法》第120条就明确规定:"组织、领导、积极参加恐怖活动组织的,处三年以上十年以下有期徒刑;其他参加的,处三年以下有期徒刑、拘役或者管制。犯前款罪并实施杀人、爆炸、绑架等犯罪的,依照数罪并罚的规定处罚。"2001年震惊世界的"9·11"事件发生后,联合国安理会通过决议要求各国完善预防和打击恐怖主义犯罪的立法,并把筹集或提供资金的行为规定为犯罪。[1] 我国迅速对此作出了反应,立法机关决定对1997年《刑法》进行修改,加大预防和打击恐怖主义犯罪的力度。2001年12月29日《刑法修正案(三)》颁布实施,这是专门针对恐怖主义犯罪的新情况而对刑法作出的修改。其宗旨就是响应联合国《安理会第1373(2001)号决议》的倡导,根据《联合国宪章》的规定,以一切手段打击恐怖主义行为对国际和平与安全造成的威胁,从立法上建立严密的法网,加大惩治恐怖主义活动的力度,确保把参与资助、计划、筹备或犯下恐怖主义行为或参与支持恐怖主义行为的任何人绳之以法,确保除其他惩治措施以外,在国内法规中确定此种恐怖主义行为是严重刑事罪行,并确保惩罚,充分反映此种恐怖主义行为的严重性。有效保障国家和人民生命、财产安全和社会秩序,维护国

---

〔1〕 赵永琛、李建:《联合国反对恐怖主义文献汇编》,群众出版社2006年版,第87~188页。

际社会的安全与和平。[1]

(二)《刑法修正案(三)》关于恐怖犯罪的新进展

在这次修改补充当中,《刑法修正案(三)》关于恐怖犯罪活动的规定主要取得以下进展:

1. 增设了新的罪名。在《刑法修正案(三)》第4条、第8条增设了三个新的罪名,即第4条规定的资助恐怖活动罪(作为《刑法》第120条之一),据此规定,该罪是指资助恐怖活动组织或者实施恐怖活动的个人行为;第8条规定的投放虚假危险物质罪和编造、故意传播虚假恐怖信息罪(作为《刑法》第291条之一),据此规定,前罪是指投放虚假的爆炸性、毒害性、放射性、传染病病原体等物质,严重扰乱社会秩序的行为,后罪是指编造爆炸性威胁、生化威胁、放射威胁等恐怖信息,或者明知是编造的恐怖信息而故意传播,严重扰乱社会秩序的行为。

2. 修改原有罪名及其罪状。《刑法修正案(三)》第7条第1款将《刑法》第191条修改为:"明知是毒品犯罪、黑社会性质的组织犯罪、恐怖活动犯罪、走私犯罪的违法所得及其产生的收益,为掩饰、隐瞒其来源和性质,有下列行为之一的,没收实施以上犯罪的违法所得及其产生的收益,处五年以下有期徒刑或拘役,并处或者单处洗钱数额百分之五以上百分之二十以下罚金;情节严重的,处五年以上十年以下徒刑,并处洗钱数额百分之五以上百分之二十以下罚金……"由此可见,修正案将洗钱罪的适用范围扩大到恐怖犯,这样就非常有利于对恐怖犯罪活动的防范和打击。

3. 在原有罪行的基础上提高了量刑。我国《刑法》第120条明确规定了组织、领导、参加恐怖主义组织罪。为了严厉打击恐怖活动组织,修正案对该条进行了修改,将恐怖活动组织的成员区分为组织者、领导者、积极参加者和其他一般参加者,分别规定了不同的刑罚。将组织、领导恐怖活动的刑罚从原来的"三年以上十年以下有期徒刑"提高到"十年以上有期徒刑或者无期徒刑;对积极参加的,处三年以上十年以下有期徒刑;其他参加的,处三年以下有期徒刑"。如此规定,充分体现了我国《刑法》第5条所规定的罪责刑相适应的原则,既有利于打击首要分子,也有利于分化、瓦解恐

---

〔1〕王秀梅:"论恐怖主义犯罪的惩治及我国立法的发展完善",载《中国法学》2002年第3期。

怖组织。“组织”，是指为首发起召集多人或者实施招募、雇佣、拉拢、鼓励多人参加恐怖组织；“领导”，是指居于恐怖组织领导层的人，对恐怖组织的成立以及恐怖组织成立后的恐怖活动，实施策划、指挥、布置和协调等行为；“积极参加”，是指明知恐怖组织的性质仍积极加入的行为；“其他参加者”，是指明知恐怖组织的性质仍加入的行为。当然，依据《刑法》的规定，既实施了组织、领导、积极参加或者参加的行为，又实施了具体的恐怖活动行为的，应按数罪并罚处理。

根据《刑法》规定，与反恐怖主义犯罪直接有关的只有第120条的组织、领导、参加恐怖组织罪和第120条之一的资助恐怖活动罪，其他条款虽然涉及恐怖主义犯罪的行为方式，但规定不明确，与一般刑事犯罪在构成条件及处罚上完全相同。[1] 由于《刑法》缺乏关于恐怖分子刑事责任的专门规定，即使行为人脱离恐怖组织或是积极协助国家机关，仍属于量刑时灵活掌握、酌情适用的酌定情节。在缺乏具体表现形式的前提下，酌定量刑情节在司法实践中的运用随意性较大：一些不应成为量刑情节的因素，例如民愤等，也可能被作为量刑情节考虑；一些应当作为量刑情节考虑的因素，例如行为人具备恐怖主义目的等，由于缺乏法律依据可能会得不到应有的重视。正如有学者指出，由于缺乏具体表现形式，酌定量刑情节影响量刑的程度，不仅存在“时间差”，而且存在“地区差”，从而影响到量刑的公正、平衡和合理。[2]

（三）刑法有关惩治恐怖犯罪方面存在的问题

我国刑法在惩治恐怖主义犯罪方面的修订与新内容的增设，全面体现了刑法惩治犯罪，保护国家、集体和人民利益的基本理念和刑法原理。从国家刑法的角度出发，其基本上囊括了恐怖主义犯罪涉猎的范围；但是，无论是国家刑法对恐怖主义犯罪的界定，还是国际社会对恐怖主义犯罪的认识，都没能全部囊括恐怖主义犯罪的行为特征。因此，我国刑法在惩治恐怖主义犯罪的立法方面同样存在较为模糊的一面，这将影响司法实践中法

---

〔1〕 张旭：“恐怖主义犯罪的惩治与防范：现状、问题与应对”，载《国家检察官学院学报》2004年第4期。

〔2〕 马克昌：《刑罚通论》，武汉大学出版社2003年版，第361页。

律的具体适用。[1] 我国刑法需明确以下几个方面：

1. 确立恐怖主义犯罪的罪名及概念。1997年《刑法》第120条规定的“组织、领导、参加恐怖组织罪”的罪状没有超出罪名概括的简单描述。这种方式对于简单明了的犯罪类型较为适宜，或者对尚不复杂的早期恐怖主义性质的犯罪也可适用。但是，对于当前复杂的恐怖主义犯罪则不太适宜。特别是作为《刑法修正案（三）》试图弥补打击恐怖主义犯罪的法律缺憾，在增补及修订缺乏高度概括地反映犯罪行为本质特征的罪名[2]上不能不说是立法中的一个遗憾。此外，《刑法修正案（三）》没有明确恐怖主义犯罪的概念。而概念又是犯罪内在特征和外在特征的高度概括，概念的缺乏容易产生司法适用中理解上的混乱。即便目前存在一些恐怖主义犯罪概念的学理解释，但这些解释毕竟具有明显的学术思想倾向性，尽管这些解释在实践中可以从某种程度上起到指导刑事司法的作用，但却不能代表普遍接受的规则，不能起到立法或司法界定概念的功效。国家如能通过立法的方式对恐怖主义犯罪的概念加以界定，则更具有现实意义，如《俄罗斯联邦刑法典》规定的恐怖主义犯罪即为可以借鉴的适例。

2. 明确恐怖主义犯罪侵害的客体。我国刑法分则体系的划分是依据犯罪行为侵害的同类客体。1997年《刑法》将涉及恐怖主义的犯罪列为危害公共安全的犯罪，其分类方法合情合理。《刑法修正案（三）》对恐怖主义犯罪的条款的增补和修订则从第114条到第191条，跨越了危害公共安全罪和破坏社会主义市场经济秩序罪两个罪章，同时根据恐怖主义犯罪客观行为所侵害的客体，在侵犯公民人身权利和民主权利罪和侵犯财产罪章也包含了恐怖主义犯罪的具体行为方式。由此可见，恐怖主义犯罪侵害的客体是复杂客体。然而，刑法修正案对这种基点问题似乎缺乏明确的表述，这会给司法实践对具体犯罪行为的定性带来不便。以盗窃核材料的行为为例，我国《刑法修正案（三）》颁行前，明确涉及核材料方面的犯罪是第151条规定的走私核材料罪。核材料，是指可以发生原子核裂变或者聚变反应等的放射性材料，不仅对人体具有较大的危险性，而且是制造核武器

---

〔1〕 王秀梅：“论恐怖主义犯罪的惩治及我国立法的发展完善”，载《中国法学》2002年第3期。

〔2〕 刘艳红：《罪名研究》，中国方正出版社2000年版，第7页。

必需的核心材料,一旦将该材料制造的武器用于武装冲突或其他方式的武装行动,都严重威胁了国际和平和安全。因此,核材料因其潜在的破坏性和伤害性而成为国际关注的物质,并成为恐怖主义分子热衷使用的物质。我国一向对核物质给予高度的重视,1987 年国务院发布了《核材料管制条例》,1989 年加入了《核材料实物保护公约》,1992 年加入了《不扩散核武器公约》,以及其后我国自行发布的一系列核材料方面的条例,足见我国对核材料的持有、使用、储存、运输等方面的管理及承担的国际义务。刑法还将走私核材料罪从众多的构成走私罪的物品中提出来,突出走私该物质的禁止性规定,从而说明该物质的危险性和危害性。一旦该物质落到个人或未经授权的组织控制之下,便易产生由于恶意地使用造成的危险。然而,遗憾的是,不仅我国惩治恐怖主义犯罪规定的有关立法中没有涉及盗窃核武器的内容,就连盗窃罪本身也没有将核材料或武器作为"情节特别严重"的条件。最高人民法院在 1997 年 11 月 4 日通过的《关于审理盗窃案件具体应用法律若干问题的解释》中,也没有把核材料列为"其他特别严重的情节"之列。事实上,盗窃核材料又经常与恐怖主义或恐怖活动有关。因此,如果严格依照罪刑法定原则,那么盗窃核材料的犯罪属于侵犯公私财产利益的一般盗窃犯罪,其量刑幅度远远低于盗窃珍贵文物罪,但盗窃核材料造成的危害结果及潜在的危险又远远高于盗窃珍贵文物造成的社会危害结果。因此,盗窃核材料的犯罪符合了罪刑法定的原则,却违背了罪责刑相适应的原则,如此便向司法实践提出两难的选择。造成这种现象的原因是我国立法对惩治恐怖主义犯罪的规定不够严密,缺乏明确的可操作性。我们不能排除在中国发生内部盗窃核材料的可能性,尤其当中国社会加速市场化,且贪污腐败问题变得严重之时。外部的恐怖袭击也可能对中国的核设施构成威胁,尤其是"东突"的恐怖主义势力。另一个忧虑则是境外核走私的威胁。[1] 全球核保护存在着一定的不安全性,核材料与核技术有被滥用的危险。根据国际原子能机构(IAEA)的报告,从 1993 年到 2011 年,该机构成员国共报告了 2100 多起涉及核及其他放射性材料的遗失、盗窃以及非法获取的事件。[2] 数据显示,世界现存大量可用于制造核武器

---

〔1〕 张会(哈佛大学肯尼迪政府学院):《环球时报》2014 年 4 月 16 日。

〔2〕 载 http://bjyouth.ynet.com/3.1/1203/21/6905207.html,2014 年 10 月 14 日访问。

的核材料，这些材料足以制造出超过10万枚核炸弹。然而在许多地区，核材料和核技术缺乏有效的保护，这些物资一旦落入恐怖主义分子之手，可能造成灾难性的后果。世界各国对核安全都不得不给予非常的重视，在法律方面予以明确的规定。

3. 恐怖主义犯罪涉及的犯罪类型。根据恐怖主义犯罪的自身特点和理解上的多重性，恐怖主义犯罪是一种类罪，恐怖主义的犯罪概念是一个属概念。结合我国缔结和加入的国际公约和我国刑法典的相关规定，国际社会普遍认可的恐怖主义犯罪行为，即恐怖主义犯罪的种概念应包括以下犯罪类型：(1)放火；(2)爆炸；(3)暗杀；(4)绑架；(5)涉及危险性物质的犯罪；(6)涉及放射性物质的犯罪(包括非法处置、走私和盗窃)；(7)涉及传染病病原体物质的犯罪；(8)劫持交通工具的犯罪；(9)劫持人质的犯罪；(10)网络恐怖犯罪；(11)资助行为(包括作为恐怖主义上游犯罪的洗钱、毒品等犯罪)。

总之，尽管《刑法修正案(三)》在适用中还存有一些问题，但从刑法理论上分析，我国刑法及刑法修正案在恐怖主义犯罪的界定上不要求具备犯罪目的和犯罪动机，这不仅符合惩治恐怖主义犯罪的国内需要及向他国引渡或移交的条件，而且符合国际社会惩治恐怖主义犯罪的整体需要。

(四)刑法有关航空安全方面的规定

民航反恐的目的就是要保证航空安全。安全是民航的生命线，中国民航几十年来一直奉行的基本准则就是"安全第一"，没有了安全民航的一切便无从谈起。有关民航反恐的国际公约国内化的具体体现就是在刑法中做出规定。我国刑法把有关航空安全方面的立法规定放在《刑法》分则第二章危害公共安全罪项下，具体规定了危害航空安全犯罪的罪名及其刑事责任：(1)破坏航空器罪：第116条"破坏航空器，足以使航空器发生倾覆、毁坏危险，尚未造成严重后果的，处三年以上十年以下有期徒刑"；(2)破坏航空设施罪：第117条"破坏机场、航道、灯塔、标志或者进行其他破坏活动，足以使航空器发生倾覆、毁坏危险，尚未造成严重后果的，处三年以上十年以下有期徒刑"；(3)劫持航空器罪：第121条"以暴力、胁迫或者其他方法劫持航空器的，处十年以上有期徒刑或者无期徒刑；致人重伤、死亡或者使航空器遭受严重破坏的，处死刑"；(4)暴力危害飞行安全罪：第123条"对飞行中的航空器上的人员使用暴力，危及飞行安全，尚未造成严重后果的，处五年以下有期徒刑或者拘役；造成严重后果的，处五年以上有期徒刑”。

三、《引渡法》中有关恐怖犯罪引渡的相关规定

我国《引渡法》颁布于“9·11”事件之前，出台背景主要是针对国际贩毒、贪官外逃等类犯罪增多的问题。当时我国国内的恐怖活动还很罕见，国际上涉及中国的恐怖活动也不多，因此，《引渡法》对于反恐的功效考虑不足。近些年来，国际恐怖主义形势发生了巨大变化，恐怖主义十分猖獗，呈现了越打越多的态势。恐怖主义组织如雨后春笋般地冒了出来，他们分布在各个国家，进行恐怖犯罪的手段越来越具有高科技的特征，越来越智能化。面对全世界的反恐，他们花样不断翻新，劫持、爆炸成了家常便饭。国际的恐怖主义猖獗对我国国内产生了直接的影响，新疆地区的东突分子不断制造恐怖活动，而且有愈演愈烈之势。中国公民在国外遭受恐怖袭击的案例也逐渐增多，仅仅在2014年一年不到的时间内，在菲律宾境内被恐怖分子袭击绑架杀害的中国人就多达18人，国际反恐合作日益成为国际社会的需要。[1]

改革开放以后，我国和其他国家之间跨国往来日渐增多，国际司法合作也逐渐增多，相应地我国开始重视同其他国家签订双边的司法协助协定或者引渡条约。1987年6月5日，我国同波兰签订《中华人民共和国和波兰人民共和国关于民事和刑事司法协助协定》，这是我国同外国签订的第一个司法协助协定；1993年8月26日，我国同泰国签订《中华人民共和国和泰王国引渡条约》，这是我国同外国签订的第一个双边引渡条约。在《引渡法》颁布前，我国已经同12个国家签订了双边引渡条约，和近40个国家签订了司法协助条约或协定。有了这些引渡条约和司法协助的铺垫，加上我国立法技术的提高，终于颁布了自己的《引渡法》。2000年12月28日第九届全国人民代表大会常务委员会第九次会议通过了《引渡法》，这是我国立法上的一大新成果，是对我国签订的双边引渡条约或加入的有关引渡制度的国际公约的体现与归纳，是我国目前解决引渡问题最重要的单行法律。截至目前，中国已与50个国家签订双边刑事司法协助条约或协定，与

---

〔1〕 江涌：“以反恐合作为视角看我国《引渡法》的完善”，载《公安研究》2007年第7期。

37个国家签订双边引渡条约；签署了《联合国打击跨国有组织犯罪公约》和《联合国反腐败公约》。在这些多边公约框架下，中国可以与一百六十多个国家和国际组织开展包括刑事司法协助、引渡、犯罪资产和收益的查封、扣押、冻结、没收、返还和分享等各类司法合作。我国政府成功编织出一张国际刑事司法协助的条约合作网络。这样，《引渡法》、引渡条约、国际司法协助条约或协定共同构成了我国相对完备的引渡规范体系。[1]

2000年我国制定的《引渡法》分四章共55条。由于我国《引渡法》的颁布时间较西方法制健全国家比较晚，因此可以说，我国的《引渡法》是建立在吸收各国立法的优秀成果的基础上，充分考虑、借鉴了国际通行的一些引渡原则。我国《引渡法》明确规定了本国国民不引渡原则、双重犯罪原则以及政治犯不引渡原则，规定了我国向外国请求引渡的负责机关以及具体的程序。《引渡法》还规定了外国向我国提出引渡请求，我国应当拒绝的情况。《引渡法》第8条及第9条规定充分体现了我国注重引渡合作中的人权保护，体现对被请求引渡者的人文关怀。在第3条至第16条分别规定了国家利益原则、平等互惠原则、双重犯罪原则、适用本国法原则、双重审查原则、政治犯不引渡原则、本国公民不引渡原则七项基本原则，这些基本原则的制定将对我国的引渡活动起到指导作用。我国《引渡法》是在借鉴国际先进立法的基础之上制定的，因此国际先进立法的示范作用对我国引渡立法产生了积极作用。随着世界经济一体化的进程，各国人员往来频繁，跨国犯罪呈现出一种高发的态势，而在这一系列的跨国犯罪中，涉及财产的犯罪占有相当的比例。因此在世界各国的引渡合作中，涉及财产的可以引渡的罪犯数量大增。为了应对这种状况，世界各国纷纷增加或者修订关于财产引渡的国内立法规定。财产引渡的"入律"也体现了我国引渡法的与时俱进。

随着一些国家或者区域法律一体化的发展，传统引渡制度的基础正在发生根本改变，引渡不再仅仅被认为是"国际礼让"和相互提供便利的法律程序，而更多地被理解为在法制方面相互信任并相互承认司法裁决的法律程序。因而，国家更加尊重合作伙伴发出的、具有法律强制力的司法文件，即对逃犯的逮捕令。这对于上海合作组织框架下的中国与中亚国家的司

---

〔1〕 罗华："论我国引渡制度中的问题与对策"，吉林大学2008年硕士学位论文。

法合作提供了一个可行的选择。而对于相关国家的司法实践的分析,有助于我们更加清晰地了解这一制度,毫无疑问,这对于中国的恐怖主义犯罪引渡法律建设具有重大的启示意义。因此中国关于民航恐怖犯罪相关犯罪分子的引渡法律规定可以做出相应改进,其中最重要的就是要正确适用政治犯不引渡原则。

要限制政治犯不引渡原则的适用就要将恐怖主义犯罪非政治化。1996年9月27日制定的《欧盟成员国间引渡公约》在很大程度上排除了“政治犯罪不引渡”原则的适用。该公约第5条第1款规定:“为适用本公约之目的,被请求成员国不得视任何犯罪为政治犯罪、与政治犯罪有关的犯罪或基于政治动机的犯罪。”虽然该条第2款允许各缔约国对上述规定的适用范围提出保留,但对于《惩治恐怖主义犯罪的欧洲公约》第1条和第2条列举的犯罪,则必须适用该规定。也就是说,对于劫机、谋杀、伤害、绑架、爆炸等某些严重危害公共安全或人身权利的暴力犯罪,在引渡问题上,不得将其视为政治犯罪、与政治有关的犯罪或基于政治动机的犯罪。

1997年12月15日通过的联合国《制止恐怖主义爆炸公约》第11条规定:为引渡或司法协助的目的,不得将在公共场所、国家或政府设施、公共交通系统或基础设施,或是向公用场所、国家或政府设施、公共交通系统或基础设施投掷、放置、发射或引爆爆炸装置或致死装置的犯罪行为视为政治犯罪、同政治犯罪有关的罪行或由政治动机引起的罪行。1999年12月9日于纽约通过的联合国《制止向恐怖主义提供资助的国际公约》第14条规定,为引渡或司法协助的目的,不得将以任何手段,直接或间接地非法和故意地提供或募集资金,以资助本公约附件所列公约规定之犯罪或其他恐怖主义行为的犯罪视为政治犯罪。许多国家在缔结双边引渡条约时都明确把恐怖主义犯罪排除在政治犯罪例外原则的适用范围之外,还有的国家为实现这样的排除而修订了原有的引渡条约。例如,美国与英国在2003年3月31日就引渡问题签署了一项补充条约。〔1〕 该条约规定,对于劫持或破坏民用航空器的犯罪、侵害应受国际保护人员的犯罪、劫持人质罪、谋杀罪、屠杀罪、绑架罪、涉及武器或爆炸物并造成严重财产损失的犯罪,无论

〔1〕 龚燕明:“试析‘上海合作组织’发展中的制约因素及中国的对策”,华中师范大学2006年硕士学位论文。

出于怎样的理由，均不得援引政治犯罪例外原则免除对犯罪嫌疑人的引渡。我国与中亚国家签署的《打击恐怖主义、分裂主义和极端主义上海公约》对恐怖主义、分裂主义和极端主义有明确的定义，但是这也不能避免有些恐怖主义犯罪分子被当做政治犯适用，所以应该将恐怖主义犯罪非政治化，在条约中罗列可能的罪名，避免这种情况的发生。[1]

四、民用航空法中有关恐怖犯罪方面的规定

国内法律层面的规定主要指《民用航空法》对机场安保的原则规定。全国人大及其常委会就有关问题作出的规范性决议或决定与法律具有同等的地位和效力，全国人大常委会《关于加强反恐怖工作有关问题的决定》关于恐怖活动犯罪的规定，对指导民航机场安保、民航机场反恐工作有法律层面上的指导意义。

中国民航由军队转入地方后，安全形势发生了很大的变化，劫持飞机等恶性案件不断发生。这些案件严重危害了公共安全和旅客生命财产安全，对航空秩序造成了破坏。为制止这类恐怖主义犯罪、强化民航的安全保卫工作，在法律方面与国际接轨，我国加入了三个反劫机国际公约，分别是《东京公约》、《海牙公约》、《蒙特利尔公约》。为了回应上述国际公约，1992年12月28日，全国人大常委会通过了全国人大常委会《关于惩治劫机航空器犯罪分子的决定》（以下简称“航空器决定”），将劫持飞机的行为规定为犯罪，并处以相应的刑罚。这个决定不是专门针对恐怖主义犯罪的，而只是适用于劫持航空器的犯罪。[2]

根据上述国际公约，结合我国具体国情，1995年10月30日第八届全国人民代表大会常务委员会第16次会议通过了《民用航空法》。该法对航空恐怖犯罪并没有进行更加深入的规定，只是在第十五章法律责任一章中，规定了一些恐怖主义犯罪，诸如劫持航空器、暴力危及飞行安全等，对于这类犯罪的处罚都参照刑法的规定。在第十五章法律责任一章中，比较详细和具体地规定了劫持航空器和危害国际航空运输安全的行为方式，并规定了对这些行为追究刑事责任。具体说来包括以下几个方面：

---

〔1〕 吴婷：“中国与中亚国家关于恐怖主义犯罪引渡的法律研究”，新疆大学2008年硕士学位论文。

〔2〕 王赟：《惩治恐怖主义犯罪立法研究》，大连海事大学2012年博士学位论文，第110页。

1. 第 191 条关于劫持航空器的规定，该罪规定："以暴力、胁迫或者其他方法劫持航空器的，依照关于惩治劫持航空器犯罪分子的决定追究刑事责任"。

2. 第 192 条、第 195 条、第 197 条关于危害航空器飞行安全的规定，如第 192 条规定："对飞行中的民用航空器上的人员使用暴力，危及飞行安全，尚未造成严重后果的，依照刑法第 105 条的规定追究刑事责任；造成严重后果的，依照刑法第 106 条的规定追究刑事责任"；第 195 条规定：故意在使用中的民用航空器上放置危险品或者唆使他人放置危险品，足以毁坏该民用航空器，危及飞行安全，尚未造成严重后果的，依照刑法第 107 条的规定追究刑事责任；造成严重后果的，依照刑法第 110 条的规定追究刑事责任。第 197 条规定：盗窃或者故意损毁、移动使用中的航行设施，危及飞行安全，足以使民用航空器发生坠落、毁坏危险，尚未造成严重后果的，依照刑法第 108 条的规定追究刑事责任；造成严重后果的，依照刑法第 110 条的规定追究刑事责任。

3. 第 198 条关于破坏国际航空机场安全的规定：聚众扰乱民用机场秩序的，依照刑法第 159 条的规定追究刑事责任。

4. 第 193 条、194 条、第 199 条关于其他危害国际航空运输安全的规定：第 193 条规定：违反本法规定，隐匿携带炸药、雷管或者其他危险品乘坐民用航空器，或者以非危险品品名托运危险品，尚未造成严重后果的，比照刑法第 163 条的规定追究刑事责任；造成严重后果的，依照刑法第 110 条的规定追究刑事责任。

企业事业单位犯前款罪的，判处罚金，并对直接负责的主管人员和其他直接责任人员依照前款规定追究刑事责任。

隐匿携带枪支子弹、管制刀具乘坐民用航空器的，比照刑法第 163 条的规定追究刑事责任。

第 194 条规定：公共航空运输企业违反本法第 101 条的规定运输危险品的，由国务院民用航空主管部门没收违法所得，可以并处违法所得一倍以下的罚款。

公共航空运输企业有前款行为，导致发生重大事故的，没收违法所得，判处罚金；并对直接负责的主管人员和其他直接责任人员依照刑法第 115 条的规定追究刑事责任。

第159条规定:航空人员玩忽职守,或者违反规章制度,导致发生重大飞行事故,造成严重后果的,分别依照、比照刑法第187条或者第114条的规定追究刑事责任。

5.传播虚假信息危害航空安全的。第196条规定:故意传递虚假情报,扰乱正常飞行秩序,使公私财产遭受重大损失的,依照刑法第158条的规定追究刑事责任。

《民用航空法》是我国民航的最高专门法,施行20年来,对维护航空安全、防范和打击各类航空犯罪、航空恐怖行为都起到了非常积极的作用。但是,随着时间的推移,也逐渐暴露出了一些与现实脱节、滞后的问题,比如《刑法》第291条规定,编造、故意传播虚假恐怖信息罪应处以5年以下有期徒刑、拘役或者管制;如司法部门认定造成严重后果的,处以有期徒刑的上限最高可达15年。但从实践来看,我国以民用航空器为对象的虚假信息传播者,最高的判刑只有5年,所处的罚金也只是1000元到2000元。"这种犯罪行为本身不具备任何技术含量,犯罪成本很低。目前的处罚对罪犯的惩戒其实非常小"。[1] 多数案例中,行为人只是受到了行政拘留或者罚款的处罚。在司法实践中,因为"诈弹"受到经济损失的航空公司、机场、乘客鲜有刑事附带民事赔偿,航空公司、机场一般都"自认倒霉"。同时,因为个人泄愤原因威胁恐吓航班案例渐多。而《民用航空法》对于虚假信息威胁航空器并没有细致的条款和解释,这也造成了司法机关在处罚、判决类似案件中缺少法律依据的困境。[2] 2013年6月,最高人民检察院下发了《关于依法严厉打击编造、故意传播虚假恐怖信息威胁民航飞行安全犯罪活动的通知》,这样的情况才有所改观。而从立法层面上看,我国目前的《民用航空法》是二十多年前修订的。法条里面有关刑事处罚方面都是指向了刑法,由于《民用航空法》是在1997年《刑法》之前颁布的,因此,《民用航空法》中所说的《刑法》是指1997年前的《刑法》。从这些规定可以看出来,已经远远不能适应新的民航安全形势的发展需要了,明显滞后。20年来,虽然有法律界人士组织提议修订,但是一直都没有列入人大的修

---

〔1〕 载http://roll.sohu.com/20130522/n376730759.shtml,2014年10月15日访问。

〔2〕 贺征:"民航空防安全面临的挑战及法律对策",载湖南师范大学2013年硕士学位论文,第13页。

正程序中。而这20年是我国民航事业快速发展的阶段,民航所面临的安全形势已经发生了很大的变化。航空犯罪也出现了一些新的情况、带来了一些新的问题,这些都需要从专业的法律层面进行规定。因此,《民用航空法》的修订真的到了迫在眉睫之时。

五、防控航空恐怖犯罪的法制建设的不足

综观我国目前惩治航空恐怖犯罪的刑事立法及其他法律法规,在防控航空恐怖犯罪、保障民航安全方面起到了积极的作用,但是随着世界反恐形势的发展变化,随着民航所面临的恐怖威胁出现的新特点、新趋势,更加要求我们必须依法反恐,相关的法律法规就必须适应新的形势。但是目前看来既有的法律法规仍然存在许多问题,具体来说,表现在以下几个方面:

(一)缺乏系统性

恐怖活动犯罪以及与恐怖有关的组织犯罪往往具有高度的复杂性、组织性和反侦查性,而且它们也互相渗透。如果没有系统而全面的惩治恐怖犯罪的立法,将很难长期有效地对恐怖主义进行预防和打击。但我国目前没有一部反恐怖法或是在刑法当中系统地对恐怖主义犯罪进行规定。[1]

(二)缺乏超前性

未来的恐怖主义犯罪将是全球性的、高科技性的、大规模的、危害极大的组织性犯罪,现在的恐怖主义犯罪惩治的规定必须具有前瞻性。但从目前中国的反恐怖立法来看,还只停留在“跟着感觉走”。“9·11”事件发生后,只是针对恐怖主义犯罪规定了几个罪名,而且规定的范围较为狭窄。[2]

(三)缺乏完备性

《刑法修正案(三)》修正了我国有关恐怖组织犯罪,但仍不完备。如刑法将组织、领导、参加恐怖组织,资助恐怖活动,投放虚假物质和编造、故意传播虚假恐怖信息的行为规定为犯罪,而对于什么是“恐怖主义”,它的范围有哪些,刑法条文中却没有给予任何解释。并且在有关恐怖犯罪上的洗钱犯罪的规定也不完备。

(四)缺乏配套性

目前的反恐怖规范散落于刑法的不同章节以及其他行政法规或规章

〔1〕　曹建明、周洪钧、王虎华:《国际公法学》,法律出版社1998年版,第620~621页。

〔2〕　包雯:“国际合作——打击跨国有组织犯罪的基石”,载《法学论坛》2004年第5期。

中,无法从体系上制约恐怖主义犯罪。另外,我国刑事程序法有关恐怖主义犯罪审判的特殊规定几乎没有。

为打击、预防恐怖活动、营造良好法律的环境,应加紧我国反恐相关法律建设。法制建设最主要的内容就是国内反恐法律体系的完善,加强反恐怖主义的立法,严惩恐怖分子和一切为恐怖组织和恐怖分子活动提供帮助和便利条件的人和社团。但是我国现有的反恐方面的法律都散见于一些部门法和国际条约中,没有专门的、系统的反恐法,这与当前反恐的需要已不适应。

国外正反两面的经验教训都证明必须依法严厉打击恐怖主义违法犯罪行为。如果处罚或定罪过轻,根本起不到以儆效尤的威慑作用,相反还可能形成姑息犯罪分子的社会气氛。世界上,许多国家对恐怖主义犯罪的惩处都是比较严厉的。例如,在爱尔兰共和国,1962 年制定了无须陪审员即可对恐怖分子进行审判的法律制度;在英国,1973 年,英国的北爱尔兰也制定了类似的法律制度;在联邦德国,1977 年 10 月德国汉莎航空公司 181 号班机被劫持案和德国工业家施莱尔被绑架杀害等恐怖事件发生后,制定了禁止律师在法庭上滥用特权、破坏法律程序,禁止律师利用到监狱的机会为判刑的恐怖分子传送情报等法律制度;在意大利,1978 年前总理莫罗被恐怖分子暗杀后,意大利对有关的法律规章进行修改,制定了加强情报工作、有利于预防与打击蓄意破坏审判程序的行为等方面的一系列法律规章:一是为鼓励人们提供恐怖分子的活动线索,保护"线人"的安全,防止警方泄露"线人"情报或消除人们的担心与顾虑,除要求加强保密工作外,情报部门对安全领域里任何档案的流出过程都有权调查,对需要开展此种调查的意见,只有总理与内阁部长领导的反恐怖主义内阁委员会才能予以否决;二是制定了对有悔改并准备提供情报的恐怖分子以宽大处理的规章,以利分化恐怖分子,有效打击恐怖组织的骨干,将之逮捕归案。这些措施有效地打击了意大利的恐怖主义,80 年代以后恐怖活动大为减少,如 1982 年恐怖分子杀人案仅为 1980 年的 20%。

美国"9·11"恐怖事件后,很多国家和国际组织纷纷出台或修订完善反恐怖法律法规,加强反恐怖机构的权力,构筑并修补反恐怖法网。2001 年 9 月 30 日,英国制定了严厉打击恐怖主义的新法律。10 月 8 日,澳大利亚公布了《反恐怖规定 2001》。10 月 24 日,美国通过了新的反恐怖法(又称《爱国者法》)。此外,意大利、德国、日本、俄罗斯等国政府也先后颁布了一系列反恐怖主义的新法令。我国政府也加强了国内立法,为预防、打击和制止国际恐怖活动提供了有力的法律保证。《刑法》第120条规定:"组织、领导和积极参加恐怖活动组织的,处三年以上十年以下有期徒刑;其他参加的,处三年以下有期徒刑、拘役或者管制。犯前款罪并实施杀人、爆炸、绑架等犯罪的,依照数罪并罚的规定处罚。"《刑法修正案(三)》于2001年12月29日经第九届全国人民代表大会常务委员会第二十五次会议审议通过,对《刑法》有关条款做出重要修改,从而为严厉打击恐怖主义犯罪活动提供了更为完备的法律依据。本次修正案的出台有其独特的国际、国内背景和迫切的现实需要。《刑法修正案(三)》实际上是我国第一次专门针对恐怖活动制订的比较系统的法律,它的出台标志着我国反恐怖斗争进入了一个全新的阶段,也是我国政府执行联合国1373号决议的具体行动。

但是我们应当清醒地认识到,虽然《刑法修正案(三)》对《刑法》作了重要的补充和修改,并将成为今后一个时期我国反恐怖的主要法律武器,但还不是很系统,一些重要问题还没有得到很好的解决,如对恐怖组织的界定、为恐怖组织提供情报等非物质性帮助、为恐怖组织训练和招募成员等行为还没有明确的规定,特别是还没有对反恐怖的刑事诉讼程序做出专门规定。近代以来,在法学思想理论和学说史上尽管不同流派的学术观点差异颇多,甚至根本对立,但在立法与国情的关系上都看到二者的关联,普遍承认一国的国情决定着一国的立法状况。如孟德斯鸠在追寻法的精神时,深入、详细地阐述了立法对国情的依赖性。再如萨维尼在《论当代立法和法理学的使命》中论述了国情对立法和法律文化的重要性。立法实践的经验也反复说明,国情决定立法,立法必须符合国情。就恐怖主义犯罪立法而言,我国的基本国情是,我国也面临恐怖主义犯罪的威胁,而且主要是民族宗教型的恐怖主义犯罪,则立法应当考虑我国恐怖主义犯罪的特点,着眼于未来的发展趋势。在今后一段时期内,恐怖活动势必花样翻新、变本加厉,一部囊括实体和程序规定的全面的反恐怖法应当及时列入国家的立法计划。为了有效地防范和打击恐怖主义犯罪,我国需有一部专门的、内容系统的反恐法。

恐怖主义犯罪作为一种犯罪现象,对社会的危害越来越大,采取相应的法律措施来应对恐怖主义犯罪的威胁,是世界上很多国家和国际组织的共同选择。综观各国反恐法律,也呈现出不同的价值取向和立法模式。"我国是一个稳定的国家,但同样面临恐怖主义的威胁",因此,借鉴其他国家和国际组织的反恐立法实践,根据我国恐怖主义犯罪的特点,制定符合我国国情的反恐法律,最终构建起统一的"以反恐法为基本法、各单行法为配套法;以反恐基本法为主导、诸法配合"的立法格局,是法学界亟待深入探讨的问题,也是我国预防、惩治恐怖主义犯罪迫切需要解决的重要课题。[1]

第二节　航空恐怖主义犯罪的法规防控

防范航空恐怖犯罪、保障民航安全需要一个法律体系来做支撑,宪法、刑法的基本法律制度有关防控航空恐怖犯罪的相关规定还需要相关的法规配套,民航的国际性需要国内的法律法规必须与国际法相衔接。

一、民航安保法规的基本情况

《国际民航公约》附件 17 是国际民航组织防控恐怖主义的基础性法律文件,在指导各国民航反恐方面具有非常重要的作用。第 2.2.1 条要求:"各缔约国的国际民航业务都必须符合附件 17 的标准并尽可能运用于国内航空保安运行中。"我国在对附件 17 的相关规定进行国内法转化时,制定和发布了《民用航空安全保卫条例》,并根据附件 17 确定的主要原则及制度,制定了一大批航空保安规章、标准和规范性文件。典型的有规范机场安保工作的《民用航空运输机场安全保卫规则》、规范航空公司安保工作的《公共航空旅客运输企业安全保卫规则》、规范航空器飞行中安保工作的《公共航空旅客运输飞行中安全保卫规则》等,均是参照附件 17 的框架体系制定的。除了上述具有强制法律效力的法规及规章外,根据国际民航组织相关航空保安指导性文件的要求,国家民航主管机关还颁布了一系列贯彻落实包括附件 17 在内的保安国际公约的指导性文件,包括被称为我国航空保安工作基石的《国家航空安全保卫规划》;用于开展监督检查,确保法律法规有效执行的《国家民用航空安全保卫质量控制计划》;以及用于对

---

〔1〕 陈晓济:"国际反恐立法模式与我国反恐法律构建",载《湖南公安高等专科学校学报》2007 年第 1 期。

航空保安人员进行培训的《国家民用航空安全保卫培训大纲》。与此同时，根据《民用航空安全保卫条例》和《国家航空安全保卫规划》的要求，民航各相关企事业单位还制定了本单位的航空安全保卫手册。这使得国际公约中的规定不仅仅转化为国内法，并且被层层细化，真正渗透至航空保安工作的各个环节中。

这些民航安保的法规对于防范各类航空恐怖犯罪活动起到了很重要的作用，为保障民航安全提供了法律支撑。但是随着民航所面临的恐怖威胁形势的变化，民航安全行政法规所存在的问题逐渐显现出来。具体来说：一是法规的数量较少。众所周知，我国虽是一个法制国家，但法规还有待完善，法制体制也不是非常健全，无论是其他领域还是关于民航安全的管理。涉及民航反恐的法规非常少见。对于某些特殊的领域比如民用航空紧急状态处置、航空安全信息收集等方面的约束特别不足，甚至没有任何法规加以限制或是规范。二是法律效力低。法规数量的少衬托出国家民航主管机关颁布的规章制度数量之多。这些规章制度虽然严格来讲具有一定的法律效力，但毕竟不是以法律的形式颁布，大多是以文件的形式发表，用以代替相对匮乏的法规。这样的话无论是普及程度还是对公民的约束程度都会大打折扣，所以我们称之为法律效力低下。三是内容老化滞后。中国科技和经济的发展日新月异，几十年来已经发生了翻天覆地的变化。法规的修改完善也在不断地进行，婚姻法、互联网犯罪法的颁布紧跟时代的潮流。中国的法律体系正在逐渐完善，但与此同时，关于民航反恐和民航安保的法规却一直没有得到增补完善。经济、科技在发展，民航反恐的安全体制甚至都已经面目一新，却还是沿用着一套仅仅只有40个条文的《民用航空安全保卫条例》，且该条例内引用了很多其他法律。随着体制的更迭和国内和全球的形势的变化，这些被引用的法律法规有些已经濒临失效，已经无法适应当今的安全环境和民航反恐的需求，亟待进行增补和修订[1]。

二、民航安保条例的相关规定

在民航领域，1997年《民用航空安全保卫条例》的出台，结束了国内航

〔1〕 贺征："民航空防安全面临的挑战及法律对策"，载湖南师范大学2013年硕士学位论文，第18页。

空保安无法可依的状况，首次明确了民航公安机关的地位、作用以及权力、权限，是目前中国仅有的一部专门规定航空保安的行政法规。对民航安全保卫工作、防控恐怖袭击等方面都做了规定。

该条例的制定目的是防止对民用航空活动的非法干扰，维护民用航空秩序，保障民用航空安全，适用于在中华人民共和国领域内的一切民用航空活动以及与民用航空活动有关的单位和个人。在中华人民共和国领域外从事民用航空活动的具有中华人民共和国国籍的民用航空器适用本条例；但是，中华人民共和国缔结或者参加的国际条约另有规定的除外。

民用航空安全保卫工作实行统一管理、分工负责的原则。民用航空公安机关负责对民用航空安全保卫工作实施统一管理、检查和监督；有关地方人民政府与民用航空单位应当密切配合，共同维护民用航空安全。

安全保卫条例从维护民航安全、防控恐怖主义威胁的目的出发，提出了对机场进行划分区域进行管理的要求。机场控制区应当根据安全保卫的需要，划定为候机隔离区、行李分检装卸区、航空器活动区和维修区、货物存放区等，并分别设置安全防护设施和明显标志。此外，机场控制区应当有严密的安全保卫措施，实行封闭式分区管理。人员与车辆进入机场控制区，必须佩戴机场控制区通行证并接受警卫人员的检查。在航空器活动区和维修区内的人员、车辆必须按照规定路线行进，车辆、设备必须在指定位置停放，一切人员、车辆必须避让航空器。停放在机场的民用航空器必须有专人警卫；各有关部门及其工作人员必须严格执行航空器警卫交接制度。

与此同时，航空器在飞行中的安全保卫工作由机长统一负责。安全员在机长领导下，承担安全保卫的具体工作。机长、航空安全员和机组其他成员，应当严格履行职责，保护民用航空器及其所载人员和财产的安全。同国际公约一样，机长在执行职务时，可以行使下列权力：在航空器起飞前，发现有关方面对航空器未采取本条例规定的安全措施的，拒绝起飞；在航空器飞行中，对扰乱航空器内秩序，干扰机组人员正常工作而不听劝阻的人，采取必要的管束措施；在航空器飞行中，对劫持、破坏航空器或者其他危及安全的行为，采取必要的措施；在航空器飞行中遇到特殊情况时，对航空器的处置作最后决定。

安保条例对乘坐飞机的乘客所应该承担的义务也做出了规定。乘坐民用航空器的旅客和其他人员及其携带的行李物品,必须接受安全检查;但是,国务院规定免检的除外。拒绝接受安全检查的,不准登机,损失自行承担。进入候机隔离区的工作人员(包括机组人员)及其携带的物品,应当接受安全检查。接送旅客的人员和其他人员不得进入候机隔离区。此外,空运的货物必须经过安全检查或者对其采取的其他安全措施。货物托运人不得伪报品名托运或者在货物中夹带危险物品。航空邮件必须经过安全检查。发现可疑邮件时,安全检查部门应当会同邮政部门开包查验处理。除国务院另有规定的外,乘坐民用航空器的,禁止随身携带或者交运下列物品:枪支、弹药、军械、警械;管制刀具;易燃、易爆、有毒、腐蚀性、放射性物品;国家规定的其他禁运物品。其他可以用于危害航空安全的物品,旅客不得随身携带,但是可以作为行李交运或者按照国务院民用航空主管部门的有关规定由机组人员带到目的地后交还。对含有易燃物质的生活用品实行限量携带。限量携带的物品及其数量,由国务院民用航空主管部门规定。

安保条例还规定,违反条例的有关规定,构成犯罪的,依法追究刑事责任。违反本条例规定的,除依照本章的规定予以处罚外,给单位或者个人造成财产损失的,应当依法承担赔偿责任。

相对来说,民航安全保卫、民航反恐方面的法规更应该具有可操作性,我国民航在这方面也做了大量的工作,民航业界也向国家的有关立法、执法和司法部门提出了自己的意见,从宏观方面能尽量考虑到民航的实际情况,对于完善国家的相关法律法规做出了自己的一些贡献。但是由于近些年来国际恐怖主义发展的迅速变化,国内反恐形势瞬息万变的大背景下,民航所面临的恐怖威胁也不断呈现出新的情况,面对日益复杂的民航反恐形势,对民航安全保卫、民航反恐怖的相关法规提出了新的更高的要求。国际形势的复杂多变,使得国际反恐的相关法律、国际公约也都不断在进行调整,而法律自身滞后性的特点,使我国民航的安全保卫和反恐怖工作的具体工作中,往往感觉到法律法规的不完善,有些方面还存在着漏洞,还需要更进一步的细化,这些都对民航相关法规的完善和修订提出了迫切的要求。从实际情况看来,目前我国需要修订的法规有:《民用航空安全保卫条例》和制定《机场安全控制区管理规定》、《民用航空从业人员背景调查规定》、《民用航空安全信息管理法》、《民用航空货运安全保卫规则》、《危险物品航空运输管理法》等。在这些法律法规的修订中,应当注重实际工作部门的意见,及时吸纳和听取来自一线工作人员的意见和建议,使法规内容更加细致、更符合实际工作,也能为一线工作提供必要的法律支撑。民航的特点决定了民航安全保卫法规的国际性,我国加入和签署了很多反恐怖的相关国际公约,应该加快这些国际公约的国内化,使国际公约的内容能够尽快在国内法中得到体现和落实。同时,也应该看到,目前我国关于民航空防安全、民航反恐的法律法规的法律效力不高,因此,在这方面还需要做大量的工作,还需要做出很多的努力。

在航空运输业的发展过程中,运用法律规范调整人们在航空运输中的行为成为各国的共同选择。民用航空以其易受攻击、后果严重、国际影响力大等特点历来成为犯罪分子尤其是恐怖主义分子首选的袭击目标。为预防与惩治危害民用航空安全的非法行为,世界各国十分重视航空保安的法制建设。有关航空保安的法律规范对于规定制止危害航空安全的违法犯罪行为,维护航空运输秩序和社会稳定,保障世界各国公民的生命财产安全具有重要意义。航空保安法律规范的外部形式可能显得比较零乱,但这些规范之间仍然存在内在的协调和统一性,这种统一性和协调性,根本上取决于法律调整的共同目标和价值,如安全、正常与效益,正是全球航空运输的共同目标和价值的重要体现。〔1〕

第三节 防控航空恐怖犯罪的相关规章

行政规章是指国务院部、委、省级人民政府和省政府所在地的市级人民政府以及国务院批准的较大市的人民政府根据宪法、法律和行政法规制定颁布的规范性文件。〔2〕 在民航领域,行政规章繁杂,有关航空恐怖犯罪的规章相对还是较多的。中国民航的快速发展和安全水平的不断提高,主要得益于中国民航不断加强航空安全管理和安保管理体系的建设。中国民航根据国际民航公约及其附件的要求,全力推行在中国民航企事业单位实施安全管理体系(SMS),提高安全风险控制能力,积极推动全面实施安

〔1〕 贺元骅:《航空保安原理》,中国民航出版社2009年版,第168页。
〔2〕 邹雄:"论行政规章的效力及其立法完善",载《福建大学学报》1999年第1期。

全管理体系建设，建立既符合国际民航组织标准又适合国国情的中国民航安全管理体系；高度重视安全管理并加强法规和标准体系建设。

在中国民航局现行的119部规章中，有83部规章涉及安全管理。在航空保安管理方面，中国民航局参照国际民航组织对缔约国开展航空保安审计的模式，自2004年开始积极探索建立了自己的航空保安审计制度，出台了一系列规章制度。迄今为止，大多机场都接受了航空保安审计。根据反恐需要，中国民航局于2000年成立了处置劫机事件领导小组，具体负责针对民航的恐怖主义事件以及其他严重非法干扰航空安全事件，各地的机场、航空公司等民航单位也都进行了多种形式的反劫机、反恐怖袭击的演习活动，提升了民航单位应对恐怖袭击的能力和水平，也从实践中，检验和完善了民航反恐怖的各种预案。中国民航总局还成立了空中警察队伍，负责航空器飞行中的安全保卫工作。经过不断摸索、归纳、总结和提炼包括试点单位在内的全行业安保管理经验，民航安保系统已形成比较完整的SeMS法规标准体系。民航局分别在2009年发布《航空安保管理体系（SeMS）建设指南》，在2011年发布《民航安保管理体系（SeMS）手册范本》，在2012年发布《民用航空运输机场民航安保管理体系（SeMS）建设标准》和《公共航空运输企业民航安保管理体系（SeMS）建设标准》，SeMS被纳入新修订的民航安保审计手册中。由于我国民航有关安全保卫的规章十分繁多，鉴于篇幅限制，本书主要介绍几个比较重要的有关民航反恐的规章供大家了解。

一、《公共航空运输企业航空安全保卫规则》（CCAR-343）

本规则于2013年6月20日中国民用航空局局务会议通过，自2013年9月1日起施行。全法共分八章，分别包括总则、一般规定、航空安保方案、运行安保措施、安保应急处置、监督管理、法律责任以及附则。其中第三章航空安保方案、第四章运行安保措施以及第五章安保应急处置尤为重要，现予重点介绍。

（一）航空安保方案

首先，航空安保方案的制定是航空安保方案运行的前提。公共航空运输企业运行应当根据公共航空运输企业航空安全保卫规则及其他航空安保法规标准制定航空安保方案，并适时修订。与此同时，公共航空运输企业分公司应当根据公共航空运输企业的航空安保方案，制定相应的实施程序。从事国际、地区和特殊管理航线运营的公共航空运输企业，其航空安保方案也应当符合相应规定。

其次，航空安保方案的形式和内容也要根据规章做出明确规定。公共航空运输企业航空安保方案应当由企业法定代表人或其授权人员签署，并以书面形式独立成册，采用易于修订的活页形式，在修订过的每一页上注有最后一次修订的日期。并且，航空安保方案的内容应当包括以下几种：公共航空运输企业的基本情况；航空安保组织机构及职责，包括负责航空安保工作的公司副总经理及其替代人员、航空安保机构负责人的姓名，以及 24 小时联系方式；制定的制度及程序，等等。

再次，制定好航空安保方案后，需要将其向所在地民航地区管理局报送并审定。对于新成立的公共航空运输企业的航空安保方案应当在申请运行合格证时一并报送。

最后，航空安保方案并非是一成不变的，公共航空运输企业应当在下列情形下对航空安保方案进行修订，以确保其持续有效：负责公共航空运输企业安保工作的组织机构或其职责发生重大变更的；发生重大威胁或事件的；航空安保法规标准发生重大变化的。

（二）运行安保措施

该规则对于安保措施的运行规定十分全面，包括从旅客信息到行李托运再到机上食品等一系列完整的规定，具体介绍如下：

首先，公共航空运输企业应当将使用的旅客订座和离港信息系统的类型、供应商信息向民航地区管理局备案。并且旅客订座和离港信息应当受到保护，不得被随意对外提供。公共航空运输企业应当采取相应安保措施，防止旅客信息被窃取或非法泄露。

其次，旅客办理乘机手续时，公共航空运输企业及其代理人应当采取措施核对乘机人的身份证件和行李。与此同时，公共航空运输企业应当制定程序，核对加入机组人员的身份证件、工作证件和乘机证明文件，确保人证相符。

再次，公共航空运输企业应当制定程序，确保旅客及其手提行李在登机前经过安全检查，不得违反航空安保法规标准运输未经安全检查的行李。已经安全检查和未经安全检查的人员不得相混或接触。如发生相混或接触，公共航空运输企业应当要求机场管理机构采取以下措施：对相应隔离区进行清场和检查;对相应旅客及其手提行李再次进行安全检查;如果旅客已进入航空器,应当对该航空器客舱实施安保搜查。

此外,公共航空运输企业应当确保只接收旅客本人的托运行李,以及公共航空运输企业的代理人或授权代表接收的托运行李。对通过安全检查的托运行李,公共航空运输企业应当采取措施或要求机场管理机构采取措施,防止未经授权的人员接触,直至在目的地交还旅客或移交给另一承运人。在机场办理乘机手续柜台以外地点托运的行李,已经过安全检查的,必须从托运地点开始实施安保控制直至装上航空器,防止未经授权的人员接触;未经过安全检查的,应当在机场采取相应的安检措施。同时,公共航空运输企业和机场管理机构应当采取措施,确保行李分拣、存放、装卸区仅允许授权人员持证进入,在装机前应当核对行李标签及数量,防止非本航班承运的行李装上航空器。对国际航班到达的错运行李和无人认领行李在存放和装机前,应当进行安全检查。并且,公共航空运输企业对已经办理乘机手续而未登机旅客的行李,不得装入或者留在航空器上。旅客在航空器飞行中途中止旅行时,必须将其行李卸下。这可以有效防止恐怖分子将炸弹等危险品放入行李混入航空器而不上飞机的情况。

更重要的是,对于无枪支运输许可证件的,公共航空运输企业不得接收托运枪支弹药。公共航空运输企业运输托运的枪支弹药时应当查验枪支弹药准运凭证;确认枪支和弹药分离;确认枪支弹药放置在安全可靠的封闭包装中,并保持锁闭;弹药运输应当符合危险品运输条件。托运的枪支弹药在装卸期间实行专人全程安保监控,在运输途中应当存放在旅客接触不到的区域。

与此同时,公共航空运输企业应当按照航空安保方案规定的程序,防止未经授权人员携带武器乘机。在接到警卫人员乘坐航空器的通知后,公共航空运输企业应当在登机前告知警卫人员必须随时保管好其武器,不得将武器放在行李箱内,并遵守携带武器乘机的相关规定;通知机长航空器上警卫人员的数量及每个警卫人员的位置;并且不得向警卫人员提供含酒精饮料;外方警卫人员在没有中方人员陪同乘坐境内公共航空运输企业航班的,应当遵守携带武器乘机的相关规定。

最后,航空器地面的安保措施也是民航反恐中非常重要的一环。公共航空运输企业应当采取措施,以便航空器执行飞行任务期间在地面停放时得到有效监护，监护措施及监护机构应当在其航空安保方案或者安保协议中列明。公共航空运输企业应当采取措施，以便航空器在机场过夜或未执行航班飞行任务停放期间得到有效守护，守护机构及守护措施应当在其航空安保方案或者安保协议中列明。与此同时，公共航空运输企业应当与航空器监护部门、机务维修部门、武警守卫部队等单位之间建立航空器监护和守护交接制度，并在其航空安保方案中列明。对于未使用而长期停场的航空器，应当将所有进出口关闭，将舱口梯或者旅客登机桥撤走，防止未经授权人员接触航空器。此外，公共航空运输企业应当采取适当措施，确保每日始发和每航段的航空器经过航空器安保检查。

同时，航线评估在反恐工作中也是十分重要的。公共航空运输企业开通国际航线的，应当对拟飞往机场的安全状况作出安保评估，并报民航地区管理局备案。公共航空运输企业应当对开航的国外机场进行持续的安保评估，根据评估，补充修改航空安保方案。公共航空运输企业驻外运营机构应当密切关注通航机场安保情况，并及时上报公共航空运输企业。为了保障这些能够顺利实施，公共航空运输企业就应当建立航空安保信息报告制度。发生非法干扰事件、因安保原因造成的安全事故、重要威胁信息、重大空防安全隐患，以及其他紧急事件情况之一的，公共航空运输企业应当立即报告民航地区管理局。

（三）安保应急处置

在民航领域，预防恐怖犯罪袭击十分重要，在发生恐怖犯罪后的应急处置同样重要，不及时、不完善的安保应急处置会给航空公司因恐怖袭击造成的损失之后带来更大的损失，而良好的安保应急处置则会将恐怖袭击带来的损失降到最低。因此，公共航空运输企业应当制定安保应急处置预案，并保证实施预案所需的设备、人员、资金等条件。公共航空运输企业应当确保预案中包含的所有信息及时更新，并将更新内容告知相关单位、人员。并且应当按照其航空安保方案的规定，定期演练应急处置预案。

首先，公共航空运输企业应当制定程序，按照本企业所在地区和航线航班飞往地区的威胁等级，启动相应级别的航空安保措施。航空器受到非法干扰威胁时，公共航空运输企业应当采取以下措施：立即将威胁信息、对威胁的初步评估以及将要采取的措施通知给民航局和民航地区管理局、相关机场管理机构和相关航班机长；要求机长将威胁信息、对威胁的评估以及将要采取的措施通知所有机组成员;航空器降落后,立即通知机场管理机构组织对航空器实施安保搜查。

其次,民航局根据威胁评估结果或针对民用航空的具体威胁,有权发布安保指令和信息通告,采取应对措施。公共航空运输企业应当遵守并执行民航局发布的安保指令和信息通告。

最后,公共航空运输企业在收到安保指令和信息通告后,应当制定执行安保指令和信息通告各项措施的具体方法。如果公共航空运输企业没有能力执行安保指令中的措施的,应当在安保指令规定的时间内向民航地区管理局提交替代措施。公共航空运输企业以及收到安保指令或信息通告的人员应当对安保指令或信息通告中所含限制性信息采取保密措施,未经民航局书面同意,不得把安保指令、信息通告中所含信息透露给无关人员。公共航空运输企业应当制定传递非法干扰行为机密信息的程序,也不得擅自泄露信息。

二、《民用航空运输机场航空安全保卫规则》(CCAR-329)

该规则已经于2013年6月20日中国民用航空局局务会议通过,自2013年9月1日起施行。安保规则共分八章,总则、一般规定、航空安保方案、运行航空安保措施、安保应急处置、监督管理、法律责任以及附则。其中第四章运行航空安保措施是应对恐怖主义中最为重要的一章,下面进行重点介绍:

机场,亦称飞机场、空港,较正式的名称是航空站,,是固定翼飞机、直升机或飞艇起飞和降落的场地。机场的组成至少需要一个平面,如跑道、直升机停机坪或水面,而且往往包括一些建筑物,如塔台、机库和航站楼。大型机场可能有机场地勤服务、水上飞机停泊码头和机坪、空中交通管制和旅客设施,如餐厅和酒廊,以及灾难应对服务。[1] 由于机场的运行复杂,涉及面广,因此有关机场安保的措施就会比航空公司的多很多,要求也更为详细。

第一,关于机场开放使用的安保要求是机场安全的首要保障。首先,机场根据年旅客吞吐量以及受威胁程度划分安保等级,实行分级管理。其次,机场的开放使用,应当满足下列安保条件:(1)设有机场控制区以及符

---

〔1〕 载 http://baike.so.com/doc/1377238.html,2014年6月22日访问。

合标准的防护围栏、巡逻通道，并配备专门的值守人员；(2)派驻有机场公安机构并配备与机场运输量相适应的人员和装备；(3)设有安全检查机构并配备与机场运输量相适应的人员和设备；(4)设有专职消防组织并按照机场消防等级配备人员和设备；(5)制定有航空安保应急处置预案并配备必要的设施设备；(6)具有经审定的航空安保方案等。

第二，机场管理机构应当按照规定，会同相关驻场单位划定机场控制区。首先，机场控制区根据安保需要，划分为候机隔离区、行李分拣装卸区、航空器活动区和维修区、货物存放区等。机场控制区的具体划分情况应当在航空安保方案中列明。其次，机场控制区应当有严密的航空安保措施，实行封闭式分区管理。从航空器维修区、货物存放区通向其他控制区的道口，应当采取相应的安保控制措施。最后，机场管理机构应当设置受到非法干扰威胁的航空器隔离停放区，并在航空安保方案中列明。

第三，机场管理机构应当保持机场控制区防护围栏处于持续良好状态，并配备相应人员进行巡逻检查，及时发现并消除安全隐患。进出机场控制区的道口应当具有与防护围栏同等隔离效果的设施保护。

第四，机场控制区应当实行通行管制，进入机场控制区的工作人员、车辆应当持有机场控制区通行证。申办控制区通行证人员应当通过证件使用和管理的培训。同时，对因工作需要一次性进入机场控制区的人员，凭驻场接待单位出具的证明信，经发证机构审查合格后为其办理一次性通行证。申办一次性通行证的人员范围、管理程序及证件信息应当在航空安保方案中列明。因工作需要进入机场航空器活动区的车辆，应当办理机场控制区车辆通行证，并且，发证机构应当定期核查持证人背景调查资料，确保持证人员持续符合要求。机场控制区人员、车辆通行证的发证机构和管理规定，应当在航空安保方案中列明。

第五，机场管理机构应当制定措施和程序，并配备符合标准的人员和设施设备，对进入机场控制区的人员、车辆进行安全检查，防止未经许可的人员、车辆进入。乘机旅客应当通过安全检查通道进入指定的区域候机和登机。工作人员进入机场控制区应当佩戴机场控制区通行证件，经过核对及安全检查，方可进入指定的控制区域。此外，对进入机场控制区的工具、物料和器材应当实施安保控制措施。道口和安检通道值守人员应当对工作人员进出机场控制区所携带的工具、物料和器材进行检查、核对和登记，带出时予以核销。使用单位应当明确专人负责工具、物料和器材在机场控制区内的管理。控制区内使用的刀具等对航空安全有潜在威胁的物品,应当编号并登记造册。运输航空配餐和机上供应品的车辆进入机场控制区应当全程签封,道口安检人员应当查验签封是否完好并核对签封编号。

第六,候机隔离区应当封闭管理,凡与非隔离区相毗邻的门、窗、通道等部位,应采取有效的隔离措施。首先,机场应当配备与旅客吞吐量相适应的安检通道及安检人员和设备,确保所有进入候机隔离区的人员及物品经过安全检查。其次,机场应当建立符合标准的安检信息管理系统,及时收集、存储旅客安检信息。再次,已经通过安全检查的人员离开候机隔离区再次进入的,应当重新接受安全检查。已经通过安全检查和未经安全检查的人员不得相混或接触。最后,机场管理机构应当制定程序,确保乘坐入境航班在境内机场过站或转机的旅客及其行李,在未重新进行安全检查前,不得与其他出港旅客接触。但是,与中国签订互认航空安保标准条款的除外。

第七,除经国家警卫部门确定的警卫对象的警卫人员;持有工作证、持枪证、持枪证明信以外,任何人员不得携带武器乘机。对公共航空运输企业收运的枪支弹药进行安全检查时,应当确认枪支和弹药分离。

第八,航空器在地面的安保应当明确划分责任,并分别在机场、公共航空运输企业航空安保方案中列明。执行航班飞行任务的民用航空器在机坪短暂停留期间,由机场管理机构负责监护。航空器在机场过夜或未执行航班飞行任务停放期间,应当由专人守护。航空器停放区域应当有充足的照明,确保守护人员及巡逻人员能够及时发现未经授权的非法接触。航空器隔离停放位置的照明应当充足且不间断。

第九,塔台、区域管制中心、导航设施、机场供油设施、机场主备用电源、其他如遭受破坏将对机场功能产生重大损害的设施和部位等都是机场的要害部位,要害部位的安全保卫应当明确主责单位,并由其制定安保制度和应急处置预案,采取相应的航空安保措施。要害部位的航空安保措施应当在机场航空安保方案中列明。首先,对塔台、区域管制中心等对空指挥要害部位应当实行严密的航空安保措施,非工作需要或未经授权者严禁入内。其次,对进入或接近要害部位的人员应当采取通行管制等航空安保措施。再次,导航设施和其他要害部位应当有足够的安全防护设施或人员保护。最后，在威胁增加情况下，应当及时通知有关单位强化航空安保措施，并按应急处置预案做好备用设备的启动准备。

第十，机场非控制区的航空安保措施也应当符合航空安保法规标准的要求，其内容应当纳入机场、公共航空运输企业航空安保方案。首先，机场公安机关应当保持足够警力在机场候机楼、停车场等公共区域巡逻。其次，候机楼前人行道应当设置相应的安全防护设施，防止车辆冲击候机楼。再次，候机楼内售票柜台及其他办理登机手续设施的结构应当能够防止旅客和公众进入工作区。所有客票和登机牌、行李标牌等应当采取航空安保措施，防止被盗或者滥用。设在候机楼内的小件物品寄存场所，其寄存的物品应当经过安全检查。最后，无人看管行李、无人认领行李和错运行李应存放在机场的指定区域，并采取相应的航空安保措施。机场管理机构应当对保洁员等候机楼内工作人员进行培训，制定对候机楼内卫生间、垃圾箱等隐蔽部位的检查措施以及发现可疑物品的报告程序。并且机场管理机构应当组织制定对候机楼、停车场等公共区域发现的无主可疑物或可疑车辆的处置程序并配备相应的防爆设备。候机楼地下不得设置公共停车场；候机楼地下已设有公共停车场的，应在入口处配置爆炸物探测设备，对进入车辆进行安全检查。

第六章　航空恐怖主义犯罪的技术防控

近年来，随着国际形势的复杂多变，各种各样的恐怖活动此起彼伏，如爆炸、劫持飞机、绑架、暗杀、武装袭击以及寄送邮件炸弹等。自从美国“9·11”恐怖袭击事件以来，各国一直小心提防可能出现的安全威胁。“9·11”恐怖袭击的阴影至今仍在，全世界反恐的行动也一直没有停止。在反恐方面历来都是预防重于打击，防范工作做到前头就会避免很多后续的麻烦，所以，防范各类恐怖袭击具有非常重要的意义。人防、物防、技防是安全防范的重要范畴，其中人力防范和实体防范是古已有之的传统防范手段，它们是安全防范的基础。随着科学技术的不断进步，这些传统的防范手段也不断融入新科技的内容。技术防范的概念是在近代科学技术（最初是电子报警技术）用于安全防范领域并逐渐形成的一种独立防范手段的过程中所产生的一种新的防范概念。由于现代科学技术的不断发展和普及应用，“技术防范”的概念也越来越普及，技术防范的内容也随着科学技术的进步而不断更新。在科学技术迅猛发展的当今时代，可以说越来越多的高新技术都将或迟或早地移植、应用于安全防范工作中。因此，“技术防范”在安全防范技术中的地位和作用将越来越重要，它已经带来了安全防范的一次新的革命。民航作为一个高科技含量的行业，在防控恐怖主义方面自然就需要更加依赖高科技手段的介入，因此，在民航反恐过程中，技术防范就显得格外重要。

第一节　航站楼智能化系统技术

民航机场候机楼历来都是恐怖分子袭击的首先选择的目标，在候机楼进行恐怖袭击要比在飞机上进行恐怖袭击方便很多，也相对容易得手，因此，在候机楼里发生的恐怖袭击时有发生。2013 年 10 月 13 日下午 7 点左右（当地时间）美国洛杉矶国际机场候机楼发生爆炸，爆炸发生在 2 号航站楼，导致四趟航班延误。当地时间 2011 年 1 月 24 日 16 时 40 分左右（北京时间 1 月 24 日 21 时 32 分左右），莫斯科多莫杰多沃机场抵达大厅内发生自杀式炸弹爆炸，袭击造成 35 人死亡、180 人受伤。爆炸发生在国际抵达大厅的行李提取处。恐怖分子走过了国际到达等候大厅，混在十分拥挤的接机人群中引爆了爆炸装置。航站楼在民航地面安全中占有首要地位，一方面因为航站楼人员集中密集，若发生恐怖袭击的话，受灾人数多；另一方面恐怖分子经过安检进入隔离区后，就直接可以上飞行器，起飞后安全不易控制，并且航站楼如若发生恐怖活动就会影响航班的正常运行时间，进而影响整个机场乃至更大范围。因此，如何防范航站楼恐怖活动就变得至关重要，而技术防范是其中最关键的一步。

一、视频监控系统

近年来，随着民航旅客运输量的急剧增加，各种民航恐怖事件也频繁发生，造成了重大的人员伤亡和财产损失。如何防止航站楼内发生恐怖活动，对于保障社会稳定具有非常重要的意义。由于大型机场航站楼旅客多、监控区域广，因此利用机场航站楼视频监控系统进行民航恐怖的技术防范具有深远的意义和科学的实用性。

视频监控系统是机场安全防范系统的基础系统。视频监控系统能直接对现场的情况进行监视，其他安防系统可以将各自探测感知的报警信息传递给视频监控系统，进行信息共享和联动，及时调配人员和设备，对报警现场进行综合处理。视频监控系统作为机场安全防范系统的重要保障系统，监控点主要分布在候机厅、安检通道、登机口、电梯、地下车库、建筑顶层、室外道路、飞行跑道、周界防范等位置，在不同场合设置不同类型的摄像系统，监视不同功能区域的人流秩序、现场状况、重要通道及设施设备状态,保障机场业务正常运营、航班运行及内部安全管理的需要。[1]

机场最突出的特点就是面积大——占地范围广,跑道长 2 ~ 3km,大型机场周界长度可达数十千米,航站楼的跨度也可能长达上千米。这一特点决定了机场视频监控系统的特点之一就是监控点跨度大、信号传输距离远、监控点数多。机场的另一个重要特点就是运营过程复杂,所涉及的单位众多(包括机场、航空公司、空管等),单位内还有分工各不相同的许多部门(如安检、地勤、地服、配餐、货运,另外还有海关、边检、检验检疫、公安等)。各个单位和部门对视频监控系统有不同的需求,所以机场视频监控系统的另一个特点就是分控中心多、需求复杂,同一区域不同单位关注的重点也不同,以致有时会发生对摄像机使用的冲突。[2]

(一)视频监控系统经历的三个阶段的发展

智能视频监控系统技术应用主要包括几个大类:(1)对人、物的识别;(2)对人、物运动轨迹的识别;(3)对视频环境影响的判断和补偿。

智能视频监控系统发展了短短二十几年时间,从最早模拟监控到前些年火热数字监控再到现在方兴未艾网络视频监控,发生了翻天覆地的变化。在 IP 技术逐步统一全球今天,我们有必要重新认识视频监控系统发展历史。从技术角度出发,视频监控系统发展划分为第一代模拟视频监控系统(CCTV),到第二代基于"PC + 多媒体卡"数字视频监控系统(DVR),到第三代完全基于 IP 网络视频监控系统(IPVS)。

1. 第一代视频监控:传统模拟闭路视频监控系统(CCTV)

该系统依赖摄像机、缆、录像机和监视器等专用设备。例如,摄像机通过专用同轴缆输出视频信号。缆连接到专用模拟视频设备,如视频画面分割器、矩阵、切换器、卡带式录像机(VCR)及视频监视器等。模拟 CCTV 存在大量局限性:有限监控能力只支持本地监控,受到模拟视频缆传输长度和缆放大器限制。有限可扩展性系统通常受到视频画面分割器、矩阵和切换器输入容量限制。录像负载重用户必须从录像机中取出或更换新录像带保存,且录像带易于丢失、被盗或无意中被擦除。录像质量不高是主要

---

[1] 陆思武:"机场视频监控模式及应用",载《中国安防》2008 年第 5 期。

[2] 柳树青:"民航机场视频监控系统的发展与展望",载《智能建筑与城市信息》2012 年第 8 期。

限制因素。录像质量随拷贝数量增加而降低。这是和当时的电子技术发展水平相关联的。这类监控系统的视频信号没有经过任何数字化编码压缩,图像相对清晰,其缺点也十分明显:一是系统的功能有限、扩展能力不足;二是应用的范围较小;三是部分间相互独立、联动性差。由于这一时期的视频监控系统的信息流主要是以模拟的视频信息的形式传输,所以也被称为第一代模拟监控系统。[1]

以广州白云机场为例:在航站楼主楼设有中央矩阵(一级矩阵);在东、西连接楼设有四个二级区域性分矩阵,接入各区域的摄像机;在边检机房、海关机房、行李系统机房共设三个二级功能性分矩阵,接入各自的专用摄像机。一级矩阵与二级矩阵之间采用光缆建立双向视频传输通道,构成一个矩阵网络。各个矩阵之间可以根据需要及授权互调视频信号,因而也可以将这个矩阵网络视为一个大的矩阵。各矩阵输出视频至相应的监视器墙,利用硬盘录像机进行录像。系统中采用了部分数字技术,但整体来说还是模拟视频监控系统。

2. 第二代视频监控:当前"模拟—数字"监控系统(DVR)

20 世纪 90 年代中后期,视频监控在采集设备、传输设备、显示设备、存储设备等方面都有了很大的改善,同时,随着计算机技术和视频技术的不断发展,吸收了部分数字监控的特长,进入了部分数字化视频监控系统阶段。"模拟—数字"监控系统是以数字硬盘录像机 DVR 为核心半模拟—半数字方案,从摄像机到 DVR 仍采用同轴缆输出视频信号,通过 DVR 同时支持录像和回放,并可支持有限 IP 网络访问,由于 DVR 产品五花八门,没有标准,所以这一代系统是非标准封闭系统,DVR 系统仍存在大量局限:复杂布线"模拟—数字"方案仍需要在每个摄像机上安装单独视频缆,导致布线复杂性。有限可扩展性 DVR 典型限制是一次最多只能扩展 16 个摄像机。有限可管理性需要外部服务器和管理软件来控制多个 DVR 或监控点。有限远程监视/控制能力不能从任意客户机访问任意摄像机。只能通过 DVR 间接访问摄像机。磁盘发生故障风险与 RAID 冗余和磁带相比,"模拟—数字"方案录像没有保护,易于丢失。

3. 第三代视频监控:未来完全 IP 视频监控系统 IPVS

20 世纪 90 年代末,视频监控系统依托于快速发展的宽带网络技术、数

[1] 宫晓东:"视频监控在侦查破案中的应用",载《公安教育》2014 年第 2 期。

字编解码技术、视频压缩技术和智能计算机技术以及不断更新换代的各类视频处理技术软件，快速步入了网络化、数字化和信息化的时代。因此，这一时期的视频监控系统是信息化背景下全数字网络化视频监控系统，也被称为第三代数字化视频监控系统。这一时期的视频监控系统在数据存储、数据查询、数据传输方面更为快速便捷，由于多为电子设备构成，集成程度高，其存储的设备体积更小、时间更长而且数据更加稳定，系统更易于安装、管理和维护。

全 IP 视频监控系统与前面两种方案相比存在显著区别。该系统优势是摄像机内置 Web 服务器，并直接提供以太网端口。这些摄像机生成 JPEG 或 MPEG4 数据文件，可供任何经授权客户机从网络中任何位置访问、监视、记录并打印，而不是生成连续模拟视频信号形式图像。全 IP 视频监控系统的巨大优势是简便性——所有摄像机都通过经济高效有线或者无线以太网简单连接到网络，能够利用现有局域网基础设施，可使用五类网络缆或无线网络方式传输摄像机输出图像以及水平、垂直、变倍（PTZ）控制命令（甚至可以直接通过以太网供）。强大中心控制——一台工业标准服务器和一套控制管理应用软件就可运行整个监控系统。易于升级与全面可扩展性——轻松添加更多摄像机。中心服务器将来能够方便升级到更快速处理器、更大容量磁盘驱动器以及更大带宽等。全面远程监视——任何经授权客户机都可直接访问任意摄像机，也可通过中央服务器访问监视图像。坚固冗余存储器——可同时利用 SCSI、RAID 以及磁带备份存储技术永久保护监视图像不受硬盘驱动器故障影响。

智能视频监控在中国的应用和推广时间并不长。但是随着国内外治安形势的新发展，尤其是近些年来，暴力恐怖犯罪不断增多，给社会管理带来了许多新的问题，社会大众公共安全意识逐渐提高，尤其是公安部推出了一系列加强城市治安视频监控的措施，尤其是天网工程[1]在全国的迅

[1] 天网工程是指为满足城市治安防控和城市管理需要，利用 GIS 地图、图像采集、传输和控制软件组成，对固定区域进行实时监控和信息记录的视频监控系统。天网工程通过在交通要道、治安卡口、公共聚集场所、宾馆、学校、医院以及治安复杂场所安装视频监控设备，利用视频专网、互联网、移动等网络通网闸把一定区域内所有视频监控点图像传播到监控中心（即“天网工程”管理平台），对刑事案件、治安案件、交通违章、城管违章等图像信息分类，为强化城市综合管理、预防打击犯罪和突发性治安灾害事故提供可靠的影像资料。

速推开,国内市场对智能视频监控的需求发展十分迅速,多个科研机构和企业界也开始大力开展这一领域的研究。中国科学院自动化研究所模式识别国家重点实验室视觉监控小组设计并初步实现了一个拥有完全自主知识产权的交通监控原型系统 Vstar(Visual Surveillance Star),汉王科技公司与以色列的 Mate 公司合作推出了基于越界、徘徊、遗留、消失、定向运动等多种行为的视频检测嵌入式产品(陈功等,2009)。上海交通大学、清华大学、华中科技大学等科研单位的相关实验室,在行人运动分析、交通行为事件分析、交通场景视频监控和智能轮椅视觉导航等领域也开展了相关的研究。[1]

(二)宽带技术应用于民航技防

近年来,随着无线宽带技术的日趋成熟,无线宽带的应用范围也越来越广泛,基于已在桂林机场部署应用的无线宽带网络接入专网,一些专家提出一种基于无线宽带覆盖,并集成原有有线视频监控系统的多媒体移动视频监控与联动调度系统。该系统作为传统视频监控系统的延伸和扩展,既可以在不抛弃原有系统的基础上实现无缝对接,又保持了无线宽带的灵活性和移动性,工作人员在无线信号覆盖范围内,可在任意位置利用无线手持终端或配有无线 modem 的高清摄像头采集现场视频,并将视频实时传送给监控指挥调度中心的调度服务器;同时,利用无线宽带的可移动性,现场工作人员可以在高速移动中(步行或车载)实现视频调阅,或将实时回传现场视频。本系统不但解决了视频监控采集设备部署的可移动性,避免了传统视频监控系统的监控盲区,而且提供了视频监控中心的可移动性。操作员与指挥员可在任意时间,任意地点通过手持终端调阅历史与实时视频信息。最后,通过与语音集群调度系统以及机场生产作业指令调度系统的进一步集成,该系统不但直接对现场视频进行移动采集与分发,而且可与其他系统协同作业,例如,将其他传感器网络(如周界检测系统)探测感知的报警信息传递给视频监控系统,进行信息共享和联动反应,及时调配人员和设备,对报警现场的实际情况做综合处理等。移动视频监控与联动调度在民航机场生产运营与调度指挥中具备极大的应用前景,与应急指挥

---

〔1〕 李峰:"智能视频监控系统中的行人运动分析研究",中国科学技术大学2011年博士学位论文。

系统的集成为处理突发事件提供了音、视频完全可追溯的保障手段，极大地提升了机场处理恐怖活动紧急事件的能力与效率。[1]

无线宽带视频监控与联动调度系统在机场的部署应用取得了良好的效果，但从系统设计与实现的角度看，仍处于初期阶段，有很多应用还有待于进一步的挖掘和探索。下一步的工作重点将主要集中在以下两个方面：一方面，深入理解无线移动视频传输中由于无线信号覆盖等原因造成的带宽波动对视频传输的影响，提升视频压缩编码效率，降低功耗，提高传输效率；另一方面，将 VDSS 平台的应用程序开发接口标准化并开放给机场业务用户，集合多方面的力量深入挖掘潜在应用，不断丰富与完善系统的功能与性能。[2]

伴随着国家科技的发展，民航业发展势头强劲，"9·11"事件之后，国际民航业的发展面临恐怖主义的威胁，近几年的恐怖活动将视野从航空器扩展到航站楼，因此视频监控系统在机场的整个安全保障体系中的作用就越来越重要，它不仅可以防止发生在机场的恐怖活动，同时可以将准备到航空器上进行恐怖袭击的恐怖分子分析出来，还可以在后续的侦查中通过监控视频找到恐怖分子，不让恐怖分子逃脱法网。

二、出入口门禁系统

安全一直以来是民航工作的重中之重，为了增强空防安全、实现机场内人员出入机场的有效控制，现在机场的航站楼一般都会安装门禁系统。航站楼门禁系统是一种管理机场人员进出机场各个部门的数字化管理系统，目前在机场环境下最通用的还是非接触 IC 卡门禁系统。这种门禁系统在一定程度上会无法控制恐怖分子的航站楼进入情况，因此研究新的门禁技术是保障航站楼安全的重中之重。随着机场的不断发展，安防已显得越来越重要。作为对不断上升业务量的一个保证，强化机场安全将是确保机场良好发展的一个重要手段。在如何做到加强机场安全方面，门禁系统将是一个不可或缺的保障系统，它与消防和监控形成联动，形成一个无人值守的安全管理系统。门禁系统的形成对加强整个机场人员的安全管理

---

〔1〕 何良军："民航机场无线宽带移动视频监控与联动调度系统的设计与应用"，载《现代电信科技》2010 年第 7 期。

〔2〕 Aggarwal J, Cai Q., Human motion analysis: a review, *Computer Vision and Image Understanding*, 1999, 73(3) pp. 428 – 440.

也是一个强有力的支撑。[1]

机场门禁网络管理系统设计是根据机场的具体需求量体裁衣，既可设计为单一管理功能，又可实现多项功能的综合管理，保证系统资源的充分利用；模块化设计和感应式辨别使门禁具有检测、巡更于一体，安全可靠，可塑封使用等特点；再加上中央管理计算机记录所有系统事件，配置相关的管理软件按管理要求进行记录查询并自动生成各种监测管理报表。这些使机场门禁网络管理系统将以简单易操作的界面、直观的感觉、完善的功能进入一个全新的门禁管理视野。在美国“9·11”事件以后，有关安全问题更是成了当今社会关注的热点问题。人们急需一种高安全、高可靠且设置安排更为灵活的新型身份认证技术。而这些需求的终极解决方式非生物特征识别技术不可。自动人脸识别作为生物特征识别技术的主流，以其自然方式下的高稳定性等优势受到人们的青睐。自动人脸识别技术是一种典型的有关图像理解、图像分析与分类的问题。通过对上述人脸识别技术的研究，必将推动人机交互、图像处理与分析、模式识别、生理学、心理学以及认知科学等诸多学科的发展。[2]

计算机网络与通信技术的飞速发展让现代社会对门禁系统身份识别的准确性、安全性与实用性提出了更高的要求。根据系统的不同，高安全性门禁系统的功能除了具备传统的门禁控制管理系统所必备的查询、监测、统计、考勤、遥控、卡及用户管理、系统维护等功能外，更重要的是实现防尾随、反潜回、防胁迫（胁迫报警）等特殊功能。一些重要场合使用的门禁系统还可能提出包括消防报警监控联动、网络设置管理监控、逻辑开门功能等特殊功能。

门禁网络管理系统是一种专门设计用于大型公共安全场所的联网型门禁控制系统，它既可单机使用，亦可联网 127 台使用，模组化匹配使用的设计理念方便进行系统管理功能扩展，单机管理扩展多达 9999 张卡片的门禁控制器。同时门禁控制主机可配合 PC 机或兼容机十分准确地实时监控、记录不同区域人员的出入情况，统计员工的情况，可分时段、区域、班

---

〔1〕 贺辉：“充分发挥门禁系统作用”，载《江苏航空》2011 年第 4 期。

〔2〕 赵福梅：“人脸识别系统在嵌入式门禁系统中的研究与设计”，山西太原理工大学 2013 年硕士学位论文。

组，对人员出入进行管制，同时控制电梯、空调、通风、背景音乐、灯光照明、报警组成自动化控制系统。目前，机场的门禁网络建设主要以网络管理软件和网络适配器来实现。[1]

目前主要应用的门禁识别系统都是依托生物识别技术实现的，如指纹、脸部、声音、静脉等。其中指纹识别是航站楼智能化门禁系统的主要手段，指纹自动识别技术是当今发展最成熟的一种生物识别技术，指纹作为人体生物识别的一种方式，它具有以下几个显著的优点：确定性：每个指纹在人六个月的时候形成，以后终身不会改变，即使被划伤、烧伤，只要不伤及真皮，都不会改变他的指纹形状。唯一性：两个完全一样的指纹出现的概率非常小，不超过600亿分之一。取样简单：只需一个电容或光学的指纹采集器就可采集指纹图像。存储数据少：指纹识别中使用的模板只是从指纹图片中提取的特征字节，而不是整幅指纹图片，特征字节的大小为300B～400B，所需存储容量相对较小。另外，与磁卡相比IC卡作为个人指纹的载体又具有以下几个优点：IC卡片使用寿命较长，一般可反复读写10万次以上；卡片存储容量大，具有足够空间存放指纹图像的特征数据；加密存储卡具有逻辑加密功能，卡片受密码保护，可以防止非法复制。门禁系统将卡持有者的指纹加密后存储在智能卡上，并在智能卡的读写机具（或系统上）加装指纹识别系统，当持卡者将卡插入智能卡读写机具时，读写机具首先将指纹信息读出来并要求用户比对指纹，通过比对卡上的指纹和持卡者本人的指纹就可确定持卡者是否为卡的真正主人。这样便保证了只有真正的卡主人才能使用这张卡。我们将这种加装了指纹识别系统和智能卡读写机具的门闸称为指纹IC卡门闸。将指纹识别技术和智能卡结合起来，是目前门禁系统中最具有前景的身份认证方案。它不但解决了纸质门票的身份认证难题，而且由于实现了"人卡合一的"计算机管理，也为管理者提供了灵活的门禁方案。[2]

现在由于民航恐怖主义活动的猖狂，门禁系统技术又有了新的发展。虚拟凭证卡技术可实现门禁和电脑桌面登录的融合。当今的技术使智能手机能够通过互联网接收来自服务提供商的虚拟卡片及相关信息，并将带

---

[1] 楼窕玉："机场门禁网络管理系统建设和应用"，载《中国安防》2008年第5期。
[2] 马龙："指纹识别的门禁系统"，天津市电视技术研究会2009年年会会议论文。

有虚拟凭证卡的智能手机在 iCLASS SE 读卡器前读取。这些手机还能产生一次性的动态密码(One Time Password,OTP),从而安全地登录到另一部移动设备或桌面电脑上,并访问网络。此外,后台融合技术的进步将为电脑和网络登录提供强大的验证和卡片管理功能,确保在塑胶卡片及智能手机上均可进行身份信息的管理。基于更多用户越来越不愿使用一次性动态密码和密钥卡的需求,仅用单一凭证卡就能开启楼门、登录网络、访问应用和其他系统已成为主流趋势。使用单一凭证卡将更加方便简捷,而且能在整个 IT 基础设施内的关键系统和应用中进行身份验证,极大地提高了系统的安全性。这种方式使航站楼能利用现有凭证卡的投资,增加电脑桌面网络登录,并在航站楼网络、系统和设施方面建立一个完全可互操作、多层次的安全解决方案,降低部署和运营费用。在融合解决方案的同时还有助于企业满足监管要求,在企业内实现一致的审计记录,同时通过合并任务来削减费用的支出。[1]

门禁系统技术发展的另一方面,是门禁系统和其他建筑智能化系统的整合,主要是整合视频监控系统、入侵报警系统、周界探测系统、消防报警系统、楼宇自动化系统。这种组合提供了有效的结构以增强各系统的互相补充。例如,一旦有了触发警报的事件,就会发信号给视频监控系统以便提供事件现场的实时录像,同时联动门禁系统封锁相应的门禁通道。然而,另外一些不容忽视的细节性问题也应该得到关注,那就是门禁系统要安装大量传感器,包括存在传感器、防撞感应器、防夹感应器等,以确保自动门感应到、撞上或夹住人体时能够迅速停止运行甚至反方向运行,以减小对人体的伤害。在防止潜入方面可以采取二道门控制方案,如其中的两道门设置为双门互锁即同时最多只能打开一道门,俗称 AB 门或互动门。不管是进门还是出门,双门互锁的开门方式可以是刷卡或者刷卡加密码。打开二道门的方式可以随意组合。另外通过二道门时只能用一张卡,也就是一张卡必须有进入记录后才能刷卡打开第二道门。未来门禁系统的发展会是利用网络和多生物识别技术控制的特殊禁系统,能解决各种可能情

---

〔1〕 胡先涛、汪绍庆、朱金欢等:“某国际机场门禁系统设计及应用”,载《智能建筑与城市信息》2013 年第 9 期。

况也是高安全性门禁系统的前进方向。[1]

通过门禁系统软件和硬件的完美结合，在充分利用系统原有设备的基础上完成门禁系统，是全数字化、网络化、结构化的集散型网络控制系统。现场控制器既可以联网运行，又可脱机操作，主控计算机可实时监控，也可按管理工作需要定期传递、处理资料，达到门禁系统建设的要求。随着我国信息产业技术的快速发展，生物识别技术和 IC 卡技术分别在各自领域取得了广泛的应用。在此基础上，将两者结合在一起出现了"人卡合一"的指纹 IC 卡技术，并制定了一种指纹 IC 卡电子门禁系统。该系统将成熟的指纹生物识别技术和 IC 卡技术紧密结合在一起，很好地解决了门闸系统中的身份认证问题，具有可靠性强、安全性高等特点。目前该系统已现场实时运行，取得了良好的运行效果。这些有关航站楼门禁系统的技术成果都对打击民航恐怖主义有着良好的作用和效果，将恐怖主义扼杀在萌芽里是我们民航整体产业的共同希冀。

三、预警、报警系统

（一）机场应急管理系统

机场航站楼周界监控、报警系统是航站楼重要子项之一——民航安全专项整治工程的重要组成部分。近年来，民用机场的安全保卫工作正面临着恐怖主义民族分裂势力和其他敌对势力空前严重的现实威胁，形势严峻，任务极为繁重。如何严密防范措施，切实增强机场安全防范能力，是目前加强安全工作的核心问题。而机场飞行区的入侵防范工作由于防范区域广、防范手段单一，成为目前机场安全保卫工作的薄弱点。因此，建一个整合多种技术手段、多道防线、分而不散、安全可靠、管理灵活的机场飞行区妥防信息系统，有效地实现对翻越和破坏飞行区的非法入侵行为及时发出报警、警报、和警告，以达到及时处置、核实和防范的目的，确保飞行安全，是十分必要和重要的。[2]

我国的预警信息管理研究起步较晚，在民航领域的应用研究才刚起步，大部分航空公司或机场都没有成熟的预警管理系统，也没有专门机构

---

〔1〕 王静："高安全性门禁系统的研究"，南京林业大学 2013 年硕士学位论文。

〔2〕 王鹏瑞："关于某机场飞行区周界监控、报警系统系统功能的分析与探讨"，载《无线互联科技》2013 年第 3 期。

负责预警管理。相对来说,像美国等一些发达国家的预警管理在民航领域得到了较为充分的应用。民用运输机场安全预警系统要对机场安全状态进行监测、诊断与预控,其目的就在于预防机场事故隐患的不良趋势和危机状态,保证系统处于功能正常和良性运转之中。机场预警系统运转时,各部门子系统收集的指标数据信息经过汇总、识别、评价之后,由预警中心诊断出指标的状态。当指标处于正常时,就继续进行监测,不进入预控管理阶段;当指标处于警戒状态时,提出预控对策方案,并提交上级审批后,由当事部门负责实施,而且实施后还要评价纠正措施的有效性,直至作业恢复正常;当指标处于危机状态时,就立即提交应急危机管理机构,做出相应决策,尽快化解危机。整个系统可以作为机场应急指挥系统的支持和辅助系统,能够提前为应急指挥做好准备工作。[1]

因此,民航机场预警与应急联动信息管理系统应集网络调度系统、有线通信调度系统、无线通信语音调度系统、语音记录系统、移动目标定位系统等多种系统于一体,具有指挥调度功能。民航机场预警与应急联动信息管理系统应包括应急信息管理与应急指挥。应急信息管理系统即进行监测、预警、应急准备、应急响应、恢复/评估/分析五个过程的系统,应急联动并不是单纯的指挥救援,还包含着前期的预案,以及事故发生后的恢复评估等环节,起着"防微杜渐"和"亡羊补牢"的作用。应急指挥系统有报警、调度和指挥、现场处置、处置结束等环节。其中,应急信息管理体系是核心,一案三制(预案、体制、机制、法制)是应急管理的业务体系,它更加清晰地定义了应急的组织机构、突发事件处置的业务流程等。应急联动信息系统是由业务模式和技术系统构成的。其中,业务模式是基础,没有一个好的应急联动体制,再完美的技术也是徒劳。[2]

（二）机场预警系统的种类

机场的预警系统主要包括四种:

1. 周界报警系统:此系统可对机场围界的入侵进行监视和告警,它可

---

〔1〕 Hong－bing Du, Ming Liu: Study on Forewarning Information Management System of Civil Airport, 2010 ETP/IITA 2010 International Conference on Management Science and Engineering.

〔2〕 边宏宇:"关于实施民航机场预警与应急联动信息管理系统的探讨",载《内蒙古科技与经济》2007 年第 1 期。

以显示每个防区的入侵报警具体位置,提供成熟易用的图形用户界面,具备所有管理功能如入侵探测报警、事件和设备等。报警中心设有报警系统管理机、网络控制器、报警输出板等。现场控制设备包含报警处理单元、通用输入/输出模块、12V 直流电源等,放置于振动光缆控制机箱内。振动光缆控制机箱安装在围界内侧约 2m 处地面上。前端探测设备包含振动光缆和双光束激光对射装置。在钢筋网围界区段采用振动光缆作为前端探测设备,振动光缆布置在钢筋网围界上,并穿专用护套保护。每个防区长度约为 150m,共有两个防区。传输系统。振动光缆接入振动光缆控制机箱后与报警中心采用 8 芯多模室外光缆连接。光缆连接各振动光缆控制机箱沿围界内侧 4m 穿 PVC 管敷设(PVC 管材料统计见监控系统),管道埋深 1. lm。双光束激光对射装置通过一根控制电缆(与其电源线共用)接入监控系统综合机箱内,控制电缆沿地面及围界就近铺设。

2. 周界监控系统:该系统为模拟系统,由枪式摄像机、球形摄像机、传输线路及传输设备、视频分析单元、硬盘录像机、管理计算机、监控终端及其他配套设施组成。周界监控系统作为机场集中监控系统的子系统,应满足机场集中监控系统对其实施监视、存储和控制,所以该系统的选型应结合机场集中监控系统设备选型,该系统控制协议应与机场集中监控系统控制协议一致。

3. 周界广播系统:广播系统由音频矩阵、监控管理主机、综合机箱、传输线路及传输设备和室外扬声器组成。根据飞行区周界长度以及飞行区环境特点,扬声器选择指向陛很强的号角扬声器。从机场运行指挥中心友楼弱电机房到扬声器的音频信号,通过周界监控系统中的光端机传输到综含机箱,再通过音频线传输至扬声器。

4. 周界辅助照明及供配电:围界配套辅助照明子系统是系统中一个对在黑暗情况下摄像质量影响非常大的子系统,主要配合围界配套摄像子系统使用。当有入侵事情的时候,系统会判断当初防区的照度情况,如当前照底低于 IOLUX(可根据具体区域情况进行设定),则启动照明,如果高于 LOLUX,则不启动,保证了围界配套摄像子系统的清晰成像,为观看、分析取证提供完美的摄像画质。

总之,飞行区安全监控报警系统的周界报警系统、周界监控系统、周界广播系统、周界辅助照明及供配电四个子系统通过联动,组成一套从感知报警、联动辅助照明、联动监视和实时录像以及自动播音等功能完整的安防系统。

例如,重庆江北国际机场物联网围界报警系统就是一套综合利用计算机技术、网络技术、数字技术,集闭路电视监控、图形智能化处理、声光报警于一体的综合性飞行区安防围界报警系统。它能为机场各生产运营、安全监视部门提供多种安全监控解决方案,最大限度地确保机场安全生产。飞行区安防围界报警系统是机场安全运行的保障性系统,数字安防技术的发展使得安全防范的手段日趋完善,系统组网更加灵活,维护管理更加方便,系统扩展更加容易。重庆江北国际机场物联网围界报警系统可以实现智能管理,节约成本,减少占用资源,具有能耗低、维护成本低的特点,仅夜间采用红外与物联网联动一项功能就可每年节约近百万元。该系统采用了分布式智能报警技术,漏警率为0,误报率近乎为0,可大大缩减飞行区部门的人力成本。该系统是西南民航机场系统中第一家采用具有国内自主知识产权、具备最先进的物联网技术的4E级机场,并产生了很好的社会效益。[1]

民航是交通运输业的重要组成部分,具有技术装备程度高、资金密集程度高、运营风险程度高的特点,同时近年来频频受到恐怖主义的袭击。"安全第一"是民航机场工作的指导方针,也是整个行业赖以生存和发展的重要基础。因此,民航机场的预警与应急系统也具有全面性、灵活性和多样性等特点。因此,建立完善的机场预警与应急联动信息管理系统,将使机场具备利用先进信息化工具应对突发应急事件的能力。

第二节　民航机场安全检查技术

机场安检是指乘坐民航飞机的旅客在登机前必须接受的一项人身和行李检查项目,这也是为了保证旅客自身安全和民用航空器在空中飞行安全所采取的一项必要措施,是民航防范各类恐怖袭击、减少安全风险的十分重要的环节,是保障飞机安全的基础性工作。在安检口,安检员首先要

---

〔1〕"重庆江北国际机场物联网围界报警系统",载《计算机世界》2010年11月29日第B23版。

核对旅客登机牌、身份证件,审核无误后在登机牌上盖章,然后用X光安检机对旅客随身携带的物品进行检查,旅客从安检门通过后接受金属探测检查,在人和行李物品一切正常后方能正式进入候机厅。这样的安全检查不仅是对广大的旅客生命安全负责,而且也能够从源头减少和防范袭击航站楼、袭击民航飞机等恐怖事件的发生。因此,不断提高航空安检的技术是民航反恐的现实需要。

一、防爆安检技术

发生在1988年的洛克比空难,就是恐怖分子使用炸弹造成机毁人亡的惨重后果的。空难调查人员事后调查得知,恐怖分子所使用的放在行李箱里的炸弹由280~400克塑胶炸药(可能是塞姆汀,Semtex,一种捷克制的强力炸药)、一枚电池和一个电子计时器组成,藏在一部东芝收音录音机(可能是型号RT-SF16)里。虽然找不到任何塑胶炸药,他们在炸弹所在行李集装箱的金属碎片上,发现太安(PETN)和黑索金(RDX)。太安和黑索金是塑胶炸药(包括塞姆汀)的成分。随着恐怖袭击的暴力性不断增强,爆炸犯罪成为民航恐怖犯罪的常用手段,为了防控这种暴力袭击,防爆安检被广泛应用在机场、铁路、港口、大型活动和重要固定场所等领域,它是以防止爆炸和暴力犯罪为目的,实施对人身、携带物品、车辆和活动场所的安全检查。在新形势下,防爆安检又增加了对放射性物质及有害生物制剂等大规模杀伤性侵害的安全防范。[1]

2014年7月20日,身坐轮椅的上访者冀中星在北京首都国际机场T3航站楼到达大厅附近引爆了自制炸弹,引发人们对首都机场安检系统的担忧,也再一次对爆炸物的安全检查提出了考验和更高要求。据媒体报道,记者曾摄得自冀中星号码本上的一张照片,显示冀曾抄录制作黑火药的配方。新疆地区的暴恐分子每次发动恐怖袭击都基本离不开爆炸装置,而这些爆炸装置基本都是他们从境外恐怖分子发布的视频上自己学习制作的。近几年,鞭炮、土制炸药,甚至黑火药的制作生产逐渐走向公司化,配方几乎人人得知,对社会公共安全构成了潜在的严重威胁,这使得爆炸物探测

---

〔1〕 同方威视技术股份有限公司:“防爆安检技术现状及应用展望”,载《中国安防》2009年第9期。

器的应用空间更加广泛。[1] 在世界反恐形势不断提升的过程中，安检技术逐渐向精细化和准确化发展，这也就要求爆炸物检测能识别物质并做到低误报率的自动报警。同时要求检查速度快、对被检测物影响尽可能的小、不干扰用户的正常活动，远距离、非接触的检测；另外发展小型化、低能耗、无辐射、多技术融合，不断提高探测的适用性、可靠性以及远距离探测的能力是未来的技术发展趋势。[2]

恐怖分子一般通过携带危险品或者生化武器、爆炸武器进入航空器进行爆炸类的恐怖袭击，这些恐怖活动一般都难以防范，而且一旦发生就会造成重大的人亡伤害和经济损失，对国际社会造成严重影响，所以为了有效地防范和打击这些犯罪活动的发生和扩散，各国警方都使用安全检查技术装备对危险物品、违禁物品有针对性地进行防爆安全检查，这也是防控恐怖袭击安全检查的第一步。但是由于近年来恐怖分子配备的武器装备越来越先进（如 Semtex 可塑炸药、Glock17 塑料枪、高精度炸弹等），促使世界各国都在探索研究更先进的安全检查新技术、新设备。除了传统的安全检查设备，如 X 射线检测仪、金属武器检测门等，各个国家都在投入大量的研发力量进行更先进有效的安检技术的研究，大量高端的技术手段，如离子扫描技术、热中子技术、THz 技术、毫米波技术、核磁共振技术、加速器技术等，都被各国的科学家们应用于安检领域，一直以来新成果不断出现。[3]

防爆安检技术可以按照出现的时间以及发展的成熟程度分为常规的安检技术和新型的安检技术。首先常规的安检技术包括以下几种：即 X 射线透视成像（X 射线穿透不同物质，即密度、原子序数、形状不同时，衰减也有所不同，被另一侧的探测器接收到信号并进行数学重建，即可得到被检物体的透视图像）；X 射线背散成像（主要探测物质对 X 光子的康普顿散射信号，对有效原子序数低、密度高且放在行李外层的物品有较好的检查效果）；金属探测（金属探测器利用电磁感应的原理，利用有交流电通过的

---

〔1〕 载 http://www.zllajm.com/118/0/55。

〔2〕 Yixuan Wu, Zhiwei Tang: The Application and Development of Explosion – Proof and Security, 2011 2nd International Conference on Management Science and Engineering, Advances in Artificial Intelligence, Vol. , pp. 1 – 6.

〔3〕 张剑飞：“防爆安检技术现状综述”，载《警察技术》2007 年第 3 期。

线圈,产生迅速变化的磁场。这个磁场能在金属物体内部能感生涡电流。涡电流又会产生磁场,反过来影响原来的磁场,进而引发探测器发出的鸣声);光学/视频探测(传统光学探测设备应用简单的光学物理反射原理,适合警用或者安全部门对隐蔽部位进行搜查。可视化视频探测设备使用高清晰宽角度的摄像头成像);有害生物、毒气探测(有害生物探测用于检测天花病毒、炭疽杆菌、肉毒毒素、金黄葡萄球菌、蓖麻毒素等可通过空气传播的生物恐怖毒剂。毒气探测用于探测神经毒气、糜烂性毒气、血溶性毒气、窒息性毒气等);质谱分析(质谱技术是将待测物质的原子或分子电离,再经扫描得到一张反映其物质荷/质比强度的谱图,来测量物质的原子量或分子量,从而确认是何种化合物)。[1]

这些常规技术中的的一种技术即 X 射线透视成像应用最为广泛。目前全球主要采用的爆炸物自动探测技术又可以分为两类:X 射线计算机断层成像(CT 技术)爆炸物自动探测和 X 射线多视角(AT 技术)爆炸物自动探测。我国民用机场旅客行李安全检查从 2004 年开始应用这两类爆炸物自动探测系统,它们现已成为大型、高危敏感机场安全检查的主体设备。由于 CT 型安全检查设备可生成被检物体的三维图像,具有材料密度分辨精度高、可探测薄片炸药的特点,被广泛应用于民航安检上。[2]

此外,液态危险品在常温下通常呈液态,具有组分均匀、流动性好、运输方便、易于制造和伪装、隐蔽性强等特点。另外,液态危险品的原材料可以分开运输,这些都增加了安全检查工作的难度。不合法的运输和使用液态危险物对公共安全造成极大的威胁,并成为新的恐怖活动手段。[3] 比如磁力针、X 射线检测仪等这类传统的安全检测设备,[4]可以识别出武器和普通炸药等危险品,可以更好地保证安全检查工作的进行,是目前最主要、最普遍的安检技术手段。这些设备对有特定形状、有金属起爆装置、背

---

〔1〕 Yixuan Wu, Zhiwei Tang: The Application and Development of Explosion – Proof and Security, 2011 2nd International Conference on Management Science and Engineering , Advances in Artificial Intelligence, Vol. , pp. 1 – 6.

〔2〕 陈曦、赵悦:"民用航空 X 射线计算机断层成像安检技术",载《中国民用航空》2012 年第 8 期。

〔3〕 邓震萍:"针对液态危险品的安检技术发展现状",载《价值工程》2012 年第 29 期。

〔4〕 侯瑶:"一种新型二维 X 射线探测器",载《光子学报》2001 年第 9 期。

景不太复杂的爆炸物检查效果较为良好，然而，因为设备技术条件不够，不能检测高精密炸弹、有毒有害的危险品，易燃液体等。对于那些不容易挥发的液态危险品，尤其是密闭容器中的液态危险品，基本上无法检测。

因此，世界各国的研究人员都在努力研究更好、更完善的安全检测技术。目前的液体安全检查方法不仅包括部分传统技术，还有试纸法、拉曼光谱法、微波法、超声法和核磁共振法等。但试纸法属于有损检测，需要打开被检物的外包装并取样，其应用受到很大限制，不能够很好地应对检查高峰期的情形，容器得逐个打开，这样就增加了检测程序所需要的时间，使得乘客不得不排队等候，给乘客造成了些麻烦的同时，也会造成一些人为的判断错误。其他方法也存在各自的不足，有的受环境因素影响比较大，或不能针对密闭容器内部的液体，光学方法如拉曼光谱法无法适用于不透明的包装材料，有的仅适用于塑料瓶的检查等。

X 射线技术则有很多优点，如成本不高、不用接触、检查需要的时间较短、可成像等，所以能在安检领域获得广泛应用。现在，X 射线透视成像技术和扫描成像技术应用的范围比较广。这两项技术是医用扫描成像技术的推广和应用，在液态物品的检查方面，能够得到投影数据，重建图像，根据被检物品的物理属性值来判断是否安全，双能的成像系统的检测精度很高，在以后的安全检查技术发展中呈现出较好的发展趋势。[1]

随着科学技术的发展，恐怖主义的活动手段越来越高科技，对应的安检技术也在不读研发完善，比如过去 40 年，金属探测仪在安检环节立下显赫战功，但是现在在一些国家和地区，它已经被层出不穷的新技术逐渐取代，如无源毫米波（PMMW）、有源毫米波（AMMW）、反向散射等。

现有安检技术和设备与全球日益严峻的安全形势、日益提高的安全需求之间，还存在比较大的差距，近段时间来，欧、美等发达国家对利用新技术进行防爆安检给予了很大的关注，现今国际上新型的安检技术主要有以下几种：（1）THz（太赫兹）成像技术。THz 波是介于微波和红外之间的一种相干电磁辐射，对衣物、塑料、陶瓷、硅片、纸张和干木材等一系列非金属物质具有较好的穿透性能，从而可以探测 X 射线、可见光和红外不可探测的材料内部缺陷和隐藏物，THz 可以实现分子级的物质识别和成分鉴别，

[1] 邓震萍："针对液态危险品的安检技术发展现状"，载《价值工程》2012 年第 29 期。

同时它没有X射线的电离性质,不会对材料和人体造成伤害。[1] (2)中子技术。中子感生瞬发γ谱测量是一种能够对较大体积的物品进行实时元素组成鉴别的技术,较适宜检测藏匿在手提行李、航空托盘和集装箱中的爆炸物。现在已经开展了多项关于中子技术在爆炸物检测中的研究,如热中子分析(TNA)、快中子分析(FNA)、脉冲快热中子分析(PFTNA)、伴随粒子成像(API)等。其中PFTNA法能同时测量快中子和热中子产生的γ能谱,实现全元素测量。中子探测的优点是中子具有极强的穿透力,目标元素的中子活化伽马射线的能量也很高,很容易探测出来,因此可以利用它来攻克大型集装箱炸药检查的难题。但它的缺点是被检测物体受到中子照射后会产生活化变性,会带有污染环境的残留放射性。中子的防护也非常困难,设备造价昂贵,占地面积巨大。(3)高能X射线。双能、多视角技术,不同能量的X射线对同一物质有不同的衰减效应。双能技术就是利用两种不同的探测器对不同能量的X射线进行成像探测,然后对两幅不同能量成像信号进行算法处理,得到被检物的等效原子序数,实现物质分类。多视角技术是在单视角成像的基础上,通过增加射线源的数量,实现多个角度的X射线透视成像,能够有效地克服物体重叠的影响,有效降低系统误报率和漏报率。[2] (4)γ射线技术。γ射线背散射线探测技术也是一种核探测技术,它是用一个定向发射的γ射线的同位素放射源探测被检查的物体,接收被物体反射回来的射线信号,通过计数值的大小(或计数声音的密集程度)可确定物体里面是否藏有可疑的物体。例如,墙体或轮胎里面藏有毒品炸药时,计数值会明显变高。它也属于非本体型探测技术,只适合于检查均匀物体中是否有夹带,对于复杂的包裹就不适合了。同时,γ射线核共振吸收(NRA)用加速器产生的γ射线穿透扫描对象,γ射线会被氮原子吸收。检测到的γ射线量的显著下降表明可能存在爆炸物。[3] (5)毫米波成像,毫米波成像是指利用位于毫米波段的电磁波作为介质,对

---

[1] Jehuda Yinon. Counter Terrorsist Detection Techniques of Explosive . The Netherlands: Elsevier Science,2007.

[2] C. W. Van Neste,L. R. Senesac,D. Yi,et al. Standoff detection of explosive residues using photothermal microcantilevers. Appl. Phys. Lett. 2008 (92): 134102.1 –134102.3.

[3] A. Semenov,H. Richter,Ute Bottger,et al. Imaging terahertz radar for security applications . Proc. Of SPIE,2008,(6949): 694902. 1 –94902.11.

物体进行检测和物质鉴别。毫米波成像分主动和被动,区别于主动方式需要有毫米波发生源,而被动方式则只需要毫米波接收器。被动毫米波通过分析所接收的由被检对象自然发出的毫米波进行探测,实现物质的鉴别;而主动毫米波由源发出高频信号,通过接收反射能信号进行探测。毫米波技术的优点是能够进行远距离探测,实时成像,可探测衣服下隐藏的可疑物,检测效果直观;能量低,对人体无害,适合人群的快速成像检测。当然,由于毫米波穿透能力有限,相对于 X 射线,其只能够实现表面或很薄覆盖下的物质监测。[1] (6)核磁共振(NMR)检测:核磁共振技术早期仅限于原子核的磁矩、电四极矩和自旋的测量,随后则被广泛地用于确定分子结构,用于对生物在组织与活体组织的分析、病理分析、医疗诊断、产品无损检测等诸多方面。还可以用来观测一些动态过程(如生化过程、化学过程等)的变化。核磁共振属于核物理范畴,它充分利用了爆炸物的原子的固有特性进行爆炸物成像检测。[2]

目前民航机场用的 X 射线透视设备仅能测出行李包中物件的形状、密度和平均原子量,无法辨别塑料炸弹和民用物品。P. Holla 总结了各种民航安检检查炸药的方法,其中快中子活化分析可以对氮、氧、碳密度作瞬时定量分析。[3] 目前国际上已在试用 y 射线共振等方法,透视行李并瞬时定量分析物件的氮、氢、氧、碳含量,初步结果表明其可行性比。[4] 实际上,化学领域中也有许多小样本问题,炸药判别问题即是一例。为解决计算化学中的小样本统计预报问题,一些科学家根据统计学习理论编写了适合于计算化学问题的支持向量机算法的软件,并在运算中与目前通用的人工神经网络、Fihser 法的预报结果对比。SVM 算法所得的数学模型具有更强的预报能力,能为民航安全检查提供更可靠的信息,是一种有较大应用

〔1〕 John F. Federici, Robert Barat, Dale Gary, et al. THz standoff detection and imaging of explosives and weapons, *Proc. Of SPIE*, 2007 (5727), pp. 123 – 131.

〔2〕 Turecek, J., Detection of Improvised Explosive Devices on Persons and in Baggage, *NDT for Safety*, 2007, pp. 285 – 290.

〔3〕 Holla P. Deteeting hidden explosives. Analytical Chemistry, 1995, 67 (5): 184A – 189A.

〔4〕 Kraus, RA. Nuclear reonance absorption (NRA) explosive detection prototype demonstration, Federal Aviation Administration, DOT/AFA/AR – 9/85 – 1, 1996.

前景的化学计量学法方法。[1]

在研究安检技术的同时，民航业也在不断更新安检的设备。例如，如何更精准地检测到微量爆炸物及可燃物品，这对当今市场上的检测设备提出了更大的考验。其实，针对爆炸物危险物品的安全检查，市场上已经出现了专业的爆炸物探测器。近日我国开发了最新一代 HD600 爆炸物毒品探测器，该产品采用先进的光电离高分辨离子迁移谱技术，不含放射源，对人体无任何辐射危害。该产品具有检测速度快、检测灵敏度高、功耗低、移动方便、易于维护、使用环境和要求适应性强等特点，能同时准确检测出黑火药，包括烟花爆竹、民用土制炸药以及国际民航组织规定的全部爆炸物和毒品。其中，最大的特点是黑火药纳克级检测性能，可对小于 1ng 的黑火药进行检测，比市场上的同类产品所需检测样品量少 100 ~ 1000 倍。

此外，最近美国《时代》杂志介绍了一款联邦调查局、移民和海外执法局以及美国国土安全部使用的“阿华拉首席卫士”（Ahura First Defender）。这种仪器十分隐蔽，就像一本精装硬壳书，兼具防水和防震功能，拿在手上丝毫不会引人注目，而其功能却比传统探测仪强大得多。

从前具备这些功能的仪器体积却十分庞大，只能局限在实验室中。而“阿华拉首席卫士”体重只有 3.5 镑，不仅使用起来灵巧轻便，而且功能较之以前相比更为强大。在最新的测试中，“阿华拉首席卫士”成功探测出了 2500 种固体和液体形状的危险化学品。

如此神通广大的“阿华拉首席卫士”采用的技术就是诺贝尔奖得主、印度物理学家拉曼首创的光谱学理论。由于危险化学物质在不为人知的情况下容易发散出其独特的化学分子，而这些分子很容易通过光谱来识别。因而依据零星的化学分子泄露的秘密来识别液体炸药或危险物质的新科技，就成了“首席卫士”的开发原理。

在整个识别过程中，“首席卫士”内的激光发生器会对所检验的物质发射一束激光，然后根据物质所反射的散射光谱来分析此物质是否就是危险品。用开发该产品的阿华拉公司创始人达雨士 · 瓦克术瑞的话来说，鉴别的过程就像在超市结账时，用红外线读取条形码那样快捷与简单。显然，

---

〔1〕 陆文聪、陈念贻、叶晨洲等：“支持向量机方法用于民航安检炸药判别研究”，载《计算机与应用化学》2002 年第 6 期。

如果这一技术被广泛应用,对于那些饱受安检之苦的旅客来说的确是个福音。

但唯一让人感到遗憾的是,万能的“阿华拉首席卫士”价格极为不菲,早些时候美国运输安全局已经花费32万美元为芝加哥中途机场配备两台普通的探测仪,但是对于“首席卫士”来说,单个设备就需要这个价格,如果真的投入机场运营,这对一些凭借低成本来吸引旅客的航空公司来说不啻为严峻的挑战。

与“首席卫士”相类似,美国惠普公司也用拉曼的光谱学技术原理,研发了一种新的液体炸药检测的机场安检探测器。不同的是,它大胆地将还未成熟的纳米材料投入实验中,旨在使仪器具有超灵敏的传感功能和精确的识别能力。对于这个研发产品,用研究专家的话说,是更加“火眼金睛”,也为未来低成本的商业生产打下扎实的基础。

美国《科技评论》杂志报道称,此次合作研发新探测仪的惠普公司与加利福尼亚大学的科学家们,选取了纳米材料来制造探测仪的激光发生器和光谱分析器这两个元件。他们运用制造半导体的方法对材料中的纳米颗粒进行重新排列,使得激光发生器中稀土元素,如氧化物、硅晶体和白金物质的每个颗粒之间的平均距离只有8纳米——与其他物质相比,其内部空间距离极小。这种精密的构造,使得该发生器发射的激光更具集中性和精确性;同时,因为纳米材料间距微小,使得检测仪在分析被检测物的反射光谱时更为有效,甚至可以凭借单个化学分子的光谱来对检测物体作出结论。而据惠普公司专家预测,这种纳米高科技的探测仪在未来5年之内可投入工业生产。

相对于“首席卫士”,应用纳米材料研发的检测仪,其灵敏性无可匹敌。同时,由于使用新材料,在制作工艺上也更趋于简单,而且成本价格也要低廉许多。一直关注此项研究的美国西北大学化学教授查德·马金称之为“纳米技术与电子科学的智慧结晶”,虽然要在机场安检中实现它还有许多困难,但与许多科学家一样,马金认为这项研究成果在多种领域的运用已指日可待。[1]

---

〔1〕 陈玉林:“机场安检进入高科时代光谱技术首当其冲”,载《第一财经日报》2006年8月22日。

二、身份识别技术

中国古代身份识别最主要的是采用指纹识别方法。指纹在我国古代就被用来代替签字画押,证明身份。大致可分为“弓”、“箕”、“斗”三种基本类型,具有各人不同、终身不变的特性。指纹识别是目前最成熟、最方便、可靠、无损伤和价格便宜的生物识别技术解决方案,已经在许多行业领域中得到了广泛的应用。

身份识别一直是机场最关注的安全问题之一,而为了保证乘客和机场的安全,世界各国都在不断地更新自己的安检技术。人相识别技术是计算机科学的一门前沿课题,有着十分广泛的应用前景,包括对人相的自动识别,涉及模式识别、数字图像处理、生理、心理等多方面的课题。近年来,由于反恐、国土安全、社会安全的需要,世界上各个国家都对安防领域加大了投入。而身份识别正是安防的一个核心问题。在这种大的环境下,生物特征识别迎来了一个快速发展的时期。人相识别拥有这些良好的特性,使其具有非常广泛的应用前景,正在引起学术界、商业界越来越多的关注。人相识别技术发展很快,并取得了丰硕的研究成果,它不仅仅运用于机场安检这个领域,而是已经深入人们生活的方方面面。[1]

(一)面部识别技术

现如今,已经有很多生物特征被用于身份识别,还有许多生物特征在科研人员的研究当中。它们主要包括面部、指纹、虹膜、手形、掌纹、声纹、DNA 等识别技术。其中面部识别技术是生物特征身份识别技术中最热门的研究领域之一。虽然目前的识别技术仍无法让人脸的识别率超过指纹或虹膜特征的识别率,但面部识别的方式最易被用户接受,也非常的自然直观。面部识别系统主要需要完成两方面的任务:面部检测与人脸特征提取。在现有的面部识别系统中,多数系统的拍摄背景相对单一,因此得到的面部图像,面部比较容易被检测,并能够很好地定位。但是对于更为复杂的拍摄条件,如光照不均,或面部有表情和方面的变化,特征提取便成为关键性难题。目前流行的面部识别方法有以下几种:基于几何结构特征的方法,基于子空间的方法,基于神经网络的方法,基于纹理局部特征的方法等。[2]

---

〔1〕 赵铭:“机场安检人相识别系统的设计与实现”,电子科技大学 2011 年学位论文。

〔2〕 李武军、王崇骏:“人脸识别研究综述”,载《模式识别与人工智能》2006 年第 1 期。

一个面部自动识别系统一般包括四个环节,即面部检测、面部图像预处理、特征提取和识别。基于统计的方法一般是通过人工神经网络、支持向量机、特征脸等方法对大量的人脸和非人脸进行训练,然后得到训练后的“分类器”来辨认什么样的图像是人脸,什么不是人脸。这种方法可以利用人脸的整体信息,不需要对人工对人脸进行分析和提取模板,系统的鲁棒性高。但是由于要事先对“分类器”进行训练,所以系统运算复杂度高、训练时间长,而且“分类器”的参数很多,参数值的选择也比较困难。此外,收集足够的人脸和非人脸样本也很难。

需要进行身份识别的图像可以有两个来源,即摄像头即时获取和静态图像输入。虽然输入方式不同,但实际上的处理过程是相同的。首先,对输入的图像用 AdaBoost 方法进行人脸检测。Adaboost 是一种迭代算法,其核心思想是针对同一个训练集训练不同的分类器(弱分类器),然后把这些 Adaboost 弱分类器集合起来,构成一个更强的最终分类器(强分类器)。[1] 其算法本身是通过改变数据分布来实现的,它根据每次训练集之中每个样本的分类是否正确,以及上次的总体分类的准确率,来确定每个样本的权值。将修改过权值的新数据集送给下层分类器进行训练,最后将每次训练得到的分类器最后融合起来,作为最后的决策分类器。使用 adaboost 分类器可以排除一些不必要的训练数据特征,并将关键放在关键的训练数据上面。

在面部识别中,我们可以用的几何特征包括人脸的眼睛、鼻子、嘴巴等五官的形状特征,脸型特征以及五官在脸上分布的几何特征。利用几何特征进行识别最关键的第一步就是合适的归一化。通过这种归一化,抽取的几何特征才不依赖人脸在图像中的位置、尺度和旋转变化。通常获得尺度和旋转不变性的方法就是先设定两眼之间的距离和方向轴。左右眼睛定位后,根据两眼连线和夹角就可以得到人脸图像的旋转角度。面部图像归一化后就可以用来提取面部的几何特征。提取特征一个很有用的技术就是积分投影法。面部识别是一个充满挑战的前沿技术,目前的研究还处于实验室阶段,远远达不到实际的需要。总的说来,利用人脸进行身份识别

---

〔1〕 孔凡芝:“基于 Adaboost 和支持向量机的人脸识别系统研究”,哈尔滨工程大学 2005 年硕士学位论文。

是人类最直接、最自然的方法。但是用计算机进行自动面部识别还是非常困难的,已有的方法都存在各种各样的局限性,总体识别率也不高,满足不了实际的需要。所以将面部识别与其他生物特征识别系统如指纹识别、语音识别等相结合,有可能提供很高的正确识别率。[1]

面部这项生物识别技术的吸引力在于它能够人机交互,用户不需要和设备直接地接触。但相对来说,这套系统可靠性较差,使用者面部的位置与周围的光环境都可能影响系统的精确性,并且设备十分昂贵,只有比较高级的摄像头才可以有效高速地捕捉面部图像,设备的小型化也比较困难;此外,面部识别系统对于因人体面部的如头发,饰物,变老以及其他的变化需要通过人工智能来得到补偿,机器知识学习系统必须不断地将以前得到的图像和现在的得到的进行比对,以改进核心数据和弥补微小的差别。鉴于以上各种因素,此项技术在推广应用上还存在着一定的困难。

(二)指纹识别技术

指纹身份识别的系统(AFIS)是在1960年之后兴起的,这个系统主要功能是通过指纹对身份进行识别,该系统的发展是建立在现代的电子集成技术以及有效的算法理论基础上。虽然指纹在人体上占据很小的位置,但是可以识别的数据非常大,这些数据之间没有等于和不等于的方式,需要通过复杂频繁的模糊运算匹配方法。[2] 目前,电子集成制造技术发展,可以制造识别指纹图像的电子设备,通过计算机高速的运算处理功能,可以利用微机或者单片机对指纹进行对比和运算;此外,随着匹配算法的不断完善,指纹身份识别的技术也开始慢慢普遍。[3] 采集指纹图像时,要达到一个质量好的效果是一个难题。因为指纹表皮很小,要求指纹采集设备具有极好的分辨率,当今普遍应用的采集技术有三种,光学、半导体硅以及超声波等技术。国内外研究出多种多样的指纹采集仪器,同时型号和规格大小种类较多,目前,比较流行的指纹采集器有单次触摸型以及划擦型传感器。前者是将手指放在指纹采集中去,需要完成可靠的触摸,后者只要手

---

〔1〕 陈倩:"多生物特征融合身份识别研究",浙江大学2007年学位论文。

〔2〕 陈伟利、韩成浩:"基于指纹识别技术的网络式门禁管理系统设计",载《安防科技》2010年第2期。

〔3〕 傅磊、史延东、李飞:"一种新型指纹识别系统的设计与实现",载《电子技术应用》2010年第2期。

指在传感器的表面迅速擦过，这时可以采集到一套特定的数据信息，然后能够较快做出分析和认证。[1]

归纳起来，目前指纹识别技术存在着这样或者那样的缺点和不足。优点：第一是专一性强，复杂程度高：指纹是人体独一无二的特征，它们的复杂度足以提供用于鉴别的足够特征。第二是可靠性高：如果我们想要增加可靠性，我们只需登记更多的指纹，鉴别更多的手指，可以多达十个，而每一个指纹都是独一无二的，并且用户将手指与指纹采集头直接接触是读取人体生物特征最可靠的方法。第三是速度快、使用方便：扫描指纹的速度很快，使用非常方便。第四是设备小、价格低：指纹采集头更加小型化，可以很容易地与其他设备相结合，并且随着电子传感芯片的快速发展，其价格也会更加低廉。缺点是：某些人或某些群体的指纹因为指纹特征很少，故而很难成像。此外，由于现在的指纹鉴别技术都可不存储任何含有指纹图像的数据，而只是存储从指纹中得到的加密的指纹特征数据；每一次使用指纹时都会在指纹采集头上留下用户的指纹印痕，而这些指纹痕迹存在被用来复制指纹的可能性。

（三）虹膜识别技术

分析眼睛的复杂和独特特征的生物识别技术主要包括了虹膜识别技术、视网膜识别技术和角膜识别技术。虹膜是环绕着瞳孔的一层有色的细胞组织。每一个虹膜都包含一个独一无二的基于像冠、水晶体、细丝、斑点、结构、凹点、射线、皱纹和条纹等特征的结构。虹膜扫描安全系统包括一个全自动照相机来寻找你的眼睛并在发现虹膜时，就开始聚焦，捕捉到虹膜样本后由软件来对所得数据与储存的模板进行比较。想通过眨眼睛来欺骗系统是不行的。虹膜识别比较便于用户使用；可靠性好，用户与设备之间也无需物理的接触；但其设备尺寸较大，并且因聚焦的需要而采用的摄像头很昂贵，黑眼睛极难读取，此外还需要一个比较好的光源。视网膜是眼睛底部的血液细胞层。视网膜扫描是采用低密度的红外线去捕捉视网膜的独特特征，血液细胞的唯一模式就因此被捕捉下来。某些人认为视网膜是比虹膜更为唯一的生物特征。

---

[1] 张纪生："基于指纹身份识别平台系统设计与实现"，载《经营管理者》2011年第24期。

视网膜识别的优点就在于它是一种极其固定的生物特征，因为它是“隐藏”的，故而不可能受到磨损、老化等影响；使用者也无须和设备进行直接的接触。同时它是一个最难欺骗的系统，因为视网膜是不可见的，故而不会被伪造。另外，视网膜识别也有一些不完善的，如视网膜技术可能会给使用者带来健康的损坏，这需要进一步的研究；设备投入较为昂贵，识别过程的要求也高，因此角膜扫描识别在普遍推广应用上具有一定的难度。美国的一家高科技公司——Aoptix，开发出了一种能够在2秒内识别出乘客身份的虹膜扫描技术，预计可以大大提高机场安检的效率和准确度。这种技术能够在短短2秒内，通过扫描乘客的眼球识别出6英尺（约为1.83米）之外的人的身份。说起来有点类似于科幻电影里的身份识别技术，只需要把眼睛放在检测器前几秒钟即可。这项技术已经被英国盖特威克机场和卡塔尔的监管部门采用，但目前美国尚未使用这项技术。[1]

2010年4月7日起，13台CE9260型居民二代身份证鉴别仪在天津滨海国际机场安全检查现场正式投入使用。居民二代身份证鉴别仪操作方便、快捷、鉴别准确，同时兼容一代身份证的查询比对功能，非常适用于安检查验身份证件。二代身份证鉴别仪的投入使用意味着天津机场安检验证工作从原有的手工验证转变为仪器判读，不仅可以大大缩短验证时间，也提高了验证的准确性，为确保空防安全增添了又一道有利的屏障。[2]

（四）其他身份识别技术

人的身份识别方法除了上述的指纹识别和面部识别以外，最近英国又出现了耳朵识别，这种识别方式将会应用于机场安检。英国南安普顿大学的研究人员发现，耳朵对于每个人来说都是其独一无二的一个部位，这和每个人的指纹都是特定独一的相类似。根据这个信息，科学家发明了一种系统来扫描耳朵。他们随机从252只耳朵中测试了这种新型的扫描系统，结果发现该系统可以正确地把耳朵和它的主人相匹配，准确率达到了99%。此外，这个程序甚至还可以分离并确认被头发所遮住的耳朵。耳朵识别方法用于机场安检需要具备一套影像光束仪扫描仪，这种扫描仪能够扫描出人耳的管状结构并将测量数据记录下来。当乘客从这个扫描仪前

---

〔1〕 载 http://www.huoche.net/show_169241/#，2014年4与10日访问。

〔2〕 载 http://www.ly.com/airinfoshow_44977.html，2013年12月1日访问。

走过的时候基本就可以构建出耳朵的影像而判断出该人的身份。[1] 英国、法国警方都曾在刑事侦查中利用此技术,并最终成功抓住罪犯。法国31岁的惯偷弗雷德里克自2013年12月至2014年5月期间在卢瓦雷省省会奥尔良市中心累计行窃七次,他每次实施入室盗窃的时候,都会先在门口偷听以确认房间内是否有人,随后才用脚踹开房门入室行窃。警方在遭窃房屋及相邻的房门上提取到弗雷德里克耳朵留下的DNA样本,最终抓获了这名惯偷。法国当地时间8月5日,弗雷德里克被判处一年监禁。[2]

掌纹识别也是一种值得研究的识别方法。手掌几何学是基于这样一个事实:几乎每个人的手的形状都是不同的,而且这个手的形状在人达到一定年龄之后就不再发生显著变化。当用户把他的手放在手形读取器上时,一个手的三维图像就被捕捉下来。接下来,对手指和指关节的形状和长度进行测量。根据用来识别人的数据的不同,手形读取技术可划分为下列三种范畴:手掌的应用、手中血管的模式以及手指的几何分析。映射出手的不同特征是相当简单的,不会产生大量数据集。但是,即使有了相当数量的记录,手掌几何学不一定能够将人区分开来,这是因为手的特征是很相似的。与其他生物识别方法相比较,手掌几何学不能获得最高程度的准确度。当数据库持续增大时,也就需要在数量上增加手的明显特征来清楚地将人与模板进行辨认和比较。

最新出现的生物身份识别技术是手掌血管模式(hand vascular pattern),这是通过分辨手部血管的网络模式来辨别个体身份。其基本原理是不同个体的血管模式是不同的,而个体本身却保持稳定,因此可以用来区分个体。手指静脉身份识别的原理是:当使用波长为700~1000nm的红外光源照射手指时,红外线会穿透多数人体组织,静脉中的血红素会吸收这些波长的红外线,因此,静脉的光反射就会低于周围的组织,手指静脉图像就可以使用红外敏感的CCD(charge - couple device)摄像头来获取到,通过比较输入手指静脉的红外图像特征与预先存储的个体的图像特征,就可以实现对身份进行判别。相信作为一种新兴的生物特征身份识别技术,手

---

〔1〕 钟鑫:"国外最新安检技术概览",载《中国安防》2011年第11期。

〔2〕 载 http://world.huanqiu.com/exclusive/2014-08/5098927.html,2014年10月16日访问。

指静脉身份识别技术将在理论研究和商业应用方面都将获得大力的发展，具有远大的前景。[1]

当然，随着现代科技的发展，身份识别技术也在不断发展改进中，声音识别技术、签名识别技术在实际工作中已经得到应用，现在开发和研究中的还有通过静脉、耳朵形状、按键节奏、身体气味、行走步态等的识别技术。随着科学技术手段的发展，身份识别技术应用到民航领域，应用于民航的安全保卫，应用于民航反恐都具有非常大的潜力，目前的在民航机场所使用的身份识别技术也会随着科技水平的提高而日臻完善。

第三节　航空器机载电子设备及武器技术

在现代恐怖主义袭击中，出现了很多恐怖分子通过使用武器，挟持或者干扰驾驶员操控飞机等方式进行劫持飞机等一系列恐怖活动，给国家、航空公司以及机上人员造成了巨大的损失。因此，在研究民航反恐技术的同时，研究航空器的相关防范技术也是十分重要的。

一、飞机远程遥控

飞行安全是民用航空有效运行的保障，基于飞机通信、寻址和报告系统（ACARS）的地空数据链在中国民航领域的启动及完善，对于航空器安全状态的识别和诊断，提出了“实时”这一概念的新要求，同时，也提供了实现飞机飞行安全实时监控的条件。这一技术在很大程度上满足了民航反恐的需求，在航空器出现恐怖袭击时，可以通过远程遥控将飞机降落到安全地带，摆脱恐怖分子的控制，规避危险。

现代飞机已经装备了先进的机载数据采集、管理系统，也已具备空地数据传输的通信系统。飞机的运行过程中产生大量的信息和数据，可经ACARS等采集并向地面传输。随着时间的推移，信息和数据量越来越大。目前，这些信息和数据还没有被充分有效地利用，尤其在应对恐怖主义袭击方面。如果能够有效地利用现有的相关维护资源如CMCS（CentralMaintenance ComputingSystem）产生的实时报文、飞机维护技术文档，以及历史维护经验等，对飞机进行实时状态监视，及时发现和报告飞机故障，远程控

---

[1] IBG. Biometrics market and industry report 2009 - 2014[EB/OL].

制飞机使得恐怖分子无法随意操控飞机，在飞机落地前提出相关的解救方案，就能极大地减少恐怖活动带来的损失，从而提高飞机的安全性，实现对民航的高水平的安全管理。

通过远程遥控可以实现地对空的实时监控，当恐怖分子冲进飞机驾驶舱时，地面反恐怖指挥部门能立即收到飞机发出的警报。他们立即使用远程遥控使驾驶室控制系统不受其控制，并自动进入无法人工干预的自动飞行模式，随后在地面远程控制下在一处安全的机场着陆。现在广泛使用的飞行管理计算机（FMC）中，每次执飞的航班所飞经的航路点位置信息以及飞机到达该航路点的所需高度、速度等信息都可在飞行开始前在地面设置完毕。同时降落机场时所需的各种动作、高度计速度的调节、航空器的自动降落（三类仪表着陆 ILS Ⅲ 可实现对飞行器的高精度引导直至降落至跑道）均已经有技术基础可以实现。可以说，在对当前成熟设备稍加调整改进之后，飞机完全可以实现在紧急情况下不由人为干预的自主降落。在劫机发生时，飞行员可以第一时间切换并锁定到这种自动飞行的状态，再与地面联络寻求进一步的解决办法。同时这种模式可以防止劫机分子在进入驾驶室后强行操纵飞机或扰乱飞行员工作而造成坠机的事故。

但这种由航空器自主飞行降落的有很大局限性。因为现今的技术并不能保证飞行器的自动降落有足够的可靠性，特别是在气象条件较恶劣、飞机部分设备受损的情况下。因此研制地面遥控飞行装置成了一种新的选择。德国电子巨头西门子公司也已经在全力进行着类似技术的研发。这项技术的研发成功及应用，可能会极大地改写民航反恐的历史，甚至改变现有的航空器操纵驾驶模式。这可能是最有效的改变当今民航反劫机形式的一种技术装备。

早在 2007 年 3 月就有报道说，美国波音公司研发出一种“不可劫持导航系统”。该系统应用于飞机上可阻止飞机撞向空中或者地面目标，在紧急情况下还可以由地面远程遥控飞机飞行。这一系统采用了最先进的电脑系统和卫星技术。飞机在正常飞行过程中，飞行员如果遇到劫机等紧急情况时只需要轻轻扳动一个简单的开关，导航操作系统就会启动。而如果有恐怖分子试图闯入驾驶舱，他在推动驾驶舱门时的作用力也会被传感器感知，随即迅速作出反应，自动启动导航系统。飞机上目前使用的自动导航系统，可由飞行员通过自行判断手动启动，并且能够手动关闭。而这种新型导航系统可由自动感应启动,并且一经开启,机上任何人都无法操作其停止。这样,即使恐怖分子劫持进入驾驶舱,他也不能自如控制飞机,因为此时的飞机已经处于地面控制状态了,因此,这种装置也被称为"不可干预导航系统"。这项技术的优点在于,它利用无线电和全球卫星定位系统技术,使地面控制人员和安全人员能与飞机上保持实时联系。自动导航系统启动后,飞机能接受地面发出的程序数字控制信号,地面操作人员能像操作一个精密的飞机模型那样,在垂直、水平方向自如地"遥控"飞机。这样,如果发生飞机被劫持的情况,被劫持飞机就能够接受远程信号操控飞往安全的军事基地或者机场,并通过配备的"自动着陆"设备实施着陆。飞机着陆后,机上内置的自动制动装置将被启动,帮助飞机在跑道上停止滑行。波音公司认为,这项技术如果能用到飞机上,"系统一旦启动,机上任何人都不能控制飞行,任何试图使用暴力控制飞机的人都会发现是徒劳的,他们会发现无计可施。"[1]

二、导弹干扰装置

红外成像技术是根据目标和背景红外辐射能量的不同,把目标和背景区别开来,以达到探测目的。红外成像制导技术成为当今世界各国竞相发展的精确制导技术之一,它是一种使导弹威力成倍增长的高效费比技术,大力发展此技术并装备飞机完全可以满足战术导弹对红外制导技术的需求,目前红外成像制导技术已经得到了广泛的发展,尤其是在空空导弹和防空导弹领域得到了充分的应用。[2] 与此同时,恐怖分子也将这项技术运用到恐怖袭击中,这种袭击的危害力是一般武器不能企及的,经常会给国家造成巨大的损失,因此研究飞机对红外成像制导导弹的干扰方法具有非常重要的现实意义。

红外制导导弹是对所攻击目标的热辐射,实施自动寻的、锁定、跟踪,直至命中目标的现代进攻性武器。早在1948年就已经开始了对红外制导导弹的研制。在1956年"响尾蛇"空空红外制导导弹开始投产。由于红外制导技术在军事上的广泛应用,出现了红外制导的反坦克导弹、空地导弹、地空导弹、空空导弹、末制导炮弹、末制导巡航导弹以及红外制导子母弹

---

〔1〕 载 http://scitech.people.com.cn/BIG5/5439805.html,2014年10月16日访问。

〔2〕 付晓红:"飞机对抗红外成像导弹的方法",载《舰船电子工程》2013年第11期。

等。截至1999年,红外制导导弹的生产量已经超过18万枚,种类超过十几种之多。制导的波长从1～3μm发展为3～5μm,再发展到8～14μm。相应地探测器从硫化铅发展为锑化铟,再发展到碲镉汞;从单元探测器,发展为多元探测器,再发展到红外焦平面阵列(FPA)探测器。其制导方式,从点源红外制导发展到红外成像制导。现役的红外制导导弹,仍然以"点源"红外制导居多,其中机动性较强、近程便携式地空红外导弹的战术应用最为广泛。最早出现的"响尾蛇"导弹,从AIM－9A已经发展到AIM－9X,至今仍然是极为精确的空空导弹,被誉为是美国最好的武器之一。同类的还有"小榭树"地空导弹、"红眼睛"地空导弹及其改进型"尾刺",法国的"西北风",苏联的萨姆系列:SA－7、SA－9、SA－13,以及以色列"怪蛇3"、"怪蛇4"等。红外制导武器所追求的目标是:全天候作战、自主识别目标、抗干扰能力强、发射后不管,充分适应各种实际作战的运用要求。[1]

"9·11"之后,各国纷纷研究航空器中的红外导弹对抗系统,以此来防控恐怖活动中对飞机发射红外导弹所造成的影响。以前的导弹干扰装置,对采用二元红外图象传感器的红外跟踪方式的导弹,不仅效果不佳,反而会通过发射的红外线将已方的防御舰船的位置传给导弹。结果增加了被导弹击中的危险性。因此,现在的红外导弹对抗装置都是提供一种能对抗采用二元红外图像传感器跟踪方式、非图像型红外传感器跟踪方式、激光跟踪方式以及激光自导方式的各种导弹的导弹干扰装置。[2] 其中最主要的对抗红外导弹的方法有以下几种:基于辐射能量的抗干扰方法,基于运动特性的抗干扰方法。基于光谱特性的抗干扰方法,目前应用较广的是第一种方法,通过基于辐射能量的抗干扰方法主要是利用目标飞机和红外干扰弹辐射能量大小差异和变化趋势差异对二者进行区分。当红外干扰弹投射出去以后,红外干扰弹需要经历一个起燃、稳定燃烧、息燃的过程。通过对典型的点源红外干扰弹燃烧过程的仿真结果分析得出:红外干扰弹在起燃过程中,其辐射强度迅速增大,随后进入稳定燃烧过程,在这一过程中其辐射强度会逐渐降低。当时其辐射强度水平仍然远高于飞机的辐射强度。最后干扰弹进入息燃过程,其辐射强度迅速衰减,红外干扰弹起燃时,

---

〔1〕 孔令春:"飞机自卫反红外导弹综述",载《光电技术应用》2005年第1期。

〔2〕 周佩芬:"导弹干扰装置",载《水雷战与舰船防护》1995年第2期。

其辐射强度迅速变大。飞机的辐射强度也会逐渐变大,其主要原因是导弹与目标距离变短引起的。而因距离变短引起的飞机辐射强度变化不会像红外干扰弹起燃那么剧烈。利用红外辐射能量的上升速率的差异可以识别出红外干扰弹。[1]

运用如上方法,实际中飞机主要采用四种措施来对抗红外导弹:

1. 飞机的红外隐身:红外隐身的基本概念就是设法降低飞机各部位的温度以及降低辐射的红外线强度,使得辐射的红外线尽量不在大气红外窗口之内,减小飞机与背景之间的温差,使红外探测系统看不见或看不清。发动机尾喷管和靠近发动机的后机身,尾喷气流,飞机表面气动加热,是现代作战飞机的三大热辐射源。红外隐身技术要在这些部位下工夫。[2] 目前采取的红外隐身措施主要是冷却、屏蔽、遮挡和红外隐身涂料等手段,降低或改变目标的红外辐射特征,实现对目标的低可探测性。现在的普遍做法主要有三种:第一是降低飞机的红外辐射强度,这是飞机红外隐身采用的主要技术。通过降低目标与背景的热对比度,使敌方红外探测器接收不到足够的能量,减少目标被发现识别和跟踪的概率。第二是改变飞机的红外辐射特性,这主要是改变目标的红外辐射波段;调节红外辐射的传输过程,这是改变目标红外辐射特性的手段之一,通常采用在结构上改变辐射的传输方向,如在武装直升机上采用遮挡技术,或者在传输过程中增加对飞机红外辐射的吸收、反射和散射(如安装有效的红外抑制装置等),力求使红外隐身技术在传输过程中改变辐射的主要方向并降低红外辐射强度。第三是红外有源干扰,这是有意识地利用红外装置发射红外辐射,人为施放干扰。

2. 红外干扰弹:红外干扰弹作为红外对抗的重要组成部分,经过几十年的发展,今天已达到相当高的水平。各国已开发出各种红外干扰弹,红外干扰弹已由单一诱饵,发展到红外/射频复合干扰弹,对抗红外成像导弹的红外干扰弹也已研制成功。各国研制的红外干扰弹/箔条弹的投放/发射设备,美国有机载的 AN/ALE 系列,舰载的 RBOC 系统和 SRBOC 系统;西欧各国研制的有维康(Vicon)系列等机载投放器,舰载的女巫(sibyl)和

---

〔1〕 付晓红:"飞机对抗红外成像导弹的方法",载《舰船电子工程》2013 年第 11 期。

〔2〕 朱宝鎏:"漫谈飞机红外隐身技术",载《兵器知识》2011 年第 5 期。

达盖（Dagaie）、玛盖（Magaie）、萨盖（Sagaie）系列等。俄罗斯的红外干扰弹及其投放/发射技术水平也很高。[1]

3. 红外干扰机：红外干扰机是一种红外有源干扰装置，可发出经过调制的红外干扰辐射，阻碍敌方红外制导导弹获取目标信息。红外干扰机主要有两种：角度欺骗式干扰机和致盲式干扰机。角度欺骗式干扰机主要用来对抗红外点源制导导弹，它发出经过调制编码的红外脉冲，该干扰信号和被保护目标的信号一起被来袭导弹的导引头接收，结果产生虚假跟踪信号，使导引头无法提取正确的误差信号，目标就会逐渐从导引头视场中消失。致盲式干扰机采用大功率红外辐射源，依靠强功率使导引头上的红外探测器产生过载或烧毁。目前各国装备的干扰机基本上都是属于角度欺骗式的。[2]

4. 定向红外干扰机：定向红外干扰（DIRCM）技术，就是将红外干扰能量集中到狭窄的光束中，当红外导弹逼近时，导弹逼近报警系统（MAWS），将光束引向来袭导弹方向，使导弹导引头工作混乱而脱靶。实现定向红外干扰（DIRCM）技术有两种不同的方法，一是非闭环技术，通过将一束由非相干的闪光灯或激光产生的红外能指向红外导引头使之受到干扰或工作混乱。另一种是闭环技术，它发射激光并接收导引头反射的激光能量，通过分析反射回波来确定红外导弹的参数，然后选择最有效的方式来对抗红外导引头。[3]

除此之外，还有一系列应对红外导弹的安全防御系统，例如 ATIRCM/CMWS 的系统。ATIRCM/CMWS 系统是一种综合导弹报警、红外对抗和干扰物诱饵抛撒功能为一体的综合红外对抗系统，主要用来防护飞机使之免受未来新一代红外制导导弹的攻击。整个系统由 ATIRCM、三军通用 CMWS 和干扰物/诱饵抛撒器组成。这三个子系统可以综合为一体工作，也可以单独工作。[4]

---

〔1〕 付伟："红外干扰弹技术的发展现状"，载《红外技术》2000 年第 6 期。

〔2〕 吴丹："红外干扰机干扰原理及相关技术"，载《舰船电子对抗》2006 年第 3 期。

〔3〕 孙洪拓："定向红外干扰技术的现状与发展趋势"，载《舰船电子工程》2006 年第 4 期。

〔4〕 http://baike.baidu.com/link? url = LKHNWoPL6hVm9G5HNu6CPk66 – 31G1 – 8o9YEFuYd – UxTbOWvRgrMMkQJM9bCvAGIoyWqQsPZANhGXE3ZI3DbB4a.

ATIRCM 子系统是第一个使用激光器作为干扰光源的定向红外对抗系统。定向红外对抗是将红外干扰光源的能量集中在导弹到达角的小立体角内,瞄准导弹的红外导引头定向发射,使干扰能量聚焦在红外导引头上,从而干扰或饱和红外导引头上的探测器和电路,使导弹丢失目标。而普通的红外对抗其干扰光源的能量是在大的空间范围内连续辐射,相比之下,定向红外对抗节省了能量,增加了隐蔽性,不易被敌方探测到,但定向红外对抗是以系统的复杂性为代价的,必须增加导弹报警和跟踪系统。故 ATIRCM 子系统必须配用 CMWS 子系统。

CMWS 系统是根据 1995 年美国国防部标准化单座飞机导弹报警系统的决定而研制的,它适用于美国三军所有型号的战术军用飞机,用来探测和报警导弹的发射和逼近。它采用凝视焦平面阵列探测器,最初选择了 AAR47 增强紫外导弹报警机进行试验,每架飞机安装六个探测器。CMWS 除与 ATIRCM 综合外,还能与干扰物/曳光诱饵弹抛撒器综合,也能与飞机上的其他防护系统交换信息,输出信息将显示在飞机座舱显示器上。

科学技术历来都是一把“双刃剑”,科技的发展在带给人们生活质量提高的同时,恐怖分子也利用了科学技术提升实施恐怖袭击的技术水平。如今的反恐,已是双方高科技的对决。反恐部队已经开始广泛使用小型、微型无人机。我国在反恐中也越来越多地使用无人机,承担侦察和威慑任务。2014 年 7 月 28 日,新疆莎车县艾力西湖镇发生了严重暴力恐怖袭击事件,给当地的人民群众生命财产安全和社会稳定造成严重伤害。公安特警操作人员操控无人机,在白天和夜间连续执行多架次搜捕任务,对莎车县艾力西湖镇、荒地镇等地的多处重点目标进行空中地毯式搜索,为搜捕暴恐分子提供了重要的侦察情报信息,得到了一线反恐干警的高度赞扬。有报道称,已经有可手动发射的无人飞行器用于支持特种部队和其他部队。以激光步枪为代表的手持式定向能武器,自身功率可调节,既可只造成轻微的皮肉之痛,以驱散无关人员,也能加大能量,将目标一击毙命。时下正当红的“谷歌眼镜”,逐渐成为反恐精英们的新宠。它能让士兵接收并观看视频,获悉友军、敌军的照片和位置数据,使反恐作战能够顺应“网络中心战”的潮流。除了那些高科技的装备,各国还研制了一些让人意想不到的武器用来对付恐怖分子。比如印度国防研究与发展组织曾宣布,该机构科学家已开发出一种辣椒手榴弹用于反恐作战。尤其是在驱散大规模人群的时候作用十分独特。据悉，这种辣椒手榴弹使用的辣椒奇辣无比，被当地人叫做“布特—佳洛克亚”，也就是“魔鬼辣椒”的意思。2007 年，这种辣椒被吉尼斯世界纪录认证机构确认为世界上最辣的辣椒。英国公司 BCB International 发明了一种用于反恐的新型武器，名为“破墙器”，利用普通的饮水机水瓶充当炮弹。这种塑料水瓶力量很大，可以轻松击穿双层墙壁，用于解救人质或者完成其他反恐任务。这家公司已经将破墙器出售给很多国家的安全部队和军方，其中包括美国和泰国。在反恐技术研发方面，以色列遥遥领先。目前，国土面积堪称弹丸之地的以色列，已经有 450 多家非军事工业公司从事与反恐怖安全有关的技术开发和产品研制工作，而且这一数字还在增加。以色列的反恐怖安全类产品出口额超过 10 亿美元。

三、非致命武器的使用

当前，随着全球反恐、世界维和、打击航空恐怖主义等形势的日益严峻，以及恐怖主义的高科技化、致命化、集团化、武器完善化的发展趋势，非致命武器以其特有的军事效益和作战效能，成为世界各国竞相铸造的科技利剑。非致命武器是指为达到使人员或装备失去功能而专门设计的武器系统。按作用对象，非致命武器可分为反装备和反人员两大类。目前，外国发展的用于反装备的非致命武器主要有超级润滑剂、材料脆化剂、超级腐蚀剂、超级粘胶以及动力系统熄火弹等。[1] 这些都能在民航反恐中发挥重大作用。

目前被认为有明确民航反恐应用前景的非致命武器大约有几十种，从事这类武器研制的国家有美国、俄罗斯、英国、法国、德国和日本等国家。其中以美国的研究工作最为广泛和成熟，并已经建立起相应的作战原则，获得了一定的实战经验。非致命武器的研制费用比较低，效费比高。同时，非致命武器对人员和设施的破坏程度轻微，便于控制事态处理的效果。1991 年的海湾战争中，美国利用“战斧”巡航导弹发射了一种碳纤维弹头，破坏了伊拉克为防空系统供电的发电站中的电路。1995 年，在为掩护部署在索马里的联合国维和部队撤离的行动中，美海军陆战队曾部署了黏性泡

---

〔1〕 李博：“非致命武器概述”，载何林涛：《公共安全中的化学问题研究进展》，辽宁大学出版社 2013 年版，第 38 页。

沫、豆袋、泡沫、橡胶头木制子弹和激光致盲等非致命武器,其中激光致盲武器曾被用来驱散索马里人群。1995 年,美国国防部将非致命武器及其潜力列为一个关键技术研究领域,把非致命武器技术的发展作为试点研究方向列入正式计划项目,使非致命武器技术由理论研究阶段推进到条令制定阶段。[1]

首先,非致命武器(Non Lethal Weapons)是指杀伤威力比较低的那一类武器,有的资料将其定义为“低杀伤性武器”(Less Lethal Weapons),其作用原理是利用一些物质的独特特性使敌方人员暂时丧失战斗能力或使敌方武器装备、基础设施遭受到破坏,以致不能正常工作,它是一种特种武器。它能使人暂时失去抵抗能力而不会产生致命性的杀伤,也不会留下永久性伤残,能暂时阻止某些飞机装备和设备的正常运行而不至于造成大规模破坏,并对生态环境破坏较小。[2] 非致命武器的出现是人类文明的一大进步,它不以大规模杀伤人员和破坏装备为目标,而是利用高科技手段削弱以至控制敌方的战斗力为己任。一方面可以达到军事目的,另一方面又能躲避舆论的谴责,因而非致命武器一问世就受到了军事强国的青睐,与此同时各国也纷纷运用非致命武器进行民航反恐。

其次,非致命武器必须具备如下能力:影响人员能力暂时迷茫,人群控制或驱散,使人员镇静或眩晕,使人员丧失移动能力,削弱感官能力等;可以使物质系统失能,致盲光学传感器和寻的装皿,使装备中的电子系统失能,阻止运载工具(包括飞机)的移动,造成计算机控制系统失灵或引起运作故障等;可以提供安全和监视,增强战区安全,孤立或隔离对手等;攻击物质保障系统、基础设施,弱化或改变燃料和金属的性能,破坏公共事业设备,使现代材料(复合材料、聚合物、合金)失去作用等。[3]

最后,运用在民航反恐中的非致命武器主要有以下几种:

1. 电磁脉冲弹:它是一种在大气层外爆炸的大面积脉冲武器,主要是使对方的电子器材在瞬间遭到破坏而完全失灵。[4]

---

〔1〕 高晓清:“浅谈警用非致命武器技术”,载《警察技术》2008 年第 2 期。

〔2〕 李德湛.:“化学型《非致命性武器》的发展现状及应用前景”,载《国防科技》2001 年第 4 期。

〔3〕 高晓清:“浅谈警用非致命武器技术”,载《警察技术》2008 年第 2 期。

〔4〕 庞维强:“非致命武器在反恐中的应用进展及发展趋势”,载《国防技术基础》2009 年第 3 期。

2. 超级润滑剂：这是采用含油聚合物微球、聚合物微球、表面改性技术、无机润滑剂等做原料复配而成的摩擦系数极小的化学物质。主要用于攻击机场跑道、航母甲板、铁轨、高速公路、桥梁等目标，可有效地阻止飞机起降和列车、军车前进。[1]

3. 碳纤维弹：这种炸弹美军已研制成功，并在科索沃战争与伊拉克战争中得到应用。对伊作战伊始，美军便向巴格达发射了多发碳纤维弹。大量碳纤维丝团像蜘蛛网一样密密麻麻地纷纷飘向电厂、电站，造成巴格达全市停电，不少电器被烧毁。

4. 耳光弹：目前，防暴用的子弹大多是橡皮子弹，虽然不会给人造成很大伤害，但有时也会将敌人的眼睛打瞎。为了既能给射击目标以震撼，又不造成人身伤害，美军研制了一种更软、更扁的子弹，被这种子弹射中的感觉是被人扇了一个大耳光，让人眼冒金星，南北不分。同时，研究人员也在探索另一种更好的解决方案：可调子弹，士兵们可以在战场上根据具体情况调节这种子弹的软硬程度。

5. 润滑剂：它可以用人工、机洒等形式布洒在敌方的道路、机场跑道或其他设施表面。这样，这些物体表面会立即变得极其光滑敌方飞机无法起飞，装甲车辆原地打滑，无法行驶，连士兵也连连跌倒，寸步难行。如果将它喷到门把手上，人就会像手出汗一样无法转开门把手。这种润滑剂的主要成分是水，大约 12 个小时后会自动挥发，且没有毒副作用。

6. 超级腐蚀剂：目前，主要有两类。一类是比氢氟酸强几百倍的腐蚀剂，可破坏敌方铁路、飞机、坦克等重装备或光学仪器等；另一类是专门腐蚀、融化轮胎的物质，它可使汽车、飞机的轮胎迅速报废。

7. 黏稠弹：这种化学弹通过发射装置喷射到敌人或攻击对象的身上之后，在与空气接触的条件下迅速凝固，形成十分黏稠的胶状物质，可将人牢牢地粘住，使其失去行动能力。

8. 催泪弹：可分为催泪手榴弹、催泪枪榴弹、催泪喷射器、警棍和手枪式自卫喷射器等。常用的催泪剂有氯乙酰苯（CN）、氯苯丙二腈（CS）以及天然的辣椒粉（OC）三种。无毒烟雾剂有六氯乙烷。

---

〔1〕 李博："非致命武器概述"，载何林涛：《公共安全中的化学问题研究进展》，辽宁大学出版社 2013 年版，第 38 页。

9. 害虫弹：它会让敌方士兵染上一种独特的气味——一种具有很强吸引力的性荷尔蒙。令人讨厌的大黄蜂或老鼠闻到这种气味后，就会将他们误认作异性，进而对他们实施难以忍受的骚扰。一旦害虫弹被发射到敌方阵营之后，这种化学武器就能够在最短时间内吸引成千上万的大黄蜂和老鼠，敌方阵地立即就会变成"地球上最不适于人类居住的地方"。这样一来，阵脚大乱的敌人根本无法专心防御。

10. 吸血僵尸弹：其最大妙处在于，能够在短时间内让中毒敌军的皮肤对阳光产生过敏反应，而且一旦这种过敏症状发作，患者将会有一种"生不如死"的痛苦，甚至"满地滚"。如果在敌军阵地上空发射"吸血僵尸弹"，一种具有刺激性的物质将会立即弥漫开来，让敌人皮肤迅速中毒，敌方因惧光而无法在日间进出户外，更别说操枪打仗了。

11. 失能泡沫塑料：它是由聚氨酯材料制成的泡沫，将它喷洒在雷场上，可以变成坚硬的塑料，无须排雷就可在雷区为部队打通前进的道路。它适用范围广，不仅可以被喷洒在陆地上，也可喷洒在海滩上，对许多种类的地雷都有很好的防备效果。成塑速度快，只要将泡沫喷洒到雷区的地面或海滩上，几分钟内就可以变成坚硬的塑料，为坦克、车辆和人员铺设出"安全通道"。聚氨酯是一种廉价材料，这种泡沫塑料的问世，具有重要的军事意义、经济价值和政治影响。[1]

上述这些物理和化学类的非致命武器都是为了保护反恐行动中的装备和人设计的，通过这些非致命武器，一方面，不会伤害到恐怖分子的生命；另一方面，也不会因为使用高伤害武器而伤害到无辜的人质以及平民。

非致命性武器既然属于新概念武器和技术的范畴，那么未来有可能出现的新概念武器和技术种类很多。根据非致命性武器的打击原理、打击规模和打击手段，新概念非致命性能武器（包括超高速化学能发射器、电炮、混合电炮等）、新概念非致命性定向能武器（包括激光武器、微波武器或电磁脉冲武器和粒子束武器等）、新概念非致命性信息化智能武器（包括奋用机器人、无人平台、计算机病毒武器）、新概念非致命性生化武器、新概念非致命性环境武器、新概念声波武器（包括次声波武器）等，必将成为各国反

---

〔1〕 庞维强："非致命武器在反恐中的应用进展及发展趋势"，载《国防技术基础》2009年第3期。

恐装备研究发展的重点武器。激光武器、高功率微波武器、粒子束武器等定向能武器一改"枪、炮、弹"的传统思维,实现"有枪无弹、零时飞行、直瞄即中";次声波武器于无声处藏杀机,更让人防不胜防;压电效应的电击弹,以其极高的电压,使被击中的人瞬间失能。所属此类非致命性武器和技术,这些武器装备都是世界各国在今后反恐武器方面研究的重点。[1]

恐怖分子对民航飞机的恐怖袭击一般来自外部和内部两种形式。针对外部的可以根据不同的情况采取不同的科技防范手段,而对于来自飞机内部的恐怖袭击,除了在紧急时刻使用上述那些武器外,很重要的一点就是做到提前发现。目前,英国和德国的科学家正在合作研究一种乘客监视系统,在机舱内设置监控装置,这种装置能精确捕捉到每位乘客的细微动作,甚至包括肌肉抽搐、眨眼、面部表情的变化等任何可以动作,据此作出分析判断可以提前发现潜在的恐怖分子。在反恐方面做到先发制人。

〔1〕 高晓清:"浅谈警用非致命武器技术",载《警察技术》2008 年第 2 期。

第七章　航空恐怖主义犯罪的社会防控

冷战后，特别是“9·11”事件以后，国际社会防范恐怖主义主要采用的是“以暴制暴”的方式，即意图对恐怖活动进行强有力的军事打击和制裁，通过武力方式将国际恐怖主义势力征服。这一方式对于遏制恐怖主义的蔓延起到了一定的积极作用，但也同时产生了巨大的消极后果。在打击恐怖主义的同时，也面临着恐怖主义组织的报复，即“行动——反击——再行动——再反击”的循环状态。各国政府和恐怖组织之间报复与反报复的结果是恐怖活动的不断升级。在恐怖气氛的包围下，公众丧失了安全感，给社会带来极大的负面影响，并最终为国际恐怖组织实现目标创造条件。从联合国、国际组织、各国的反恐协议、公约中可以看出，各国已经充分认识到了反恐的重要性，但是我们也应看到在反恐的实践中，还存在这样或那样的问题。因此，要想从根本上遏制恐怖主义，必须从源头上采取措施。〔1〕

有关恐怖主义的本质虽然学术界、各国立法及有关国际组织对恐怖主义的具体表述不同，但对恐怖主义的暴力性、政治性、恐怖性和刑事违法性等基本内涵

---

〔1〕 莫洪宪：“国际社会反恐怖活动组织犯罪及我国刑事立法”，载《法学评论》1999年第4期。

的认识却是一致的。从历史上看,国际恐怖主义经历了萌芽、形成、泛滥、回落、猖獗五个阶段,其产生的根本原因是世界范围经济、政治、文化等矛盾不断累积交互作用而生成。国际恐怖主义不仅是殖民主义制造的历史遗物、是冷战时期的产物,更是南北矛盾、宗教、极端民族主义激化的产物。当今社会,国际恐怖主义对人类的生存权、发展权、国际政治、经济危害极大,从美国到俄罗斯,从中东到南亚,很多地方正在遭受着国际恐怖主义的危害。但由于政治性原因,使得国际社会至今不能给国际恐怖主义一个统一、客观的定义,更由于某些国家过于重视军事反恐,忽略了对国际恐怖主义的综合治理,使得国际反恐局势"越反越恐"。因此,国际社会应发挥联合国在国际反恐的主导作用,加强国际反恐合作,并在国际法上完善,确立统一的国际恐怖主义定义标准,进一步确立国际恐怖主义是一种犯罪行为,建立起全球性的反恐网络,切断其经济命脉,改善国际社会不平等的政治、经济秩序,彻底消除国际恐怖主义根源。[1]

第一节 国际恐怖主义的一般防控手段

目前,国际社会应对恐怖主义威胁的措施还显得很脆弱。虽然国际社会已开始考虑从经济、政治、法律、军事等诸方面来制裁恐怖主义,但主要的还是采取武装措施的对策。以色列未来战争学专家克莱威尔德说过,在打击恐怖主义的同时,你便成了恐怖主义者。[2] 也就是说,简单地以暴制暴是有副作用的,会产生其他恶果,同时未必达到制暴的理想效果。恐怖主义本来就是一种极其复杂的社会问题,因此,防控恐怖主义需要采取全面的综合性措施。如果不消除有利于恐怖主义蔓延的环境,任何反恐战略都不会奏效,消除恐怖主义滋生环境在联合国《全球反恐战略》中被称为第一支柱。在 2013 年 1 月 15 日联合国安理会举行的"采取综合措施打击恐怖主义"公开辩论中,潘基文就指出:"如果不消除有利于恐怖主义蔓延的

---

〔1〕 Post,Jland Denny,Ll(2002)lThe terrorists in their ownwordslPaperpresented at the InternationalSociety of PoliticalPsychology Conference,16 - 19.

〔2〕 程书兵:"恐怖主义的犯罪学遏制理论分析",载《公安研究》2007 年第 11 期。

环境,任何反恐战略都不会奏效”。[1]

一、国际社会的宏观策略

(一)不断改善人权

当前,超过100个国家不同程度地受到恐怖主义的危害。随着恐怖主义的日趋泛滥,恐怖主义也越来越残酷化,滥杀无辜的态势越来越明显。由这些行为和事件传播恐惧心态和造成了恐惧的效果,从人权的视角看,造成了极大的负面影响。从方式和后果上看,恐怖主义是对人们生命、财产权利的极大威胁,同时其存在也对人们的安全期待构成破坏。恐怖主义的罪恶之一就是践踏人权。

恐怖主义以行为方式为其本质,因此,一个团体可以是恐怖主义的组织,一个个人也可以是恐怖主义者,一个政府也可以成为恐怖主义的实施者。从这个意义上讲,恐怖主义虽然以有组织犯罪为其常态,并不必然仅仅是有组织的犯罪,它还可能采取其他的模式。恐怖主义主要是从行为性质的角度进行界定的,而无须从其他的任何角度进行分析。例如,2014年马来西亚航空公司的飞机在乌克兰上空被击落,无论其行为者为何,均应被定义为恐怖主义行动。从这个意义上看,恐怖主义和侵犯人权具有直接的关联,构成了国家和国际社会人权保护的巨大障碍。

恐怖主义已成为现代文明的毒瘤,目前,中国也深受其害,中国五年发生35起暴恐事件。根治恐怖主义要先分析恐怖主义产生的根源,“消除恐怖主义的理想方式在于充分实现人权,要实现打击与预防有机结合。”[2]

2006年的《联合国全球反恐战略》明确指出:发展、和平与安全和人权是相互关联和相辅相成的。恐怖主义已经成为当今世界危害民众生命权、财产权、自由权、免于恐惧权、发展权的最大威胁。

恐怖主义源于人权在某些地方并没有得到很好的实现,如果民众的政治与公民权利在国际政治生活和国内社会都得到充分体现,就会在很大程度上消除恐怖主义赖以生存的土壤。如果经济、社会、文化权利在国际社会和国内社会更好地实现,贫富分化的问题得以消灭,恐怖主义的理由也

---

〔1〕 载 http://news.xinhuanet.com/2013-01/16/c_124235453.htm,2014年10月21日访问。

〔2〕 载 http://www.cssn.cn/zx/zx_gjzh/zhnew/201409/t20140918_1332117.shtml,2014年10月21日访问。

会大大降低。如果和平权、环境权、发展权等权利在国际社会受到更加高水平的重视,在各国的国内发展政策规划中得以更好的贯彻落实,恐怖主义的发生概率会大幅减少。而三种人权作为一个整体战略成为国际社会的共识以及各国政治与法律秩序的核心之时,恐怖主义存在的政治、经济、文化环境都会消失,恐怖主义作为一种社会畸形现象,也会随之消亡。联合国秘书长潘基文就曾表示:"我们必须消除滋生恐怖主义的条件。在冲突蔓延,人类权利、尊严和生命得不到保障,有罪不罚现象盛行的地方,恐怖主义会有增无减。"[1]

但是,事实却并不尽如人意,恐怖主义组织日渐猖獗,恐怖分子越打越多,都说明国际社会该反思和检讨既往的反恐策略。从目前看来,国际社会无论从对恐怖主义根源的认识方面,还是在对恐怖主义相关社会防控政策的实施方面都还有很长的路要走。但从根本上说来,解决好人权是防范恐怖主义的最根本点。不断改善当地的人权状况,才是防范恐怖分子滋生的最有效途径。

(二)发展经济,改善贫困地区生存条件

贫困是一切极端势力产生的根源,因此有观点认为,极端贫困、发展不平衡也是恐怖主义产生的根源。如何根治恐怖主义?首先应该认清恐怖主义产生的根源,才能正本清源,对症下药。在恐怖主义组织中,尽管恐怖主义组织的头目、高层都是受过良好教育,有社会经济实力衣食无忧的富有阶层,但是冲锋陷阵、冲在第一线的恐怖分子却绝大多数是生活贫困、看不到未来希望的一群人。极端贫困、政治经济的分化是恐怖主义产生的根源,一些弱势群体的愤怒无人理会,诉求被忽视,他们容易被恐怖主义利用成为恐怖分子。"恐怖分子给他们一点点钱或满足他们一点诉求,他们就敢去扔炸弹杀人。"[2]从国际的现实来看,凡是恐怖主义滋生的地区基本上都是经济发展落后、信息闭塞的地方,而恐怖分子大多都是一些经济生活方面的弱势群体。世界银行行长沃尔芬森于 2001 年 10 月 18 日在法国

---

〔1〕 载 http://world.huanqiu.com/regions/2013-01/3499540.html,2014 年 10 月 20 日访问。

〔2〕 [尼日利亚]保罗·安德鲁·格瓦查:《反恐与人权保护:非洲的视角》,第 7 届北京人权论坛上的发言。载 http://www.humanrights-china.org/cn/zt/tbbd/50/8/t20140916_1202047.htm,2014 年 10 月 21 日访问。

《快报》周刊也指出:“没有经济的发展,我们也就没有和平;没有平等,我们也就没有全球的稳定;没有正义感,我们的城市就不会安全。”法国全国科学研究中心研究室主任里昂于2001年10月18日在法国《快报》周刊也认为:南北关系恶化和最发达国家贫穷加剧是产生打击纽约(世贸大厦)狂热势力的温床。作为恐怖主义“大本营”的中亚地区,位于中欧亚大陆的心脏地带,遍及乌兹别克斯坦、吉尔吉斯斯坦、塔吉克斯坦诸国,东部边缘与中国新疆维吾尔自治区相连,该地区相对贫穷落后。在恐怖主义犯罪活动的高发区,如西班牙的巴斯克、俄罗斯的车臣、英国的北爱尔兰等地,都是在本国经济比较落后的地区。在中国,新疆地区恐怖分子滋生是与当地的经济状况相关联的,边疆少数民族地区与内地在教育、医疗、住房、交通、用水用电等民生问题上的巨大差异和不平衡是引发社会矛盾的深层次原因。有些少数民族民众因为受教育程度低,根本不知道什么是犯罪,很多人是受境外恐怖势力的误导而被利用从事暴力恐怖行为。

以“9·11”事件为节点,尤其是美国发动阿富汗战争和伊拉克战争之后,袭击美国的恐怖主义事件在全球的比率更是直线上升,美国现在已经成了全球大多数恐怖主义组织的袭击对象,恐怖主义已经成为美国政府和民众安全的最大威胁,是美国当前急于要铲除的最大公害。这也就是美国积极组织带头打击恐怖主义并将之付诸军事行动的主要原因。恐怖主义在全世界的猖獗有其各方面的原因,其中一个非常重要的社会原因是当今国际社会的政治经济矛盾。饥饿、贫困、不公正才是恐怖主义滋生的土壤。贫困才是恐怖主义产生并蔓延的真正土壤。

人无恒产则无恒心,贫穷、闭塞的生存环境必然会造就一群“光脚的不怕穿鞋的”的亡命徒,改善少数族群的生活状态,使他们享受现代文明的成果,减少因信息闭塞、经济落后而导致的思想落伍与思维方式的僵化,接受现代教育培养现代思维,倡导不同文化之间的交融与理解,这样肯定会减少一些极端思想的出现,减少恐怖分子的滋生。与此同时,还要加强不同文明之间的包容与相互理解,人类的文化本来就应该是丰富多彩的,不同文明之间应该和平相处。有观点认为当今社会恐怖主义泛滥的其中一个重要原因是不同文明之间缺乏包容。联合国秘书长潘基文就曾表示在清除恐怖主义滋生的环境时,对话和理解是三大支柱之一,通过对话而不是对抗达到相互之间的和平相处,而不是付诸武力。

当前霸权主义造成的国际政治经济秩序则是世界人民最大的公害。要消除恐怖主义滋长的土壤,应注重综合治理,标本兼治,把重点放在消除恐怖主义产生的根源上。霸权主义与恐怖主义是一对孪生怪胎,因为正是霸权主义不断制造矛盾,才导致恐怖主义的泛滥;而恐怖主义的泛滥又为超级大国谋求霸权主义提供了新的借口。冷战结束后,随着苏联解体,美国的霸权欲望也进一步膨胀,美国成为世界上唯一的超级大国,凭借其经济和军事实力,美国在国际上到处为所欲为,强力输出自己的价值观,甚至撇开联合国,干涉别国内政,或明或暗地支持、纵容民族分离主义恐怖主义活动,对叙利亚反对派的支持造就了"伊斯兰国"恐怖势力的壮大,与苏联争夺阿富汗的控制权,培植了本·拉登恐怖主义势力。凡此种种最后事情的发展都背离了美国的初衷,搬起石头砸了自己的脚。"9·11"事件发生后,美国将恐怖主义和大规模杀伤性武器的扩散确定为美国面临的最大威胁,提出"先发制人"的国家安全新战略,并以反恐为借口公然武力干涉,使国际矛盾不断激化,才使恐怖主义不断发展壮大,更加滋生了恐怖主义的气焰,造成今天国际恐怖主义膨胀难以遏制的恶果。因此,美国理应对自己的反恐战略作出反省、作出调整,以适应国际社会反恐的真正需要。

二、强化反恐的国际合作

全球化时代的安全,没有哪个国家或地区能够独善其身。没有地区和国际精诚合作,安全无法实现;没有安全,发展无从谈起。恐怖主义犯罪是现代社会的产物,是社会政治、经济、宗教、文化多方面因素综合作用的结果。由于导致恐怖主义犯罪发生的诸多因素不可能一下子消除,恐怖主义犯罪也就不可能在短期内消失。要有效遏制恐怖主义犯罪的蔓延,国家层面、双边合作和地区性合作层面及超国家层面应该加强合作,增进主权国家制止恐怖主义犯罪的积极性和自觉性。

(一)联合国全球反恐战略

2006年9月8日,在"9·11"五周年前,第六十届联合国大会一致通过了有关在全球范围内打击恐怖主义的《全球反恐战略》,以协调和加强联合国各个成员国在打击恐怖主义方面的努力。这是联合国192个成员国第一次就打击恐怖主义的全球战略达成一致意见。《全球反恐战略》是联合国会员国迄今在反恐领域达成的最广泛共识,这个战略在全球反恐方面具有里程碑的意义。

《全球反恐战略》由一份决议和一个行动计划组成。决议认为,恐怖主义是国际和平与安全面临的最为严重的威胁之一，因此要坚决和明确地强烈谴责各种形式的恐怖主义，不论其在何处发生、何人所为与何种目的。决议还重申了国际关系中的一些普遍准则，例如维护所有国家的主权平等，尊重各国领土完整和政治独立，不采取有悖于联合国的宗旨和原则的行为，不以使用或威胁使用武力来处理国际关系等。决议强调，为最终达成全面的国际反恐公约，成员国将尽一切努力来解决悬而未决的问题，其中包括制定“恐怖主义”的法律定义。

行动计划中包括了各个成员国在打击恐怖主义方面的原则承诺和具体措施，如执行所有联大和安理会有关打击恐怖主义的决议、在打击恐怖主义的过程中遵守包括《联合国宪章》在内的国际法、消除滋生恐怖主义的因素、继续加强和发挥联合国的作用、实现千年发展目标等。对于《全球反恐战略》的要点，时任联合国秘书长的安南用“五个D”加以概括。[1] 这五个“D”代表了五个以“D”开头的英文字母所表达的概念：Dissuading：阻止任何人诉诸或支持恐怖主义。Denying：剥夺恐怖分子实施攻击的手段。Deterring：威慑各国使之不致支持恐怖主义。Developing：发展各国击败恐怖主义的能力。Defending：捍卫人权。这五点简明扼要地概括了全球反恐的主要方面，为全球反恐指明了方向。为确保战略的具体落实，推动各国的反恐工作，联合国大会截止到2014年6月已经对此进行了四次评审。每次评审都是对国际社会反恐的大力推进，取得了很大的成效。

（二）加强情报交流，强化边境管控以及互联网管理

任何国家在反恐怖活动中，最重要的就是获取及时而准确的情报。这样的情报既可以帮助我们有效地防止恐怖活动的发生，又能够帮助我们在危急时刻作出正确的决策。任何恐怖活动都会对社会造成极大的危害，要想防患于未然，就必须大力加强反恐怖情报工作，将更多的恐怖活动消灭在萌芽状态。只有注重情报工作，在发生恐怖事件时，才能够利用平时积累的情报和相关信息，及时作出正确的分析判断，采取行之有效的措施制止犯罪，抓获恐怖分子。

收集恐怖活动情报是一项非常重要的工作。信息和情报是一种战略

---

〔1〕 载 http://news.xinhuanet.com/world/2006-09/09/content_5068917.htm，2014年10月20日访问。

资源,在恐怖与反恐怖斗争中,谁掌握了信息,谁就具备了克敌制胜的法宝。任何国家在反对恐怖主义的斗争中,都把获取情报视为反恐怖的重要工作。情报机构在反恐怖斗争中除了负有收集恐怖组织、恐怖活动情报的任务外,同时负有反对外国势力、组织或个人从事间谍活动的任务,以防恐怖主义、其他敌对分子及外国敌对势力的袭击。收集恐怖活动情报极其困难。与真正的战争不同,恐怖活动没有大规模的军事调动和部署可监视,也没有军舰、作战飞机可跟踪,因此这项工作具有相当的难度。当前的恐怖组织虽然结构一般较松散,但控制相当严密,渗透卧底进入恐怖组织内部,可能需要花几个月甚至几年的时间。而且,无领导的、单个的狂热分子所从事的恐怖暴力活动逐渐增多,往往事先掌握不到情报;还有一些恐怖组织虽规模不大,却极残忍,他们的组织形式、联络手段及作案方式都还比较原始和落后,现代化情报手段对他们很难发挥作用。这些都无疑给情报收集工作增加了难度。但是,收集恐怖活动的情报并不是没有可能。恐怖活动大多有深刻的政治背景,它的酝酿和决策往往是一个长期的过程。只要严密侦查,是可以事先掌握一定情报的。一个大的恐怖活动的准备工作比较复杂,准备过程中很难完全不被察觉。依靠人民群众掌握敌情是我国情报工作的好传统,在反恐怖斗争中必须加以发扬。[1]

恐怖活动的发生与当时的政治动向往往有紧密联系。因此,情报机构除了要从微观上做好隐蔽斗争,以便准确侦知情况外,还要对整个政治动向进行宏观分析,提出较长期的趋势性判断,两者有机地结合起来,才能较好地掌握恐怖活动情报。恐怖活动情报收集的途径,目前主要依靠人力,包括秘密特工、便衣警察和眼线、卧底等。建立反恐怖情报网应以国家公安部门、安全部门、军队的情报部门为基础,通过公开的、隐蔽的以及特殊的渠道收集情报。既要有专业人员,也要动员群众参加,得到广大人民群众的支援配合。同时,各情报单位在不遗余力地获取他国信息的同时,也应千方百计地加强对自身信息的安全保护。

各国之间应该就反恐情报进行及时有效的共享,强化风险共担意识。情报的交流对于国际社会更有效地防范和打击恐怖主义具有非常重要的

〔1〕 Corrado, R1(1981)1A critique of the mental disorder perspective of political terrorism1 International Journal of Law and Psychiatry, 4 (3 - 4), 293 - 3091.

作用,要向国际禁毒合作那样,在反恐方面进行合作。2006 年英国破获的企图爆炸飞机的阴谋以及 2009 年内裤炸弹的破获都是很有效的情报合作的结果,避免了民航遭受巨大的损失。

针对近些年来,恐怖分子利用互联网进行恐怖宣传的新特点,出现了信息技术正被越来越多地用来散布仇恨的现象。“恐怖分子和极端分子正在利用社交网络煽动群众,这是我们必须用追求和平、发展和人类福祉的声音取代恐怖主义言论的又一个舞台。”因此国际社会要强化对现代信息技术的管理,利用现代技术手段减少或者避免恐怖分子利用现代信息技术招募恐怖分子、进行蛊惑人心的宣传。近几年来,尤其是“伊斯兰国”兴起以来,一些来自西方国家的恐怖分子在参加过“伊斯兰国”的战斗后,呈现了向西方国家回流的趋势,给世界各国尤其是西方国家带来了非常严重的隐患。因此,各国都应该强化边境管控,从立法、执法、国际合作等方面,阻止或者缩减这些恐怖分子的活动空间,减少存在的隐患。

(三)加强各国间反恐的军事合作

国际上所发生的各种国际恐怖主义事件让各国政府认识到:国际恐怖分子不会满足于将矛头只对准某一个国家,他们的目标是在全球制造恐慌,这是反人类、反现代文明的本质特征所决定的。所以国际恐怖分子是为了引起更广泛的政治影响和恐怖效应,其活动范围正在向地区化、全球化扩展,国际合作成了治理国际恐怖主义不可或缺的一个重要手段。在现今世界,国际恐怖主义的危害越发严重,国际恐怖分子的活动范围不受限制,可以无孔不入,触角已经深入世界上的几乎每一个角落,而且活动能力也越来越大。没有哪一个现代国家能够独善其身,永远不要认为治好本国的恐怖主义就可以平安无忧。因为,一方面,只治理本国恐怖主义的做法不全面,达不到治理效果;另一方面,本国的恐怖主义常与国外的恐怖分子联系密切。他们或者在国外对国家内部进行攻击,这就意味着打击国际恐怖主义离不开国际合作。面对国际恐怖主义的日益猖獗,面对国际恐怖主义的严重危害与威胁,面对日益迫切的反国际恐怖主义合作的内在要求,我们要努力寻求反国际恐怖合作的途径。[1]

---

〔1〕 Cooper, H1H1A1(1976)1The terrorist and the victim Victimology: An International Journa,1 1 (2),229 - 391.

恐怖活动日益国际化，单靠一个国家的力量很难对付恐怖主义的威胁。因此，国际社会必须高度重视恐怖主义的危害，共同打击和防范恐怖活动。我们已经看到国际社会在保护民用航空安全、保护外交人员和外交设施、反对劫持人质等方面都制定了相关的国际条约，这些条约一定程度上遏制了劫机、劫持人质等国际恐怖主义活动的发生，并为国家间反恐怖斗争的合作提供了一定的保障与支持。但这些条约只涉及了一小部分领域，对打击日益严重的恐怖活动是远远不够的。

在反对恐怖主义活动的国际合作中，由中国、俄罗斯、哈萨克斯坦、吉尔吉斯斯坦、塔吉克斯坦、乌兹别克斯坦 6 国所建立的“上海合作组织”为国际反恐怖主义合作树立了一个典范。在 2001 年 6 月 15 日《上海合作组织成立宣言》和《打击恐怖主义、分裂主义和极端主义上海公约》的签署，为我们加强这方面的合作奠定了坚实的法律基础。2002 年 6 月 7 日，上海合作组织元首峰会宣布各方建立上海合作组织地区反恐怖机构，该机构总部设在吉尔吉斯共和国比什凯克市。这样上海合作组织不仅是国家元首之间的会晤，而且也建立了切实可行的执法、情报、军事等机构的合作机制。正是由于这些具体部门的参与合作，才能使反恐怖合作措施得到落实。联合国及安理会等国际组织应进一步发挥作用，如前所述应统一对恐怖主义的认识，应要求成员国协助其他国家打击一切恐怖活动，共同维护世界和平。

国际恐怖分子在进行恐怖活动时不一定在恐怖活动发生国，有可能在恐怖活动发生国的邻国或是相隔更远的外国。在追踪、调查国际恐怖分子时，一个国家的能力是有限的，而且没有其他国家的协助是无法顺利完成的。因此，一国在调查、追踪、抓捕国际恐怖分子，涉及到境外时，应该积极与国际恐怖分子所在国交涉，寻求当地政府的协助与支持，一起对国际恐怖分子进行抓捕打击。同时积极加入反恐组织，与他国合作，当他国寻求打击国际恐怖分子的帮助时，在不损害本国的主权与利益下，给予最大努力的协助。在军事、武力打击方面进行国际合作，不仅在平时多与其他国家进行反国际恐怖主义的军事演习，让各方进行配合训练，而且，也需要各国反国际恐怖主义军队多交流，研究各种适合反恐的作战方式，提高各方的打击效率。[1]

“伊斯兰国”突然兴起与迅猛发展,其残忍、反人类、反现代文明等种种表现,令全世界都感受到威胁和不安,国际社会一致认为“伊斯兰国”是目前最危险的恐怖主义组织,理应尽快铲除。2014 年 9 月,在美国主导下,十几个国家共同参与开始了对“伊斯兰国”这个恐怖主义组织的联合军事行动,行动也获得了世界上绝大多数国家的支持。

(四)重视发挥国际刑警组织等机构的作用

恐怖主义犯罪的跨国性和国际性增强,使得国家间联合行动成为必需。而双边合作和多边合作都存在不同程度的局限性。双边合作因两国遭受同一威胁,容易因具有更广泛的共同利益而取得实效。但这种合作范围相对狭窄,通常只能解决局部性的恐怖主义犯罪问题。多边合作虽然弥补了双边合作打击范围的局限,却由于涉及多方利益而难于协调行动,进而影响合作效果。借助于超国家机构进行反恐怖合作,并获得联合国的支持,会有利于全球性的反恐怖合作,并加大惩治与防范的力度。这一点在“9·11”事件发生后,几乎成为国际社会的共同认识。加强超国家机构在反恐怖主义犯罪中的作用,可主要考虑两个方面:

1. 建立专门的超国家机构以弥补现存打击国际恐怖主义犯罪方式的不力。打击与预防国际恐怖主义犯罪的重要方面是有关信息与情报的交流。然而,“由于恐怖组织的结构和国内对个体权利的尊重,例如对个人资料的保护等原则,使这项工作开展起来很困难”。国际刑警组织的出现虽缓解了这一问题,但由于国际刑警组织是个国际性网络,一些国家担心自己所提供的信息与情报有关国家不能充分利用而不愿提供有关情报。加之《国际刑警组织章程》严禁本组织进行政治、军事、宗教或种族等性质的干预或活动,许多恐怖主义行为被排除在国际刑警组织的视野之外。[2]因此,有必要在联合国大会设置一个反恐怖特别机构,以协调和保障有关各国及时传递、交换和共享有关恐怖活动的信息资料。同时,该机构也可以对各国、各地区反恐怖经验进行总结,并对各国、各地区反恐怖实践进行技术支持与指导。国际刑法学会第 16 次大会曾提出要建立联络官、混合

---

〔1〕 苏莉:“国际恐怖主义的治理及其对中国的启示”,湘潭大学 2012 年硕士学位论文。

〔2〕 李伟:“对恐怖主义问题的几点思考”,载《现代国际关系》2001 年第 10 期。

的调查队以及超国家警察机关，发展新的调查模式，如通过卫星的越界观察，建立自动操作系统和联合调查团等。这些建议实际上也反映出增设超国家机构和增大超国家机构权能的意向。

2. 扩大国际刑事法院的管辖范围。由于国际刑法现有执行模式具有权威性差、差异性大及稳定性小等诸多弱点，设立国际刑事法院一直是国际社会由来已久的追求目标。1998 年罗马外交会议通过《国际刑事法院规约》，预示着国际刑事法院将最终建立。毫无疑问，国际刑事法院设立并启动之后，必将大大增加国际刑法的刚性，进一步强化国际刑法的效能，增大对国际性犯罪和跨国性犯罪的打击力度，更好地保护国际共同利益。不过，根据《国际刑事法院规约》，国际刑事法院只对侵略罪、灭绝种族罪、危害人类罪和战争罪这四种最为严重的国际犯罪享有管辖权，而恐怖主义犯罪没有纳入国际刑事法院的管辖范围。应该说，这是十分遗憾的，也会直接影响超国家机构在打击恐怖主义犯罪方面的作用发挥。事实上，许多国家力促设立常设国际刑事法院的目的之一就是要把国际刑事法院当做国际反恐怖主义措施的基本武器。国际刑事法院将恐怖主义犯罪排除在自己的管辖范围之外，在一定程度上失去了设立国际刑事法院的意义。因此，在国际恐怖主义犯罪日趋严重的客观情势下，在国际社会对恐怖主义犯罪认识日趋相同的潮流中，国际刑事法院的管辖范围也应适时而变。[1]

（五）截断恐怖组织活动的资金来源

潘基文说，恐怖主义资金来源仍是一个重要威胁，各国也需加强相应的能力建设。[2] 恐怖组织及恐怖分子进行恐怖活动必然要有一定的资金来源。就我国来说，要采取措施严防境外组织资助我国境内的恐怖活动，这就要求加强国际间反恐怖合作以及反恐怖机构与其他部门的密切配合。在国际方面，我国要积极与其他国家合作，获取情报，以甄别哪些资金有资助恐怖活动的嫌疑，以阻断资助极端分子的境外财源。在国内方面，要严防境外组织以投资、合资、合作、支持科研等形式作掩护，资助境内的恐怖活动。因此我国各部门在接受外资时，要依法严格审查资金的目的和用

〔1〕 修志君："国际法有关制止国际恐怖主义问题探析"，载《东方论坛》2000 年第 3 期。

〔2〕 载 http://world. huanqiu. com/regions/2013 - 01/3499540. html，2014 年 10 月 20 日访问。

途。我国在今后进行的反恐怖立法方面应赋予反恐怖机构有调查涉嫌恐怖活动的资金的权力,甚至可效仿英国关于反恐怖方面的立法经验。英国在1997年对反恐怖法进行修改时增设了新条款,在查处恐怖活动的资产方面,赋予警察更高的权力,如“凡有确凿事实证明,境内本国或外国人资产与制造恐怖活动有关,警察可以随时截获或没收。”“除有充分证据证明嫌疑犯资产与恐怖主义活动无关外,警察在捕获嫌疑犯同时,均可冻结其资产。”[1]

有效冻结机制对打击恐怖融资起着关键性作用。为了应对世界范围内恐怖袭击的日益盛行,国际社会联合起来打响了一场冻结恐怖分子、恐怖融资者和恐怖组织资金或其他资产的战役。作为这场战役的一部分,在《联合国制止向恐怖主义提供资助的国际公约》(以下简称《公约》)的基础上,联合国安理会先后发布了S/RES/1267(1999)号决议、S/RES/1373(2001)号决议和第1390(2002)号决议,其涉及的冻结恐怖分子资产的国际义务在金融行动特别工作组(反洗钱与反恐怖融资方面的权威国际组织,简称FATF)打击恐怖融资特别建议三中得到了再次重申。特别建议三释义对于如何履行上述国际义务作出了解释。2014年9月,联合国安全理事会召开反恐峰会、商讨应对极端组织“伊斯兰国”威胁之际,以美国为首的“抗击联盟”24日轰炸了伊斯兰国的12座炼油厂,着手阻断这一极端组织的资金来源,以期同时削弱“伊斯兰国”实力和后续恢复能力。炼油厂每天为“伊斯兰国”提供的石油收入高达200万美元。美国政府同日公布一份制裁名单,宣布将对名单上的20多名个人和实体实施经济制裁,冻结其资产,阻断与“伊斯兰国”有关的财务往来。

有效冻结机制的关键性作用远不只体现在打击恐怖融资及在特定时间内冻结恐怖分子资金或其他资产方面,它还能通过以下途径打击恐怖主义:阻止尚未被列入冻结名单的个人或实体进行恐怖融资活动;揭示可能导致发现先前不为人知的恐怖主义窝点或恐怖融资者的恐怖融资“资金踪迹”;通过鼓励被列入冻结名单的个人和组织脱离与恐怖行动的联系,并宣布退出恐怖主义集团来瓦解恐怖融资网络;通过切断恐怖分子相关资金或

---

[1] United States Department of State Publication office of the Coordinator for Counterterrorism. Country Reports on Terrorism2007. U,S. Departmengofstate,2008.

其他资产的转移渠道阻止恐怖分子的现金流；迫使恐怖分子采用成本更高、风险更大的方式进行恐怖融资，如此恐怖融资将更易被探知或瓦解；推进国际间合作，并鼓励更好地履行《公约》和 S/RES/1267（1999）号决议、S/RES/1373（2001）号决议、第 1390（2002）号决议规定的职责。

第二节　中国防控恐怖主义的社会政策

面对当今日益严重的恐怖主义威胁，我国应以预防为主，在打击境内暴力恐怖势力、民族分裂势力、宗教极端势力同时，必须坚定不移地发展经济，不断加强我国的反恐实力，增强各族人民的凝聚力，铲除民族主义向极端民族主义转化的内因和外因。在国际上，强调发挥联合国的主导与协调作用，坚决反对在恐怖主义问题上实行双重标准；加强与周边国家的反恐政治、经济、军事合作，遏制国际恐怖势力向我国的渗透；努力消除国际关系中的霸权主义、强权政治，努力建设新型的国际政治、经济秩序，彻底消除国际恐怖主义的根源，为给人类社会缔造一个和平、民主、文明的未来而作出贡献。

一、中国政府反恐的基本政策和立场

作为国际社会的重要成员、联合国安理会的常任理事国之一，中国历来反对任何国家、组织、团体或者个人违反国际法公认的准则实施恐怖暴力活动，并积极支持和参与国际反恐斗争与合作。在对待恐怖主义问题上，中国政府的基本立场是：反对并谴责违反《联合国宪章》、国际法基本原则和有关国际公约的国际恐怖主义活动；反对由国家政权直接进行侵犯别国主权、武装侵略和占领别国领土、颠覆别国合法政府、屠杀和驱赶别国人民的大规模恐怖活动；也历来反对将国际恐怖主义活动作为政治斗争的方式和手段，反对利用恐怖主义来反对民族解放运动、人民革命运动以及对别国进行侵略。改革开放以来，中国的国际交往不断扩大，客观上进入了融入国际体系的进程，对国际组织和国际制度的重视程度明显上升。在国际反恐领域，自 1978 年起，中国就开始加入了一系列针对特定恐怖活动的多边国际公约。20 世纪 90 年代，国际恐怖主义开始直接威胁中国。进入新世纪特别是“9·11”事件发生以来，国际恐怖主义成为日趋严重的国际公害，反恐、防恐和打恐成为维护中国国家安全利益的重要任务。经过多

年来的国内反恐怖斗争及参与国际双边、多边反恐怖合作的实践，中国对恐怖主义的表现形式、危害性等问题的认识不断深化，在反恐问题上的政策和主张更加清晰、明确，特别是通过适应当代国际潮流的新型安全观的探索、倡导与实践，迄今已在恐怖主义和反恐怖斗争问题上，基本形成了一整套比较系统和完整的政策与立场，主要包括以下几方面的内容。[1]

（一）反对一切形式的恐怖主义

鉴于恐怖主义是一种出于政治目的、伤害无辜的非法犯罪行为，不仅危害人们的生命安全，造成巨大的物质损失，而且扰乱社会的正常秩序，有违社会道德和人类文明进步法则。恐怖主义漠视基本人权，挑战人类文明底线，是全人类的公敌。对恐怖主义要坚持零容忍立场。恐怖主义行为，不论何时何地发生、由何人所为，都是不可开脱的严重犯罪行为。因此，中国强烈谴责并坚决反对任何形式、任何理由的一切恐怖主义活动，坚决反对将恐怖主义作为政治斗争的武器和手段，主张世界各国必须采取全面有效的措施打击一切形式的恐怖主义。

（二）打击恐怖主义要标本兼治

恐怖主义是一个错综复杂的政治和社会问题，需要国际社会全面客观地认识和分析恐怖主义滋生和蔓延的原因，努力采取有效措施削减与铲除恐怖主义产生的根源，从而从根本上遏制和打击恐怖主义泛滥的势头。冲突和动荡是恐怖主义滋生的温床，贫穷和落后是恐怖主义产生的土壤。彻底铲除恐怖主义，应在缓和地区及国际紧张局势、消除贫困和加强反恐合作三个方面同时开展工作，从政治、经济、文化和社会等方面采取措施。要赢得反恐怖斗争的最终胜利，必须标本兼治。[2] 反恐斗争是一项长期的社会系统工程，防范、遏制和打击恐怖主义，必须运用政治、经济、外交、文化、军事等综合手段，实行综合治理。单纯依靠军事打击，不是彻底解决恐

---

〔1〕 关于当代中国政府反恐政策与举措的内容主要根据下述著作的相关篇章整理：杨晖的《反恐新论》（世界知识出版社 2005 年版），刘恩照的《国际恐怖主义》（世界知识出版社 2006 年版），杨洁勉、赵念渝等的《国际恐怖主义与当代国际关系》（贵州人民出版社 2002 年版），胡联合的《当代世界恐怖主义与对策》（东方出版社 2001 年版）和《第三只眼看恐怖主义》（世界知识出版社 2002 年版）。朱威烈的“中东恐怖主义，全球治理与中国的反恐政策”（载《阿拉伯世界研究》2011 年第 2 期）。

〔2〕 杨晖：《反恐新论》，世界知识出版社 2005 年版。

怖主义问题的根本出路。对于恐怖主义,既要重拳打击,除恶务尽,又要注重治本,铲除恐怖主义滋生蔓延的土壤。

(三)反对将恐怖主义与特定的民族、宗教挂钩

当代国际恐怖主义虽然具有复杂的民族、宗教背景,但是没有任何一个民族或任何一种宗教奉行恐怖主义。恐怖分子不论来自哪个国家,总会带有某种民族、宗教、文化背景,但绝不能以偏概全、以点代面,认为有某种民族、宗教、文化背景的恐怖分子,就代表该民族、宗教、文化或国家。那些以民族、宗教为名义的极端势力和恐怖组织为了达到其政治目的,不择手段地用恐怖主义作为宣泄民族、宗教仇恨的暴力方式,这种行为的本身就已经使他们脱离了自己的民族、宗教和人类社会,他们绝不是相关民族与宗教的代表,而是打着民族、宗教旗号的极端邪恶势力。恐怖主义是不同文明、民族和宗教面临的共同敌人。反恐绝不可加剧民族矛盾、宗教仇恨、文明冲突和人类隔阂,而应成为不同文明相互交流和借鉴的新契机、对话与融合的新起点、共同进步与繁荣的新动力。

(四)在反恐问题上不能搞“双重标准”

在当今世界,一些西方国家长期奉行双重价值标准,以西方意识形态或国家利益画线,在对发生在本国内部和西方国家的恐怖主义,或国外反西方的国际恐怖主义活动,采取的是严厉谴责和打击,而对某些国家和地区的反政府恐怖主义活动,则往往以“人道主义”和“人权保护”为借口,持公开或暗中包庇、纵容、鼓励乃至支持的态度。这种双重标准做法,实际上已大大加剧了国际恐怖主义的蔓延和泛滥。既然恐怖主义是危害人类和平与发展的国际公害,世界各国就应该秉持公道,用同样标准来对待与处理国内外的一切恐怖主义活动,反对一切形式的恐怖主义;反之,则必然严重妨碍国际反恐怖斗争与合作的有效进行。打击恐怖主义“不能有倾向性,不能搞双重标准”。世界各国都应以同样标准来对待与处理国内外的一切恐怖主义活动,反对搞任何形式的恐怖主义。[1]

(五)充分发挥联合国在国际反恐怖斗争中的主导作用

当前,恐怖主义已是全球性的国际公害,在恐怖主义威胁面前,任何地区和国家都无法置身其外。打击恐怖主义不能只依靠某个地区和国家的

〔1〕 梁业倩:“中国人权专家认为反恐应标本兼治”,载《人民日报》2003 年 8 月 6 日。

单打独斗，而是需要从双边到多边、从地区到全球范围内的各相关领域的有效合作。世界各国只有在相互尊重主权与领土完整的基础上，大力加强反恐怖斗争的国际合作，才能有效遏制恐怖主义的滋生、蔓延和泛滥。联合国是当代最具普遍性、代表性和权威性的政府间国际组织，《联合国宪章》奠定了国际法的基础。联合国对于维护世界和平与安全，促进人类社会的共同进步与繁荣，负有重要的推动与协调作用。在国际反恐斗争方面，联合国已经做了大量的工作。在联合国框架内通过的相关国际公约、决议、报告、声明和宣言等国际法或软法文件，明确规定了预防、打击和消除恐怖主义的原则、规范、规则和决策程序。在国际反恐怖斗争中应始终由联合国及其安理会发挥主导作用，反恐国际合作应由联合国及其安理会主导。唯有如此，才能维护团结，有效协调，一致行动。任何国家或国家集团不得绕开联合国或安理会，以单边主义的做法自行其是。反恐行动应遵循《联合国宪章》宗旨和原则，尊重当事国主权、独立和领土完整，遵守使用武力的国际法规定，呼吁更多国家参加联合国 13 项反恐公约，支持制定《关于国际恐怖主义的全面公约》，进一步完善反恐国际法律框架。

（六）加强国际反恐合作，多措并举，综合施策

中国政府的上述政策、立场，不仅涉及恐怖主义的性质、根源和危害，也涉及反恐怖斗争的基本原则和方式。需要特别指出的是，20 世纪 90 年代后期以来，中国政府积极倡导的新安全观，与中国政府的反恐政策主张相辅相成，是指导中国进行反恐斗争、开展国际合作的重要指南。以恐怖主义为代表的非传统安全威胁则日益凸显，且与传统安全威胁相互交织，已经成为世界和平、稳定与发展的严重威胁。因此，国际社会需要摒弃传统的安全观念，树立互利共赢的新型安全观。“要树立互利、互信、平等、协作的新安全观，以对话增进互信，以协商化解矛盾，以合作谋求稳定，共同应对各种传统安全威胁和非传统安全威胁，维护世界和平。”[1] 新安全观的实质性内涵也是中国政府制定反恐政策并开展国际反恐合作的指导理念。[2]

当前，国际社会正面对恐怖主义的一次回潮。恐怖活动的形式和手段

---

〔1〕 上海国际问题研究所：《国际形势年鉴（2006）》，上海辞书出版社 2006 年版。

〔2〕 谢尔登·西蒙：“中国在国际反恐中的地位与作用”，载《世界安全》2004 年第 10 期。

都有所发展,表现为暴力极端主义活动肆虐、国外受训的恐怖分子“回流”、网络社交媒体成为传播策划暴恐活动的新阵地等突出问题。反恐形势依然严峻,反恐斗争任重道远。各国应对恐怖组织利用互联网发布恐怖暴力视频音频、传播极端思想、煽动策划和实施恐怖活动以及招募人员、流转资金等强化打击力度。各国应综合运用多种手段,加大信息收集与分享,加强网络反恐,合作铲除、封堵恐怖极端思想传播渠道,切断恐怖分子流动通道和资金来源。同时,反恐斗争需要标本兼治。各国在政治、安全、经济、金融、情报等领域应多措并举,尤其是消除贫困、促进民生和发展,从根本上铲除恐怖主义滋生的土壤。

二、运用社会政策的手段防控恐怖主义犯罪

德国著名的刑法学家李斯特曾言:最好的社会政策就是最好的刑事政策,并认为社会政策的使命是消除或限制产生犯罪的社会条件,而刑事政策先是通过对犯罪人个体的影响来与犯罪作斗争。在防范恐怖主义犯罪中,政治和法制手段只能治标,社会政策才是治本之策。由于我国现阶段的恐怖主义犯罪兼具民族分裂主义、宗教极端主义的特点,所以完善我国的宗教政策和民族区域自治政策是预防和减少恐怖主义犯罪的首要社会政策。

1. 完善民族区域自治政策,强化宗教“去极端化”工作

我国少数民族地区区域广阔,经济、文化和历史传统千差万别,各少数民族在自己长期的历史发展中一脉相传、日积月累而形成的习惯不可能在短时期内得以消除,这些习惯传载着该民族的道德观念、民族情感和文化底蕴,有些习惯反映着人类最基本、最普通的人类共性,但有些习惯法反映的社会评价标准与国家制定法的法律原则、法律价值目标相去甚远。民族自治地方作为“乡土社会”的代表,它的秩序的维持有很多方面和现代社会的秩序维持是不相同的,一些本土的非正式规则对少数民族地区社会秩序的构建有着至关重要的作用。[1] 民族分裂主义利用民众对本民族或本地区历史语言、文化传统的眷恋情结以及对美好生活的渴求,倡导“本民族第一”,煽动本民族对中央政府、对母体民族或其他反对者的心理仇恨,有时甚至发展为暴力冲突或武装对抗,恐怖主义组织的领导更常常把自己装扮

〔1〕 中国现代国际关系研究所:《国际恐怖主义与反恐怖斗争》,时事出版社 2001 年版,第 99 页。

成惩恶扬善的“救世主”、指点迷津的“领路人”，并大多创建了一套迷惑人、欺骗人的思想体系，常常带有强烈的宗教迷信色彩。[1] 据此，我国在对少数民族进行管理的过程中，应从实际出发，针对具体问题具体地分析。对于一些目前尚无条件以国家制定法代替的少数民族习惯法，从尊重民族文化角度出发暂时予以照顾和认可；在一个传统和惯例使人们的行为在很大程度上都可以预期的民族中，将法律的强制力降到最低限度；对于严重危害国家利益的习惯则必须取缔，但对合理的或者不危害国家利益的习惯应确认其合法性。新疆地区的恐怖分子都打着宗教的旗号，因此，“去极端化”成为新疆反恐和宗教管理工作的核心。首先，要采取一切可能的措施，坚决遏制宗教极端势力的蔓延，制定和完善各项宗教管理的制度和办法，落实《关于依法加强对宗教事务的管理，坚决抵制和打击非法宗教活动》的责任制，使宗教管理工作有法可依、有章可循。其次，要加强对宗教人士的管理，规范其行为，使其正确地传经布道，引导信教群众在守法、合法的轨道上进行宗教活动，定期对宗教人士进行培训，有计划地培养爱国宗教职业人员，要让爱国的宗教人士掌握宗教的权力，充分发挥宗教团体的作用；最后，要加强无神论的宣传教育，使宣传无神论成为强大的社会舆论，坚决禁止在学校进行任何宗教宣传活动，对那些受宗教意识渗透侵蚀很深的共产党员和共青团员要坚决予以严厉处罚，严厉禁止国家公务人员信奉宗教，对屡教不改的要坚决清除。对一些受蒙蔽的普通群众，做好相应的教育转化和挽救工作。同时，对宪法的相关条款进行适当修改，增加政教分离的原则。[2] 要严格执法，严厉打击所谓“地下讲经所”的活动，采取有效手段切断互联网等途径对非法所谓宗教思想的宣传。尤其要加强互联网的管控，近些年发生的暴恐事件，究其原因很多都是在观看了暴恐视频之后走上了这样的犯罪道路的。

2. 加快民族地区经济发展

恐怖主义犯罪作为当今世界的一个复杂社会问题，往往根源于国家经

---

〔1〕 SATISH CHANDRA, *International Terrorism andIt' s Control – Developing International Law and Operational Machanisms*, India：Vohra Publishers and Distributors Allahabad, 1989.

〔2〕 杨斌：“论恐怖主义犯罪及其防范和打击措施”，载《云南公安高等专科学校学报》2002 年第 2 期。

济矛盾及由此造成的社会矛盾、社会冲突之中。无论是哪种类型的恐怖主义,虽然其存在的具体原因多种多样,但最重要的在于经济矛盾所促使。恐怖分子之所以搞恐怖活动,通常是因为他们对一个社会抱有憎恨和极强的绝望情绪。德国学者弗兰茨·努施勒认为是来自"贫穷、绝望、束手无策的感觉,不公正的世界是恐怖主义产生的结构性根源"。[1] 所以,要从根本上遏制恐怖主义犯罪,我国需要高度重视以下问题:第一,通过立法扶持民族地区资源优势的开发,合理确定当地少数民族在资源开发中的利益份额,在市场经济条件下利用国家的支持促进少数民族地区的经济发展,从而防止地区发展差距过大,最终防范民族主义的滋生;第二,通过改变少数民族地区人员相对保守的观念提升竞争意识,提高相应技能和扭转市场竞争的劣势地位来缩小民族地区的个体差距,防止民族主义情绪的产生或强化;第三,采取特殊的政策,促进少数民族地区的经济社会发展,这方面尤其是见两年来,国家正在超常规的方式促进新疆地区的社会经济跨越式发展。在发展民族经济的过程中,要配以适当的社会政策才能取得好的效果,各民族相互交流"嵌入式"社会结构和社区环境的建设就是切实有效的方法消除民族之间的隔阂增进民族之间的了解与融合,使各民族之间相互尊重、相互包融、互相学习、相互帮助,推进各民族的共同发展与进步。

3. 加强社会治安综合管理要预防恐怖主义犯罪,还应加强社会治安管理工作

加强户籍证件的管理,加强对流动人口和暂住人口的管理,及时发现可疑分子,使恐怖分子不易隐藏和外出活动;严格出入境管理工作,严密边境地区的检查和控制,使恐怖分子不能轻易出入境,切断他们与境外恐怖组织和敌对势力联系,也不能在实施恐怖活动后轻易潜逃出境;加强边界安全的控制,防止恐怖分子自由地穿越国境。针对伊斯兰国等极端组织不断从境外招募成员,对不断地把参战后的人员回流到原所在国这样一种现象,2014 年 9 月 24 日联合国安理会一致通过决议,对外国恐怖主义参战人员造成的威胁日益严重深表担忧,要求各国通过边界管制、情报共享和立法等措施制止其流动及实施恐怖行动。安理会决定,联合国会员国应根据

---

〔1〕 [德]弗兰茨·努施勒:"重视恐怖主义的根源问题",载《时代周报》2001 年 10 月 4 日。

相关国际法，预防和阻止招募、组织、转运或装备人员前往居住国或国籍国以外的任何国家来实施、筹备或参与恐怖活动以及接受恐怖主义培训等行为。决议要求各国通过有效的边界和证件管制，防止恐怖分子和恐怖组织的流动，加强情报交流；有针对性地禁止移民入境、限制飞机着陆权以及强制性的贸易限制等手段，切断恐怖分子的交通路线和运输路线，切断恐怖主义组织的经费来源；加强对传播媒介领域的监管控制，安理会决议还要求各国加强相关合作，帮助相关国家提高应对此类威胁的能力，敦促各国制止恐怖分子利用技术、通信和资源，包括音频和视频来煽动支持恐怖行为。禁止宣扬民族分裂、恐怖暴力、民（种）族歧视、邪教理论的言论、书籍和音像制品在社会上传播；高度重视计算机网络的安全防范工作，防止恐怖主义分子、极端分子、电脑黑客的蓄意攻击和破坏，防止电脑恐怖活动的发生，保障国家利益和安全。

三、加强宣传、树立全民防范意识

加强技术防范固然可以使恐怖分子进行恐怖暴力活动变得更为困难，但这种技术防范做不到使其不能进行恐怖活动。各种措施本身并不能阻止恐怖活动，只是把危险转到了保安措施相对薄弱的地方。加强反恐怖立法也只能是对恐怖活动起到一定的制约作用及作为处置恐怖活动的法律依据。但恐怖分子是无孔不入的，法律的完备和防范措施的严密都不可能绝对防止恐怖活动。因此，反恐怖斗争还要依靠群众，必须把群众动员起来，加强在群众中的反恐怖宣传，树立全民防范意识。

（一）加强普通群众对恐怖活动的认识

由于我国以往受恐怖活动的威胁较少，人民群众对“恐怖主义”一词还比较陌生，更缺乏防范恐怖主义的意识。美国“9·11”事件从某种程度上说，是对全世界的一次恐怖主义知识的大普及，对于我国来说，2008 年奥运会全民参与的安保工作更是对全国的一次反恐教育。发生在奥运前的新疆恐怖分子企图炸毁民航客机的“3·7”事件用现实的例子向全国民众敲响了警钟，使全国民众已经切实感受到了恐怖威胁的现实存在。近年来，我国一些省市发生的暴力恐怖事件以及新疆地区连续不断发生的暴恐事件，不仅危害了公共安全，给国家带来一定损失，造成了极恶劣的影响，而且使人民群众产生了巨大的心理恐惧。因此，在恐怖活动逐渐增多的国际国内环境下，加强宣传、树立全民防范恐怖活动的意识是极为必要的。

发动全民同恐怖主义作斗争，我们应加强宣传，使全民能够形成以下反恐怖认识：

1. 要能预见到恐怖活动的威胁。尽管警察部门及军队可以尽最大努力去维持社会秩序、保障国家安全，但仍不能避免发生意外。我们不能不负责任地向群众保证社会的绝对安全，引导他们去期望一个无任何危险的社会，应让群众了解当今世界及我国恐怖活动发展的状况，使群众对恐怖活动能有正确的认识，并积极支持和参与到反恐怖斗争中来。尽管各国情报机构提高了警惕，但百密总有一疏。这时候，全民参与才能织就一张最为密实的反恐之网。实施全民反恐战略首要普及民众反恐知识，有效发挥民众“天然预警触角”的作用。2009 年，时任美国国土安全部部长的珍妮特·纳波利塔诺宣布了“若看到，要举报”的全民反恐战略，并且强调：“必须把民众当做保卫国家安全的重要资源，而不仅仅是受保护的对象”。在美国政府的网站上，有大量的信息指导民众如何在恐怖事件发生以后尽最大的努力保全生命，并配合执法、情报、安全机构迅速地查找一些恐怖分子的蛛丝马迹。美国一些社区经常会不定期开展反恐知识培训，教民众如何识别恐怖分子以及在遇到恐怖情况时应该怎么应对。近年来，英国政府不断扩大反恐体系的透明度，让公众了解反恐机构的工作方式，督促民众参与到维护国家安全的行动中，形成全民配合反恐的模式。2009 年伦敦 G20 峰会举行前夕，英国情报部门和反恐部门就曾挑选铁路、机场、购物中心、运动场和公共建筑等人员流动频繁场所的 6 万名工作人员为培训对象，教导这些民众如何观察“可疑行为”并且迅速反馈至官方。在全民反恐行动中，出租车司机因其职业特殊性，经过警方特殊培训后，成为遍布全国大街小巷的“流动耳目”。为了打击恐怖主义，新加坡政府就曾动员当地所有的出租车司机参与到“全民反恐”的行动中，他们的任务就是留意“可疑乘客”，并向警方提供有关其行踪的情报。以色列政府也曾将出租车纳入“反恐”前线，要求出租车司机对搭载的乘客进行仔细甄别，严防“人弹”坐车混入人口稠密地区。这些国际经验都很值得我们借鉴。北京地区的大妈反恐、修鞋大叔卧底全民参与的方式就很有作用。

2. 对恐怖活动不要反应过度。虽然恐怖暴力活动能够产生巨大伤害，但我国正在积极努力地寻找避免和减少恐怖活动的对策，政府部门应劝诫群众不要过分惧怕恐怖暴力事件，不要因恐怖暴力活动而动摇我们正在努力建设一个和平、安全的社会的信念。由于昆明等城市出现了暴恐分子砍杀无辜群众的惨烈恐怖袭击事件,在普通群众中产生了异常敏感的情绪,稍有风吹草动就往往引起大量群众惊慌。要使广大群众既要提高警惕,严防恐怖分子的袭击,也不能反应过度,以合理恰当的方式对待一些突发事件。美国前反恐全国委员会(National Commission on Terrorism)顾问(1999～2000)、美国兰德公司(Rand Corp.)的高级顾问、反恐专家布莱恩·詹金斯(Brian Jenkins)就指出:全美每天共有1万架次的飞机起飞,仔细算一算概率,美国人死于恐怖袭击的可能性是相当低的。詹金斯认为,美国人死于车祸的概率约为1/8000,死于谋杀的概率则约为1/18000,而死于恐怖分子之手的可能性却只有1/500000。相较之下,恐怖袭击的风险还不如日常生活中的车祸或是凶杀案来得高,但过去近五年来却"自己把自己吓得失了魂"。"我们需要适当了解恐怖主义,以对其风险做出合理的评估。"詹金斯说,"我们阻止恐怖分子成功的要素之一,就是确保他们不在我们之中制造出令人恐惧的气氛"。[1]

3. 不要受恐怖分子煽动或恐吓。恐怖分子进行恐怖活动的目的就是要使人们产生恐慌心理。遇有恐怖分子的煽动或威胁时,不要中恐怖分子的圈套,要想方设法同政府及警察部门联系并协助政府的工作。也不要形成恐怖主义不可战胜的错误观念,要使人们相信,社会并没有处在极其危险的境地。政府部门除了要在人民群众中加强宣传、号召公众积极参与打击恐怖活动的斗争外,还应制定奖励措施,如规定凡协助政府逮捕恐怖分子的公民将受到奖励等。[2] 2014年新疆地区用3亿元的巨额资金作为奖励,鼓励人民群众积极参与到反恐行动中去,提供情报,协助警方抓捕暴恐分子,与暴恐分子进行搏斗等,并都提供相当数额的奖励。从实施的效果看来,取得了非常好的效果,已经初步形成了对暴恐分子人人喊打的局面,涌现出了很多不畏暴恐分子威胁、见义勇为抗击暴恐分子的民众。

(二)强化公安民警对恐怖活动的防范

强化公安民警对恐怖活动的防范包括以下四个方面:

1. 加强反恐形势教育,强化执勤中的敌情意识高度的警惕性是安保工

---

〔1〕 徐琳:"印度发展洲际导弹针对美国?",载《世界报》2006年4月5日第6版。

〔2〕 翟俊鹏:"论应对恐怖主义犯罪的刑事强制措施",载《武陵学刊》2010年第3期。

作的灵魂。强烈的对敌斗争观念来源于对形势特别是对敌情的清醒判断。[1] 在反恐形势任务教育中，应重点引导民警认清国际国内恐怖势力的现实危险性、认清恐怖袭击对大型活动造成的严重破坏性、认清与恐怖活动作斗争的复杂性。不断克服麻痹思想和侥幸心理，对恐怖势力的破坏活动宁可信其有，不可信其无；宁可备而不用，不可用而无备；要立足于有事，立足于应付复杂情况，时刻保持高度的警惕性。

2. 加强反恐常识教育，掌握恐怖活动的规律特点。大型活动防范恐怖袭击对于公安机关来说是一个新的课题，可利用"请进来、走出去"和学习研讨的方法，不断向民警灌输反恐怖斗争的基本知识，使大家了解恐怖组织的力量构成，了解恐怖活动的行动方式，了解恐怖破坏的方法手段，了解恐怖袭击目标的特点，了解反恐怖斗争的基本对策。从而使民警对反恐怖斗争由知之不多到全面了解，由生疏到逐渐适应。

3. 加强反恐心理教育，树立敢打必胜的信心。恐怖活动是残酷的，反恐任务是艰巨的。针对恐怖袭击事发突然、手段残酷的特点，应重点对民警进行敢打必胜的信念教育，及时消除民警的恐惧心理和畏难情绪。面对恐怖袭击的威胁，要教育民警树立敢打必胜的信心，以积极的心态正视恐怖，以英雄的气概蔑视恐怖，以坚定的意志抗击恐怖，以过硬的本领战胜恐怖。保证每个执勤民警在任何时候、任何情况下都能够做到：再艰难也敢面对，再残酷也敢抗争，就是付出鲜血和生命也要保证安保目标的安全。

4. 加强反恐技能教育，忠实履行神圣使命。要教育民警充分认识自己的责任和使命。注重学习研究，掌握反恐斗争的策略和方针；注重实践锻炼，强化实战训练，掌握必要的警用装备的使用，掌握反恐斗争的技能和战术；注重心理调控，坚定意志和信念；注重探索总结，提高守得住、冲得上的能力和素质。[2]

第三节　民航基础设施的安保措施

恐怖主义已经被认为是21世纪人类社会的顽疾，它像幽灵和病毒一

---

〔1〕［美］Ian0. LeSSer 等：《反新恐怖主义》，新华出版社1998年版，第99页。

〔2〕姚俊岩："恐怖活动中公众心理恐惧效应对社会稳定的影响及对策"，载《武警学院学报》2008年第5期。

样暗藏于人类社会的健康肌体之中,平时无影无踪而一旦爆发则会产生巨大的破坏力。国际恐怖活动的残酷性与危害性正朝着更加严重化的趋势发展,造成的人员伤亡呈波浪式的增长态势。2001 年国际恐怖主义共造成 3547 人死亡,平均每起死亡人数约 10 名。无论是死亡总人数,还是平均每起死亡人数,都大大超过以往任何一年的记录。根据联合国驻伊拉克援助团公布的数据,2013 年共有 8868 多名伊拉克人死于各类暴力袭击,是 2008 年 6 月以来的最血腥之年。据统计,2013 年,伊拉克月均汽车炸弹袭击达 71 起,自杀式袭击月均数量由 2012 年的 6 起攀升至 40 起。这充分说明了国际恐怖主义的致命性越发突出的特点。这从一个侧面也反映出当今社会的恐怖主义的猖獗事态。[1]

恐怖主义制造恐怖事件的一个重要目的就是通过恐怖事件制造尽可能多的恐怖气氛,并尽可能大地扩大其影响。扩大单次恐怖事件的影响力是恐怖主义最经济实用的做法。为了达到这一目的,恐怖主义组织一般做两种选择,一种是选择重要的目标,特别是对国家而言具有重要政治意义的目标,如国际组织驻地或成员、国家领导人、外交使团及其馆舍、重要基础设施等。另一种就是在每一次恐怖事件中扩大伤亡和损失程度。而民用航空正好同时满足了上述两种途径的要求。一方面,民用航空器一般被认为是国家的流动领土,除了具有商业价值之外,还带有政治意义,特别是一些旗舰航空公司以及世界知名的大航空公司。另一方面,随着现代技术的发展、航空器向着大型、远程的方向发展,最新研制的 A380 宽体客机一次最大载客量达到 800 余人,近乎于一列传统的全卧铺列车的载客量,即便是目前正在运行的波音 747 和空客 340 的载客量也在 400 人左右。这种大型客机一旦发生恐怖袭击,就会给空中和地面的人员生命财产造成不可估量的损失。正是具备了这两大特征,民用航空器历来都是恐怖主义袭击的重要目标。据不完全统计,仅在 20 世纪后 30 年里就发生了劫机事件 504 起,炸机事件 33 起。进入 21 世纪之后,更是发生了“9·11”事件这样的史无前例的恐怖袭击。为了防范恐怖分子对民航目标的袭击,民航的基础设施在建设过程中,就应该考虑到可能面临的风险,在涉及、施工等各个

---

〔1〕 载 http://www.flightglobal.com/airspace/forums/canadas-air-marshals-cost-40-million-a-year-77916.aspx,2014 年 6 月 2 日访问。

环节强化风险意识,增强建筑物的抗恐怖袭击的能力。

一、民航机场选址中的航空保安问题

机场工程是一个涉及国家的政治、军事、社会、经济、技术、地理环境、交通和旅游事业等并且相互交织在一起的十分庞大而复杂的系统。由于机场整体目标庞大,在选址时必须合理考虑其与周围环境的关系。抛开净空、空域、气象等条件限制,单从航空保安的角度出发,机场周边环境越简单,对安保工作越有利。

(一)充分利用天然地势

靠水临海或有天然屏障的区域是非常理想的机场场址。这些天然屏障是机场的一把无形的保护伞,增加了不法分子接近机场的难度,减少进入机场的道路,可以非常有效地控制进入或接近机场的人群,减轻安全检查的工作压力。

(二)简化周边环境

实际上,我国大多数机场并没有条件选择在靠河临海或者有天然屏障的区域,那么,选择简单环境便是机场选址的另外一条重要标准。机场周边环境简单,有利于机场对周边进行更大范围的监控,使企图接近机场的人员心理上产生畏惧,可以部分减少入侵机场事件的发生。一旦出现无关人员接近进场或者恐怖分子远距离袭击机场,可以及时发现并制止,在一定程度上减轻了机场安防工作的压力。[1]

(三)航站楼的安防设计

现代航站楼已从过去的单一功能(办票、候机、登机),逐步发展成为功能多样、超大空间的建筑集合体。其内部空间划分复杂,人员流动大,密度高,一旦受到恐怖袭击,往往造成较大的伤亡和损失。因此,航站楼的安防设计显得尤为重要。

1.航站楼防爆设计

爆炸恐怖袭击是最常见也是相对容易实施的袭击手段之一。其特点是隐蔽性较强,难以防范;操作简单,容易发动;危害巨大,破坏力强。机场航站楼针对防护爆炸袭击的设计可以分为两个方面。(1)航站楼外围设计汽车炸弹是恐怖分子袭击建筑物常用的手段之一。因此,在进出航站楼的

---

〔1〕 孙芸:"民用机场相关决策问题研究",南京航空航天大学2008年硕士学位论文。

道路设计上,应尽量采用弯道设计,在接近航站楼区域设置装置,以免车辆获得较大速度;在航站楼前人行道应间隔设置坚固护柱或其他阻挡系统,防止汽车冲击航站楼。另外,在设计停车场时,也应注意远离航站楼主体建筑。《民用航空运输机场安全保卫设施》中有明确规定,航站楼主体建筑内及楼前50米范围内不应设置公共停车场。(2)航站楼结构设计从爆炸对建筑物的破坏后果看,建筑物倒塌引起的财产损失和人员伤亡问题最大,并直接影响应急救援工作。机场航站楼相对于一般大型建筑物来讲,其特点是跨度大,内部空间开阔,这种结构在爆炸产生后经常会出现连续性倒塌,间接放大了爆炸的危害。对于一般的结构体系,为了防止发生连续性倒塌,基本设计理念是将一个整体结构划分为若干个子结构,将倒塌限制在发生爆炸的子结构内。在子结构内,必须保证结构体系在受到破坏时将荷载传递到邻近区域,以尽量减小结构的整体破坏。在建筑物受到爆炸袭击时,除了建筑物的倒塌造成的伤亡和损失外,爆炸产生的碎片也是造成人员大量伤亡的重要原因。在机场航站楼设计中,为了增加内部空间的亮度,为旅客提供开放的视野以及航站楼本身的美观需要,一般都使用了大量的玻璃幕墙体系。在爆炸冲击波的作用下,玻璃幕墙等脆性材料非常容易发生断裂破坏,其产生的碎片由于获得非常大的动能,对人体造成较大伤害,在人群密集区域,后果更为严重。为降低碎片的危害,可选择使用防爆玻璃等特殊材料。另外,还可以设置防爆网,增加专用碎片阻挡系统等,阻挡碎片向室内飞射。[1]

2. 航站楼防入侵设计

机场航站楼是旅客汇集的地方,人流量大,人员组成复杂。而航站楼又是联系陆侧与空侧的通道之一,一旦不法分子进入空侧,将直接面对众多航空器,对机场正常运行带来巨大危害。因此,航站楼内出入口通道的控制直接关系到民航安全和旅客的生命安全。《民用航空运输机场安全保卫设施》中规定,在一类、二类、三类机场航站楼内通向隔离区、航空器活动区、办公区或主管部门认定的出入口(除旅客使用外)应设置门禁系统,对进出人员进行身份认证管理和记录;采用证件、智能卡、生物识别等身份识别系统,并应能同时满足人工和技术查验方式。现代航站楼出入口通道控

---

〔1〕 王璇:"我国民用机场的现状和发展前景",载《中国民用航空》2005年第4期。

制还应解决如:防尾随进入,前后两次进入相同区域的时间必须有一定得时间间隔,特别是伴随进入的识别;点名功能,用以掌握目前各控制区域内人数、类别、进入时间以及离开时间;门的开启时间控制、自动关闭和报警等一系列问题。

二、飞行区安防设计

飞行区是机场的主要区域,其占地面积巨大,区域内航空器众多,是恐怖分子袭击的重点目标,任何安保方面的疏漏都有可能导致航空器遭到袭击和破坏。因此,飞行区的安全保卫工作是整个机场安保工作的重点。

(一)飞行区围界设计

机场飞行区实施的是封闭管理,使之与公共活动区隔离的设施就是围界(墙)。围界主要防止人员、车辆以及对航空器有危害的动物随意进入。对于大型机场,一般施行分区管制,因此需要设置二次围界,对机场飞行区内重要区域进行保护。不法分子欲进入飞行区对航空器进行破坏,除通过正常通道外,穿越围界是唯一的路径。因此,机场围界的设计,除应防止对围界本身的破坏行为外,主要是防止外界人员的穿越行为。事实上,机场围界作为一种人为的有形障碍物,对于一般的非法入侵者起到了一定的阻挡、延时作用;而对于老练的、训练有素的恐怖分子来说,这些人为障碍物完全可以被克服或破坏,且不会马上被发现,尤其是在夜间。因此,还需要利用高新技术建立围界报警、视频监控等系统,实现人防与技防的有机结合。目前用于围界报警的常用设备主要有主被动红外、主被动微波、张力网线、电子围栏、应力电缆、泄露电缆、震动光缆等多种。[1]

由于围界防范系统只能起警戒作用,不能直接看到边界现场的情况,所以系统还必须与飞行区的电视监控系统密切配合。当边界受到入侵、破坏,系统发出报警时,能同时利用电视监控看到报警边界的现况,帮助及时处理问题。另外,由于飞行区围界大部分远离候机楼和停机坪,夜间很暗,为此,还需要与围界处的照明系统和广播系统进行联动。

(二)机场道口设计

机场道口是外界与飞行区的联系通道,其重要性不言而喻。从概率学

---

〔1〕 Francis Carr, GeorgTheis , John - Paul Clarke, Jesus Garcia, Methods for Operations Planning in Airport Decision Support Systems, *Applied Intelligence*, Vol. 22, 2005, pp. 183 - 206.

角度讲,每增加一个道口,就增加了一个利用道口入侵机场的可能性。因此,在进行机场规划设计之初,就应当根据当地实际情况,在不影响正常工作需要的前提下,尽量减少道口的设置。另外跑道两端围界应设置向外开启的应急出口,其宽度应满足机场主力消防车通过,应急出口平时应关闭,不能随便开启通行。

(三)巡场路设计

巡场路一般设计在围界内侧,宽度可供中型卡车行驶,两侧设有路肩。一般大、中型机场的寻常路应为水泥混凝土或沥青类道路,小型机场的巡场路可为简易道路。在巡场路设计时,应该保证巡逻人员对航空器活动区及周界具有良好的视野,要覆盖整个围界区域,当围界任何一点出现报警,有关人员都能顺利方便地到达现场。

(四)其他安全设计

在航空器活动区内,通常需要设置一个飞机的隔离停机区域。当怀疑有故意破坏或者飞机被不法分子侵占时,飞机应停放在隔离区域。这种隔离区域至少距其他飞机的停机区域、距建筑物、公共区域和办公设备100米远。并且不能位于燃气管道、航空燃油管道、地下电力或通信电缆之上。此外,机场一般还需要指明一个处置区域,用来处理或爆破阴谋破坏的装置,以及处置非法占领的情况。这个区域的位置及其距离其他区域的距离可参考隔离停机区域。另外,根据机场的需要,可以在航空器活动区重要部位设置值勤岗楼或者瞭望塔等设施,加强重要、敏感区域的安全防卫工作。[1]

三、美国机场安保的借鉴

美国是世界上航空运输最发达的国家,其业务量占世界航空客、货运输量的四分之一。各种类型的民用、商业机场林立,并在重点地区纽约、芝加哥、洛杉矶、迈阿密等均有二三个机场运营,互为备用调整。如纽约地区就有肯尼迪机场、拉瓜迪尔机场、纽瓦克机场三个国际机场。

由于美国是世界上经济、军事强国,并具有浓厚的移民文化色彩及国际商业竞争机制,促使美国的经济在市场竞争中得到发展和提高,但同时也带来一定的负面结果,如毒品泛滥、恶性事件不断等社会问题。而机场

〔1〕 陶宏强、贺元骅:"机场空防安全设计浅析",载《黑龙江科技信息》2011年第15期。

作为现代交通的枢纽,必然是各类违法活动的一个主要通道和集散点。在机场查获的毒品、武器走私等案件占美国本土案件查获数量的约半数。因此,美国联邦航空管理委员会针对实际情况,要求各机场当局不断更新安全防范设备和完善措施。[1]

1. 毒品、危脸品、枪弹检侧:微放射量的X线二维图像显示检测器,对旅客行李进行检查,灵敏度可调的金属检测门,对旅容随身携带物进行检查等。美国是世界上毒品走私和消费大国,由于美国在国际事务中的特殊地位,也是有组织犯罪和恐饰活动的目标,每年的进出入境旅容和国内旅客是世界上数量最大的国家。因此,官方非常重视在机场设计先进的检测设备来堵截查获各种犯罪活动。

2. 闭路电视监控:对机场内各重要区城进行实时图像监视,及时发现可疑目标或不正常现象。目前各机场均安装由视频矩阵切换主机结构的电视监控。例如,芝加哥国际机场、迈阿密国际机场、达拉斯国际机场等,机场均采用美国维康(VICON)工业公司的VPS系列视频可编程矩阵切换主机。由于该系列主机具有输入输出容量可变、云台镜头预置位、报警跟踪等功能,联网分级分站控制,多媒体计算机控侧等,因此在国内外众多机场使用。

3. 出入口管制:对重要机房、控制室、工作区等进行分等级出入管理,防止外人或不该进入该区的人员、车辆进入。联邦航空管理委员会新增加的FAR107.14部分,要求除规范原有对机场重要出入口采取管制措施外,还要求凡是60个座位以上的登机桥、通道口均需加装出入口管制。机场重要区域包括航管指挥调度中心、通讯计算机中心、政府派驻机场机构、动力中心、保安监控消防中心;敏感区城包括通过安检以后的旅客乘机区城内的各通道、登机桥、消防紧急出口门,一般工作区域指在进入安检前的各区城。[2]

中国民航防范和控制恐怖犯罪,保障航空安全,就必须深刻认识民航所面临恐怖威胁的严峻形势。在防范暴恐袭击中,人防、物防、技防是安全

---

〔1〕 Amy Spencer, Chris Brinton, Deborh Walton, Decision Support Tools to Assist In Airport Sueface Management, *Systems, Man and Cybernetics*, Vol. 2, 2003, pp. 1606–1611.

〔2〕 佚名:"美国大型机场安全防范措施",载《中国安防产品信息》1998年第1期。

防范的几个重要方面，而民航设施的建筑设计施工就是防范暴恐袭击的基础性工作，是针对暴恐袭击"物防"的一个重要体现，也是人防和技防的基础。因此，在基础建设方面，优先考虑防暴恐袭击，把民航的安全防工作做到事前，毫无疑问会大大降低后续防控恐怖袭击的风险，减少暴恐袭击的损失。

第八章　典型航空恐怖行为的防范与处置

恐怖分子的袭击方式多种多样,其中人体炸弹、汽车炸弹、爆炸式袭击成为恐怖分子惯常用的手段。恐怖分子的袭击经历了一个由特定目标向不特定目标的转换。一般说来,恐怖袭击针对的目标是国家形象或者国家象征意义的目标,我们可以称作为硬目标,比如国家特定的建筑、具有国际形象识别作用的风景标志,有的是针对国家和政府的领导人。随着形势的发展,各个国家强化了各项安全保卫措施,因此,恐怖分子现在更多的是把目标瞄准了普通的民众,通过血腥的爆炸、劫持、砍杀等方式制造恐怖气氛。针对民航,恐怖分子也是绞尽脑汁,在世界各国对民航强化安保措施的情况下,采用人体炸弹、汽车炸弹、砍杀民众等方式对民航进行恐怖袭击。

第一节　人体炸弹的暴恐袭击

自从1993年巴勒斯坦极端组织第一次引爆“人体炸弹”至今,世界已发生近千起自杀性爆炸事件,伤亡上万人。上至联合国副秘书长、下至平民百姓受害的场面是一样的血腥、一样的惨烈。就连远离中东冲突的中国人也不能幸免,从在耶路撒冷从事建筑的中国劳工,到在约旦访问的年轻军官,无数条鲜活无辜的生命瞬间喋血殒亡，可怕的“人体炸弹”正以极快的速度从巴勒斯坦向其周边国家和地区蔓延。在强弱悬殊的对抗中，“人体炸弹”成了弱势一方的谈判筹码和终极武器。人体炸弹现在成了全世界恐怖分子常用的袭击方式。“人体炸弹”袭击者通常将炸药藏在自己的身上，如腰间或手包或背包或内裤中，更有甚者还植入人体内部，在这些爆炸装置中有时还掺杂大量铁钉或钢珠，加强杀伤力。2005 年发生在约旦首都安曼酒店的人体炸弹爆炸案造成至少 56 人遇难、300 多人受伤，其中造成中国国防大学代表团成员 2 死 1 伤。事后一名参与者被捕，安曼警方在她身上发现了未及引爆的炸药和引线等。2009 年，沙特阿拉伯负责反恐事务的内政部助理大臣穆罕默德·本·纳伊夫亲王遭炸弹袭击身亡。后经调查，实施这次袭击的“基地”组织成员将炸弹填入直肠内以躲避安检，而后在靠近亲王时自行引爆炸弹。此即所谓的直肠炸弹。2014 年 4 月 30 日晚发生在乌鲁木齐火车站的爆炸案件也是新疆恐怖分子实施的“人体炸弹”。种种事实表明，“人体炸弹”犯罪已经成为恐怖主义爆炸犯罪的一种，也是现代恐怖袭击的最主要的形式之一。

一、人体炸弹的特点

人体炸弹将引爆炸药绑在自己的身上向对方引爆，是以牺牲自己生命为代价，从而造成袭击目标伤亡的一种极端行为，是一种通过牺牲自己达到报复对方的暴力恐怖袭击方式，人体炸弹和其他恐怖袭击的方式相比具有更残酷、更血腥，操作简便，危害巨大、成功率高，防不胜防、自杀性等特点。恐怖主义分子为什么会青睐这样一种行动方式呢？这是因为和传统的示威型和破坏型恐怖袭击方式相比，这种自杀型恐怖主义具有以下几个突出的特点：

1. 低端高能、破坏力大。恐怖主义的威胁主要是在通过地下渠道获得威力巨大的常规或非常规武器。恐怖分子一直希望获得的高科技武器，由于世界各国的严密防范，使他们获得这些大规模杀伤性武器的可能性越来越低。恐怖分子以自己的身体为武器，将其附加在一定的军用或民用设备或交通工具上，就可以实现低端武器装备杀伤效果的成倍扩大。装备这些人体炸弹花费少，爆炸威力大，所产生的恐怖效果有时候反而更加明显。

2. 道德失控、威慑力强。以往的恐怖主义袭击尽管也很血腥，但是都有自身的一个原则，那就是它对暴力使用的限度。他们追求的不是最大的杀伤力,而是给目标社会最大的精神和舆论压力,所以他们就会在一定程度上考虑到自己行动的合法性。比如说对攻击目标就会有一定的选择,尽量避开对普通市民,尤其是妇女、老人和儿童的攻击。这样做有两个目的,一是争取目标社会群体中大多数人的理解,保证其行动的后果是大众的恐惧而不是众志成城的仇恨;二是在自身的社会群体中赢得支持,继续获取在人力、物力和各种信息上的帮助。就像中国俗话所说的盗亦有道,恐怖组织也在一定程度上坚守着人类社会起码的道德准则。但是自杀性爆炸袭击突破了这种道德上的束缚。它并不想从目标社会群体中赢得支持和理解,只想引起彻底的恐惧。为此可以在任何地点用任何方式攻击任何人,无论对方是军人还是平民,是男人还是女人,是老人还是儿童。这种道德上的失控就使得任何目标社会中的个体都无法保障自身的安全,其完全暴露在恐怖的威胁之下,所以其心理威慑力也是最强的。

3. 组织严密、成功率高。如果说刚开始自杀型爆炸还在很大程度上带有个人英雄主义色彩的话,随着恐怖主义组织逐渐认识到它的巨大威力,今天它俨然已经成为一个分工明确、组织严密的系统工程的产物。担任袭击任务的“人体炸弹”几乎是被批量生产出来的。同时,和传统的恐怖组织不同,随着经济全球化和信息化进程不断加速发展,今天的恐怖组织也日益国际化、网络化了。“今天的恐怖组织往往不是等级严密的金字塔结构,而更像一个松散和分权式的网络体系。”[1]这样就可以充分利用世界各地的人力和物力资源,同时保证组织内部任何部分的破坏都不会导致整体的溃散。由专门的招募者通过公开的宣传,并辅之以优厚的死后待遇,从人群中发现未来的攻击者。一旦选定之后,就有专门的技术部门负责实战技术和心理上的训练,专门的情报员开始搜集所有关于此次行动的重要情报,技术人员负责开发炸弹和炸弹零件,决策者制定周密的行动计划。行动结束后,有专门的新闻部门负责进行解释和宣传,后勤部门负责善后事宜。由此可见,自杀性爆炸的实施者实际上只是其中很小的一个环节,是一个实现目标的工具。这种专业化的分工和体系化的运作大大提高了实施的成功率。

---

〔1〕 万军、刘君翔:“自杀型恐怖主义的特点、成因及对策分析”,载《山西高等学校社会科学学报》2004 年第 11 期。

4. 成员复杂,防范性差。过去的恐怖主义分子在人们的印象中都是没有受过良好的教育、没有正规工作、生活在社会边缘的青年男子,而自杀性爆炸以生命为代价,消除了实施者在教育、职业、性别、体力等各方面的差异,使得任何年龄的男人和女人,甚至孩子都有可能成为恐怖分子,这样就加大了防范和排查的难度。在现实案例中,许多恐怖分子是受过西方高等教育的精英人士。恐怖分子越来越普通化、弱势化、低龄化,使得防范和排查对象的队伍不断扩大,造成了巨大的人力和财力的压力。同时,自杀性爆炸还具有很难中途制止的特性。由于在行动之初就排除了逃脱的可能性,在袭击中可以在任何情况下引爆自己,而且一般也没有不能进行攻击的禁忌,这些都使得自杀性爆炸活动即使被及时发现,也无法确保完全排除其巨大危害。又因为恐怖分子可以在任何时间、地点主动引爆自身携带的炸药,都会对社会造成一定的危害,所以只要自杀性袭击一旦开始实施,就很难完全失败。这也是它得到恐怖分子青睐的一个重要原因。

二、"人体炸弹"瞄准民航

民航自身具有脆弱性,同时又具有国家形象的含义,被很多恐怖分子作为首选的袭击目标。民航的"人体炸弹"种类繁多、花样翻新,极具特点的就是高科技化、高智能性与低端化、简易性并存。传统意义上的人体炸弹就是把炸弹捆绑到自己身上,尽量去接近需要报复的目标,或人群,或商场,或公交车,或歌舞剧院等人群密集的场所,因为这些地方基本都是疏于安全检查,有时候也很难进行安全检查,因此,在这些地方的人体炸弹基本就是简易性的为主。由于民航不同于其他场合,各项安全保卫措施都比较严密,因此,恐怖分子针对民航的人体炸弹都显示出了高科技、高智能化的特点。一直以来,恐怖分子在对民航客机、地铁列车和公共巴士发动自杀式袭击时,无外乎把炸弹藏于口袋、鞋子或内衣裤里,但所有这些都难逃目前最先进的人体扫描仪检测。然而"道高一尺,魔高一丈",恐怖分子的袭击手法也在不断推陈出新。2011 年 7 月 6 日美国白宫发言人杰伊·卡尼证实,美国安全部门在近期获得有关有恐怖分子正在考虑利用植入人体的爆炸物袭击民航客机的情报后,已向航空运营商及外国安全部门发出警告。[1] 2011 年 7 月 7 日出版的英国《每日镜报》自称获得会议保密备忘录

---

〔1〕 载 http://roll.sohu.com/20110708/n312781614.shtml,2014 年 6 月 18 日访问。

副本。备忘录说，恐怖分子正考虑在人体内植入爆炸物及引爆装置，植入部位可以是腹部、臀部或者胸部，以躲避机场安检仪器。另外，恐怖分子有可能以注射化学物质的方式引爆炸药。内置人体炸弹就是通过外科手术将藏在胶囊内的烈性炸药季戊四醇四硝酸酯（PETN）植入自杀式袭击者体内，然后像普通外科手术一般加以缝合。一般而言，炸药可藏于男性人弹的盲肠附近或臀部，或者如隆胸般植入女性人弹的乳房。人弹一旦以内置炸药手段混过安检成功登机后，即可在适当时机用针筒将一种名为三聚过氧丙酮的粉末注入皮下炸药包——PETN 胶囊，从而将体内的炸药引爆。为了避免遭人制止，袭击者完全可以谎称自己是糖尿病人，从而以注射胰岛素的名义，在客机、地铁或巴士上明目张胆地用针筒引爆内置炸药。

其实早在美国“9·11”事件发生后的三个月就发生了举世震惊的“鞋子炸弹”。2001 年 12 月 22 日，美利坚航空公司 063 航班载着 182 名乘客和 12 名机组成员从法国巴黎飞往美国迈阿密。一名叫理查德·里德的恐怖分子试图引爆藏匿在鞋子中的炸弹，与大家同归于尽。由于机组人员和乘客奋不顾身地与歹徒搏斗，才避免了一场巨大悲剧的发生。当时这架波音 767 客机正在飞越大西洋上空，一名身材高大、头发蓬乱的乘客，正在用打火机点燃暴露在左脚鞋子外的一根引线，顿时一股硫黄的味道在机舱内弥漫开来。一名空姐立即将一瓶水泼到里德身上，浇灭了导火索。在乘客的协助下，数分钟后将里德制服，把他捆在座位上。事后调查人员发现，里德的两只鞋子里各藏有 115 克的季戊炸药，引线极短，看上去像衣服上的小线头。季戊炸药是一种用在军事和建筑方面的强力烈性炸药，经常用来切割钢梁之类的金属物体。美国政府一位炸弹专家说：“如果点燃，飞机必毁无疑。”事后调查人员费尽千辛万苦才找到里德的有关此次行动的电邮。里德曾被揭露从网上购得炸药，调查人员于是根据从他身上找到的一个网吧地址，顺藤摸瓜，在网吧中寻找线索，终于找到了里德曾经发出的这封电子邮件。在电子邮件中，里德描述了他关于炸毁飞机的计划，包括如何准备爆炸装置、如何带着炸弹“混上”飞机等。里德把这封电邮发给了几个与他联系的恐怖分子，并且告诉他们，在爆炸计划没有成功之前，不要泄露任何消息，切勿公开这一电子邮件。“鞋子炸弹”的恐怖分子可以说是前赴后继，2003 年年底，英国警方在一名叫做赛义德·巴达特的年轻恐怖疑犯家中搜出一只鞋底被挖空可填充炸药的运动鞋和少量爆炸物。这一“鞋子炸弹”和“9·11”后被捕的著名“鞋子炸弹”杀手理查德·里德所使用的爆炸物毫无区别。2005 年 2 月 28 日,巴达特终于在伦敦法庭上低头认罪,承认自己和里德一样都是“基地”的自杀炸弹,都曾试图穿“鞋子炸弹”混上赴美民航客机,将其在半空中炸成碎片。

除了“鞋子炸弹”外,恐怖分子可以说无所不用其极,“内裤炸弹”就是一个例证。2009 年圣诞节期间,尼日利亚青年阿卜杜勒·穆塔拉布也是把 PETN 绑在内裤上,企图炸毁一架由尼日利亚飞往美国底特律市的班机。所幸爆炸装置失灵,班机最终安全降落。此后世界各国机场纷纷加强了安检措施,在传统的金属探测门基础上,加装被戏称为“裸体安检仪”的人体扫描仪,以便检测乘客登机前是否在衣服内藏炸弹、刀具、枪支或毒品。

花样翻新的“人体炸弹”对民航的安全无疑构成了严重的威胁。世界各国的民航都在不断地提升反恐等级,不断改进反恐的技术手段,但是任何高科技都有其局限性,面对魔高一尺、道高一丈的民航反恐局面,民航基本处于被动的防守状态。随着形势的发展,恐怖组织也在不断总结经验,提升他们的技术水平,恐怖分子或将炸药藏到牙膏或化妆品中,制成“牙膏炸弹”炸毁国际航班。更令人防不胜防的是恐怖分子为了应对民航的安全保卫工作,采取了化整为零的方式,把爆炸装置带上飞机,就是一名恐怖分子将携带部件 A,另一名恐怖分子则携带部件 B,他们将在通过安检后会合,重新组装炸弹。这样的做法对民航的安保工作提出了新的挑战。

人体炸弹的优势是可以四处活动、机动性强,只要混过检查,就可以零距离地杀伤对方。尤其是女性“人体炸弹”,比男子更容易蒙混过关。人体扫描仪器不可能深入检测到植入人体深层次部位的装置。尽管民航也在不断提升科技化水平、不断改善民航安全检查设备的性能,但是现有安检装置无法对植入人体的金属装置作出准确反应,即便检查出体内的金属装置,恐怖分子也可持伪造的医生证明轻易摆脱嫌疑。而这样的爆炸装置其威力可炸毁大型客机。按现有炸弹技术和医疗水平,植入炸弹引爆大型客机的威胁客观存在。实验表明只需 200 多克军用级炸药便可炸毁一架大型客机,而 200 多克这种炸药的体积只有玩具魔方大小,完全可经由微创或小创口手术植入人体并安全存在相当长时间。恐怖分子极有可能借助医用注射器刺入体内、刺破炸药外包装,将化学物质注入包装内引爆炸药。据业内人士介绍,PETN 是制造塑胶炸药的主要材料,威力强劲。让人不寒而栗的是,一包 8 盎司(约 227 克)的 PETN 足以让机身豁开一个致命的大洞,从而导致机毁人亡。

然而安保专家指出,虽然这种仪器发出的 X 光能够穿透厚厚的衣服,在电脑上留下乘客身体的影像,包括隐私部位,但是对于更为隐蔽的内置炸弹仍然束手无策。"对于无法预知的威胁,只有增加安全措施。"[1] 增加对乘客的搜身检查,额外安检可能包括安检人员与旅客间的"互动"、旅客可能被要求做一些特殊动作等。考虑到在植入炸弹时通常都会在衣物上留下炸药残余,因此可以部署炸药搜索警犬,或者在旅客的衣物或皮肤上涂特殊药水,检测是否有炸药反应。而美国炸药专家透露,植入炸弹工作通常需要一个引爆装置。他举例说,如果一名女子的胸部植入了炸弹,那么引爆装置通常会隐藏在胸部下面,因此安检人员在搜身时只需要用力按压,就可以发现引爆装置。目前,在我国民航机场配备的微量炸药探测装置也能够很容易就探测到是否带有炸药类的爆炸装置。

三、人体炸弹存在的原因

由于自杀性恐怖分子具有自我牺牲、临死不怯的特点,而且能够灵活地选择袭击时间和地点,所以自杀性恐怖主义行为在带来大量死伤的同时,又会使媒体对其尤为关注,使公众感到极度震惊,使整个社会笼罩在巨大的心理威胁之下,因此,"人体炸弹"为恐怖分子所热衷。

对"人体炸弹"盛行原因的解读站在不同的角度有不同的观点。从国际政治的角度看来,美国人和以色列人是自杀性爆炸的最大攻击目标。选择这些目标进行攻击,恐怖分子的主要目的一是争取从现有的国家中分裂出去,力图在"民族自决权"的旗号下建立自己的国家;二是出于对自己的民族所受到的历史或现实的不公正待遇不满,因而以此形式抗议,希望引起国际社会的关注,改善自己的处境。俄罗斯的车臣出现的"黑寡妇"、在"伊斯兰国"出现的"白寡妇"人体炸弹都属于这种情况。在现实中,这两种目标往往是相互交织的,还牵涉了许多宗教、文化等因素,使得局面更加复杂。

人类历史发展到今天,许多国家都是在多民族共同融合、共同奋斗的

---

[1] 载 http://finance.ifeng.com/money/roll/20110708/4240175.shtml,2014 年 10 月 5 日访问。

基础上建成的。仅仅从主观的一个民族、一个国家的理念出发,以民族自决权为旗帜,不惜发动民族仇杀的战争来争取独立是不可取的。这在现实中也是做不到的。但另一方面,我们也应该看到,在全球化的时代,恐怖活动在很大程度上是弱者和被剥夺者的武器,“自杀性爆炸”中也有相当大的一部分是弱者绝望的挣扎。科技的发达并没有缩小世界各个地区之间发展的差距,“马太效应”不仅存在,而且愈演愈烈。经济的一体化也没有改变不合理的国际政治经济新秩序,少数大国在国际舞台上处于绝对支配地位的局面没有根本改变。在经济上、技术上、信息上被边缘化的很多弱势民族几乎失去了发言权,甚至不能决定自己的命运。恐怖主义也是这些边缘化的民族和社会群体发表自己意见的一种无奈的选择。在“人体炸弹”兴盛的巴以冲突中,一个非常重要的原因在于以色列长期以来在美英等大国的支持下漠视巴勒斯坦人民的合理要求,在土地、水源、难民、建国、耶路撒冷等诸多关键性问题上仍然寸步不让,使巴勒斯坦人民建国无望、发展无力,始终处于贫穷落后、流离失所的残酷现实之中。这是不断滋生强烈的民族仇恨和绝望情绪的“温床”,是诞生越来越多的自杀性袭击的“英雄”和”烈士”的土壤。正如2002年,时年66岁的亚辛在接受路透社采访时为自杀性爆炸行动辩护时所说的那样:我们巴勒斯坦人只能用有限的手段自卫,我们没有F16轰炸机,没有阿帕奇武装直升机,不应该要求我们停止自卫,而是要求以色列停止侵略。无论我们是否进行自杀爆炸,都会遭到以色列的杀戮。使用自杀炸弹是任何一个巴勒斯坦人的民主权力,以色列人只懂得这种民主。这是我们为自由付出的代价。[1] 在世界上其他一些地区,“人肉炸弹”们为了自己的所谓信仰而殉教,极端思想在其头脑中根深蒂固,为了追求死后升入天堂的希望而不惜牺牲自己的生命。

任何社会现象的存在都有其存在环境,环境孕育了如此的现象。具体到中东而言,自杀式袭击现象“孕育”的社会环境因素主要体现在以下几个方面:第一,力量的“不对称性”:自杀式袭击现象“孕育”的先决条件;第二,中东的“殉教”传统:自杀式袭击现象“孕育”的精神资源;第三,全球化带来诸多社会问题:自杀式袭击现象存在的“温床”;第四,西方化和现代化

[1] “中国女记者采访哈马斯精神领袖亚辛经过”,载《河北日报》2003年6月16日。

的迷失引起的文化认同危机;第五,社会转型造成的消极后果。[1]

在进行人体炸弹的人员构成中,并非人们所想的那样,基于穷困才走上自我爆炸的道路的,普林斯顿大学教授阿兰·克鲁格的研究数据显示,57%的"人体炸弹"拥有高中以上学历,而同类人群这一数字却只有15%,生活在贫困线以下的"人体炸弹"约占总数的30%。[2] 从他们的心理状况分析可以看出,他们基本具有的相似心理特征就是认知的偏执性、归因偏见、漠视法律的反社会意识、仇恨体验的深刻性、坚忍的意志品质、狂执的烈士动机等。而在这些人体炸弹的恐怖分子中,女性占有绝对的多数。那么为什么女性就甘当人体炸弹呢?第一,妇女爱动感情,比较容易受心理训练和极端思想摆布;第二,弱女子不容易招人耳目,便于神不知鬼不觉地接近守卫严密的要害目标;第三,穆斯林妇女从小接受的教育就是要绝对服从男人的旨意;第四,恐怖分子把男子看做可"多次使用"的武器,而妇女无非是"一次性"工具,只能充当"自杀式炸弹";第五,在这些女"肉弹"中,绝大多数是已经在战斗中丧命的非法武装分子的妻子或姐妹。恐怖分子头目利用人类固有的亲情,煽动她们为亲人复仇的狂热激情,把她们变成不惜屠戮老弱妇孺的冷血杀手。

第二节 "汽车炸弹"的袭击

"汽车炸弹"一般指安装于汽车内的炸弹,在受害者不知情的情况下,打开车门或发动汽车后触发安装其中之炸药而引爆;亦有利用汽车的普遍性与机动性,隐藏于路边或冲过防护线,接近目标而引爆杀伤,常于暗杀行动和恐怖袭击。"汽车炸弹"即使用各种机动车装载炸药袭击有关目标。80年代,黎巴嫩真主党掀起的针对美国驻黎大使馆、驻黎多国维和部队军营等目标的自杀性恐怖犯罪浪潮,这是"二战"结束以来使用"汽车炸弹"进行的最为严重的自杀性恐怖犯罪事件。在这两起爆炸事件中,共造成241名美国军人和58名法国军人死亡。爆炸事件发生后,中东地区一时形

---

〔1〕 权新宇:"伊斯兰极端组织与'人体炸弹'",西北师范大学2009年硕士研究生学位论文。

〔2〕 载 http://www.verycd.com/topics/73013/,2014年10月5日访问。

成了自杀性恐怖犯罪袭击的高潮。

一、“汽车炸弹”

2014年2月13日索马里警方称，该国首都摩加迪沙国际机场大门附近发生汽车炸弹爆炸。这次汽车炸弹爆炸造成至少6人死亡，其中多数为平民。另有多人受重伤。2013年12月13日，美国堪萨斯州威奇托中大陆机场的一名航空电子技术员泰瑞·李·罗文（Terry Lee Loewen），当天早上5点40分左右，罗文试图进入机场停机坪，其驾驶的车辆被认为装有高能炸药。在被美国联邦调查局反恐特遣部队拘捕时，他正要打开安全通道的闸门。警方事后调查得知，罗文花费了数月时间制定这次机场引爆炸弹的袭击计划，他一直研究机场的布局和接入点的照片，研究航班时刻表以确定何时乘客最集中，同时获取“汽车炸弹”组件。他想利用自己的通行卡，从机场地面驾驶一辆装有炸药的车到达航站楼。罗文供称，他已承诺亲自拉动引爆器死在爆炸中。此前，罗文曾经发表要对美国进行“暴力圣战”的言论和试图支持“阿拉伯半岛基地组织”而被联邦调查局调查了长达6个月。2014年5月22日早上发生在新疆乌鲁木齐市沙依巴克区公园北街早市的严重暴力恐怖案件恐怖分子就是采用“汽车炸弹”的方式进行的。2013年10月28日发生在天安门的撞金水桥暴恐事件又是另外一种形式的“汽车炸弹”。

自杀性爆炸、“汽车炸弹”爆炸正成为恐怖分子越来越多使用的方式。据统计，在过去几年全球所发生的恐怖事件中，85%属于爆炸袭击事件。其中造成10人以上死亡的全球重大恐怖袭击事件，都是恐怖分子采用“人体炸弹”、“汽车炸弹”制造出来的，尤其是“汽车炸弹”可将大量炸药一般都用几十公斤、上百公斤，甚至数吨的炸药放在汽车上，驾驶或遥控汽车对准目标实施强行袭击。汽车上的爆炸物通过点火管引爆、电点火引爆、遥控引爆、定时引爆及拉发、压发、绊发机构引爆炸药，制造爆炸事件。

“汽车炸弹”的特点是炸药量大，破坏严重和无人驾驶或驾车强行攻击。恐怖分子将装有炸弹的汽车停放在攻击目标附近，汽车内装放炸弹，多为定时或遥控炸弹，因此易于实施爆破而又不伤及作案人员。正因为炸药量大，后果也比较严重，往往使大量无辜群众受到伤害。因此，也是人们最痛恨的恐怖活动。

但是由于它的快速性、隐蔽性、强行攻击性强等因素使得世界各国至今对汽车炸弹缺乏行之有效的防御与对策。

二、防范与管控“汽车炸弹”

民航单位如何加强安全保卫措施，防范“汽车炸弹”对民航的现实威胁呢？要做到截源堵流，才能防患于未然。防范“汽车炸弹”除了加强情报信息、加强爆炸物品的管理、强化机场的安全检查外，还应该采取如下的措施进行有效的防范和管控：

汽车炸弹的检测。炸药中添加特征物质，提高炸药的可检测性，采用在炸药中加入具有某种特性功能而又不明显影响炸药性能的标记添加物来实现对炸药的快速、远距离检测。炸药中加入的微量标记物不影响炸药的基本特性参数，在满足炸药工业化生产工艺技术要求的同时，利用现有安检探测手段或研制专用探测设备，对炸药和爆炸装置进行有效快速的探测识别，开发炸药添加剂技术。从源头抓起，可以从根本上改变爆炸物探测识别技术的被动落后局面，使恐怖分子利用制式炸药实施恐怖爆炸袭击的手段得到有效控制。

设立关卡，进行检查。在通往机场的道理上，在一些关键的节点上，设置安全检查站或者在现在收费站增设固定式集装箱车辆检查系统。这样既可以保证车辆的快速通过又可防止可疑车辆的混入。利用炸药探测器系统对过往车辆进行检测，在重要路段设立炸药探测器系统，可对现有炸药探测器进行改装并设立反应及报警系统组网，可以对过往车辆进行检测，一旦侦测到大量炸药，系统马上报警，同时启动自动拍照。当该汽车通过下一套炸药探测器时，系统也会自动报警、拍照，这样就可以快速确定可疑车辆的行驶方向，推断可能的攻击目标，在可能遭到攻击的重要目标附近快速启动路障，减小攻击危害。同时通过对两次拍照的自动、人工对比，以及现有城市监控系统，迅速发现可疑车辆，反恐防爆队、警察根据检测结果迅速赶往可疑地点对可疑车辆实施快速拦截。

在进入停机坪的大门设置必要的拦阻设备，强化对汽车的检查，特别是要检查底部，防止这些汽车在外停留期间可能被不法分子用磁石等在车底、排气管等位置装上定时或遥控炸弹，这样的位置由于比较隐蔽、不被察觉，可以通过车底检查系统进行严格检查。运用炸药探测器、车载移动式集装箱车辆检查系统、检查窥镜、警犬等进行迅速判断，并采取果断措施。

对汽车炸弹的处置，要及时快速，还要讲求战术。对于快速行驶的可疑车辆目前只能通过快速拦截、启动路障、击毙恐怖分子或用非致命性武器,如泡沫枪、催眠剂等。使恐怖分子丧失能力等措施来防御、阻滞、阻止来减小、消除其危害。对于发现的停留的"汽车炸弹",应迅速采取以下措施:迅速疏散人群,划定警戒区。运用频率干扰仪干扰无线电控制的爆炸装置和无线的通讯装置。同时也要立刻搜索汽车炸弹,检查的重点是车底、油箱、排气筒、后备箱、机械、电路和座椅,检查车体表面有无异常,如车灯有无破损或异物填塞,车体表面是否附有异常导线或细绳,备胎应打开外套检查其内部有无爆炸装置,通过车窗检查车门内部有无异常电线、细绳。检查车轮前后有无压、拉、绊发爆炸装置,检查车底至地面空间有无异常电线、细绳,检查车底是否设置有爆炸装置。检查时,对于车底空间较大的货运汽车,可由检查人员爬至车底进行检查,车底空间较小的小轿车等应用车底检查镜进行检查。用炸药探测仪、车载移动式集装箱车辆检查系统、便携式 X 光机、警犬对驾驶室、货箱进行检查、鉴定。检查引擎盖内有无爆炸装置。打开引擎盖时应边打开边观察,以防诡计装置。在检查确认无诡计装置,可以移动的情况下,快速将汽车移离目标区域,进行引爆或根据其不同起爆原理,参照普通爆炸物的排除方法排除。当存在诡计装置或定时炸弹时间来不及时,要由专业排爆手借助一定的辅助装置,如爆炸物销毁器,俗称水枪、炸药切割器、导线切割器、液氮处置系统、排爆工具箱等来进行爆炸物的快速处理、排除。也可以利用排爆机器人来完成爆炸物排除作业。高级恐怖爆炸装置由于大量采用了电子器件和电子设备,易受高功率微波等电磁设备的干扰和毁伤,以致失效或引爆。因此,可利用高功率微波技术排除高级恐怖爆炸装置。在实际运用中,我们还不能仅仅依靠某一种探测手段,而是需要多种手段相结合来提高汽车炸弹的识别率,提高远距离探测和反应能力,把汽车炸弹的危害降到最低程度。

第三节　爆炸恐怖袭击的防范与处置

国际上的恐怖分子实施恐怖袭击的方式多种多样,花样不断翻新,主要包括爆炸、绑架与劫持人质、武装袭击、劫持飞机车船、暗杀以及投毒、破坏计算机信息系统等形式,在这些众多的恐怖袭击方式中,爆炸恐怖袭击活动愈演愈烈。进入 21 世纪,在世界上几乎每天都有爆炸恐怖袭击发生。

据估算，在每年发生的恐怖袭击活动中，爆炸袭击占到了75%。在世界上许多国家都发生过爆炸恐怖袭击，美国的“9·11”恐怖事件、巴厘岛爆炸事件、西班牙“3·11”马德里火车站爆炸事件、伊拉克巴格达连环爆炸案、2013年美国波士顿马拉松比赛爆炸事件等一系列震惊世界的重大恐怖袭击都与爆炸有关。2014年4月30日，美国国务院发布了《2013年国家反恐报告》，报告显示，伊拉克、巴基斯坦、阿富汗、印度、菲律宾、泰国、尼日利亚、也门、叙利亚和索马里是全球遭受恐袭次数最多的国家，其中伊拉克2013年发生2495次恐怖袭击，造成6378人死亡、14956人受伤，三项统计数字均居各国首位。塔利班是全球范围内发动恐袭次数最多的组织，2013年制造641次恐袭，造成2340人死亡。从恐袭手段来看，爆炸和武装袭击是恐怖分子最常使用的手段，高达57%的恐怖袭击是通过爆炸实现，武装袭击占比为23%。与2012年相比，暗杀、攻击基础设施和绑架人质等恐袭手段所占比例均有所上升。值得注意的是，2013年全球发生510次自杀式恐怖袭击，造成逾3800人死亡，7700余人受伤，自杀式恐怖袭击明显比其他袭击手段更为“致命”。从袭击目标分析，报告显示过半数的恐怖袭击把目标锁定为平民或警察，2013年全球有36个国家发生了以新闻媒体和记者为目标的恐袭事件，总数达167起，主要集中在叙利亚、巴基斯坦、伊拉克等国，手段包括暗杀、绑架和武装袭击等。[1] 在这一些冲突严重的国家和地区，爆炸恐怖袭击成了家常便饭，几乎天天都在发生，天天都有人在爆炸恐怖袭击中丧生，血肉横飞的场面天天都在上演，这些事实说明爆炸恐怖活动已经成为当今恐怖分子最常用、最普遍的、最主要的恐怖活动形式。

面对恐怖爆炸威胁，我国也很难置身事外，近些年来，我国发生的恐怖袭击事件也多与爆炸相关。2008年8月4日8时许，新疆喀什武警边防支队集体出操，行至怡金宾馆时突遭两名恐怖分子驾车袭击，并引爆车上爆炸物，造成武警官兵16人死亡，16人受伤。8月10日凌晨3时许，新疆库车县再次发生多宗爆炸案，共有11人在爆炸中受伤。2014年5月22日上午新疆维吾尔自治区乌鲁木齐市沙依巴克区公园北街早市爆炸暴力恐怖案，早晨7时50分左右，暴徒驾驶两辆越野车冲破防护隔离铁栏，冲撞碾

---

〔1〕 载 http://www.guancha.cn/america/2014_05_01_225906.shtml，2014年10月5日访问。

压乌鲁木齐公园北街早市购物人群，同时引爆燃烧、爆炸装置，先后造成31人死亡，94人受伤。紧随其后的，2014年4月30日晚7点，新疆维吾尔自治区乌鲁木齐市火车南站发生暴力恐怖袭击案件，暴徒在乌鲁木齐市火车南站出站口接人处持刀砍杀群众，同时引爆爆炸装置，造成3人死亡（其中1名群众、2名暴徒），79人受伤。

统计表明，我国近些年来的涉爆案件频率很高，涉爆案例每年以12%的速度在不断增长，其中选择公共场所，重点繁华地区进行爆炸犯罪的明显增多，其目的在于扩大社会影响，具有明显的恐怖性。

一、民航遭遇的爆炸恐怖袭击

2004年9月20日澳大利亚悉尼机场的行李装卸工在一架澳大利亚维珍蓝航空公司的航班上发现了可用于制造爆炸装置的物品，这架从昆士兰州马鲁奇多尔机场起飞的航班在抵达悉尼机场后，工作人员突然在行李舱中发现了一个可疑的塑料袋，于是报了警。警方在塑料袋中发现了可用于制造手榴弹的铝热剂、火柴盒和一截可燃烧30秒的导火索。这些东西可能是一名机场工作人员暗中放进去的，尽管这一事件并没有造成什么损失，但是也引起了各方的高度关注。

2004年8月24日晚，从俄罗斯多莫杰多沃机场起飞的图－134和图－154两架民航客机在图拉州和罗斯托夫州几乎同时发生爆炸坠毁，机上89名乘客和机组人员全部遇难。调查表明这两起爆炸案是两名车臣女恐怖分子引爆自己身上爆炸装置引发的。

大韩航空858号班机空难是发生在1987年11月29日的一宗恐怖袭击，导致115人遇难。1987年11月29日，大韩航空858号班机于下午2时5分在安达曼海上空突然发生爆炸，机上104名乘客和11名机组人员全部遇难。美国政府将这次事件标记为恐怖主义袭击。根据抓获的嫌疑犯，一名年仅26岁的女性金贤姬供述，她和她的搭档，在被逮捕时自杀身亡的70岁的金胜一持伪造的日本护照，分别化名为“蜂谷真由美”及“蜂谷真一”，将一颗定时炸弹放置于这架飞机的行李架内，爆炸时间定为9小时后。随后两人在中途下机。她还供述，她与她的搭档都是某国的特工，他们进行这次行动的目的在于阻止韩国举办汉城奥运会。但是某国从来都没有承认过此事，并认为这是韩国的栽赃。他们认为是韩国自己爆炸了飞机而栽赃陷害。1989年4月，金贤姬被汉城法院判处死刑，但是一年后被特赦。

2012年6月18日,金贤姬在一次的电视访谈中首次证实大韩航空858班机爆炸案的犯案动机,是因为某国领导人企图阻止1988年汉城奥运会的举办而下令策划的。而金贤姬被捕后供出她的日语及日本生活习惯是向一名遭绑架的日本人田口八重子所教导的,因此让绑架日本人事件受到关注,使日本政府介入调查,之后并由首相小泉纯一郎亲自协调让部分被绑架者得以返国。这些都是韩国政府一家之言,至于事实的真相如何,从民航安全的的角度来看已经不重要了,重要的是如何防范这样的恐怖爆炸事件的发生。

恐怖袭击民航不仅仅针对民航飞机,而且有时候也发生在民航机场。2011年1月24日,俄罗斯莫斯科多莫杰多沃机场发生的恐怖爆炸袭击,造成35人死亡,180多人受伤,这次爆炸威力达5公斤TNT当量,引爆炸弹的自杀式恐怖分子当时混在接机人群中。“女性恐怖分子打开提包同时发生爆炸。而陪同女恐怖分子的男性武装分子因为距离太近,头颅也被炸掉。”〔1〕

在我国,2008年“3·7”事件就是恐怖分子企图炸毁民航飞机的一次冒险。2008年3月7日,南方航空CZ6901航班在从乌鲁木齐飞往北京的途中,一名女性乘客从洗手间出来后,经过乘务员时,被闻到她身上有可疑气味。乘务员机敏地感觉这种味道很不对,之后在洗手间门口,她也闻到有刺鼻的香水混杂汽油的味道。乘务员立马在卫生间进行检查,搜了所有地方后,终于在卫生间垃圾桶里发现了可造成燃烧的物体。乘务员立即报告机组安保人员,并通过这位女性的言谈举止,发现旁边座位的另一名男性乘客是其同伙。将两人隔离后,机组按照程序把可疑物品放在专门处理器械里头进行处理。飞机迫降兰州机场后,两名嫌疑人被警方带走。事后查明这是境外东突恐怖分子指使实施的一起严重破坏活动,是一起境外分裂分子袭击未遂事件。此次事件的发生,正值我国“两会”召开之际,也是我国正在筹办奥运会前夕,因此,此次事件产生了巨大的影响,成为全世界关注的焦点,对我国举办奥运会产生了一定的负面影响。但是此次事件也警醒了国人,恐怖分子就在身边,恐怖袭击不再是遥远的他国之事,不是事不关己的,以此事件为开端,真正使国人受到了反恐教育。此事件无论在

---

〔1〕 载http://news.qq.com/a/20110125/001194.htm,2014年10月5日访问。

我国民众的反恐教育、反恐知识的普及，还是政府层面、民航层面的反恐都具有里程碑的意义。其实，针对中国民航的爆炸袭击在整个针对中国民航飞机的劫炸机案中并不多见，在我国已经发生的64起劫炸机案中仅有一起爆炸飞机的案件，即广州民航管理局606飞机3359航班炸机案。[1]

二、恐怖性爆炸犯罪的主要特征

（一）预谋性强

为了达到较大的破坏性、制造恐怖气氛，恐怖组织和个人都极力追求爆炸犯罪的成功率和效果。精心策划、统一指挥、异地实施，进行大规模、有组织、多地连环的爆炸犯罪在恐怖活动中很常见。因此，恐怖分子在实施犯罪时会有很长时间的策划过程，有计划地预谋爆炸的方式，选择作案的时间、目标、地点，筹集爆炸物品和准备活动资金，以及有爆破技能的恐怖分子，确定接应人员的分工等。为了使一次恐怖爆炸犯罪成功实施，其预谋的时间往往会长达几个月甚至几年。

（二）突发性强

恐怖性爆炸犯罪对于恐怖分子而言具有较强的针对性，报复谁、威胁谁都已经有了具体的策划，但是对于袭击目标来说却具有不可预判性，恐怖性爆炸会在什么时候、什么地点、针对什么人、怎么样发生却无法得知，在发案时间、地点、爆炸方式上具有突发性、随机性，让人防不胜防。正是这种突发性或对受害人而言使其增加了忧虑感，担心自己随时可能成为突然发生的恐怖爆炸的受害者。这种突发性也是世界各国在防范恐怖性爆炸工作中很难对付的一个因素。

（三）破坏力巨大，制造心理恐慌

爆炸是杀伤力最大的恐怖活动之一，造成的人员伤亡也是最大。恐怖性爆炸无论针对什么目标，都会给一些无辜的人造成伤害，对交通工具、建筑物等也会造成巨大破坏。同时由于其选择目标的随机性和爆炸的突发性，利用爆炸制造强烈的恐怖气氛和对社会产生影响，更容易给人们产生心理的震撼。恐怖分子正是利用爆炸产生的破坏性和对人们心理影响的

---

〔1〕 1983年4月9日，广州民航管理局湖北省独立飞行中队张某机组驾驶伊尔-14型606号飞机，执行武汉—长沙—广州的3359加班任务。歹徒张玉发、张玉琪威胁炸机，机组尽力与之周旋，欲寻机制服歹徒，但当飞机下降到500米高度时候歹徒引爆炸药，将飞机炸了一个大洞。两名歹徒丧生，受损严重的飞机降落在了长沙机场。

双重效应,以达到计划时预谋的犯罪目的。

(四)方法多样,智能化明显

恐怖分子为了实现爆炸目的,会采取多种爆炸方式,炸弹的运送也多种多样。恐怖分子目前使用的爆炸方式主要有人体炸弹和汽车炸弹,但近年来恐怖分子也经常使用投掷炸弹、邮件炸弹、书信炸弹、礼品炸弹、香烟炸弹、饮料炸弹、垃圾桶炸弹等方式。在今后相当长的时间内,爆炸仍是恐怖活动的主要手法之一,而且随着科技的进步,各种先进的技术和器材势必被恐怖分子利用,使爆炸手段更隐蔽、更残忍、更难以侦查,呈现智能化发展的势头。2009 年 12 月 25 日,一名男子当天在美国西北航空公司的一架从荷兰阿姆斯特丹飞至美国底特律的航班上引爆小型爆炸装置,造成数人轻伤。航班最终安全降落。这名试图引爆爆炸物的乘客为尼日利亚人,名字为阿布杜尔·穆达拉德(Ab dul Mudallad),他所使用的爆炸物为一种火药和液体的混合物。爆炸物是一个"相当精密的装置"。[1]

三、我国民航加强反爆炸恐怖袭击的对策

(一)完善顶层设计,完善相关制度层面的建设

法律始终是我们打击和防范恐怖袭击的首选,要完善反爆炸恐怖袭击的立法,完善刑法,制定全面系统的包括反爆炸恐怖袭击在内的反恐怖犯罪条款,尽快出台呼之欲出的《反恐怖法》,对整个国家的反恐怖活动作出规制,实现我国反恐怖立法与国际反恐立法的衔接。目前中国已经参加了 13 项国际反恐公约中的 10 项。同时,我国在上海合作组织的框架下,签订了《打击恐怖主义、分裂主义和极端主义上海公约》。因此我国的反恐怖立法,一方面要符合反恐怖活动国际公约的规定和基本原则精神;另一方面,又要符合我国签署的双边或者多边国际公约的规定,同时还要借鉴和吸收世界各国反恐怖活动立法的成功经验,使我国的反恐怖活动立法与国际反恐立法接轨,从而能有效地预防、打击和惩治各种不同类型的恐怖犯罪活动。尽快完善修订《航空法》,在航空法中要增加相关的具有可操作性的反恐条款。

(二)强化有关爆炸情报信息的搜集工作

准确的情报信息是预防、避免和制止各类恐怖事件发生的前提。强化

---

〔1〕 载 http://www.china.com.cn/news/txt/2009-12/26/content_19135089.htm,2014 年 10 月 5 日访问。

爆炸恐怖袭击的情报搜集与反馈要在手段上寻求突破,通过发展先进的情报侦察技术和研制可靠的情报侦察器材,保证情报侦察的有效性,为研判各类风险提供基础性的资源。要在范围上下工夫,不仅仅要注意国内恐怖分子的情报侦察工作,而且要强化国际合作,严密监控来自境外的恐怖势力对我国的渗透。在体制上来说,国家相关机构应该建立恐怖组织、恐怖分子、危险犯罪分子和重点人员的详细档案,并制定一套合理的机制,使各个情报机构侦察到的有关恐怖分子的信息得到及时的共享和沟通,最大限度地发挥情报信息的功效。要在目前形成的全民反恐的基础上,进一步细化各个相关环节,扎实深入地建立起比较成熟的民众反恐体系,在“大妈反恐、修鞋老头卧底”的基础上,[1]大力建设群众情报网,及时发现恐怖活动的迹象和征兆。在这个过程中,民航安全保卫部门要强化与相关国家安全机关的沟通机制建设,形成顺畅的沟通和信息情报交流的渠道,在发挥自身情报搜集渠道的基础上,主动、积极地与其他相关部门沟通交流,形成情报信息共享机制。为民航安全,民航的反恐怖、反爆炸袭击等安全保卫工作奠定基础。

(三)规范爆炸危险物品的管理工作

任何一个爆炸事件的发生都必须有爆炸物,因此,要想减少、避免爆炸袭击的发生,最根本点在于强化源头控制,要强化对源头的管控。要对持有“爆炸物品生产许可证”的单位定期不定期地进行检查,督促生产企业加强自身的管理,严防爆炸物品的丢失和被盗。严格办理“爆炸物品购买许可证”,从整个流程上全面监管,将已经有的制度完善落实,要建立剩余爆炸物品的清退制度,杜绝爆炸物品的私自滥用。要结合我国实际尽快建立爆炸物品跟踪系统。1988 年,蒙特利尔国际公约就通过了加强炸药示踪检测技术研究的决议,国外爆炸品已经开始实施示踪检测方案,国内在这方面的研究性工作也取得了阶段性的成果。

(四)强化培训工作

对民航员工要进行有关爆炸、反恐怖的相关培训工作,特别是对机场候机楼的安全检查人员、值机人员以及其他相关岗位的人员进行爆炸物的识别以及基本的排除方面的训练和培训,使他们了解一般爆炸物品的属

---

[1] 载 http://tag.163.com/news/130/130542/1.html,2014 年 10 月 1 日访问。

性、一般的处置程序,并进行必要的演练,了解一般爆炸恐怖手段和恐怖分子作案心理的分析研究,使民航相关岗位的员工了解国内外恐怖活动的基本情况和面临的严峻形势,提高警惕性和危机意识,了解恐怖活动的基本特点和规律、恐怖分子惯常使用的方式和方法,掌握一般的反恐防暴的理论和技术,熟悉安全检查的过程中,遇到的可疑危险爆炸物品的相关处置手段和处置流程,掌握一般的爆炸装置的原理、构造,全面提升民航员工,特别是一线工作的普通员工的识别、防控爆炸物品的基本能力。

还要利用一切可能的资源,加强民众的宣传教育,这既是政府的责任,也是民航部门应该做的。民航可以有针对性地利用自身的资源,从民航的实际出发,向社会大众,特别是广大乘客进行相关的宣传教育,培养民众的良好的防恐反恐意识,做到能够及时发现可疑情况,一旦发生爆炸恐怖袭击事件,也能积极配合相关部门做好应急处置工作,提供必要的信息资料。还要向广大民众传授一些最基本的常识性的知识教育和技能培训,如暴恐爆炸物的常见种类、可疑爆炸物品的识别方法、事故现场的维护、遭受爆炸袭击后的自救方法等。

第四节 航空恐怖犯罪中的劫持人质行为

劫持人质是恐怖分子惯常用的手段之一,从目的上来说,大致可以分为以下几种情况,劫持人质要索取钱财的,完全是为了经济利益从而绑架劫持人质;劫持人质为脱逃的,由于受到相关的制裁或者限制无法逃脱的,采取劫持人质的方式要挟对方组织或者政府,让劫持者逃脱控制。还有的劫持人质完全是为了政治目的,有的时候劫持重要政府领导人,或者其他重要人物,提出一些政治方面的要求。有的劫持人质是在经济纠纷中,为解决经济纠纷,有的为索取对方欠款或赌债的,这样的劫持人质大多和非法拘禁相关联。有的劫持人质纯粹就是一种危害公共安全的行为,就是为了宣泄不满情绪,随机劫持人质,生活悲观,厌世情绪,而自己又没有勇气去自杀,通过劫持人质的方式,希望警方击毙自己。有的纯粹就是恶意报复社会,随机劫持人质,这样的劫持人质往往伴随的就是杀害人质。有的劫持人质是因为吸食了毒品产生了幻觉,感觉自身安全受到了威胁。还有一些劫持人质为了其他目的的,具体情况各异,目的不同。比如,有的通过劫持儿童，威逼其父母犯罪，或威逼其母与其发生性关系，实施强奸犯罪。对劫持人质的划分可以使用不同的标准，如果使用的划分标准不同，劫持人质的种类也会有很大的差别。

从以上劫持人质的目的性可以看出，大多都是通过劫持人质达到自己的另外目的，劫持人质只是一种手段而已。有的是要挟政府达到自己的某种个人诉求，有的是通过劫持人质制造恐怖气氛；有的劫持人质发生在公共场所，有的发生在公交车，轮船、火车上，还有的通过劫持人质来劫持民航飞机，无所不用其极，各种方式，各种目的。

恐怖分子劫持人质事件，是指恐怖分子或恐怖主义组织以劫持国家、政党领导人或团体的核心人物，或者不特定多数的公众、无辜平民的方式，借以制造恐怖气氛，意图达到其某种政治、社会目的的恐怖案件。劫持人质作为恐怖分子达到其目的的一种手段，在当今世界经常发生，并以劫持民航飞机、轮船，占领外交使领馆，劫持政要或外交人员、外国游客以及不特定的多数普通公民的方式表现出来，危害极其严重。在人质事件中，恐怖分子总是以人质的生命安全为筹码，迫使政府与其谈判，企图要挟政府答应其要求，如释放被关押的恐怖分子、勒索巨额钱财、迫使政府停止反恐怖行动等。而人质事件的处理，往往关系到国家利益、国家基本的反恐怖战略与对外政策，并可能影响到国家间的关系，属于很严重的政治事件。

一、在民航发生的劫持人质事件

通过劫持人质进行要挟是恐怖分子劫持民航客机的一个重要手段。在飞机上，恐怖分子在劫持人质过程中，大多是要通过杀害人质的方式要挟机长，试图控制飞机。早年间，大多希望飞机能飞往他们希望到达的国家或者地区，只要机长听从恐怖分子的指令，把飞机开往他希望的目的地，一般不会伤害人质。而现在，恐怖分子劫持人质就是希望控制飞机，一些极端的恐怖分子会把飞机作为空对地武器袭击地面目标，造成机毁人亡，也给地面目标带来巨大损害；因此，一些机组成员会坚决抵抗，这样恐怖分子就会杀害人质。

1976 年 6 月 27 日，一架法国喷气客机载客 258 名，从以色列飞往法国，中途在雅典停留。该机被恐怖分子劫持到乌干达的恩德培机场。劫机者释放了非以色列籍乘客，扣留 105 人作为人质，要求以色列释放在以色列、肯尼亚及其他地方逮捕的 53 名恐怖分子。7 月 4 日，以色列出动 3 架

C－130 运输机，载 280 名突击队员，由 F4 鬼怪式飞机护航，飞行 4800 公里抵达乌干达。以色列突击队员着陆 1 小时后开始行动，摧毁了停在机场上的米格飞机，救出人质。以色列特种部队途经多个敌对国领空，奔袭数千公里，成功营救出 102 名人质（另有 3 人死亡、1 人失踪）；突击队员阵亡 1 人、伤 3 人；所带武器装备包括飞机、汽车全部带回；10 名恐怖分子中 7 人被击毙，3 人逃逸；恩德培机场卫兵大约有 45 人被打死，11 架米格战机和机场指挥通信、导航等设施被炸毁。此次行动，指挥决策之果断，营救计划之周密，突击行动之迅速，最后胜利之辉煌，皆堪称经典。

1988 年 12 月 1 日，苏联北高加索奥尔忠尼启则市第四十一中学四年级四班 30 名学生在班主任叶菲莫娃带领下参观了印刷厂。刚出厂门，一位素不相识的司机把师生请上了大轿车，车门一关，师生们就成了人质：车上有四名匪徒、四支枪、几大桶汽油。16 时 15 分，民警发现了载有人质的汽车。匪徒挥着枪要求提供毒品，并要求提供大型运输机逃往国外。匪徒在驾驶室浇了一部分汽油，威胁说要烧掉汽车。事关 31 条人命，当局答应了他们的无理要求。车上全是 11 岁的孩子，起先吓得直哭，24 岁的女教师叶菲莫娃镇定地安慰孩子，给他们讲童话故事。匪首喊："谁解下红领巾烧了，我先放了谁？"没有人理睬。交警把大轿车引到能起降大型运输机的矿泉城机场，后面跟着闻讯乘车赶来的孩子家长。民警好不容易才说服家长不要靠近轿车，以免被匪徒误认为突击队员而炸汽车。苏联国家安全委员会副主席波诺马瘳夫担任这次反恐怖行动总指挥，从 5 个城市调来大批民警，隐蔽在大轿车附近。苏联民航部门连夜从莫斯科调两架载重 40 吨的伊尔－76 式喷气运输机飞往矿泉城。斯塔夫罗波尔边疆区国家安全局军官谢列梅捷夫用对讲机同匪徒谈判，要求释放孩子。匪徒要求提供毒品，要喝咖啡。满足要求后，放了两批孩子。匪首想放了女教师，但女教师镇定地说："不，我最后走。"12 月 2 日中午，机场备餐室女调度布尔加科娃冒着生命危险给孩子们送上 50 份夹肉面包。匪徒要防弹背心和大量外汇，满足要求后又放了一批孩子。车内还有 11 名孩子。谢列梅捷夫对匪徒说："把孩子和教员都放了，我当人质。"这位军官照匪首的要求，手无寸铁，平躺在大轿车内。匪徒要求飞往以色列。15 时 50 分，匪徒押着军官进了 76519 号伊尔－76 式运输机。匪首的妻子用对讲机要匪徒们悬崖勒马，匪首不听，借与妻子告别，把她也拉上了飞机。匪徒不放心，把 8 名机组人员都戴上手铐。飞机经苏呼米出境，飞越土耳其首都和塞浦路斯，于18时45分降落在以色列特拉维夫机场。匪徒们做梦也没想到，早在起飞前，苏联外交部已委托临时在特拉维夫工作的苏联领事小组同以色列当局进行了接触，以色列同意接收飞机，并表示愿意将匪徒引渡给苏方。在飞机尚未进入以色列领空前，以色列国防部长拉宾和总参谋长早已作了安排。当匪徒们走下飞机后即被抓起来关进了牢房。当晚，苏联特种工作组乘图-154式客机抵达特拉维夫，与伊尔-76式飞机机组人员一起，把匪徒押回莫斯科受审。12月3日晚，劫持30名小学生胁迫苏联当局提供飞机逃往国外的4名苏联恐怖分子，被以色列当局驱逐出境，由19名苏联特工人员从特拉维夫机场用两架飞机押送回国。

1972年5月8日，比利时航空公司571次航班在飞往以色列的途中被巴勒斯坦“黑九月”组织的成员劫持。同年8月26日巴勒斯坦“黑色九月”组织血洗慕尼黑。1994年的平安夜，在阿尔及尔四名恐怖分子劫持了一架法航飞机。恐怖分子计划用一艘载有200多名乘客的飞机撞毁向巴黎的埃菲尔铁塔。后为法方成功处置，恐怖分子目的并未达成。

劫持人质事件不仅仅发生在飞机上，在候机楼里也发生过很多劫持人质事件，造成的恐怖气氛一点也不亚于在飞机上的恐怖行为。

从一些案例分析可以看出，民航劫持人质事件都有如下特点：(1)劫持人质事件事先都是经过精心策划，严密组织的。从人员到武器都是事前做了周密安排、做好了充分准备的，属于预谋性犯罪。(2)劫持人质的都是亡命徒，可谈判余地很小。恐怖分子劫持人质后，都是提出一些政府基本不可能答应的条件和要求，他们也知道政府会对它们采取行动，从保命这个角度根本没有谈判的可能。在近些年来民航发生的恐怖分子劫持人质很多本身就是要进行自杀式袭击的，就是把飞机作为一种武器来使用，玉石俱焚，同归于尽。(3)处置难度很大。民航的劫持人质由于处警环境的问题，使警方可使用的资源非常有限，也不能有任何闪失，缺少回旋的余地。(4)具有跨国性质。恐怖分子劫持民航飞机基本上都是要飞跃国界的，处理起来，需要国家之间，甚至是几个国家之间的协调与配合，由于各个国家的情况千差万别，因此，在处置起来就会遇到许多法律、外交等方面的种种麻烦与问题。难度相当大。

二、劫持人质的处置

当恐怖分子劫持人质事件发生时,政府必然会面临一个艰难的选择:是满足恐怖分子提出的政治经济要求,来换回人质生命?还是采取强硬策略,武力攻入?当然简单地这样划分,没有孰对孰错。毕竟时局不同、状况有变,我们必须因时因事采取相应策略。但是,在如今这个世界,一个负责任的政府在面临恐怖劫持案时,若不以保障人质生命安全为首要原则的话,恐怕如何处理都是难以得人心的。反劫持人质事件,第一选择当然是通过谈判方式进行解决,如果匪徒伤害人质,或者谈判破裂时,最终才会采取暴力手段解决匪徒的武装;也就是说,最坏的情况才是动武。每当劫持人质事件发生时,根据当时的不同情况,每个国家作出的反应也有很大差别。近年以来,当本国公民在境外遭遇绑架时,各国曾经拿出的应对态度和具体手段可谓各有千秋。

韩国的情况是:舆论压力下同恐怖分子谈判,生命更重要。出于人质安全考虑和区域实力限制,不少国家只能拿钱换人。2007 年 7 月,23 名韩国人被塔利班武装绑架。塔利班要求韩国政府立即撤出 200 多名驻阿韩国士兵,否则将杀死人质。韩国政府面临抉择的困境:如果与恐怖分子谈判,则会违反国际反恐原则,导致客观上削弱其在国际反恐联盟的影响力与凝聚力。但是不这么做,23 条生命会受到最直接的威胁。人质的生命安全高于一切,为此,韩国政府与塔利班展开了直接谈判,并最终成功化解了人质危机。但也因此遭受舆论"变相支持恐怖主义"的批评。2010 年,韩国一艘油轮被劫,韩国海运公司付出创纪录的 950 万美元赎金,救回 5 名韩国船员。2009 年,载有 25 名中国船员的货轮"德新海"号遭索马里海盗劫持,海盗收到 400 万美元后释放了人质。不过,一味退让难免会让劫匪更猖獗。2010 年,索马里海盗又劫持了 19 名中国船员驾驶的货轮"金福"号,他们最初提出 1500 万美元赎金,在谈判后降至 270 万美元。由于海盗只收现金,中方只能租用直升机空投赎金,以此来换回人质。

俄罗斯的情况是:拒不妥协并争取舆论支持,国威更重要。2002 年 10 月,车臣武装分子在莫斯科绑架了 800 名人质并要挟俄罗斯政府从车臣撤军。和韩国政府的反映截然相反的是,普京政府从一开始便下定决心绝不向恐怖分子妥协。他们认为,如果让绑匪的目的得逞,那么将刺激更多的绑架事件。但深知强硬手段必然引起人员伤亡和舆论谴责,普京巧妙地运用了危机公关的技巧,利用媒体造势,将此次绑架事件定性为“恐怖活动”,以此为自己的行动赢得国际舆论的支持。换句话说,普京希望获得各国对特种部队即将采取强攻策略的理解。

面对人质被劫持的情况,有的国家是先礼后兵、王霸兼施。2002 年,《华尔街时报》记者丹尼尔·波尔在巴基斯坦被极端分子绑架并杀害,这促使美国政府将“永不和恐怖分子谈判”的反绑架政策修改为“不惜一切代价营救美国公民回国”。2009 年,一艘美国货轮在印度洋被索马里海盗劫持,绑匪索要 200 万美元赎金。美国海军虽然以驱逐舰对阵海盗的救生艇,但因为顾及人质安全,始终不敢轻举妄动。在谈判僵持五天后,美国海军请示总统奥巴马动武,获准之后,海军陆战队狙击手在几分钟内将海盗全部击毙,人质成功获救。

有的国家采取的是闪电营救、见敌必诛方式解决人质危机。1972 年慕尼黑奥运会期间,11 名以色列运动员被恐怖分子绑架,德国最终解救失败,导致人质被杀。德国因此成立了 GSG9 特种部队,负责解救人质、反恐和拆弹。1977 年,德国汉莎航空一架客机在飞行中被 4 名恐怖分子劫持至索马里,GSG9 特种部队临危受命,5 分钟就解决了所有绑匪,全体人质获救。2008 年,11 名游客(含 5 名德国游客)和 8 名当地向导在埃及遭到劫持,绑架者索要 600 万欧元赎金。GSG9 特种部队在第一时间向埃及南部地区派出 150 人救援小组,绑架者闻风丧胆,在最后关头释放人质。

本国国民遭海外恐怖劫持时,人质家人是无能为力的,与恐怖分子进行对话往往成为国家层面的行为,人质生命不幸地成为恐怖分子与国家之间甚至国与国之间博弈的筹码。每当劫持人质事件发生时,毫无疑问,人的生命是最宝贵的。但是,当恐怖分子提出令国家难以接受的要求时,这就给国家出了个难题。是维护国家尊严还是保全生命?鱼与熊掌如何才能兼得?当黑夜与白昼必选其一时,国家该义无反顾地拥抱光明,还是应暂时向黑夜妥协以换取人质生存的希望?若满足恐怖主义者的要求确实容易留下后患,但是人的生命高于一切。人质事件发生后,保护人质的生命安全应当成为文明国家政府的第一要务,适当的策略性妥协应成为考虑选项。[1]

---

〔1〕 载 http://phtv.ifeng.com/special/kongbuqiangkou/detail_2010_08/24/2270554_0.shtml,2014 年 6 月 21 日访问。

纵观史上成功营救案例，并与那些不论成败都已付出巨大生命代价的案例比对，不难发现，真正的营救是以保障人质生命安全为首要原则的，否则，营救的意义又何在？即便凶狠的恐怖分子不能以理沟通，悲剧难于避免，但对于国家来说，保障国民生命安全这一首要目标也应当贯彻始终。

民航方面在处置劫持人质事件中，应该始终坚持人的生命第一原则。首先采用的手段应该是谈判，不战而屈人之兵乃上上之策也，化解劫持人质的恐怖行为，谈判应该是首选。在人质安全和国家利益之间寻找平衡点，是解决人质问题的关键。因此，如何尽最大努力通过谈判争取人质的安全释放，或以最小的代价武力解决人质事件，就成了摆在世界各国政府面前的一项重要课题。

劫持人质是恐怖活动的主要形式之一，恐怖分子劫持人质有多种方式，最常见的是劫机和大规模劫持人质事件。从国外劫持人质事件的情况看，恐怖分子的手段越来越残忍，劫持人质的数量越来越多，制造的政治影响也越来越大。在电视新闻里，我们几乎每天都会看到发生在世界各地的恐怖活动，袭击、爆炸、劫持、劫机等，每次都让人触目惊心。面对如此复杂的人质劫持危机，每个国家面对的具体情况千差万别，采取的行动也会有不同，无论如何，这样的以恐怖为目的的劫持人质都应该是国家层面需要解决的问题，谈判技巧、技术手段、宏观政策都需要每个国家从实地出发因地制宜做出相应的决断。在此方面绝无一个统一的模板。

第九章　国际社会防控航空恐怖主义犯罪的立法与实践

第一节　若干国家打击恐怖主义的立法与实践

航空恐怖主义属于恐怖主义的一种表现形式，对航空恐怖主义的防控从整体上仍然属于国家层面的范畴。面对来势汹汹的恐怖主义日益严重的威胁，国际社会纷纷进行专门反恐立法，从法律方面加大预防和惩处恐怖主义的力度。很多国家在反恐怖法律制定、决策程序、组织机构、运作机制、制度规范、情报信息、政策措施、技术开发、立法宣传等方面都进行了卓有成效的工作，对于打击和防控恐怖主义取得了一定的成效。但是随着形势的发展，恐怖威胁和防控恐怖主义始终处于此消彼长的状态，哪些措施是合适而有效的，哪些方面还需要进一步的持续性改善，都需要根据事实做出准确的评估。这里主要介绍美国、英国、法国、德国、以色列、俄罗斯等国家的一些措施与做法。

一、美国的反恐对策

(一)加强反恐怖的立法工作，严厉打击恐怖活动

美国的反恐始终是立法先行，制定出台了很多有关反恐的法律。早在1883年里根总统时代就颁布了《关于国际恐怖主义活动的总统特别指令》，总统令明

确将立法、军事手段、对支持和进行恐怖活动的国家实施制裁(包括武器禁运、限制该国公职人员进入美国、限制美国的技术设备出口以及金融往来等)作为反恐怖斗争的三大支柱,要求促进美国与世界各国的反恐怖合作,加强对驻外机构的安全保卫,以及注意与各国旅行社进行密切合作。1984年,里根又提出并签署了打击恐怖主义活动的四项法案和行政指令,即《人质拘禁之防止及处罚法案》、《反破坏飞机法案》、《禁止支援恐怖主义活动法案》、《提供恐怖主义活动情报奖励法》和《138 号国家安全指令》,内容包括:在国内采取行动使恐怖组织和恐怖分子得不到需要的物质与心理支持;在国外进行秘密或公开活动,向其他国家施压,迫使其放弃支持恐怖主义活动的立场或对恐怖分子进行制裁;进行散布假情报活动以使恐怖组织内部产生猜疑、分裂和冲突;对破坏飞机者处以严厉惩罚;对提供有关恐怖活动情报的人员,给予巨额奖金,并为其严格保密。1984 年 10 月,美国专门制定了恐怖主义活动的新法律《1984 年犯罪法》规定,美国国内同样适用针对美国国外恐怖主义罪犯的惩治条例;美国联邦调查局和司法当局可对劫持美国人质的外国罪犯进行侦控和追诉;对妨碍侦破的行为如个人或团体国家对劫持、隐藏人质的犯罪行为进行援助、教唆或煽动的,都被视为违反美国法律。1985 年,美国修订了犯人引渡条约,死刑规定的适用范围由原来的仅适用于劫机杀害人质的恐怖分子扩大到杀害人质的任何恐怖分子。1986 年通过了《外交安全与反恐怖主义法》,该法案批准拨款 17 亿多美元,用于加强美国外交设施及人员的安全,并为外交官员提供反恐怖训练;责成国务院编制恐怖主义国家名单并协调处理反恐怖行动中涉及的外交问题;授权总统对任何支持或为恐怖分子提供住所、训练地、资金、物质或武器的国家进行军事打击或经济封锁与制裁;为提供“反恐怖活动情报奖励基金”增拨 500 万美元,以奖励那些提供情报而导致恐怖分子落网和判刑的有功人员以及在反恐怖行动中的有关人员。1986 年年初里根签署了代号为“发现”的总统秘密指令(但直到 1987 年 2 月才对外公布),授权中央情报局袭击国外的恐怖分子,追捕攻击过美国人员和机构的国际罪犯,并将其抓到美国受审。不久之后,美国国会也通过同样的法案,授权联邦调查局对所有针对美国的恐怖主义行动进行打击,到国外去追捕恐怖分子而不必请示当地政府。1995 年 6 月 7 日,即美国俄克拉荷马市爆炸案发后的一个多月,美国参议院通过了克林顿总统提出的《反恐怖主义法案》。

按照该法案,美国将增拨20亿美元用于打击恐怖活动;增加1000名反恐怖特工人员、检察官和专家;建立一个全国统一的反恐怖中心;扩大联邦特工对嫌疑犯进行调查的权力;允许军事部门为涉及化学、生物武器的恐怖活动案件的调查提供技术协助以及从严惩处恐怖分子等。

此外,为打击日益严重的计算机恐怖破坏活动以及其他计算机犯罪活动,美国已制定了在全世界是几乎最严厉的《反黑客法》,内容涉及病毒、非法闯入和计算机诈骗等。为严厉打击恐怖活动,美国不但将恐怖活动定性于最严重的犯罪活动之列,可以对恐怖分子执行法律所允许的最严厉的刑罚(包括死刑);而且为确保警方能够在恐怖主义组织刚刚冒头时(而不仅是在其已经犯罪之后)就加以及时制止与惩处,对相应的密谋罪也作为恐怖主义罪加以制止与惩处。那些向恐怖活动提供物质支持的行为也将受到惩处。美国法院与司法部门将有权迅速驱逐外国的恐怖分子,并将设法制止那些支持恐怖分子或参与恐怖活动的人进入美国。美国可以拒绝向来自支持恐怖主义的国家的人和属于涉嫌参与恐怖活动的组织的人颁发签证。克林顿政府还要求建立用于向恐怖组织内部进行渗透活动的反恐怖主义基金,以便更加有效、主动地预防和惩处恐怖活动。

"9·11"事件后,美国政府先后出台一系列反恐文件及措施,向全球恐怖主义宣战。虽然一些法规在匆忙立法中有违背美国宪法以及侵犯公民权利之嫌,但是相关法规对于打击恐怖主义犯罪还是起了重大作用。比如《航空和运输安全法》规定了部署爆炸物探测系统时间安排以及采用人工核查行李,搜寻可疑物和使用嗅弹犬等临时应急措施在没有安装此装置的机场防范爆炸物的袭击;要求美国机场使用嗓声紧张程度分析法和生物测定技术等高科技安检设备防止恐怖分子登机并对进入禁区的机场职工进行身份证件的查验等。"9·11"恐怖袭击发生后的第八天,就通过了被称为美国历史上第一部专门针对恐怖主义的法律:《爱国者法》。法案增大了美国警察处置恐怖主义犯罪的权力,增大了其对于拘留、驱逐被怀疑与恐怖主义有关的外籍人士的权力,美国警察管理的活动范围也随之扩大,使其可以有权搜索电话、电子邮件通讯、医疗、财务和其他种类的记录;《法案》对外国情报单位的限制比以往减少,同时扩张美国财政部长的权限以控制、管理金融方面,特别是针对与外国人士或政治团体有关的金融活动的权力等。早在1978年美国国会就通过了《外国情报监听法》(Foreign Intelligence Surveillance Act,即 FISA)。直到“9·11”事件发生前,FISA 之下设立的秘密法庭平均每年审理 1000 个案件;“9·11”之后,这个数目翻了一番。2002 年 4 月,美国防部组建新的“北方司令部”,负责美国本土防御。2003 年,美国进行了 1947 年成立国防部以来最大规模的政府重组:来自海岸警卫队、移民和归化局及海关总署等 22 个联邦机构合并而成了一个新的机构:国土安全部。目前,美国国土安全部拥有雇员 24 万多名,是联邦第三大机构,2011 财年得到的拨款达 988 亿美元。美国国土安全部的首要职能之一就是应对恐怖主义的威胁,国土安全部的网站上这样写道:“我们的任务很广泛,但我们的目标很明确——让美国安全。”

2002 年 9 月,美国公布了布什总统上台后的第一份《美国国家安全战略》,首次正式提出了向恐怖分子和敌对国家发动主动进攻的“先发制人”战略。2003 年 2 月,布什政府又公布了《打击恐怖主义国家战略》,表示美国将把战斗引到恐怖分子所在之处,并且在必要的时候单独行动。2010 年 5 月 27 日,奥巴马向国会递交了其上任以来的首份《国家安全战略报告》。与布什的以单边主义为基调的安全战略相比,奥巴马的新战略具有多边主义色彩。新战略放弃“先发制人”战略思想和布什政府“反恐战争”的说法,强调经济因素在国家安全中的作用,但其出发点仍是确保美国在世界的领导地位。

(二)建立强有力的反恐怖特种部队,并设立高额的反恐怖“悬赏奖金”,促进反恐怖的民间情报搜集工作

为打击恐怖活动,美国先后建立了多支反恐怖特种部队。例如,1974 年建立了黑色贝雷帽特种部队,此部队的建立主要是保护民航飞机的运输安全以及美国外交官员的人身安全;再如,空军的“开拓者”特种部队、海军的“海豹”特战队和绿色贝雷帽特种部队都发挥着强大的军事反恐作用。1977 年 5 月,为加强反恐怖突击行动能力,美国又宣布组建全面功能的反恐怖特种部队——“三角洲”特种部队(又称“德尔塔”特种部队)。“三角洲”特种部队是当今世界上规模最大、装备最先进与最齐全、资金最雄厚的反恐怖特种部队,由 9 个小分队(每个小分队 252 人)组成,成员全部从美国军队的特种部队中选出。“三角洲”特种部队的训练非常严格,除重视理论知识的学习培训外,更特别强调通过营救人质等模拟实战训练不断提高战士的突击救援行动能力,学习与训练内容不但包括严格的体能训练与心

理素质训练，而且包括旨在使战士能够熟练地使用各种武器（如射击）和驾驶飞机、坦克、汽车，以及有关爆破、救护等方面的技能与知识。2011 年 5 月 1 日，突袭阿富汗的本·拉登秘密住所并将其一举剿灭就是海豹突击队。

面对全球反美国际恐怖主义活动的泛滥态势（特别是 1983 年美国驻贝鲁特与科威特使馆被炸），1984 年美国宣布实施反恐怖"悬赏奖金"计划，规定对提供导致摧毁恐怖组织、逮捕恐怖分子的情报的人以重奖。1988 年 12 月，美国务院宣布拓宽"悬赏奖金"奖励范围，对所有有利于保护美国国外利益的反恐怖情报都给予奖励，如有关进行恐怖活动的阴谋都在奖励之列，并将奖金的最高限额提高到 50 万美元（这不包括特种反恐怖情报奖金）。1989 年 12 月，美国总统布什又签署了反恐怖"悬赏奖金"法令，将奖金最高限额提高到 200 万美元。1998 年 8 月，美国驻肯尼亚与坦桑尼亚两个大使馆几乎同时被炸，美国政府更是决定悬赏 500 万美元缉拿其认定的恐怖分子本·拉登。此外，为便于群众提供线报，还设立了提供反恐怖情报的专门邮政信箱，并在新闻媒体上做大幅广告，宣传反恐怖"悬赏奖金"计划，鼓励人们参与到反恐怖情报行动中来。近些年来，针对需要缉捕的恐怖分子首领，美国政府无不都是开出了巨额奖金悬赏。悬赏反恐成为美国反恐的惯用手段。

（三）建立了一套完整的反恐怖主义活动的综合处理与应急系统

在反恐怖斗争中，美国国家安全委员会主要负责制定美国的反恐怖主义政策，协调各有关部门的关系，发生恐怖事件时由直属总统的"反恐怖主义对策小组"和"危机防范小组"统一进行协调指挥。国务院反恐怖主义办公室主要负责对付国外的恐怖活动及其所涉及的外交问题。联邦调查局主要负责国内的反恐怖行动。在反恐怖斗争中，美国法律已扩大了它的调查权力，它在国内各地方几乎都设有反恐怖机构，组建特警队和人质营救队，在国外的一些美国使领馆中派驻有特派员。它可以利用线人和耳目，可以隐蔽行动，可以派人打入恐怖组织内部，可以搜查在饭店和汽车旅馆登记住宿的人，可以在电话登记簿中查找线索以及检查信用卡记录。中央情报局主要负责有关恐怖活动的情报搜集与分析工作，并可对国外的恐怖分子采取行动。它在总部设有反恐怖主义中心，在世界各地的站组、美国驻外使领馆中都有情报人员。中央情报局已经将打击恐怖主义列为其最重要的几大任务之一，它将大力加强搜集国际恐怖组织的活动情报。航空管理部门主要负责机场安全以及劫机事件的处理。此外，国防部、能源部等数十个部门也有反恐怖职能。

美国已经制定了一项全面的综合性反恐怖战略，旨在全面加强与协调各部门（如国务院、中央情报局、联邦调查局、国防部、能源部等）的反恐怖工作，主要内容如下：

（1）联邦政府建立一个最先进的现代化监控系统，以协调政府各部门的反恐怖斗争，防止那些暗地里支持与怂恿恐怖活动的国家或恐怖组织掌握的核武器、核材料和化学武器的扩散，以及苏联地区的核武器、核材料与核技术的扩散，特别是严防其流入黑市。

（2）国务院增设一个全新的电脑化“警戒网”，以对付潜在的国内外恐怖分子的破坏活动。美国90%的驻外使馆业已安装了联网电脑系统，可进一步有效地防止向恐怖分子嫌疑犯发放签证。

（3）中央情报局将再度加强其“反恐怖主义中心”的工作，并从其他政府机构中聘请20名专家，为决策提供可靠的情报分析资料。中央情报局还扩大了它1992年创建的“防止武器扩散中心”的职责与规模，以有效监测全球（主要是伊拉克、伊朗与朝鲜等国）的武器扩散情况。

（4）美国核管制委员会提出了一项加强国内核反应堆安全的新计划，严防国内外恐怖分子盗窃核材料和破坏核电站等设施。

（5）国防部负责主要的筹划任务与有关武器（如生化武器、核武器）扩散与反扩散的研究任务。它业已完成一项名叫“未来恐怖主义趋势”的研究。该报告预测了20多个已拥有或正在研制核武器或生化武器的国家将来可能扩散这些武器的情况，并详细论述了此后10年在一些地区由于宗教、民族与地区冲突而可能发生恐怖活动的情况和形式。在新墨西哥州的罗斯阿拉摩斯国家实验室里，核武器科学家正在进行一项“反武器扩散”的研究工作，试图确认何种武器具有毁灭性杀伤能力、如何发现这些武器及其制造设施，以及美国如何摧毁或最大限度地限制其扩散的能力。

（6）能源部将加强“核突发事件搜索队”的工作反应能力。该搜索队早在1975年就成立了（但一直到1993年才公开），其成员是由能源部的实验室和武器工厂中的核专家组成，拥有的绝大部分尖端设备都停放在内华达州的内利斯空军基地，每年预算高达2500万美元。一旦发生核事故，该搜索队就立即召集全国 800 名科学家、工程技术专家和支援人员负责处理。

（7）联邦调查局将加强它同中央情报局、能源部和国防部等单位的联系，加强它的“反恐怖主义处”工作，对恐怖事件展开调查；一旦得到确切的情报，就立即通知有关部门进行可行性评估，并迅速采取相关行动。“情报比导弹更重要”，这是美国“9·11”事件后深刻而沉痛的反思。2009 年 7 月，年轻的阿富汗裔美国公民纳吉布拉·查兹从美容用品商店购买了大量高浓度的过氧化氢染发剂，还有一些指甲油清洗剂。然而，查兹买这些化学品不是为了染发，而是为了制造炸弹，然后在纽约市地铁发动袭击。2005 年，恐怖分子就利用相似的配方，在伦敦地铁制造了造成 52 人死亡的爆炸。不过，查兹没有来得及实施他的计划，就已经被 FBI 盯上了。9 月 16 日，查兹被捕了。这是“9·11”事件之后美国阻止的最大恐怖阴谋之一，所依靠的正是强大的情报系统。据美国“传统基金会”的数据显示，“9·11”事件后至 2013 年，至少有 60 多起针对美国的恐怖图谋被挫败，其中除了几次是因为“好运气”外，其他大多要归功于情报部门和执法部门。

（四）加强对重点目标的保护，特别是加强机场和驻外使领馆的安全防范和保卫工作

美国注意加强重要建筑物周围的安全屏障建设和加固建筑物本身。事实上，美国驻外使馆的建筑，早在 1983 年美国驻贝鲁特的海军陆战队遭受自杀式汽车炸弹的袭击后就加强了工程设计和建筑上的改进，如要求房子应建在至少距离保护性围墙或围栏 100 英尺的地方之外，还要求筑起既牢固又厚实的水泥墙并安上较小的厚厚的塑料和玻璃窗等。“9·11”事件后，美国政府加大了机场反恐经费的投入，加强机场安全与飞行器保护力度，加大了对航空安全先进技术的研究、飞机强化材料和技术的研发以及民用航空运输飞行器驾驶舱门的加固经费的投入。美国众多机场得到了经费援助，比如亚特兰大机场收受的用于安装爆炸物探测仪的联邦政府资金约 4000 万美元；丹佛国际机场机场接收的用于自动联机行李安检系统的费用达 7125 万美元。“9·11”事件后，美国政府采取了更加严密的反恐措施，比如组建了隶属于美国联邦政府的空警队伍，并且让美国国家警卫队人员在全国各个机场进行巡逻；加固民用飞机驾驶舱门，航班飞行时关闭驾驶舱门；禁止携带任何刀具进入飞机；把有可能携带手枪或晕眩枪的

旅客与驾驶舱隔离开；安装录像监视器或其他装置，使驾驶舱里的机组人员不必走出驾驶舱就知晓旅客舱内的情况；Lockheed Hartin 公司重新布局美国大机场的旅客安全检查点，对众多商用机场的旅客安检的检查点作选址调查；美国大多数机场安装了爆炸物探测系统，成立警犬队以协助安检，同时要求所有的托运行李都不能上锁，旅客进行安检时必须脱掉鞋子、外套，解下皮带，转机时必须再次经过相同程序的安检才能登机等。同时改革了机场安检。“9·11”事件暴露了机场管理层安全观念淡薄、机场安检不力、组织机构混乱等问题，美国运输安全局清退了一大批有犯罪前科、犯有重罪等不合格安检人员。美国联邦政府非常时期采取应急措施，决定废除以前与私营保安公司签订的合同，由联邦政府统一招聘机场安检人员。安全紧张形势缓解后，开展了私营公司保安留用试点工作，重新考虑机场与私营保安公司合作的问题，虽然重新启用私营保安，但私营公司的保安接受的都是与联邦安检人员相同的培训。申请安检人员，应先进行个人历史背景调查；被初步录用后，再进行基础培训；经考核部门确认成为实习生后，再进行重复或针对性的补课培训；经过考核部门重新确认，再进行高级培训进行专业确认后才可成为正式安检人员。同时要求拥有逮捕权、穿便衣的联邦政府工作人员对安检人员的工作进行监督。

（五）加强对新型恐怖主义的打击力度

首先，计算机恐怖主义是随着信息技术的发展而产生的一颗毒瘤，其危害越来越大，因此，美国把加强同计算机恐怖主义活动作斗争放在第一位。2003 年 2 月 14 日，美国公布了世界上第一份反击网络恐怖主义袭击的国家战略——《确保网络安全国家战略》（The National Strategy to Secure Cyberspace），对美国网络空间面临的威胁和脆弱性进行了阐述，明确了维护网络空间安全的指导方针，并提出了 5 大优先发展目标（Priority）和 47 项行动建议。该战略成为美国维护网络安全的指导性文件，它为政府、私人企业和机构以及普通公民指明了在改善网络安全方面的行动方向。至此，美国反网络恐怖主义的战略初步形成。除了颁布行政命令外，美国还先后制定了一系列相关法案，来保障美国反网络恐怖主义战略的实施。2000 年 10 月颁布了《政府信息安全法案》（Government Information Security Act）；2002 年 11 月，美国众议院通过了《网络安全研究与开发法案》（Cyber Security Research and Development Act）。此后陆续完善，美国的反网络恐怖主义战略已经形成了法制体系、管理体系、技术体系和执行体系四个体系。[1]

其次，加强反生化恐怖活动的工作。美国1997年组建了防生化武器恐怖事件快速反应部队，随后又扩充了其实力，并在国民警卫队中训练并装备了10支反恐怖特遣部队。为防生化武器的恐怖袭击，白宫、总统专机、总统专用轿车都由专家设计了可防生化武器的安全系统，并加强了空气监测；而且要对200多万美国军人注射防生化武器疫苗，警察与其他救护人员也要求注射疫苗。美国还高度重视加强防范生化恐怖活动攻击的科技研究与开发工作，正在加紧研制各种反生化武器设备，包括新式的防毒面具。例如，它特别加强了五角大楼的国防研究计划局的关于抗生素和生物制剂监测装置的研制工作，每年的专项研究经费高达1.46亿美元；并组织大学（如加州理工学院）和相关公司的科学家加紧研制预防生化恐怖攻击的制剂或设备。在国外，美国则采取一系列措施防范先进生化武器的扩散，想方设法预防与制止其所称的“无赖国家”和支持国际恐怖活动的国家获得生产先进生化武器的能力。

最后，非常重视预防核武器恐怖攻击活动。美国是受国际恐怖活动打击最为频繁的国家之一，它不但要耗费巨大的人、财、物来预防常规性的恐怖活动（如针对美国驻外使领馆的爆炸活动），而且也投入了很大力量来预防核武器恐怖主义。除加强国内的核设施的安全保卫工作外，它对国际核材料走私与核技术扩散问题更加重视，特别担心其所称的“无赖国家”和支持国际恐怖活动的国家有朝一日获得核技术，发动反美核攻击活动。因此，除加强对有关国家的核武器监控或检查外，它也企图遏制国际社会的核走私犯罪。

（六）加强反恐怖主义的国际合作，谋求能迅速对国际恐怖分子加以逮捕、引渡或审判。对一些它认为的恐怖主义威胁的国家直接进行军事打击

美国对其认定的支持恐怖主义活动的国家进行严厉制裁。例如，在外交上施加各种压力，企图把该国孤立于国际社会之外；在经济上进行封锁和制裁；或进行秘密恐怖破坏活动，或军事恫吓，或直接进行军事打击。美

---

〔1〕 朱永彪、任彦：“美国的反网络恐怖主义战略研究”，载《兰州大学学报》（社会科学版）2008年第2期。

国不但与许多国家签订了有关反国际恐怖活动斗争的双边或多边协议，以便分享情报或引渡罪犯，而且向国外派遣反恐怖专家和特别行动小组，开设办事处，直接在国外搜集情报，帮助一些国家培训反恐怖斗争人员，提供一些反恐怖斗争的技术及装备。据悉，美国已为中东、西欧、非洲、亚洲、拉美等世界各地的数十个国家提供了反恐怖训练。训练内容包括对政府高级官员的护卫、机场安全、海运安全、爆炸侦察与清除、建筑物安全、危机处理、人质谈判、法医取证等。军事行动始终是美国反恐的重要一环。对伊拉克、对阿富汗以及 2014 年 8 月开始的对活跃在伊拉克和叙利亚境内的“伊斯兰国（IS）”都进行了不同程度的军事行动。在这些军事行动中，美国不惜动用最先进的作战武器。

二、英国的反恐对策

在英国，自 1960 年年末以来，北爱尔兰地区的恐怖主义活动持续不断。尽管北爱问题已经解决，但是新的恐怖威胁日益增长，面对严峻的反恐形势，英国政府主要采取了以下一些重要措施：

（一）建立反恐怖特种部队，提高突击营救能力

在打击恐怖主义方面，常规警察或者武装部队已经难以应对，因此，许多国家纷纷建立起特种警察部队或者特种部队。据不完全统计，目前世界上已经有近 60% 的国家拥有反恐部队。这些反恐部队不仅数量上有所增加，而且还提高了招募人员的质量。2002 年 11 月，英国政府制定出一套紧急安全防卫措施，以应对恐怖分子袭击。这套措施包括成立一支快速反应部队，24 小时备战战斗机。24 小时待命的战斗机被称为“快速反应战机”。机师已接受了心理训练，以备当恐怖分子劫持了客机作为袭击工具时，哪怕客机有许多普通的英国公民，这些机师也要击落它。2012 年，英国媒体报道称，英国特种部队在剑桥大学附近建立了秘密训练基地，招募有潜力的年轻大学生加入反恐队伍。英国的反恐怖特种部队主要有英国第 22 特别空勤团和绿色贝雷帽特种部队（又称皇家海军陆战队突击旅）。这两支特种部队的实战能力非常强，其中英国第 22 特别空勤团在 1980 年 5 月成功营救了被恐怖分子占领的伊朗驻英国大使馆的人质，其突击救援能力令人叹服；而绿色贝雷帽特种部队在打击北爱尔兰地区的恐怖主义活动中成绩显著，立下了汗马功劳。这些特种部队战士除有过硬的军事本领之外，还有很强的城市巷战、反爆炸（如处置恐怖分子安放的炸弹）的能力以及应

对危机事件的心理素质与技巧。多年的与北爱恐怖分子斗争的经验,为英国目前的反恐积累了非常丰富的实战经验。

(二)制定反恐怖主义法,为打击恐怖主义活动提供强有力的法律支持

1974 年颁布了《防止恐怖主义法》,此后在 1976 年、1984 年和 1989 年又进行了修改,旨在帮助警察部队和安全部队有效地对付恐怖分子。该法宣布恐怖组织为非法,允许对嫌疑犯不经起诉就予以较长时间的拘留,同时允许对那些被认为与恐怖分子有联系的人进行拘捕和审讯。《防止恐怖主义法》及其附加法律的主要内容有:提供了两项极其重要的打击恐怖主义的权力,一是授权内务大臣有权拒绝某人进入大不列颠及联合王国,二是授权警方无须经法院批准或没有逮捕证时的扣留权;授权内务大臣禁止某些可能与恐怖活动有关的嫌疑组织的一切活动;规定帮助活动、资助资金活动是违法行为;提供了授权警方有权在口岸进行检察、搜查与拘留人员,以决定该人是否卷入恐怖主义活动或已经进行了恐怖主义活动,阻止其入境的依据;要求公民与警方密切配合,规定不及时向警方报告已知悉的有关恐怖主义活动信息的行为是违法行为,将受到法律的惩处。"9·11"事件发生后不久,英国政府就以"特殊环境需要特殊法律"为由,于 2001 年 11 月 14 日通过了《反恐怖、犯罪及安全法案》。此后,2006 年英国通过了《2006 年反恐法案》以及《全民身份证法》。2014 年 9 月,部分来自伊拉克和叙利亚的"伊斯兰国"极端分子可能正在返回英国,这对英国构成了巨大威胁,安全风险处于三年来最高水平。在这样的背景下,英国政府将推动具体、有针对性的立法,赋予警察机关在英国边境扣押嫌疑人护照的临时权力,以便为英国当局的调查腾出足够时间。英国政府也计划授予英国警察局限制调查对象在哪居住的权力。此外,航空公司也必须向当局提供乘客的详细信息。否则,他们的航班将被禁止在英国落地。

(三)严格政府设施、公共场所的安全防备与安全检查,号召广大公民为打击恐怖主义活动提供可疑线索与情况,警察与民众联手防范与打击恐怖主义活动

在"9·11"事件两周年之际的 2002 年 12 月,英国客机上开始配备便衣武装警察,以对付可能发生的恐怖袭击或劫持事件。每逢西方重要的节日如圣诞节来临时候,也都是恐怖分子蠢蠢欲动之时,因此,每到节假日反恐措施就随着升级。2003 年圣诞节前夕,英国警方展开反恐行动,在这次

“9·11”事件以来英国最大规模的反恐搜捕行动中总共14名恐怖活动嫌疑人落网。2003年9月11日,英国《简氏情报文摘》指出,实施人体炸弹自杀性爆炸将是英国伦敦和其他大城市面临的最大恐怖威胁。这些地方的机场和金融中心等人群聚集的公共场所最有可能遭受袭击。据简氏报告分析,与自杀性爆炸袭击相比,再发生类似“9·11”的民航客机遭劫持的恐怖袭击事件可能性较小,发生生化及核武器袭击的可能性也不大,原因是公众已提高警觉,政府也采取了相应的防范措施。报告说,英国在海外的使馆和企业等目标可能会成为恐怖袭击的目标。20世纪七八十年代,英国人进入大百货商店都得接受检查,政府办公大楼的保安工作相当严格。电台、电视台和报纸杂志都一再提醒人们提高警惕,公共建筑物和商店都有标语提醒人们严防恐怖活动。公共汽车和地铁都标有“小心炸弹”的醒目标志,并要求大家一旦发现无人看管的包裹就立即报告,把反恐怖斗争看做自己的事;设立专线保密电话,鼓励公民对可疑人员、车辆、包裹等情况及时报警,从而减少爆炸案的发生与破坏性。伦敦以前曾多次发生过在垃圾桶里安放炸弹的案件。为了防止悲剧重演,从20世纪80年代中期后,垃圾桶便在伦敦的地铁站和街头销声匿迹,给人们的生活带来了不便,至今很多国家公共场合垃圾桶相对较少的重要的原因就是基于反恐的需要。英国政府长期不懈的努力,几乎将普通英国人变成了警察部队的非正式成员。不论是谁,发现可疑的包裹就立即报告,把反恐怖斗争看做是自己分内的事。警察则设法协助车上和车站里所有的人员撤离,直到把包裹转移为止。为防恐怖分子将炸弹放在垃圾箱中,地铁里是没有垃圾箱的,这个做法目前几乎已经成了世界各国地铁的一致做法;伦敦大街上的垃圾箱也相对较少。现在的一些垃圾箱通常是用不破碎性材料制成的,鉴于爱尔兰共和军曾经利用垃圾桶作为炸弹,英国政府开发了一款防炸弹垃圾桶,它所用的材料强度是钢材的四倍,能有效阻止炸弹爆炸的威力。防炸弹垃圾桶重达一公吨,能吸收爆炸所产生的热能和震波,防止炸弹碎片四散。在英国首相官邸所在的唐宁街,为防止恐怖事件发生,保安人员要钻到每辆车的下面去检查是否安有炸弹。在伦敦西区肯辛顿宫附近的使馆区,警方在两端都设置了安全检查站。

(四)情报、警察部门高度重视反恐怖主义斗争

应对恐怖主义,最理想的状态是“早发现、早预警”,最关键的是反恐情

报的搜集、研判以及反恐情报信息网络的完善和搭建。因此,反恐情报显得格外重要。英国秘密保安局、军情六处、政府通讯总部及国防情报局等情报机关都有责任实时监控恐怖分子动向,为国内的反恐提供预警。在这些情报机构之上,英国政府设有联合情报委员会,直接对内阁负责。这一机构对各个情报机构的信息进行统筹,定期向内阁提供国内安全威胁评估。军情五处以前的主要职责是反间谍,由于反恐怖活动的需要,它现在的反间谍费用只约占总预算的25%,大部分费用都花在反恐怖活动上。1994年11月,伦敦警察厅政治保安处颁布了新的指导原则,将工作重点从追踪间谍转移到搜集有关恐怖活动和极端主义抗议者的情报上来。在恐怖主义犯罪分子的审判日,法庭周围戒备森严,屋前屋后甚至屋顶上都有荷枪实弹的警察;此外,还有带着警犬的荷枪实弹的警察在飞机场巡逻以备不测。2012年8月8日,英国就挫败恐怖分子驾自爆飞机扫射奥运观众阴谋。三名涉案人员中有两人来自俄罗斯车臣,接受过“基地”组织位于巴基斯坦和阿富汗营地的培训。另一名土耳其籍嫌犯假扮建筑工人混进直布罗陀市,但很快引起情报人员注意,并监听了他的通讯设备。涉案人员的攻击目标并非英国本土,而是英国的海外领地位于伊比利亚半岛的直布罗陀,同西班牙毗邻。恐怖分子密谋驾驶装满炸药的轻型飞机撞向当地在露天屏幕观看奥运会直播的人群,并用机枪实施扫射。万幸的是,英国情报部门事先截获了这一信息,并携手西班牙警方将恐怖分子捉拿归案,起获300磅爆炸物。最为典型的是2006年8月10日,11名恐怖分子图谋炸毁伦敦希思罗机场的10架飞机。幸亏被英国情报部门提前掌握,及时抓获了这11名恐怖分子。此次事件在全世界范围都引起了广泛的反应,各国纷纷对机场实行了更为严格的保安监控,同时禁止旅客携带任何手提行李和液体登上飞机。2014年,面对伊斯兰国的现实恐怖威胁,英国政府9月1日宣布采取新一轮反恐措施,包括:立法赋予警方在英国边境临时没收恐怖嫌疑人护照的权力;阻止英国籍恐怖分子返回英国境内;增加对恐怖主义的预防和调查措施,强制恐怖分子参加“去极端化”教育改造;要求航空公司提供有关乘客往返冲突地区的信息等。英国将在两个关键领域加大反恐力度,一是阻止恐怖分子跨国旅行,强化对本国境内涉恐分子的管控力度。二是对在本国造成恐怖威胁的极端分子采取“决断措施”。

三、法国的反恐对策

由于法国原来的殖民地大多是伊斯兰国家，因此，法国国内滋生极端势力的风险远大于其他西欧国家，法国面临着国内外的恐怖威胁。进入2014年以来，从“伊斯兰国”（IS）返回法国的法国籍恐怖分子成为法国目前最严重的现实威胁，针对这样的反恐形势，法国反恐怖主义的主要做法是：

（一）建立一支强有力的反恐怖特种部队，授予侦查机关更大的反恐怖权力，加强情报、警察、司法机构等有关职能部门的协作

2006年法国《反恐怖主义、安全与边境管制法》规定警察可以未经法庭同意要求饭店、网吧提供电子数据；对在法国领土内行驶的汽车牌照和乘客拍照。“9·11”事件发生后，情报部门在向法院证明有恐怖嫌疑后，有权要求银行等金融机构、电信公司、邮局、航空公司出具相关人员的信息。国家宪兵干预队是精干的反恐怖特种部队，虽然人数不到200人，其成员都接受过最现代化的武器与斗争技能训练，具有特别快速的反应能力。特种部队的全体人员及家属一律驻守在巴黎近郊的宪兵营房里，处于高度戒备状态，随时准备待命行动。为加强打击恐怖活动，法国参议院已在1996年12月11日通过了一项有关“夜间搜查”的法律修正案。该修正案规定在反恐怖活动的侦查中，预审法官在某些条件下可以夜间上门搜查。1982年，法国在总统府的直接领导下，筹建了一个“反恐怖主义特别行动小组”，负责协调反恐怖主义斗争。1986年9月，成立了“反恐怖斗争中心”。内政部还规定警察在维持治安时，在许多方面可享受与宪兵同样的权限。在司法部门内部，专门设立了审讯恐怖分子的法庭，对恐怖分子依法从重判刑，以打击其嚣张气焰。要求政府各有关部门加强协作，提高反恐怖斗争的效能。在恐怖活动的非常时期，还动用军队力量，维护社会治安、威慑和打击恐怖分子。

（二）加强安全检查与监测，以便有效地预防与打击恐怖活动

首先是增加反恐怖斗争的警力，加强公共场所的安全防范措施。在机场、铁路车站、市中心等地都布置值班巡逻警察，在事故易发地区，加强对过往行人的行李与携带物的金属探测安全检查；公共场所如巴黎地铁各站均有摄像设备，地铁站内挂满了宣传告示，提示旅客见到可疑物品立即报告；巴黎街头的金属垃圾桶全部被封口，防止恐怖分子在里面藏匿炸药。

其次是加强边境安全检查以及对恐怖分子嫌疑犯的监视，特别注意防止来自中东等国外的恐怖分子入境；加强对伊斯兰原教旨主义可疑分子的戒备，对那些与恐怖分子有牵连的住宅、公司、使领馆进行电话监听与监视。坚决打击为恐怖分子提供资金、活动场所或帮助进行联络的人。

（三）采取法律手段阻断恐怖分子和本国的联系

目前，据估计，在“伊斯兰国”（IS）中来自西方的恐怖分子就至少有3000人，而在伊拉克和叙利亚参加“圣战”的法国人有近千名。针对“伊斯兰国”不断招募西方国家的青年人加入他们的恐怖主义队伍的情况，2014年9月18日，法国国民议会表决通过了《反恐怖主义法》，强化了对公民涉恐行为的约束，尤其是禁止法国人前往中东参加“圣战”。新出台的《反恐怖主义法》与英国、德国、荷兰等国近期修改的相关法律相似，规定可通过没收身份证和护照等禁止涉嫌前往参加“圣战”的法国人出境，并强化对从国外归来的涉恐分子进行监视。专家认为此举在保护公民自由和限制涉恐行动之间找到了平衡点。该法第5款设立了新的“个人恐怖行为罪”，可根据嫌疑犯私藏武器或爆炸物定罪，而不再需要等到其采取行动才定罪，填补了一项法律空白，有利于对潜在的恐怖袭击威胁提前防范。法国《反恐怖主义法》第9款则明确规定，对利用互联网散布恐怖主义宣传、招募极端恐怖分子的信息传播可进行查禁并判处七年监禁。2013年以来，法国已查封160个涉恐网站。该法规定，有关网站必须在涉恐信息上网24小时内删除该信息，否则将依法受到查封和严惩。此法规被一些人视为侵犯人权，但法国专家表示，这与各国反恐通行做法一致，得到法国议会各政党一致拥护并获得全体通过。该法律正式生效前还需在10月底11月初提交参议院表决。随着法国参加对伊斯兰国的军事打击行动，毫无疑问，恐怖分子会更加猖狂地强化对法国的攻击，法国警方和情报部门认为，“问题早已不是何时，而是何处”。内务部长表示，法国正“提高警惕，严阵以待，虽未启动最高级别警报，但已调动所有力量监视恐怖分子一举一动”。[1] 法国已经与联邦德国商定互通情报，共同追捕恐怖分子。在技术合作方面，法国与欧美国家合作，研制出了许多新式反恐怖活动的仪器与设备（如新

---

〔1〕 载http://world.people.com.cn/n/2014/0927/c157278－25745678.html，2014年10月4日访问。

式地下探测仪)，改进了机场安全检查与电子跟踪设备。与一些国家进行合作，从政治、经济和军事方面打击恐怖主义，从 2014 年 8 月“新月形沙丘”[1]取代“薮猫”开始，法国启动非洲反恐新机制。自今年初以来法国警方已逮捕了上百名为“圣战者”组织招募法国人的嫌犯。法国 2014 年以来投身“圣战”的青年离境人数剧增了近 80%。警方已阻止 70 次此类人员离境。

四、德国的反恐对策

德国政府在与 20 世纪 70 年代以来就从十分猖獗的“红军派”和新纳粹主义恐怖活动几十年的斗争中，逐渐形成了一整套反恐的方案和措施。面对新形势下的恐怖威胁，德国政府对反恐的各项举措进一步完善和改进。

(一)建立反恐怖活动的指挥中心和精干的反恐怖特种部队

联邦危机委员会成立于 1972 年，借助现代信息化系统对恐怖主义组织进行有效的监控和情报信息的分析研判，为查寻和逮捕恐怖分子提供技术支撑。20 世纪 60 年代末，以巴德尔、迈因霍夫等恐怖分子为骨干的恐怖组织“巴德尔—迈因霍夫帮”在联邦德国制造了一系列恐怖活动。加上慕尼黑奥运会恐怖袭击事件，德国决定成立反恐特种部队。1973 年，德国边防警察第九大队正式成立，在组织上隶属内务部，主要应对国内发生的恐怖事件。1977 年，“巴德尔—迈因霍夫帮”劫持了联邦德国工业联合会主席施莱耶，并在科隆大街枪杀其 4 名保镖，要求政府释放被关押的巴德尔及其同伙。为了增加讨价还价的筹码，1977 年 10 月，恐怖分子在地中海上空又劫持了汉莎航空公司 LH181 次航班。联邦德国政府决定武力解救人质。通过外交途径，首先取得索马里政府的谅解，得到了向停留在摩加迪沙机场的被劫客机使用武力的许可。边防警察第九大队 60 名队员受命奔袭摩加迪沙，击毙 3 名、重伤 1 名劫机犯，人质中除机长被杀害外，其余人全部获救。此役是他们首次现身国际反恐舞台，获得了高度赞扬。成立 20

---

[1] 2013 年 1 月，法国对马里展开代号为“薮猫”的反恐军事行动，目的是围剿盘踞在马里北部的武装恐怖势力。2014 年 7 月，法国开始用“新月形沙丘”计划，以取代“薮猫”行动。新的行动计划是把在马里的反恐机制扩大到受到国际恐怖主义威胁的整个萨赫勒地区。法国将派遣 3000 名军人直接参加这个行动计划，根据“新月形沙丘”计划，法国军队将同马里、毛里塔尼亚、尼日尔、布基纳法索和乍得等萨赫勒地区五个国家的军队协同作战，共同打击国际恐怖主义活动。

年来,边防警察第九大队南征北战,东拼西杀,屡见奇功,被称为反劫机高手的“德意志捷豹”。在德国目前的反劫机中,他们仍然扮演着非常重要的角色。

（二）加强反恐怖斗争的立法工作,加强反恐合作

德国先后制定了反恐怖主义法、身份证法、联邦宪法保卫局法、合作法以及其他有关的法律。联邦宪法保卫局是反恐怖活动的主管部门,它有权向所有政府机构和社会团体要求提供有关恐怖主义的情报,所有的联邦当局都应当将各自掌握的情报主动地交给它。合作法要求加强情报、警察、联邦边境防卫处等机构的反恐怖主义合作。新的身份证是用塑料制成的,不易破损,不易伪造,具有磁性,上面印有个人有关的数据,可供机器阅读。禁止蒙面人参加游行,规定将电话监听的范围扩大到私人电传、传真和图像电话。同时加强反恐怖斗争的国际合作。德国至少和美国、法国等二十多个国家有反恐怖活动的协作,包括分享有关的情报、引渡恐怖分子等诸多内容。

（三）有组织严密的治安制度,加强对重要政府建筑物的安全保护,建立反恐怖线报奖励制度

加强治安管理,密切掌握与跟踪居民的迁移活动,如警察局要求德国公民在国内的城市间的迁移必须登记注册或注销并设立了违者被重罚制度;要求外国人入境登记,提供自己的背景材料。如果一位外国人以前在德国的另一城市居住过,那么警察局要收到原有的档案后才能签发许可证。对政府建筑物的安全保护更是加大,如在波恩,大部分联邦设施前,联邦边防警卫监视着进入政府大楼的车辆与人员,未经警卫允许车辆不能进入联邦政府办公楼所在地;但是,也还有很多官方建筑物仍然没有严密的安全警卫保护。1977 年马丁 · 施莱耶遭遇恐怖伤害后,反恐怖线报奖励制度开始实行,特殊预算由联邦检察局负责提供与发放。该奖励制度规定,根据恐怖案件的情况,视情对提供有利于逮捕恐怖分子的情报线索的人给予物质奖励,一般的可给予 5000 ~ 10000 马克的奖金,重要的可给予高达 5 万马克的奖励。这一制度的建立,促进了反恐怖工作,加速了一些重要的恐怖案件的侦破工作。

五、以色列的反恐对策

以色列由于特殊的国情,所面临的恐怖威胁一直都非常严峻,自杀式炸弹爆炸活动泛滥可以说是该国恐怖活动的显著特点。繁忙的公共汽车

成为恐怖分子袭击的重点目标,市中心著名的军人停车道也都成为恐怖分子袭击的目标。民航飞机自然更是恐怖分子青睐的目标,频繁的恐怖事件,使政府在防范与打击恐怖主义方面积累了丰富的经验。

(一)建立精干的反恐怖特种部队、反恐怖机构,加强预防性情报工作

目前以色列军队担任反恐任务的部队有数十支,如总参侦察营、雅马姆侦察队、海军第13突击队等,其实以色列大部分特种部队都承担反恐任务。总的来说,以军反恐部队可分为三种类型,即反恐突击部队、反恐掩护部队和反恐支援部队。

(1)反恐突击部队。以色列特种部队专业反恐的主力,承担大多数人质营救任务。其中,雅马姆侦察队负责以色列国内反恐任务,总参侦察营负责国外反恐,海军第13突击队负责海上反恐,埃拉特侦察队负责以色列埃拉特市辖区的反恐任务。而在特殊场所,如以色列边境、港口、机场等,上述4支部队都可能执行反恐任务,具体取决于国防部和以色列国防军总参谋部的调遣。

(2)反恐掩护部队。负责反恐现场的安全警戒、搜集情报,第一时间赶赴现场,控制事态发展,等候反恐突击部队前来处理。只有在紧急情况下,譬如恐怖分子开始枪杀人质,反恐掩护部队才能发起攻击。目前在以色列的3个军区,即北方军区、中央军区和南方军区,分别部署有反恐掩护部队。北方军区部署有戈兰反恐掩护部队,中央军区部署有3支反恐掩护部队,南方军区部署有1支反恐掩护部队。由于反恐掩护部队和反恐突击部队在反恐任务中扮演不同的角色,因此人们通常把反恐掩护部队称为"外圈反恐部队",而反恐突击部队称为"内圈反恐部队"。

(3)反恐支援部队。主要负责对反恐突击部队和反恐掩护部队进行反恐支援,编有军犬连、情报小组、计算机专家组、爆炸物处理小组和电子干扰组。军犬连专门训练军犬对付恐怖分子。情报小组负责为反恐部队提供情报支援。计算机专家组负责为反恐部队制作反恐目标三维立体模型。电子干扰组负责监听事发现场的无线电通讯,必要时对恐怖分子通讯实施电子干扰。[1]

---

〔1〕 载 http://www.studa.net/zhengzhiqita/091113/09154294-2.html,2015年5月18日访问。

以色列有多个部门负责反恐,包括安全机关和政府部门。负责对外情报的摩萨德、负责内部情报的以色列安全局(ISA)、以军情报局、警察署、公安部(它也负责管理警察)、国防部、军队,还有其他很多机构。以色列安全机构一直在积极主动地防范恐怖袭击。以色列主要依靠情报的收集,以获取潜在袭击的信息,并在事先发出警告,同时采取先发制人措施—在袭击发生前将其挫败。在挫败恐怖袭击的链条中,安全防范措施只是第三个,也是最后一个环节。

以色列法律甚至规定了特别的情况,在必要的时候可以对抓获的恐怖分子使用酷刑。极端的情况就是那种定时炸弹就要爆炸的场合,此时嫌疑人可能掌握如何挫败即将发生的大规模恐怖袭击的具体信息,而要获得必需的情报又别无选择,在这样的特殊情况下,在一些限度内,可以使用适度的武力(moderate force)。也就是说,可以对逮捕的嫌疑人使用酷刑,其限度由法律来定义,并由法庭或其代表监督执行。它们只应在非常极端的具体案件中被允许使用。

(二)以色列在反恐科技方面遥遥领先,不断研发新的反恐高科技装备

在反恐技术方面,以色列遥遥领先。一是爆炸物探测技术。利用爆炸物进行恐怖袭击,是迄今为止恐怖分子最常采用的方法。因此,如何能在更远和更大的范围探测出爆炸物的存在,是反恐战争中亟须攻克的最为重要的科技难题。二是图像监视系统技术。目前已广泛运用于边境、建筑物保安等领域,正在进行红外夜视技术、图像处理技术、远距离探测技术、数据分析与报警技术等领域完善和研究。三是生物反恐技术。尽管恐怖组织利用生物技术袭击的案例还很少,但由于生物恐怖的危害性巨大,影响力强,因此如何利用生物技术反恐以及防范生化武器的恐怖袭击,是十分重要的科研领域。四是数据处理技术。信息技术的迅速发展,给庞大的数据处理带来了可能。目前,先进的信息处理技术已经成为许多反恐技术发展的基础。例如,根据身份鉴定技术获取的各种数据等,已经运用在出入境口岸管理、常驻人口登记和检查等方面。

在反恐新科技产品方面,以色列独树一帜,“9·11”事件之后,以色列军工企业和半军半民企业加快了与反恐有关技术的开发与研制。目前,以色列已有400余家非军事工业公司从事着与反恐安全有关的技术开发和产品研制工作,不断推出一些新的高科技反恐装备,例如针对巷战和减少

平民伤亡的“陆战小分队集成系统”、以色列飞机工业公司研制的“客运飞机反导系统”等。

目前在以色列已投入运营的反恐公共汽车可以说是反恐方面之集大成者,其技术包含了弹道导弹技术、爆炸材料技术、电子感应技术等。当乘客上车时,司机就开始操作一个红绿灯按钮,如果乘客没问题,摁一下按钮,绿灯亮了,旅客就可以上车;但如果是可疑人,司机会马上摁另一个按钮,红灯亮了,对不起,他只能呆在车外。而如果乘客是一个身藏危险品的恐怖分子,那在他离公共汽车的1米之外,车内的遥感器立即会发出警告,这样司机就会当机立断关闭车门。针对以前巴勒斯坦自杀式爆炸者经常装成犹太教徒,从后门混上车的情况,新型汽车设计了一个只能下不能上的后门,它由14个小横栏构成,左右各7个。横栏只能朝外开,却无法向内推进。这种新型公共汽车还有一个世界之最,世界上最昂贵的公共汽车。以色列交通部门官员透露,每辆车仅安全装置就高达3万至5万美元

(三)民航防控恐怖主义方法独特,形成体系,处于世界领先水平

从外在看来,以色列本古里安国际机场拥有强大的“铁穹”拦截系统,可以保护机场免受来自加沙地区的军事袭击。2002年11月,一架以色列阿基亚航空公司的波音757客机在肯尼亚海滨城市蒙巴萨机场起飞后,遭到来自地面的两枚导弹袭击,所幸未被击中。同年年底,以色列国防部要求所有飞国际航线的以色列客机都要装备反导弹系统。但到目前为止,由于反导系统不但价格高昂,还会增加客机的飞行阻力,所以除以色列外,几乎没有国家强制安装这类系统。

在民航飞机的进舱内的安保措施也很到位,每班国际航班都有最少6名携有枪械的特工伪装成乘客(实际数量因属以色列保安资料,政府和航空公司没有公开)。所有以色列航空的飞行员都曾经是以色列空军的飞行员,而且都受过搏击训练。事实上,所有以色列航空的雇员均曾经在以色列陆军服役(以色列是个强制服兵役的国家)。

“可预测旅客过滤法”是以色列独创的一套民航安全检查措施,就是通过对旅客行为的观察,结合先进的安全检查技术识别出可能的潜在的恐怖分子。以色列航空的保安程序要求所有乘客在登机前单独接受查问,让以色列航空的职员找出可能出现的保安威胁。所有乘客均被分为3个威胁程度:以色列人和犹太人通常被列为最低威胁程度,西方人则被列为中等

威胁程度，而阿拉伯人（尤其是男性）就被列为最高威胁程度。以色列是世界上唯一在他国独立设立安检并需要向旅客进行“问话”的国家。以色列航空在海外机场停留时，会有手持机枪的机场特警在停机坪驻守及巡逻。

以色列航空严格的安检在全球航空运输业界都是独一无二的，其特色就是每个环节都做到严谨细微，程序上又环环相扣。乘客办理完所有的手续，进入隔离区后，行李还会再经过装有世界先进安检设备（以色列斥资98万美元购置）的“安检屋”进行再次安检。甚至当旅客拿着登机牌，到登机口登机时，那里的安检人员一旦有所警觉，产生些许怀疑，旅客就得别无选择地跟他们走，再次进行全身检查及相关问话。

以色列本古里安机场的安全人员织就了一张密不透风的“防恐网”，具有全球最严格、最让恐怖分子绝望的机场安检，从而保证了42年不出任何安全纰漏，让恐怖分子“插翅难进”。

六、俄罗斯的反恐对策

以车臣恐怖主义组织为主的恐怖威胁一直笼罩着俄罗斯，他们爆炸地铁、劫持人质、袭击民航飞机、人肉炸弹在候机楼引爆等，恐怖分子在俄罗斯无所不用其极，面对如此严峻的反恐形势，俄罗斯的反恐从来就没有放松过。早在1998年就颁布了《反恐怖主义法》，比较全面地对防范恐怖主义袭击做出了法律规范。俄罗斯法律的规定表明了对待恐怖主义组织的强硬态度，2006年通过的《俄联邦反恐怖主义法》就明确规定，经反恐行动领导人授权的人员可与恐怖分子进行谈判，但不能满足恐怖分子提出的任何政治要求。2013年，俄罗斯通过《关于与恐怖主义作斗争新措施法》，法律规定，亲友应为恐怖分子的行为承担责任，赔偿其造成的损失。

2006年，俄罗斯成立了“国家反恐委员会”，主席由联邦安全总局局长担任，直接对总统负责。该委员会由17个国家强力部门组成。俄罗斯对反恐的重视可见一斑。20世纪70年代初，国际恐怖主义日益猖獗，并向苏联蔓延。1973年，一架客机在苏联伏努科沃机场被四名恐怖分子劫持，机上旅客全部被扣为人质。苏联国家安全委员会和内务部虽然成功营救出了人质，但该事件给苏联巨大震动。由于苏联正积极准备1980年莫斯科奥运会，为防止极端事件并打击国内恐怖主义，1974年国家安全委员会主席尤里·安德罗波夫签署了一项绝密命令，决定在克格勃系统内部组建一支专门用来执行特种任务的部队，“阿尔法”部队应运而生。该部队从其成立之日起就成为俄罗斯反恐的突击力量,数十年中屡建奇功。

俄罗斯在进行反恐活动中,还把自己的经验与国际社会共同分享。2014 年 3 月 17 日,国际民航组织第 25 次航空安保专家组会议在蒙特利尔召开。俄罗斯为纪念《国际民用航空公约》附件 17《安保》制定 40 周年向大会提交了关于建立综合可持续全球航空安保体系开展合作的工作文件获得大会的批准。该文件要求理事会号召各国加快国内立法进程,保持与附件 17 的标准和建议措施一致;相互认可根据附件 17 标准和建议措施制定的安保措施,避免在安保措施、检查和审计方面的不必要重复;鼓励相互交流信息、最佳做法和专门技能,促进和完善附件 17 标准和建议措施,在全球有效保护民用航空免遭非法干扰行为;力争取得安保措施和简化手续措施之间的最优化平衡。这个文件为强化民航的安全保卫,强化民航的反恐起到了非常重要的积极作用。

第二节　国际组织及世界主要地区民航反恐的举措

民航反恐一直是国际社会关注的话题,在立法层面上,国际社会作出了重大的努力,1948 年的《芝加哥国际民航公约》是最早的航空安全协议,它规定了保证航空安全的国际标准;1963 年 9 月 14 日,东京国际民航组织大会通过了《关于侵犯及其他某些破坏飞机安全的公约》;1970 年 12 月 16 日,《打击非法劫机公约》成为国际航空安全反恐措施的一个里程碑,共有 120 多个国家签署了上述几个协议;1973 年,国际民航组织关于国际民航公约的附录 17 制定了机场安全的标准;1988 年,《打击国际民航机场内的非法暴力活动协议》得以通过。“9 · 11”事件在民航反恐方面具有里程碑意义,使各国在严酷的现实面前不得不重新审视恐怖主义对民航安全的挑战,因此,世界各国在加强民航保安方面都采取了各种措施来强化民航的反恐,不断提升民航的反恐怖能力以确保民航的安全。

一、国际民航组织关于航空保安的新策略

“9 · 11”事件发生后,民航反恐已经成为民航业一个世界性的话题。建立有效的安全防线、恢复公众对航空运输的信心,是国际民航组织以及各国政府共同关心的重要问题。2001 年 9 月 25 日至 10 月 5 日,国际民航组织(ICAO)召开了以”航空保安”为主要议题的第 33 届大会,《关于保护

国际民用航空、制止非法干扰行为的国际民航组织持续政策的联合声明》的 A33－2 号决议得以通过。2002 年 2 月 19 日至 20 日，国际民航组织航空保安部长级高官会议在蒙特利尔召开。会议通过了核心部分是航空保安行动计划的全球战略。它包括强化的航空保安机制（AVSEC）、航空保安审计计划、技术合作项目等，2012 年国际民航组织高级官员会议通过了在安保方面开展全球合作的战略和行动计划，改进了共享情报和主动防范的措施。同意建立既能识别和处理高风险航空货物、又能保护供应链的程序，同时加强防范可能来自机场和航空公司内部人员的威胁。具体做法如下：

（一）全面审议国际法律文书和国家立法措施

为了制定一个旨在打击针对航空运输新威胁的国际法律框架，应对现有的国际法律文书加以审议以使其更充分。国际民航组织号召还未加入有关民航安保公约的国家尽快加入，已经加入的国家尽快使之国内化，有效地予以落实。要求缔约国强化《国际民用航空公约》附件 17——《安全保卫——制止对国际民用航空进行非法干扰行为》的实施，尤其应该在附件 1《人员执照的颁发》、附件 6《航空器的运行》、附件 8《航空器的适航性》、附件 9《简化手续》、附件 11《空中交通服务》、附件 14《机场》和附件 18《危险品的安全航空运输》引入或增强与保安有关的条款。ICAO 理事会号召各缔约国在其国内立法中加重对非法劫持航空器和从事非法干扰行为的犯罪者的惩罚。敦促各国在双边运输协议中加入有关航空保安的专门条款。建议全面实施关于航空保安的多边条约和 ICAO 有关航空保安和安全的标准和建议措施、空中航行服务程序和 ICAO 大会决议和理事会的决定。2012 年国际民航组织航空安保高官会决议和宣言、2013 年第 38 届国际民航组织大会决议，确定了加强航空安保框架的全球战略，包括增强全球航空安保、简化手续以及边境控制等内容。国际民航组织在 2014 年至 2016 年期间的工作重点是削减全球航空非法干扰事件数量，确保采取针对非法干扰事件发生后的适当反应措施，减少航空安保和边境控制方面存在的风险。《国际民用航空公约》附件 17——《安保》于 1974 年 3 月制定，包括了 7 条国际标准和 18 条建议措施，此后经 13 次修改，例如 1985 年增加了旅客客舱行李一致性核对、1992 年增加了航空器安保检查、1996 年增加了安保人员背景调查、2002 年增加了驾驶舱安保和客航行李 100%

屏检、2006年引入风险评估概念、2011年增加了供应链安保和互联网安保、2013年增加了内部威胁和高风险货物等，形成了现在第9版附件17——《安保》以及相关指导材料。附件17的第14次修订主要涉及机场陆侧安保，包括增加关于“不可预测性”的定义、航空货邮安保的新标准以及关于国际合作、机场陆侧安保、安保意识培训、外部安保服务提供者的监督、关键信息技术的安保等。第14次修订方案在2014年3月提交第201届理事会会议审议，2014年11月开始适用。

（二）强化航空保安机制，实施航空保安审计

最早建立于20世纪80年代末的国际航空保安机制的目的是制止非法行为，保证国际民用航空的安全，其主要内容是向各国提供经济、技术和资料资助，并在各国实施附件17的标准和建议措施时提供协助。2001年年初，国际航空保安机制更名为“有效履行附件17《航空保安》中的标准和建议措施的航空保安机制”，简称“AVSEC机制”。根据ICAO第33届大会指示，应建立要求所有缔约国应将参与的AVSEC机制作为永久性和强制性的机制。国际民航组织还于2003年的4月8日至12日在蒙特利尔召开了航空保安专家组第13次会议，其中重要的一项议题是航空保安战略目标，制定了ICAO的航空保安审计计划的原则和指导材料。航空保安部长级高官会议宣言批准在AVSEC机制下、在国家级和抽样的基础上对187个缔约国的机场保安进行定期的、强制性的、系统的和协调一致的航空保安审计。审计计划于2003年开始实施。我国的很多机场都已经接受了ICAO的审计。国际民航组织的普遍安全审计项目（USAP）是国际民航组织旨在加强全球范围的航空保安以及达成全球系统的航空保安国际合作体系的重要战略措施。该计划作为航空保安计划方案的一部分，向所有ICAO的成员国提供普遍的、强制的、定期的航空保安系统的审计。USAP的目标是通过定期审计，帮助成员国努力发挥各自国家航空保安系统的作用，以提升全球航空保安水平。审计将识别各个国家航空保安系统的不足，并提供缓解和解决的措施建议，计划的实施对于提升全球民航的反恐水平起到了非常重要的积极作用。

（三）加强航空保安培训，改装驾驶舱舱门，加强业内合作

ICAO建议加强航空保安方面的人力资源管理，包括实施继续教育和在职培训。为了使机组成员有效地处理非法干扰行为，ICAO理事会通过

了强化的飞行保安标准,对航空保安培训的内容进行了扩充。新的保安培训包括:确定所有事件的严重程度;机组之间的交流和协调;适当的自卫反应;授权供机组成员使用的非杀伤性防卫装置的使用;加深对恐怖行为的了解,使机组成员增强对劫机行为和旅客反应的应变能力;关于应对各类威胁情况的实战演习;保护飞机的驾驶舱程序。ICAO 理事会通过了强化的航空保安标准,要求保护民用航空器驾驶舱,加固舱门、加装监视系统、推行新的抗穿透、侵入标准,并且要求驾驶舱门随时关闭并上锁,只有经过授权的人员才能允许进入等。同时民用航空是一项全球性活动,航空保安不可分割或有地域性隔离,它需要各国民用航空当局之间更多的协调与合作。因此,ICAO 建议加强政府间、政府与工业界间的合作,充分利用民航各专业组织或机构业已制定可行的保安计划。

(四)航空战争险

民用航空从一开始最基础也是最高的要求就是“安全”,为此全世界最先进的技术和管理方式都被运用到飞行安全的保障上。从制造、运营、空管等不同工种的相互协作,形成完整的闭合链来保障航班的安全。在这个民航系统的闭合链上,航空保险成为最后一道风险保障,从航空业发展之初,就与其相伴相生。“9·11”事件让整个航空险市场遭受重创。国际航空险承保人向全球航空公司投保人发出通知,增收附加保费,降低赔偿限额。根据国际航空运输协会(IATA)估计,“9·11”事件导致的战争责任项下的赔偿额达到 60 亿美元,相当于国际航空险市场三年的全部保费收入。于是,保险人采取联合行动,宣布注销战争风险扩展批单。除此之外,航空险市场费率暴涨,在美国涨幅甚至高达 400% 以上,这给航空公司带来沉重的运营成本压力,特别是不能充分投保战争责任险。由于“9·11”之后航空公司面临保险困境,ICAO 于 2001 年 10 月 22 日成立了航空战争险专家组(SGWI),专门研究今后战争险的承保模式。SGWI 于 2001 年 12 月和 2002 年 1 月召开了两次会议,第二次会议我国派员以观察员身份参加了第二次会议。专家组建议,应在 ICAO 的主持下,建立一个适当的国际机制。在该机制下,航空战争险将由一个非营利性实体承保,在承保的最初几年由多个国家政府予以短期资助。该建议已在理事会第 165 届会议上得到了考虑,并将在第 166 届会议(2002 年 4 月 15 日至 6 月 14 日)上得到进一步考虑。为了挽救航空业的发展,政府不得不出手相助。“9·11”事件以后,大约有60多个国家的政府先后对本国的航空公司提供5000万至20亿美元的战争第三者责任风险超赔担保。2002年11月,美国国会通过《2002美国恐怖风险保险法案》(TRIA),规定由联邦航空管理局(FAA)代表美国政府提供战争风险担保并收取较低的保费,即被保险的航空公司每起飞一架飞机缴纳7.5美元战争险保费。TRIA法案的有效期被一再延期,目前已推迟到2014年12月31日。如今,中国已不再为航空公司提供战争第三者责任风险超赔担保,各家航空公司从2014年4月1日起,开始各自投保战争第三方责任超赔保险。

(五)不断提升民航的安保水平

2006年8月英国破获恐怖分子企图用液体炸药炸毁飞机的恐怖袭击的阴谋后,国际民航组织迅速采取相应行动,加强民航安保,订定了多项有关航空旅客手提行李的最新保安措施。这些措施包括:手提行李内所有液体、凝胶及喷雾类物品,均须以容量不超过100毫升的容器盛载。任何容量大于100毫升的容器,即使并未装满上述物品,也不能通过保安检查;所有盛载液体、凝胶及喷雾类物品的容器,必须放在一个容量不超过一公升并可重复密封的透明塑胶袋内,而且不显得挤迫。塑胶袋应完全封妥;在保安检查站时,旅客应将装有容器的塑胶袋与其他手提行李分开,并另行交给保安人员以肉眼检查。每名旅客只可携带一个装有容器的塑胶袋;所有药物、婴儿奶品/食品及健康所需的特别食品,经查证后可获豁免。随着恐怖威胁在不断演变,民航界在安保方面必须加强全球性协调与合作,同时必须努力减轻安保措施对业界和乘客带来的负担。国际民航组织认为"我们已经充分准备好预见、发现和处置现代恐怖主义带来的花样不断翻新的威胁,我们可以把安保措施对航空业界带来的负面影响减到最小"。[1] 国际民航组织要求各成员国建立既能识别和处理高风险航空货物、又能保护供应链的程序,同时加强防范可能来自机场和航空公司内部人员的威胁。

二、亚太经合组织关于航空保安的措施

亚太经合组织(APEC)早在"9·11"之前,于2000年3月就成立了一个运输保安专家组(TSEG),处理所有运输方式的保安问题。专家组的目

---

〔1〕 载http://news.sohu.com/20120915/n353209191.shtml,2014年10月1日访问。

标之一是推动运输保安技术和运行程序的研究、开发和使用等领域的合作,以保护旅客和货物的运输。“9·11”事件发生后,亚太经合组织在民航反恐方面可以说是与时俱进,每次领导人会议都会通过一些有关民航反恐、强化民航安全的具体措施。在2001年10月的上海APEC领导人会议上,领导们发布了一份声明,谴责“9·11”恐怖袭击事件,主要内容有,要求各成员都应执行国际海、空运输的相关安全要求,在保障机场、航空器和港口安全采取有效措施;加强亚太经合组织在交通等关键领域的保护工作;加强海关联系网络,加快发展一体化的电子通关网络,以便既减少对贸易流动的影响,又更有效地执法;合作建立人员流动电子记录系统,以加强边境安全,增加合法旅行人员的行动便利。TSEG对此声明做出了及时的反应,于2002年1月在新加坡召开会议,9个成员和两个国际组织参加了会议。会议讨论了许多有关的保安主题,决定按照优先顺序,向即将来临的APEC会议提交四个提议,这四个项目仅仅是开始,TSEG继续与国际民航组织(ICAO)和国际海运组织(IMO)进行全面而开放的讨论,落实联合国决议和APEC领导人宣言和声明中打击恐怖主义的要求。四个提议主要内容是:(1)保安技术会议和研讨会,处理随身托运很需要的100%荧光屏检查的事宜,包括制定测试荧光屏检查效果的草案。美国、澳大利亚、中国香港、中国、韩国、新加坡参加了会议。该项目的目的是组织讨论会,促进各成员对不同运输方式(包括多种方式综合运输)的行李物品进行100%荧光屏检查的运行要求的理解。(2)恐怖危机管理训练第一阶段的可行性研究,美国、新西兰、中国香港、中国、俄罗斯、新加坡参加。该项目的目的是,通过扩大一套可用的、标准化的评估和减轻对关键运输基础设施的恐怖攻击后果的危机管理决策支持工具和程序,帮助各成员提高从恐怖攻击中生存和恢复的能力。(3)对能力和培训要求的调查,包括培训数据库的开发。中国香港、新西兰、美国参加。该项目的目的是,提高对航空和海运保安工作人员的培训,通过分享培训资源提高保安知识和意识。该项目将评估成员的培训需求,确定每个成员的政府、学术和商业组织提供了什么样的培训机会。结果将提供给感兴趣的成员,并成为以后研讨会的基础。(4)海盗和海运保安会议,加拿大、澳大利亚、美国、新加坡参加,会议的目的是减少亚太地区海盗和水上恐怖行为。国际民用航空组织亚洲太平洋区互助航空保安计划于2005年由国际民用航空组织倡议实施,旨在协助区内的民航部门以符合国际航空的保安标准和措施，提高成员的航空保安能力。目前该计划在亚太区内共有24名成员。2003年2月亚太经合组织成立了反恐怖任务小组(VTTF)，职责在协助会员国评估反恐需求，协调能力建构和技术合作计划以及与国际组织的合作，促进相关论坛就反恐问题展开合作。2004年11月召开的亚太经合组织第17届部长级会议上，重点是有关减少肩扛式导弹对民航威胁方面的内容。在APEC内减少肩扛式导弹威胁，加强民航安全将为商务人员和旅行者流动提供保障。启动打击恐怖主义融资和加强海事以及民航安全的相关项目。为APEC成员和感兴趣的地区伙伴举办机场安全和应对措施研讨会。美国向各成员提供肩扛式导弹部件图表，以协助核查和阻止肩扛式导弹走私。在实现对所有旅客行李进行扫描查验方面的进展。2006年11月亚太经合组织第18届部长级会议联合声明强烈谴责一切恐怖主义行径，并重申恐怖主义袭击对APEC区域的安全、稳定、增长和人民福祉构成严重威胁，他们注意到各成员向亚洲开发银行区域安全倡议新增的捐款，以支持面向发展中成员、着眼于加强反洗钱、边界控制、港口和航空安全的有意义的项目。部长们也注意到在放射源安全处理和贸易、保护机场免受便携式防空导弹危险等方面自愿的单独和联合努力。亚太经合组织的反恐尤其强调了预防的重要性，积极推进跨部门之间的合作，推动政府与民间的合作。尽管APEC连续不断推进民航反恐，但是也存在着一些问题，主要是各国面临的恐怖威胁情况不同，各国的反恐能力存在很大差异，反恐与贸易便利之间存在着矛盾。当然，APEC组织自身松散型的特点也是一再倡导的民航反恐也只能是逐渐推进，而成效并不尽如人意。

三、欧盟关于航空保安的一些举措

（一）欧盟航空保安工作日趋强化且重点突出

由于欧洲经历了稳定而繁荣的综合发展、沐浴了长久的和平，人文环境得到良好积累，社会治安比较平稳，基本属于安全型社会，因而，其航空运输的主要宗旨是顺畅、便捷、自由，航空保安理念不甚突出。但美国“9·11”事件打破了其航空安全的平和态势，与美国的传统密切关系使欧盟意识到其航空保安潜在的巨大威胁，而随后发生在其本土的一系列恐怖威胁事件切实加重了危机感，欧盟立即检讨以往松懈的防备政策，签署一系列航空保安法规标准，各国政府广泛介入航空保安领域，纷纷出台强化航空安全的具体措施,并使之得到不折不扣的贯彻推行,以阻止恐怖事件在欧盟重演。欧盟认识到,安全检查是保证空中安全最直接、最重要的措施,是防止劫、炸机措施中的最关键和最重要的环节,是航空保安的基础和核心。于是,全面加强了机场安全检查措施,扩大乘机违禁区物品范围,禁止刀具被带上飞机,对托运行李也进行安全检查,对机场工作人员进行安全背景审查,对进入候机隔离区的内部工作人员一律进行安全检查,对进入飞行控制区的人员和车辆进行安全监控。欧盟还通过立法措施,禁止不遵守航空安全标准的国家和航空公司的飞机在欧盟领空飞行或在欧盟国家的机场降落。西班牙"3·11"恐怖袭击事件后,欧盟又立即规定,飞往欧盟的所有航班都必须向目的地国的移民局或其他有关机场提供有关乘客的详细信息。

(二)欧盟航空保安工作定位明确

安全检查是保证民航安全的一项基础性的安保措施,欧盟将航空保安工作视为社会公共安全的组成部分,认为安检工作已不是一个企业内部的安全生产问题,而是社会性的公共安全问题,所以它已不是企业能够完成的任务而是政府的重要职责之一。为此至少确立了三方面的原则:一是民航保安是一项高度优先的目标;二是安全检查不以盈利为目的;三是"个人隐私"让位于公共安全。航空保安是欧盟航空运输活动中一项高度优先的目标,贯穿在建设机场、制定法律、理顺体制、设计流程、更新设备等各个环节中,为了确保安全可以牺牲局部经济利益。但能够实事求是地根据现有威胁的性质和水平,做出风险评估,有选择有步骤地进行安全强化控制措施。将安全控制标准按照航线分为三类:欧盟内部航班(视为国内航班)、普通国际航班和飞往美英、以色列的航班(高度危险地区航班),逐渐提高安检级别,加强安保措施,并与硬件投资和其他相关流程同步实施,不搞突然袭击,不作全面戒备,避免使之成为流程瓶颈。

欧盟将安检定性为不以营利为目的的公共安全型机构,安检运营收支平衡,预算报批后直接打入机票。这首先可以保证安检各项投资费用得到稳定保证,提高安检科技更新速度,在保证安检工作质量的同时也相应提高了工作效率;其次,可以保证安检人员数量能够与旅客流量呈正比增加,确保旅客安检速度;再次,可以灵活协调处理与机场、航空公司和政府之间的关系,减少摩擦,密切配合;最后,安检能够较好地激励员工,根据劳动强度等因素调整薪酬待遇，稳定员工思想，激励员工积极性，提高工作效率。欧洲特别注重“个人隐私”的保护，非到万不得已之际“公权”不会介入“私权”领域，但“9·11”之后，欧盟能够迅速克服社会传统心理，个人隐私服从公众安全需要，出示更多的个人资料，接受更加严格的安全检查，少数人由于商务繁忙等原因时间紧迫，还可以将自己一切必要的个人信息资料在安检部门审查备案取保后，凭核发的资料卡直接通行。但欧盟在强化航空保安措施的同时，做到关切而合乎逻辑，有效而不事张扬。

（三）欧盟航空保安法规和体制保障基本到位

欧盟层面对航空安全保卫的政策法规是随着“9·11”事件的发生才开始建立的。“9·11”事件发生后，为应对恐怖主义对航空运输的威胁，欧盟认为有必要在欧盟层面建立统一的航空安全保卫标准与体系。2002 年欧盟颁布了《2002 年 2302 号关于建立航空运输安全保卫通用规则的议会和理事会条例》，该条例是欧盟统一航空安全保卫体系的基础，协调了各成员国的航空安全保卫标准和方法，赋予欧盟委员会对实施统一安保标准的检查与监督职能。《2003 年 622 号关于制定实施航空安全保卫通用基本标准的方法的委员会条例》对 2302 号规定的安保通用规则明确了实施的具体方式和方法，但出于安全考虑，这些具体方式方法并不对外公开。根据 2302 号条例的授权，委员会又相继颁布了 1217 号和 1468 号委员会条例，分别对如何建立国家民用航空安全保卫质量控制程序和委员会如何履行监督检查职责做出规定。在主要安检法律上，欧盟机场安检基本执行欧盟统一标准，各国政府作必要的补充规定，法律条款比较完备、具体、清晰，安检部门的执法地位被法律认可。欧盟安检管理体制对提高工作效率具有积极作用。比如德国安检工作由国家内政部监督并由边防军负责，包括机场在内的其他机构或部门不能干预安全检查事务。但法兰克福机场旅客流量大，为了流程顺畅，安检属于机场负责，边防军仍在所有安检现场派遣足够警力跟班巡视，携带冲锋枪等武器装备，为安检提供及时的、必要的、强有力的保障。欧盟机场安检人员要么属于公务员编制，要么属于专业保安公司职员，从业人员基本稳定。

（四）欧盟航空保安运行和投资机制比较健全

欧盟认识到，当前，乘机违禁物品日益呈现智能化、复杂化和隐蔽化趋势，防范和打击的难度明显增大，安检只有不断更新设备、增加技术投入，才能防患于未然，同时提高安检效率，提高流程速度。要保证安检科技投入不断跟进时代发展，需要靠一套成熟的机制而不是管理者的觉悟。于是，确立了安检非营利性质，保证了安检相对独立的地位，规定了政府和机场在航空保安工作上各自需要担负的责任，从而构建了安检科技投入的良好机制。例如在法兰克福机场，安检根据值机柜台分布和候机隔离区的划分，实行区域性安检，便于旅客在最近的值机柜台办完手续后，从最近的安检通道进入候机隔离区。从场地设置、人员配备、设备技术等多方面保证旅客排队候检时间最长不超过 8 分钟，一旦达到或超过此时间标准，营运指挥中心通过指挥系统立即进行纠偏。实际上，法兰克福机场旅客的安检候检平均时间仅为 5.2 分钟。

第三节　中国民航反恐的基本策略探讨

随着国际恐怖主义的日益猖獗，没有哪个国家能置身事外，国际恐怖主义对中国国家安全、对中国民航安全都构成了严重的威胁；而且，恐怖威胁的风险是越来越高。中国国内的一些民族极端分子、宗教极端分子也蠢蠢欲动，不断制造恐怖袭击。国内社会的快速变化也使社会矛盾激化，严重刑事犯罪居高不下。面对这样的一种局面，中国民航安全面临着前所未有的严峻形势。

一、中国民航面临的恐怖主义威胁

随着我国参与反恐怖合作任务的日益增多，国际恐怖主义对我进行直接攻击的可能性的风险正在逐渐增大。“伊斯兰国”（IS）在其建国主张中，就已经非常明确地把新疆作为他们将来“伊斯兰国家”的一个组成部分，另外，国内的邪教分子、严重刑事犯罪分子、对社会极端不满的亡命之徒也不断制造事端，各种严重刑事犯罪居高不下，而且手段也越来越残忍。以美国为首的西方敌对势力一直把新疆、西藏作为对我实施分化的突破口，大力培植民族分裂势力、宗教极端势力和暴力恐怖势力。境内外“东突”恐怖势力加快了联合的步伐。受国际上恐怖主义迅猛发展的影响，境内外恐怖主义、宗教极端主义、民族分裂主义三股势力加紧策划，连续在境内制造多起暴力恐怖活动。中亚地区与我国西北边陲毗邻，实际上已成为“三股势力”对中国进行分裂与恐怖活动的前沿阵地。随着恐怖分子的“经验”日益丰富和现代科技的充分运用,针对民航的恐怖手段也不断变化,以应对日益强化的国家反恐措施。恐怖分子借鉴第二次世界大战日本"神风敢死队"的做法,进行自杀性飞行爆炸。其策划者给一些青年人灌输"圣战"的思想,诱使其自愿献身于某种政治目的。新疆"6·29"劫机事件就是这样的典型。[1] 2014年9月,伊拉克国防部公布了疑似中国人参加"伊斯兰国"(IS)"圣战"的照片,凸显出该组织对中国的现实威胁。

事实上,在国内以新疆民族分裂分子与少数宗教极端分子为代表设计、制造的一系列带有政治性恐怖爆炸袭击活动日渐升级。他们内外勾连,与国际上的恐怖主义组织沆瀣一气,不断变换手法,发动暴力恐怖袭击活动,尽管受到我国政府步步升级的反恐压力,但是他们仍然不断在新疆制造恐怖袭击事件,而且呈现外溢的态势。在这样一种形势背景下,再考虑到我国正处在一个规模空前、时间可能会长达数十年的工业化、城市化进程,这一时期被认为是"政治秩序最容易发生动荡的时期"。[2] 因此,几乎可以肯定地说,在未来较长一个历史时期,带有政治背景的恐怖主义活动将成为长期威胁我国国家安全、社会稳定重要因素。而且这种恐怖主义活动由于受到国内外各种势力的影响,将变得越来越专业化,组织化。

近几年来,我国民航业呈现出了突飞猛进的发展态势,机队规模不断扩大,机场越建越多,客货运量爆发时增长,在民航业大力发展的同时,所面临的风险也在不断加大,民航的高科技性、目标的敏感性,使国内外恐怖分子都把袭击目标紧紧盯在了民航,随时都有可能发动意想不到的恐怖袭击。而如此大规模的民航业,在国家层面,在民航自身,尽管采取了非常严格的安全保卫措施,但难免百密一疏,现代恐怖袭击的特点就是防不胜防,毫无规律可言。与此同时,国内外各种恐怖势力相互勾结,沆瀣一气,不断制造事端,其犯罪手段呈现出一种暴力化、智能化、组织化相结合的犯罪趋势,随着社会不稳定因素的增加,还会带有越来越强烈的政治性色彩。中国民航面临着前所未有的严峻恐怖威胁。

---

〔1〕 2012年6月29日,由新疆和田飞往乌鲁木齐的GS7554航班于12:25分起飞,12:35分飞机上有6名歹徒暴力劫持飞机,随后被机组人员和乘客制服,飞机随即返航和田机场并安全着陆,6名歹徒被公安机关抓获。

〔2〕 [美]塞缪尔·菲利普斯·亨廷顿:《变化社会中的政治秩序》,王冠华等译,上海人民出版社2008年版。

二、有关中国民航反恐基本策略的探讨

中国民航一贯重视反恐工作，强调民航反恐的底线思维，在几十年的民航安全保卫、民航反恐工作中，逐渐形成了独具特色的中国民航反恐策略。在新的时代，面对新的恐怖威胁，中国民航还需要面对新形势不断改进民航反恐工作，学习借鉴国内外的经验，完善反恐策略。我国民航目前专职安保力量主要有空中警察、空中安全员、机场公安、机场安全检查、机场监护，另外有的机场还有驻场武警部队等。基本的安全检查仪器设备包括X光射线检查机、安全门、手持探测仪、微量炸药探测装置、录像监控设备、安全检查信息系统等，这些基础性的因素保证了中国民航多年来的安全记录。中国民航安全的总体状况与世界上其他国家比较起来处于先进的行列，有研究表明在管理方面，在组织控制的严密程度方面，与世界上其他民航大国相比，各有所长。以色列民航安保相对来说是做得比较好的，但是以色列的管理经验和做法虽然能最大限度地保障民航的安全，但由于其特殊的国情，高昂的安全保卫成本，使他们的做法和经验不具有普遍意义，也不具有推广价值。因为，绝大多数国家不可能在民航的安保方面像以色列那样不计成本，世界上也很少有国家像它那样处于四面楚歌的特殊国家环境中。也没有那么多国家像它那样有高度发达的社会经济做支撑。从美国“9·11”事件以来，我们更加深刻认识到民航的国际性。民航反恐绝非一家所能的，必须加强与国际社会的配合与协调。因此，中国与世界民航反恐互动频繁，联系紧密，不断取长补短，积极响应和支持联合国、国际民航组织等有关民航反恐的行动，与其他国家具有实质性的合作。“禁液令”、“禁火令”等都是与国际社会协调一致的结果。面对日益升级的恐怖威胁的严峻形势，中国民航所面临的恐怖威胁可以说前所未有，因此，也应该看到我们国家民航安全保方面的差距，民航安全保卫的科技含量还不够高，我们的安全保卫经费投入还不能满足民航安全的现实需要。民航安全保卫工作的执法环境还需要很大的改善，有的方面是民航自身的问题，而有些方面则需要全社会的共同努力。从过程方面来说，民航反恐主要包括事前预防、事中控制和事后善后。从总体上说，世界绝大多数国家政府普遍采取了绝不向恐怖分子妥协的严厉打击政策，并且越来越注重事前的预防工作。防范对策中应包括法制建设、宣传对策、技术保障机制建设、质量控制、情报信息研判、国际合作等方面，民航防控恐怖主义的袭击涉及各

个环节很多方面,针对我国民航的具体情况,我们择其几各方面展开讨论。

(一)法制建设

为防范和打击恐怖活动、营造良好法律的环境,应加紧我国反恐相关法律建设。法制建设最主要的内容就是国内反恐法律体系的完善,加强反恐怖主义的立法,严惩恐怖分子和一切为恐怖组织和恐怖分子活动提供帮助和便利条件的人和社团。但是我国现有的反恐方面的法律都散见于一些部门法和国际条约中,没有专门的、系统的反恐法,这与当前反恐的需要已不适应。国外正反两面的经验教训都表明反恐也必须依法进行。例如,在爱尔兰共和国,1962 年制定了无须陪审员即可对恐怖分子进行审判的法律制度;在英国,1973 年,英国的北爱尔兰也制定了类似的法律制度;在联邦德国,1977 年 10 月德国汉莎航空公司 181 号班机被劫持案和德国工业家施莱尔被绑架杀害等恐怖事件发生后,制定了禁止律师在法庭上滥用特权、破坏法律程序,禁止律师利用到监狱的机会为判刑的恐怖分子传送情报等法律制度;在意大利,1978 年前总理莫罗被恐怖分子暗杀后,对有关的法律规章进行修改,制定了加强情报工作、有利于预防与打击蓄意破坏审判程序的行为等方面的一系列法律规章:一是为鼓励人们提供恐怖分子的活动线索,保护“线人”的安全,防止警方泄露“线人”情报或消除人们的担心与顾虑,除要求加强保密工作外,情报部门对安全领域里任何档案的流出过程都有权调查,对需要开展此种调查的意见,只有总理与内阁部长领导的反恐怖主义内阁委员会才能予以否决;二是制定了对有悔改并准备提供情报的恐怖分子以宽大处理的规章,以利分化恐怖分子,有效打击恐怖组织的骨干,将之逮捕归案。这些措施有效地打击了意大利的恐怖主义,80 年代以后恐怖活动大为减少,如 1982 年恐怖分子杀人案仅为 1980 年的 20% 。美国“9·11”事件后,很多国家和国际组织纷纷出台反恐怖法律法规,加强反恐怖机构的权力,构筑并修补反恐怖法网。2001 年 9 月 30 日,英国制订了严厉打击恐怖主义的新法律。10 月 8 日,澳大利亚公布了《反恐怖规定 2001》。10 月 24 日,美国通过了新的反恐怖法(又称《爱国者法》)。此外,意大利、德国、日本、俄罗斯等国政府也先后颁布了一系列反恐怖主义的新法令。我国政府也加强了国内立法,为预防、打击和制止国际恐怖活动提供了有力的法律保证。《刑法》第 120 条规定:“组织、领导和积极参加恐怖活动组织的,处三年以上十年以下有期徒刑;其他参加的,处三年以下有期徒刑、拘役或者管制。犯前款罪并实施杀人、爆炸、绑架等犯罪的,依照数罪并罚的规定处罚。”《刑法修正案(三)》于2001年12月29日经第九届全国人民代表大会常务委员会第二十五次会议审议通过,对《刑法》有关条款做出重要修改,从而为严厉打击恐怖主义犯罪活动提供了更为完备的法律依据。本次修正案的出台有其独特的国际、国内背景和迫切的现实需要。《刑法修正案(三)》实际上是我国第一次专门针对恐怖活动制订的比较系统的法律,它的出台标志着我国反恐怖斗争进入了一个全新的阶段,也是我国政府执行联合国1373号决议的具体行动。

但是我们应当清醒地认识到,虽然《刑法修正案(三)》对《刑法》作了重要的补充和修改,并将成为今后一个时期我国反恐怖的主要法律武器,但还不是很系统,一些重要问题还没有得到很好的解决,如对恐怖组织的界定、为恐怖组织提供情报等非物质性帮助、为恐怖组织训练和招募成员等行为还没有明确的规定,特别是还没有对反恐怖的刑事诉讼程序做出专门规定。在今后一段时期内,恐怖活动势必花样翻新,变本加厉,一部囊括实体和程序规定的全面的反恐怖法应当及时列入国家的立法计划。为了有效地防范和打击恐怖主义犯罪,我国需有一部专门的、内容系统的反恐法。

民航的国际性也体现在法律方面。我国已经加入和签署了多部有关民航反恐的国际法国际条约,要加快这些国际法的国内化,使我国民航反恐在法制建设方面跟上国际社会的步伐,与此同时,也要完善我国相关的民航反恐、民航安保的法律法规,弥补漏洞,使民航反恐纳入法治化轨道。

(二)宣传对策

宣传教育可以从根本上提高人的素质和预防、控制各种危害发生的能力,在社会生活的各个方面宣传教育都起着至关重要的作用。在反恐怖行动中(如人质事件),大多数国家都普遍要求或希望新闻媒体对恐怖事件的采访报道要站在有利于政府解决危机事件、有利于公众利益的立场上,而不是简单地、绝对地以人质的尽快释放而对政府、警方施加压力,强调应该要理性地舒解社会压力,更不得泄露政府与警方有关解决危机事件的秘密。中国民航反恐工作的展开,也不可避免地要运用宣传教育这一方法。反恐工作能否顺利开展,除了依靠有关部门的联合打击外,在很大程度上也取决于人民群众对恐怖主义的了解与自觉斗争。宣传的手段繁多,电视、广播、报纸、网络都是宣传的媒介。但是我们也要知道，这些传播媒介也在广泛地被恐怖分子所利用。

一些学者对卫星传播带来的世界范围内电视的普及和观众人数的增加与恐怖事件增加之间的关系做了研究。结果表明，电视的普及使恐怖活动成为对恐怖分子富有吸引力的战斗策略。21世纪网络通讯的成熟，形形色色的恐怖活动、恐怖宣言能瞬时传遍全球，而各国政府对媒介的控制难度却大大增加，更加“纵容”了恐怖主义的泛滥。恐怖组织有熟练地引起传媒关注的技巧，懂得如何有效地将谎言、夸张、政治主张与所遭受的痛苦、挫折、贫穷的事实有机编织在一起，赢得传媒与社会大众的怜悯和同情。一些恐怖组织还有专攻新闻传播、多媒体技术、现代信息技术的专业技术人员参与其中，帮助他们制定宣传及公关技巧。具体来说，恐怖主义借助传媒，可以达到以下这些宣传作用：

首先，渲染恐怖活动造成的破坏效应，在社会公众中制造恐怖气氛，引起社会公众的焦虑不安情绪。“9·11”事件后许多美国人产生了飞机恐惧症。美国联邦航空局统计，2002年美国航空业亏损高达70亿美元，各大航空的航班总数比2000年下降了40%，美国航空公司和美国联合航空公司不得不相继宣告破产，恐怖袭击也使不少人患上了精神后遗症。无论原来本·拉登的基地组织、还是目前风头正盛的恐怖主义组织“伊斯兰国”斩首人质都通过网络或者其他媒体进行大肆宣传，达到震慑他人、制造恐怖气氛的目的。

其次，诋毁政府的反恐政策，鼓吹恐怖组织的政治主张，宣扬其为之奋斗的“正义事业”。2002年10月23日，车臣恐怖分子在莫斯科轴承厂文化宫劫持了近千名人质。随后，行动总指挥巴拉耶夫宣读事先准备的一份声明，指责俄军对车臣武装的镇压侵犯了人权，车臣有权建立一个独立的共和国。恐怖分子还先后让英国《星期日泰晤士报》记者、俄独立电视台记者入内采访，甚至让女记者安娜·波利特科夫卡娅充当谈判调停人，目的无非是想借助媒体扩大影响。2014年8月以来风头日盛的“伊斯兰国”通过自己的社交网站不断推出自己的宣传。宣传自己的主张大到政治诉求，小到如何防止蚊虫叮咬等生活细节，不择手段花样翻新地吸引数千西方青年投奔而来，壮大自己的恐怖主义组织队伍。

最后，恐怖袭击能起到激励作用，鼓动潜在的恐怖分子继续发动袭击。

这里可分为以下几个方面，西方传媒与恐怖主义方面，如果说恐怖主义对于传播的向往是恐怖传播在国际范围内得以实现的必要条件。西方传媒有意或是无意的配合则是媒介时代恐怖传播的充分条件。西方传媒热衷追逐和报道恐怖活动，有其很大的内在必然性。在西方资本主义社会，在新闻自由与利益原则的双重驱动下，传媒业的竞争非常激烈，新闻价值观不同程度地扭曲，“好消息是坏新闻、坏消息是好新闻”成为许多媒体不变的信条。具备了突发性、冲突性、破坏性和轰动性要素的恐怖主义事件完全符合西方传媒的新闻价值取向。美国反恐怖专家甚至声称，“恐怖主义非常完美地适合于电视宣传，以至于如果它不存在的话，传媒也会发明这种东西”。[1] 因此，有些学者甚至认为，恐怖主义实质就是媒体恐怖主义。即便在西方社会，许多有识之士也认为传媒这种无节制地报道对恐怖主义的泛滥负有一定责任。大体来说，其消极作用表现在以下几个方面：首先，西方传媒奉行“双重”价值标准，以西方意识形态和利益画线，鼓励非西方阵营的反政府恐怖活动，助长了当代世界恐怖主义。其次，沉溺于对恐怖活动暴力方面和活动细节的宣传，忽视对恐怖分子处罚的报道，在多方面加剧的恐怖活动的传染和泛滥，由于传媒竞争的日益剧烈，传媒在报道那些造成巨大影响的恐怖事件时，不愿意放弃每一个细节，报道成了恐怖分子天然的“教科书”。恐怖主义传染性对青少年的影响尤其大，青少年往往缺乏社会经验，当他们遭受挫折、对人生目标迷惘时，容易对恐怖主义的新闻宣传报道产生畸形的理解。他们甚至把恐怖分子视作英雄，从而导致恐怖主义经模仿、学习而不断滋生和泛滥。目前欧美国家投入恐怖主义组织怀抱的基本都是青年人，他们都是受到了恐怖主义的蛊惑，想方设法突破政府阻拦，甚至是不远万里，参加到恐怖主义组织中。最后，直接介入恐怖事件处理过程。泄露相关秘密和消息，干扰政府与执法部门处理事件，导致恐怖活动升级甚至出现不必要的伤亡。由于恐怖活动在西方被认为是最有新闻价值的事件，因此一旦发生恐怖事件，记者总是想方设法进入现场，抢夺第一手资料。在很多有名的恐怖事件中。传媒制造舆论对政府处理恐怖事件施加巨大压力，有的甚至站到了恐怖分子的立场，替恐怖分子与政府讨价还价，助长了恐怖分子的嚣张气焰。

---

〔1〕 胡联合：《当代世界恐怖主义与对策》，东方出版社2001年版，第500页。

反恐宣传原则上,媒体报道的目的在于揭露恐怖分子的罪恶,认清恐怖主义活动对人类安全的威胁,共同制止恐怖主义行为,而绝不是仅仅为满足受众的猎奇心理。所以传媒指导得当对恐怖主义的发展是能起到抑制作用的。

鉴于西方传媒在恐怖活动中产生的一些消极作用,我国政府及传媒在对恐怖活动进行宣传时应遵循必要的反恐宣传原则。传媒的大量负面报道和评论可以令恐怖主义丧失民众基础,难以得到或者失去社会力量的支持。一个政治派别一旦踏上恐怖主义道路,就不可避免地与暴力、血腥、毫无人性等字眼联系在一起,从而遭到全世界有良知人民的厌恶与唾弃。在提倡对话、反对极端的国际大环境中,这样的政治派别想登上主流舞台,无疑是非常困难的。应通过传媒的力量创造一种氛围,使恐怖分子成为人人喊打的过街老鼠。从另一个方面说,传媒大量报道也有益于将恐怖主义设置成国际问题探讨的重大"议程",从而有益于反恐国际合作。早在"9·11"恐怖袭击之前,由于各国对恐怖主义的界定以及危害认识不足,联合国有关国际反恐合作方面的方案一再搁浅,"9·11"后的近半年时间里,全世界各大媒体第一次大容量、高密度地报道恐怖问题,使恐怖主义一时间成为炙手可热的话题,由此推动了反恐合作方面的发展。"9·11"以后,联合国成立了反恐怖主义委员会,《打击向恐怖主义提供财政资助的国际公约》等一系列国际合作反恐的法律文件也随之出台,西方七国集团、上海合作组织、独联体等地区性国家组织也纷纷制定了相应的反恐合作方案。由此可见,传媒在恐怖主义的传播过程中扮演了十分重要的角色。一旦传媒失去控制,沦为恐怖分子的宣传工具,对恐怖主义的泛滥就会起到助纣为虐的作用;反过来,如果能够有效控制并且利用传媒,反恐工作也能受益匪浅。因此我国媒体在反恐宣传方面应遵循以下这些原则:首先,在国际传播领域增加多种声音的存在。媒体传播可以充当政治斗争的减压阀,让不满情绪通过这个渠道释放出来;媒体可以充当恐怖主义的观察哨,提前防范具有暴力倾向的组织、派别;媒体传播可以充当国际政治的警示钟,利用媒介的议程设置功能,对传播领域内出现的激烈矛盾强势报道,引起政治家们的注意,防止其演化成武力冲突。其次,加强对恐怖主义报道的"新闻自律",有必要采取克制情绪。在恐怖事件报道中,除自觉遵守有关新闻管制的规定外,还需要自觉树立应有的社会责任感,在新闻报道内容的选择方面严格自律，在采访恐怖主义事件时应明确报道是为大众服务的，而不是恐怖分子的工具。对于恐怖分子的言论、寄送的信件、音像资料在刊登、播出时应严格审查。恐怖分子的谈话往往具有很强的煽动性，报道时采取解释性引述的方法，可以削弱其对社会可能造成的不良影响，甚至可以直接批判、质疑恐怖分子的政治目的。电视在恐怖事件现场拍摄时，应尽量避免太多血腥暴力的镜头。对细节不要刻意关注，以免造成潜在恐怖分子的盲目效仿；国内外劫持民航客机的犯罪实例中都曾发生过从新闻媒体上学习犯罪技术的事情。最后，加强对恐怖分子所受惩罚的报道，达到以儆效尤的预防作用。西方传媒对恐怖分子所受惩罚的报道并不多见。专家对美国和欧洲各种报纸的随机调查表明，报道恐怖分子所受惩罚的篇幅只占报道恐怖分子犯罪活动篇幅的不到5%。不仅如此，恐怖活动的报道常常出现在报纸的头版，而有关指控的裁决结果，常常埋没在最后几版中。因此，我国的应媒体应加强对恐怖主义进行打击、判罚等方面的报道，从而给潜在的恐怖分子敲响警钟。

有关民航的反恐，除了新闻媒体需要根据国家相关法令进行自己的工作外，民航方面在反恐宣传方面也大有可为，尽到自己的社会责任。利用民航自己的资源宣传各种民航安全方面的知识，宣传民航限制的违禁物品，宣传民航安全保卫的基本工作要求和一些需要大众配合的工作流程。宣传具有专业性的民航的法规和规章、安全管理的制度，让广大民众了解民航，认识民航。为普及防恐、反恐基本常识，2014 年 7 月国家反恐办首次编制出版了《公民防范恐怖袭击手册》向广大民众普及反恐常识，民航也应该在此方面做出自己的努力，向乘客宣传民航反恐知识和应对方法，一旦民航发生恐怖袭击可以有效地减少损失，甚至可以使广大民众能够积极配合民航的反恐工作。平时的宣传能达到事半功倍的效果。

（三）技术保障机制建设

应重视反恐怖的科技研究与开发工作，加强对反恐怖斗争人员培训，以提高安全检查防范和打击恐怖主义违法犯罪的能力。在当代社会，科学技术日新月异地发展，恐怖分子搞恐怖活动的技术性与隐蔽性越来越高，要有效开展反恐怖斗争，就必须大力加强反恐怖的科技研究与开发工作，不断发明出新的反恐怖武器装备，不断更新反恐怖部门的技术手段，提高发现恐怖分子伪装、藏匿武器和侦破恐怖犯罪案件的能力。据英国《自然》

杂志报道,美国佐治亚州立大学的专家指出,过去的策略是不让炸弹和武器等危险品带上飞机,鉴于恐怖分子已经上演了把民航飞机变成“巡航导弹”的新花样,我们首先需要做到的是不让可疑分子登上飞机。指纹识别等生物识别技术大有用武之地。如果在办理登机手续的地方安装先进的生物识别装置,并且与国际刑警组织和各国警方的数据库联网,对可疑“黑名单”进行比对识别,无疑对机场安检有很大帮助。在加强技术保障的同时,还要加强对有关人员的技术、技巧、心理等综合能力培训,增强其预防、发现与制止恐怖活动的能力,要培养大批反恐怖的技术专家、谈判专家与侦破专家。例如,在美国,中央情报局、联邦调查局、联邦航空总署以及军队都有专门的反恐怖部门,有自己的反恐怖专家(如反爆炸专家),能够不断推出新的反恐怖武器,从而增强了美国在全球范围内反恐怖斗争的能力。根据国际上反劫机斗争经验,谈判专家在反劫机斗争中发挥的作用也是十分重要的。如果能发挥其最佳作用,往往能免动干戈,确保人员、财产安全。当劫机者劫持飞机停留在机场时,往往向政府提出各种条件,施加压力,若政府不答应就以引爆飞机、杀害人质来要挟。这时就要充分发挥谈判专家的作用。各国政府通常希望采取此种方法来解决问题,有原则地满足劫机者提出的要求,这是处置劫机恐怖活动的上策。在谈判时,采取比较自然的内紧外松的和谈处置方案,不摆布着装警察和警车在机场,特警队员化装成机场工作人员,不给劫机者造成较大的心理压力,最终和平解决问题。在谈判过程中,一方面,要千方百计稳住劫机者,保障旅客的生命安全;另一方面,根据政府的决定,适当作出妥协,让劫机分子投降。在谈判僵持不下时,争取拖延时间,以送饭、送水的机会,安排特警人员化装进入机舱,寻找机会接近并直接智取擒获劫机分子,或借机弄清情况,有针对性地安排,乘夜色突袭,解救人质。因此,警方和民航要培养一流的对付劫机的谈判专家。谈判专家要熟悉当代阶级、民族、种族和宗教矛盾,熟悉相关的国际法、惯例和国内法律、条例。根据政府的决策,更要熟悉民航,随机应变,灵活运用谈话技巧,以保障客机和旅客的安全,夺取胜利。要借鉴国外的反恐科技战略观念,建立健全我国的民航反恐技术保障机制,统一规划,将国内、国际先进的科学技术应用于我国民航反恐工作中来。例如,发展针对化学、生物、放射以及核武器的应对技术。开发合适的探测器,以检测旅客是否携带生物、化学或核材料。在身份鉴别系统中采用生物统计技术。开发生物分子以及其他新技术，同时提高目前已有的一些识别技术，如减少噪声真声检测法等。

反恐手段的提升需要依赖于科技的进步。实际上这是一个“道高一尺、魔高一丈”的过程。中国的民航安全保卫系统从简易的X光机、安全门和手持金属探测器，到大型货物安全检查仪、CTX检查仪、液体探测仪和痕量爆炸物探测器，高速安全检查信息系统，均已配备。防爆干扰仪、防核化生生化设备也已在2008年北京奥运会期间就大量投入使用。不过在境外，国际恐怖势力近年来也“研发”出各类新型爆炸物，其中威胁较大的如“人体内置炸弹”，即通过“隆胸”、“提臀”等外科手术，在人体植入PENT（季戊四醇四硝酸酯）等高效炸弹。对这种犯罪手段，即使是能够全面扫描人体的“裸体安检仪”，也难以发现，只有更多依赖事先的情报线索，美国及英国均提前阻止过类似案例。针对如此复杂的情况，中国民航安保系统反恐工作，一直在跟踪关注国际上出现的新型作案工具或手段信息，不断提高安全检查设备的科技含量，以适应日趋复杂的反恐形势需要。

（四）安全管理对策

民航的反恐是全社会的责任，全社会都应该承担起保障安全、防范恐怖威胁的责任。国家从宏观方面、国家战略方面，提升民航反恐工作的重要性，2006年3月6日，国务院批准了《中国民航空难和反恐应急救援预案》，有关处置劫机的预案、有关国家航空保安规划等，除了国家层面的工作外，其他相关部门也应该予以配合，比如恐怖分子进行恐怖活动必须要有一定的物质基础，如枪支弹药、爆炸物品、剧毒物品、放射性物品、生化毒剂。以爆炸恐怖犯罪为例，现阶段恐怖分子惯用爆炸手段进行恐怖袭击，就是看重此种方式所产生的危害效果大。目前国内有关危爆品的管理应该说是非常严格的，但不是说一点漏洞都没有，一些民用的危爆品还是有流入社会的风险存在，要警钟长鸣，严格管理。从国外偷运国内成为新疆地区恐怖分子所使用的武器、爆炸物的一个主要来源，因此，还要强化边境管控。

从政府主导的工作角度，应加强民航反恐工作的责任体系、组织体系、标准体系和监督体系四个方面的建设。[1] 理顺职责关系，强化政治责任。

---

〔1〕 载 http://bf.cpd.com.cn/n2450678/c24877824/content_3.html，2014年10月8日访问。

民航反恐相关单位所承担的民航安保责任目前基本明确，但还需要从反恐的高度和角度尽快梳理，抓紧建立民航反恐责任体系，把工作责任落实到单位、落实到岗位、落实到人头。要依据国家公共安全、反恐的相关法律，依据民航安保法律法规，参照国家安全生产法律法规，以满足当前反恐新要求为目的，明确民航安保参与单位和人员的责任。其中，应系统地理顺包括国务院民航主管部门、民航公安机关、地方各级政府、民航企事业单位、驻机场的外部单位和个人所承担的民航反恐责任，以收到全员参与的效果，发挥全民反恐的优势；强化组织机构建设，满足当前民航反恐任务需要。应着力改进民航安保组织机构与当前反恐任务不相适应的内容。要进一步明确和设立国家层面的民航安保领导机构，加强国家对民航反恐的组织管理。这不仅是国家反恐工作的需要，也是国际民航组织对缔约国的要求。鉴于民航自身的特殊性，民航反恐有其不同于其他社会一般恐怖事件的特点，因此有必要加强民航局的民航安保领导机构，设立由民航局主要领导负责的、各相关司局参加的民航行业反恐领导机构，这样在处理针对民航的恐怖袭击时才能做到专业化的处置。民航企业应以反恐为主旨强化其民航安保管理机构建设，建立一把手亲自负责的民航安保工作机制。基于反恐的全面性，应促使地方政府将属地民航单位的民航安保工作纳入地方反恐工作机制中；加快民航反恐法规标准体系建设，促使安保措施科学有效。经过多年的积累，特别是自 2008 年奥运会召开以来一系列重大安保工作的强化，现在的民航安保措施、工作标准涉及面广且内容很多。目前较为突出的问题是民航的整体安保资源还相对有限，要做到民航反恐的效果真实、有效，需要重新梳理、优化、整合安保工作标准。无论是常态化的工作还是专项行动，都应统筹考虑、抓住重点、量力而行、实事求是，以风险评估为工具，强化民航安全的风险源识别，实现民航安保工作防范、处置、打击的闭环管理，使民航安保工作开展取得实效；加强监督管理，保证法令政令畅通。民航反恐是政治责任，每个人都不应有一丝懈怠。构建以反恐为主旨的民航安保体系，应加强监督管理，保证政令法令的畅通，建立监管工作责任制，实行谁检查、谁签字、谁负责。民航反恐的监督管理，包括国家对民航系统的监督、民航局对行业的监督、地方政府对属地企事业单位的监督、企事业单位对下级部门和人员的监督等。目前民航安保的行业政府监管比较成熟，在其他领域还需要进一步加强。

民航反恐是一项关系国家安全、关系人民生命财产安全的大事，从民航政府主管部门、地方政府到民航企事业单位、驻场单位，再到每个民航职工都要充分认识到民航反恐的核心地位和对国家反恐怖主义工作大局的重要意义。要保证以民航安全为目标、以反恐工作为核心的民航安保工作体系。厘清职责，加强组织机构建设，制订民航反恐工作总体方案；科学运用威胁评估和风险管理的工具，发挥情报先行作用；完善反恐工作制度和法规标准体系，提高立法、运行和监管的质量控制水平，切实落实安全主体责任、安全监管责任、安全领导责任、安全岗位责任四个责任体系。落实国家安全战略，确保民航安保工作收到实际效果，为民航运输事业平稳、快速、安全的发展保驾护航，为国家的安全与发展作出应有的贡献。

民航机场、航空公司以及各级管理部门在实际的工作中，都在民航反恐方面建章立制，日趋完善，不断提升防范各类恐怖袭击的水平和能力，堵塞漏洞，在安全质量管理、人员培训、工作流程、反恐预案与演练等各个方面都做了大量具体的工作，努力把恐怖袭击的风险降到最低。

（五）民航保安审计

“9·11”改变了世界航空保安的概念，国际民航组织是在2002年决定对所有缔约国机场的航空保安情况进行保安审计的，美国最先主导签订了这一标准。该航空保安审计标准对所有国家的民航安全都有较大促进作用。作为民航大国，我国在2004年5月接受了国际民航组织的审计，2009年又进行了第二轮审计。这种审计对于提升我国民航安全保卫水平、防控航空恐怖主义都起到了非常重要的积极作用，全面推动了我国民航安保和反恐的各项工作，提升了我国民航应对恐怖袭击的水平和能力。

从2006年起，中国国家民航总局有计划地推进对民用机场和航空公司进行航空保安审计。航空保安审计主要包括核实民航企业遵守《国家民用航空保安审计规则》的情况、航空保安组织机构建设、控制区管理、旅客与安全保卫设备、航空器地面保卫等十多个项目360多个条目。审计条目不仅包括机场的安全检查硬件，还包括软件，如安全人员的基本素质、训练，安检技能及机场应对紧急情况时的应急预案等。审计不是突击检查，它是通过查阅法规文件、询问工作人员、观察操作情况等方式全面考察评估航空保安工作，查找与法规标准不一致的地方和薄弱环节，并及时提出改进建议，督促各单位完整地贯彻落实《民用航空安全保卫条例》、《中国民用航空安全检查规则》、《国家民用航空保安规划》等法律法规规定的标准、措施，确保各地、各单位能够严格执行标准，从设施设备、人员素质、工作措施等各个环节全面提升民航的空防安全水平。民航保安审计将取代安全大检查，成为民航安全管理的主要手段。航空保安审计是国家对机场安全保卫工作是否符合《国家民用航空安全保卫规划》进行的深入审查，又被称为机场安全"体检"。

国际民航组织从2002年开始对188个缔约国强制进行航空保安审计，以往我们进行的安全大检查可以说属于治标，很不规范也很不彻底，而这次保安审计相当全面，对所有安全指标进行了量化，全面对民航企业各个保安系统进行评估，全面提高了民航的整体安全保卫水平。近年来，国际民航组织为促进国际航空安保水平的提高，在实施和维护国家民用航空保安质量控制计划的推广方面进行了有效的努力。2001年国际民航组织第33届大会通过第A33－1号决议，指示理事会和秘书长考虑制定国际民航组织普遍保安审计计划；国际民航组织于次年2月召开航空保安部长级高级会议，建议由国际民航组织实施定期的、强制性的、系统的和协调的保安审计，旨在推动各缔约国全面履行国际民用航空公约附件17确定的航空保安标准。理事会166届会议正式批准了航空保安审计计划。2003年4月，我国政府民航主管部门正式签署了国际民航组织与中华人民共和国关于航空保安审计的谅解备忘录。此次审计即是国际民航组织在"9·11"事件之后，所采取的重要航空保安行动计划的具体实施。

2007年3月，国际民航组织对我国民航进行普遍安全审计，目的是促进国际民航组织标准及建议措施最大限度地在缔约国实施。此次是国际民航组织继1999年、2001年对我国民航进行审计、后续审计之后的第三次审计。与前两次审计不同的是，此次审计内容将涵盖16个附件，涉及组织机构、人力资源、财务保障、立法、飞行标准、适航、机场和空中交通管理等诸多领域。

《国际民用航空公约—附件17》——航空保安（防止对国际民用航空进行非法干扰行为）共有五章内容，包括66条国际标准和19条建议措施，内容规定了民用航空保安的各个环节。2002年2月，国际民航保安部长级高级会议批准了一项旨在加强全世界航空保安工作的全球战略，这项战略要求国际民航组织通过选派经过国际民航组织培训和认证的、由国际民航组织工作人员领导的审计组，采用公平、客观的方法，在2008年前对188个缔约国的机场、航空公司的保安措施开展定期的、强制的、系统的和协调一致的审计，评估各国维持保安措施的能力和对国际民航公约附件17(《防止对民用航空非法干扰》)的遵守情况，以便促使各国按照附件17的标准，采取协调一致的保安措施，保持全球民用航空保安链条的完整性。由于这种方式可以科学地评估航空保安工作的实际情况，对改进和加强空防安全工作具有重要作用，民航总局决定借鉴国际民航组织的做法，在国内各机场、航空公司开展航空保安审计工作。

(六)情报信息搜集与研判

情报是争取主动的先机，现在许多国家都注意大力加强反恐怖主义的情报工作。情报机关与警察机关都非常重视反恐怖主义活动的情报信息搜集与分析工作，千方百计将恐怖组织的恐怖活动消灭在萌芽状态，反恐怖斗争以"预防为主"为基本指导思想，全面加强事前安全防范工作，大力加强反恐怖情报工作，努力将更多的具体的恐怖主义活动尽量制止在阴谋策划阶段，这是有效开展反恐怖主义工作的根本要求。恐怖主义都是一种危害比较严重的暴力或破坏活动，恐怖分子一旦使恐怖活动付诸实施，就会造成人们生命财产的重要损失，一般来说，恐怖分子为达到某种政治或社会目的，总是企图使恐怖活动实施成功，为此他们大都有一个较长时间的(比如几周或几个月)准备犯罪活动的策划、预谋过程，进行实施恐怖活动的有关器材准备、金钱准备、人员调配与接应、地点考察、方式选择等准备工作，比如美国"9·11"事件，基地组织不惜血本地进行了长达两年的准备，最终达到其暴恐袭击的目的。如果我们能在恐怖分子的预谋犯罪过程中获取有关的情报，将其破获，那就不但会大大减少其造成的社会危害，而且也有利于打击恐怖分子的气焰，威慑恐怖分子。因此应加强对恐怖组织的情报信息搜集工作，力求能准确全面地掌握恐怖组织的人员情况、资金来源、活动动向等内部情报。所以不少国家都授权情报机关或警方可以对恐怖组织或嫌疑组织进行渗透，打入其内部卧底，从中搜集内幕性的预警性情报，这样有利于将恐怖主义活动消灭在谋划阶段。美国中央情报局每年都要将大量的恐怖主义活动制止在事发之前，2012年5月，一名为美国中央情报局和沙特阿拉伯情报机构工作的内线成功潜伏"基地"组织也门分支，报名自杀式袭击行动后获得新型"内衣炸弹"，帮助美方挫败袭击民航航班的阴谋。这场令人吃惊的情报战中，沙特情报机构与中情局紧密配合，派一名间谍在“阿拉伯半岛基地组织”卧底数周，成功把一枚炸弹带出也门，借道邻国进入沙特，将爆炸装置交给美国和沙特政府。分析显示，炸弹是2009年美国“圣诞节”未遂袭击所用“内衣炸弹”的升级版，具有更高的科技含量、更大的爆炸威力，“基地”半岛分支试图用这种炸弹袭击飞往美国的航班。美国中央情报局等单位至少提前制止了200多起（国际）恐怖主义活动攻击；美国联邦调查局每年也提前制止了为数甚至比实际发生的恐怖事件多得多的恐怖主义活动。2006年，英国破获试图爆炸十几架飞机的恐怖袭击案，就是借助于强大的情报信息系统。土耳其非常重视反恐怖情报工作，情报活动使70%的恐怖活动得以提前被制止。

因此，我国的民航反恐必须要加强情报信息的收集、整理、研判，建立反恐怖网络，对恐怖分子活动情况进行收集、归档，拓宽信息渠道，积极与公安、安全、和地方其他有关情报信息部门加强联系，及时了解掌握恐怖分子的最新动态。根据收集到的恐怖分子活动信息和情报，加强对恐怖活动的预测，防患于未然。对反恐情报的研判主要包括两大目标：一是得出推理和结论，包括什么人、什么事件、什么时间、什么地方、为什么和过去是怎样的等一系列结论，据此推断出目前和将来恐怖犯罪活动的发展趋向，并描述出恐怖集团和恐怖组织的结构及特征；二是给反恐决策机构提供如何利用现有资源打击恐怖犯罪和抑制恐怖犯罪的行动计划。在分析过程中，情报分析人员必须运用归纳推理和演绎推理，以得出一些结论。研判的步骤是：(1)比较和审查所有有价值的恐怖活动信息。(2)构建各种图表。(3)得出初步的推论。(4)复查恐怖活动信息是否全面。(5)如果没有不完全之处，则得出最后的推论，并制定行动计划。(6)如果有不完全之处，则制定重点收集计划，进一步收集信息，根据旧信息对新信息进行评估，再制作图表和图形，最后重新评价并修改推论，直至得出较为准确的结论，制定出行动计划。同时，我们可以借鉴美国国土安全部的反恐科技战略构想，完善我国自己的安全信息系统，对情报信息进行有机研判，切实将恐怖活动遏制在萌芽状态。在完善安全信息系统的过程中，将遵循五条原则：(1)平衡考虑安全信息的需要以及公民的隐私；(2)安全是整个国家的事情，而不是一个部门或一级政府的事情；(3)信息一旦获得，将提供给不同部门共享；(4)建立记录数据库，其中的信息将是真实可靠的；(5)充分利用信息技术为第一反应者提供有关恐怖活动出事地点的准确的、有价值的关键信息，以此来应对恐怖分子，安全信息库将成为一个有力的工具。

（七）加强民航反恐的国际合作

民用航空的一个特点就是具有国际性，而恐怖组织往往具有跨国性质，因此，打击恐怖主义就要进行国际合作，加强国际合作，利用国际资源、情报信息与技术共同打击恐怖主义。作为恐怖主义受害者之一，中国积极支持和参加国际反恐合作，加入并签署了绝大多数国际反恐怖主义公约。国际民用航空组织针对威胁国际民航安全的恐怖主义行为主持制订了1944年的关于国际民用航空的《芝加哥公约》、1963年的关于在航空器内实施犯罪的《东京公约》、1970年的关于惩治非法劫持航空器的《海牙公约》、1971年的关于惩治危害民用航空安全的非法行为的《蒙特利尔公约》、1988年的《禁止在国际民用航空机场进行非法暴力行为的议定书》（蒙特利尔议定书）作为《蒙特利尔公约》的补充。1991年通过预防使用塑料炸弹从事恐怖行为的《关于在可塑炸药中添加识别剂以便侦测的公约》。联合国大会于1972年成立了国际反恐怖主义特设委员会，专门研究防止和消除恐怖主义，并于1973年12月14日通过了《预防和惩处侵害应受国际保护人员包括外交代表的罪行的公约》，1979年12月17日通过了《反对劫持人质国际公约》。这两个公约明确规定侵害应受国际保护人员的行为和劫持人质的行为都是国际恐怖主义犯罪，应当予以惩处。联合国对90年代恐怖主义犯罪日趋严重的客观情势也给予了极大关注，分别主持草拟了《制止恐怖主义爆炸的国际公约》和《制止向恐怖主义提供资助的国际公约》，并分别于1999年1月和2000年1月提交各成员国加入或签署。与此同时，联合国大会还多次通过决定，谴责国际恐怖主义犯罪行为，呼吁各国共同采取有效措施。在地区合作中，西方七国（美国、英国、法国、德国、加拿大、意大利、日本）之间的国际合作是很有成效的。西方七国首脑会议自1984年以来几乎每年都要讨论反恐怖的国际合作问题，对于遏制劫机等国际恐怖主义活动的泛滥起了不少作用。早在1996年7月30日，西方七国集团与俄罗斯在巴黎召开的反恐怖主义部长级会议提出了一系列值得借鉴的反恐怖国际合作措施：重新审议国内的反恐怖主义法律，以确保恐怖主义行为的严重性能在判决方面得以反映出来；扩大有关国际条约和协议的实施范围，敦促各国在2000年前加入各有关的反恐怖主义公约和协议；

签署引渡协议,以及考虑在没有引渡条约的条件下进行引渡的可能性;筹备制定一项防止造成大批伤亡的爆炸事件的国际公约;在国际民航组织的范围内加强机场安全检查;严防恐怖组织研制、生产、储存和获取生物武器;加强各国反恐怖主义机构的协调合作;扩大培训以提高防止使用放射性、生物、化学或有毒物质等各种形式的恐怖主义活动的能力;加强防范针对火车、地铁和公共汽车等公共交通运输的恐怖主义活动的工作,提高应急能力;制定有效的国内法律,包括对火器和爆炸物的生产厂家、贸易、运输实行出口控制,严防其被恐怖分子利用;加快对侦查爆炸物方面的研究,并制定出标识爆炸物的标准,以便能在发生爆炸后的调查中能快速找出爆炸物的原产地;确保恐怖分子无法利用政治避难和难民避难来达到自己的目的,想办法制止一些难民和谋求避难者策划、资助或直接进行恐怖主义活动;加强边界控制和打击伪造的旅行证件;采取行动防止恐怖分子利用电子或有线通信系统来进行犯罪活动,采取行动让各国政府方面可以利用有关的资料与通信手段来防止恐怖主义活动和进行调查;为调查一些社会团体提供方便,这些团体包括慈善机构、社会、文化机构,它们有可能是恐怖分子掩护性的门面机构;想办法切断恐怖主义组织资金的来源,包括可能充当恐怖组织门面为其提供资金的慈善、社会、文化机构;加强对各种可疑资金国际国内流动情况的监控与信息交流;加强各国间有关恐怖主义活动的情报信息交流,促进各国情报机构间的协作与交流,特别是有关恐怖分子的流动、伪造的旅行证件、武器与爆炸物的走私活动、恐怖组织利用通信手段以及有可能出现新型恐怖活动(包括使用化学、生物、核物质和有毒物质的恐怖活动)的威胁等方面的情报信息交流,等等。这些措施非常广泛,基本包括了反恐的各个方面,不但对于西方七国与俄罗斯的反恐怖国际合作具有重要指导意义,对于国际社会与其他国家之间的反恐怖国际合作也具有较强的参考价值。但应该指出的是,西方国家的反恐怖国际合作,有时常常带有一定的政治倾向性,歧视中小国家的正当权益,甚至企图侵犯中小国家主权。

为了惩治恐怖犯罪活动,保障国家和人民生命财产安全,维护社会秩序,我国政府还积极开展同世界各国的国际间的法律合作、司法合作和警务合作。2001 年 12 月 19 日我国第 9 届人大常委会第 25 次会议通过《刑法修正案(三)》,增加了同恐怖犯罪作斗争的条款和内容,结合我国实际,从立法上体现了国际法和公约,表明了我国政府同国际恐怖主义作斗争的严正立场,它将有力地预防和遏制恐怖主义犯罪。同年的6月14日,中、俄、哈、吉、塔、乌六国在上海发起成立了“上海合作组织”,形成了一个新的区域合作组织。六国首脑签署了《上海合作组织成立宣言》和《打击恐怖主义、分裂主义和极端主义上海公约》,《公约》界定了恐怖主义、分裂主义和极端主义的定义,阐述了公约缔约国多边合作打击“三股势力”的原则、内容、方式和程序,共同打击“三股势力”,有利于维护本地区民族团结与安全,维护世界和平稳定,成为国际合作反恐的新典范。中国反恐怖情报机构也加强了与境外、国外反恐怖情报部门的沟通和合作。中国政府的国内反恐怖行动与推行国际联合反恐的合作安全战略相互促进、相互补充,对建立全球合作安全机制产生了重要的影响。

国际社会合作反恐的第一步就是要摒弃双重标准,不应以意识形态画线,也不应将恐怖主义与特定国家、政府、民族和宗教挂钩,否则就会给一些恐怖组织传递错误信号或提供可乘之机。在全球反恐怖合作日益加强和深化的同时,地区的反恐合作也日渐活跃。在这方面,上合组织已经举行了多次联合反恐演习,2014年8月,中国和俄罗斯等国在中国举行了“和平使命—2014”国际反恐演习。在反恐演习中,很多内容都与民航相关,反劫持、解救人质等这些方面对于提升我国民航的反恐能力、促进国际民航反恐合作都起到了很好的作用,反恐军演不仅能够使成员国相互交流经验、提高反恐军事水平,也可以对恐怖主义犯罪形成一种震慑,抵御恐怖主义的干涉和渗透。

中国民航在几十年的发展中,在民航安全保卫方面,在民航反恐方面,通过不懈的努力和摸索,逐渐形成了一整套独具特色的做法,其中“地面防、空中反和内部纯”的民航安全三原则就是一个具体体现,中国民航目前已经基本形成一个立体的防控网络。具体说来,民航对恐怖犯罪的防控要从关键敏感节点持续安全、空中安保基础不断巩固、治安管控工作不断加强、安检工作能力有效提升、安防装备建设持续优化、情报信息机制不断健全、应急处置能力不断提高、单位内保工作持续改进、民航安全长效机制不断完善、安全监管工作不断提升等方面展开工作。要不断完善应急机制,不断改进防范的技术水平。民航不是孤立的一个行业,要强化和政府、其他企业的沟通,形成反恐一盘棋,使全民航全体员工成为全民反恐的一员,民航的任何人都不能置身事外。要长期不断地始终保持充分的警惕性,不能有丝毫的麻痹,任何一个细小的差错,都有可能被恐怖分子利用,都有可能酿成惊天的大祸。中国民航反恐真的是任重而道远。

第十章 航空恐怖主义犯罪的发展趋势

预测航空恐怖主义犯罪的发展趋势，首先应当关注国际反恐与国际恐怖主义的新变化，“9·11”事件后，区域性、双边性反恐合作不断加强，但是美国利用其道义上的优势和强大的实力开展了全球性的反恐战争，致使联合国反恐主导地位受到美国的冲击，产生了诸多国际问题。目前，正在伊拉克活跃异常的伊斯兰国[1]被称为目前最危险的恐怖组织，在伊拉克攻城略地，发展迅猛，它实际就是“基地”组织伊拉克分支与叙利亚反对派武装组织“救国阵线”联合，它已经不满足于传统的恐怖组织只是诉求的表达，而是要建立一个极端宗教思想的伊斯兰国家。国际恐怖主义势力的组织性、人员募集、资金来源都发生了新的变化，国际恐怖主义由过去有形的组织向意识形态过渡，在利用国际环境扩大影响与生存发展空间，极力地追求大规模杀伤效应与大规模轰动效应的目的下，其袭击的目标也进一步投向了航空领域。航空运输关系着广大乘客以及民航从业人员的生命和财产安全，关系着航空公司和机场的发展，更关系着国家安全。民航机场作为特殊的公共场所，公共安全的保护尤其重要，首先保障

---

〔1〕 载 http://www.qianhuaweb.com/content/2014－06/17/content_4920446.htm，2014 年 6 月 22 日访问。

机场公共安全是民航机场的一项重大责任，预防民航机场遭受恐怖袭击是机场安保的重要内容。劫持航空器犯罪也有了新的特征，我国早期的劫持航空器犯罪案件中犯罪嫌疑人的动机多是出于一些个人经济原因、或物质需求、或工作和理想的驱动以及报复社会的心理，但近期的劫机事件明显呈现出恐怖组织参与以及恐怖分子实施恐怖活动的特点。

传统航空恐怖犯罪，如劫持航空器犯罪以及暴力恐怖袭击民航机场犯罪，在新时期犯罪目标、手段、规模等方面呈现出新的发展趋向，航空恐怖犯罪的行为也日趋多样化，比如利用肩扛式地对空导弹等武器在地面袭击低空飞行的航空器，由于民航飞机的飞行线路和起降时间较为固定，加之在起降时的飞行速度较慢，飞行高度又恰好在肩扛式导弹的射程之内，因而比军用飞机更容易成为恐怖袭击的目标；2001 年 9 月 11 日，“基地”组织劫持四架美国国内航班客机撞毁世贸大厦和五角大楼，使人们见证了航空器作为武器攻击地面目标的可怕；使用航空器非法释放、排放生化核武器等危险物质等也逐渐增多，同时核武器等危险物质对民航领域的威胁加大，“9·11”事件后核恐怖主义进入美国政府的战略议题并逐步关注于大规模杀伤性武器尤其是核武器的整治；利用网络这种软暴力实施对民航的攻击，其波及范围和危害程度是无限的、难以控制的，面对这种新的恐怖威胁，需要我们在细致地认识犯罪现象的基础上采取对应之策，尽可能地保证民航运输的安全。

第一节　“9·11”后国际反恐与国际恐怖主义的新变化

一、国际反恐新变化

（一）联合国反恐主导地位受到美国的冲击

1972 年联合国成立了国际恐怖主义特设委员会，专门研究防止与消除恐怖主义。“9·11”事件后联合国安理会通过第 1368 号和第 1373 号决议，重申必须根据联合国宪章，以一切手段打击恐怖主义行为对国际和平与安全造成的威胁，并要求所有成员国将基地组织的金融活动视为犯罪活动，交流情报资讯，并采取措施制止恐怖主义分子的流窜。[1] 安理会在

---

〔1〕 周春：“试论国际反恐合作的历程及形式”，载《江南社会学院学报》2004 年第 1 期。

2001年9月12日通过谴责美国境内的恐怖主义攻击，共计通过相关决议25项；联合国对于以打击陆地、海洋、空中各式恐怖主义的国际公约和议定书有13个；在国际反恐怖主义的国际宣言方面，则有全球打击恐怖主义宣言、补充1994年消除国际恐怖主义措施宣言的宣言，及消除国际恐怖主义措施宣言。[1] 美国凭借其强大的经济和军事实力，从政治、经济、外交、军事等方面推动国际社会参与反恐斗争。绝大多数国家都表示支持美国并积极参与反恐斗争。2001年年底，表示支持国际反恐斗争的国家已有100多个。其中包括中、俄、英、法、德、日等大国，北约成员国以及亚、非、拉的一些国家。一些国家还同美国签订反恐合作协议，交换情报，相互提供支援。国际反恐联盟并无固定组织、章程和固定不变的成员。各国政治理念、体制不同，国家利益各异，对于何为恐怖组织，如何与恐怖组织斗争，看法常有分歧。随着反恐打击目标的变换，参与联盟的成员也变化不定。[2] 在美国的主导下，展开了对恐怖主义组织的军事打击，美国动用了现代化的武器装备对阿富汗的基地组织和塔利班政权首先进行了打击，推翻了塔利班在阿富汗的统治，重创了基地组织在阿富汗的组织，美国为对付新的“恐怖威胁”又以联合国的名义发动了伊拉克战争，推翻了萨达姆政权，绕过联合国对利比亚展开了军事打击，使卡扎菲政权垮台，2014年，随着“伊拉克与黎凡特伊斯兰国”（ISIS）的迅猛壮大，美国再次绕开联合国组建了自己的反恐同盟，向这个目前最强大的恐怖主义组织展开了一系列的军事行动。

（二）区域性、双边性反恐合作不断加强

“9·11”事件是恐怖活动与反恐怖斗争的转折点，此后，血的事实使世界很多国家认识到了恐怖主义的现实威胁，面对来势汹汹的恐怖主义威胁没有哪个国家能够独善其身，因此，合作反恐成为大势所趋，国际反恐合作达到了前所未有的顶峰，反恐联盟形成。为应对国际恐怖主义的威胁，中东、东南亚、欧洲以及中亚地区开展了各类反恐合作，除了前文介绍的欧盟以及上海合作组织的合作之外，绝大部分区域性国际组织也都增加了反恐

---

〔1〕 汪毓伟：“国际反恐怖主义与国际刑法相关问题之探讨”，载《中华战略学刊》2003年第4期。

〔2〕 奚洁人：《科学发展观百科辞典》，上海辞书出版社2007年版，第10页。

合作方面的内容,《美洲国家组织反恐公约》、北约和平伙伴关系计划都是具体的体现。在恐怖主义威胁比较严重的中亚地区,国家面临的共同恐怖威胁,使这些国家在反恐方面更多地采取一致行动,如1994年生效的集体安全条约、2002年10月7日改组为中亚地区反恐中心地区军事小组、哈萨克斯坦和吉尔吉斯斯坦之间的互助防御协议等。中国与东盟地区开展了关于东盟与中国(10+1)反恐合作机制,2002年11月,《关于非传安全领域合作联合国宣言》启动了中国与东盟在恐怖主义等非传统安全领域的全面合作,2004年1月10日,双方在泰国曼谷签订了《中华人民共和国政府和东南亚国家联盟成员国政府非传统安全领域合作谅解备忘录》,此后以这两个文件为根基双方开展了包括海军扫雷演习、海上联合搜救演在内的各类反恐合作。同时,印尼巴厘岛爆炸案后东盟国家与美国、俄罗斯和南亚国家也达成反恐合作协议,东盟的一些国家积极参与反恐合作和其他国家建立了旨在培养亚太国家高级反恐官员的区域反恐中心、组成了联合调查组、合作打击了东南亚恐怖组织、建立了东南亚反恐中心等。面对恐怖主义狂飙猛进的势头,很多国家都切身感到了现实的威胁,而恐怖主义的国际性,防范恐怖主义的袭击就绝非一国之力可以做到的,纷纷采取相互合作的反恐策略,因此,多边、双边的反恐合作如雨后春笋般不断诞生。

二、国际恐怖主义新变化

(一)恐怖组织间的联合、合作加强,活动范围趋向国际化

与"9·11"事件前有所不同,以"基地"为核心的国际恐怖势力策划从事恐怖袭击的指挥行动系统,已由单中心(阿富汗)变为多中心,如沙特、摩洛哥、土耳其、伊拉克、车臣、中亚、南亚、东南亚等;"基地"虽在阿富汗遭受重创,但仍在亚洲一些国家负隅顽抗,并开始建立新据点,活动营地从北高加索、中东、南亚、东南亚、中东这条"恐怖链条",向非洲、拉美等地扩展;在此情况下,"基地"及其领导人本·拉登成为国际恐怖势力的"精神支柱"。本·拉登被击毙后,国际恐怖分子一时处于群龙无首的状态,呈现多元化发展的格局,具有相同恐怖理念的各类恐怖组织与其形成有形、无形的勾联网络;恐怖分子不仅化整为零、相对独立,而且盘根错节、遥相呼应。[1]

---

[1] "国际反恐为何'越反越恐'",载 http://www.china.com.cn/zhuanti2005/txt/2004-09/11/content_5657346.htm,2004年9月11日访问。

非洲的“伊斯兰马格里布基地组织”、“索马里青年党”以及“博科圣地”三个组织最为活跃，并且前两者都与“基地”有“血亲”关系，所以，三大组织有“合流之势”。他们是否会联合成为西非、北非和东非的统一力量是全世界范围内的一种担心。现代恐怖主义的组织形式更加严密、分工更加明确，活动更加诡秘，恐怖人员的募集和训练更加严格。恐怖组织事前精心准备犯罪工具和密谋策划袭击的目标、袭击方案和手段以及逃跑的路线和方法。恐怖主义伴随着经济全球化的加速，科学技术的发展和互联网的普及，出现了一些新特点和新趋势。这种恐怖组织全球化的趋势，使恐怖威胁进一步扩大，恐怖袭击所造成的心理恐慌以及恐怖主义的目标、行动、组织系统国际化使恐怖主义对经济的全球化和政治多极化的破坏性更大，国际社会的经济状况以及各国政府的政策取向都受到了影响。恐怖主义的经济支柱更加多元化，涉恐财产从传统的走私、贩毒、绑架勒索向新型经济犯罪转化。恐怖主义势力与民族分裂势力、宗教极端势力、邪教组织势力相互勾结，共谋“发展”，恐怖主义组织间呈现进一步联合、合作的倾向。有学者将与宗教矛盾或宗教极端主义有关的恐怖主义活动大致分为三类：一是与民族分离主义相结合的恐怖主义，历史最久而又最典型的就是北爱尔兰的恐怖主义活动；二是以宗教极端主义为主的恐怖主义，伊斯兰极端主义已成为当今世界分布最广、影响最大、危害最烈的恐怖活动，并且是国际恐怖主义的主要代表；三是宗教膜拜团体的恐怖主义，即邪教恐怖主义。

（二）由过去有形的组织向意识形态过渡

恐怖袭击事件并非都是受基地组织的直接领导或指示，这些组织首先是认同了基地组织的思想，从意识形态方面与基地组织达成了一致，继而在恐怖袭击的手段上仿效基地组织。很多本无联系的恐怖主义组织相互之间凭借着共同的思想基础，共同的意识形态走到了一起，有些是相互融合，相互勾结，有些则是遥相呼应，彼此配合。“伊斯兰国”振臂一呼，远在菲律宾的恐怖主义组织就积极响应，阿富汗的塔利班发声、非洲的博科圣地组织就会有所反应，其根本在于思想意识的一致性，意识形态的相似性成了全世界各类恐怖主义组织勾连的基础，恐怖主义价值观的趋同性给全世界的反恐增加了新的难度，国际反恐力量不但要继续动用法律的、军事的、经济的等传统的手段防范和打击恐怖主义，而且，还要动用新的力量、新的方式来应对恐怖主义的意识形态，这又是摆在国际反恐力量面前的一个艰巨任务。近几年来，发生的恐怖袭击事件中，如孟买恐怖袭击案中，袭击者均是本土人，但这些袭击者的行为却是恐怖主义思想支配下的恐怖行为，他们的意识形态是恐怖主义的。[1] 孟买的恐怖袭击可以看做“印度的9·11”、是新兴市场的国家的“9·11”，也是国际恐怖主义由过去有形的组织向意识形态过渡的典型案例。

（三）袭击目标广泛，并利用国际环境扩大影响与生存发展空间

国际恐怖主义袭击的主要目标仍是陆上设施，并把以美国为首的西方国家作为首要打击目标，但这种情况下并不排除对空中的航空器以及海上船舶、油气等设施的袭击。2010年10月29日，美国安全人员在宾夕法尼亚州费城国际机场检查一架货机，发现机上有可疑爆炸物，同时阿联酋与英国的安全执法人员截获了目的地是美国的含有疑似爆炸物成分可疑航空包裹，“邮包炸弹”效应持续扩大，各国无不紧绷神经，加强飞安措施。加、荷暂时禁止来自也门的货机入境，德国更将范围由货机扩大为所有航班，英国宣布禁止携带和托运过重的印表机碳粉匣。德国总理办公室也侦测到可疑邮件内含爆裂物，希腊则发生邮包炸弹连环爆事件。[2] 在海上的恐怖威胁也进一步增大，比如，法国油轮“兰堡”号在也门附近海面发生爆炸；[3] 再如，伊拉克海上石油输出设备遭攻击等，国际恐怖主义袭击目标进一步广泛，并极力地追求大规模杀伤效应与大规模轰动效应，其犯罪手段越来越多地采用绑架并索要赎金的方式行使。同时，国际恐怖势力利用国际环境来谋求自身利益，恐怖主义组织利用一切可乘之机发动恐怖袭击，在美国“9·11”事件后，14年间，尽管世界各国都在积极反恐，但在全球范围内造成全球各种恐怖暴力事件有增无减，爆炸、绑架杀害人质的事件仍在大量发生。恐怖主义的本性就是要威胁人类社会的正常秩序，民航历来都是能张扬自己恐怖功绩的绝对好的表演舞台，因此，民航正在遭遇着前所未有的恐怖袭击的风险。

---

〔1〕罗刚、黄金成：“论国际恐怖主义犯罪发展的新趋势及中国应对机制”，载《云南大学学报》2009年第3期。

〔2〕“邮包炸弹在希腊集中出现”，载 http://www. guilainet. com/news/viewnews - 98402. html，2010年11月3日访问。

〔3〕“法国油轮船主坚持认为也门的爆炸为恐怖袭击事件”，载 http://news. sohu. com/63/94/news203559463. shtml，2002年10月7日访问。

（四）追求恐怖效应最大化

当今恐怖主义的行为理想是刻意寻求恐怖效应的最大化，无论恐怖袭击的时空、方式、手段的选择都旨在制造最大限度的恐惧和心理震慑，并以此最大限度地影响社会政治进程。

首先自杀性爆炸和连环爆炸的使用更加频繁，其均有易于操作，成功率高的优点，能制造最大规模血腥的屠杀和恐惧。而劫持人质则意在使整个的国家、民族去承受同胞危在旦夕而又无能为力的心理危机和焦虑。至于恢复古老的斩首示众，则是以野蛮藐视和嘲讽人道和文明。砍头是盛行于中世纪的一种处死方式，却由 21 世纪的恐怖分子再度血淋淋呈现在世人眼前，砍头成为恐怖分子的新的恐怖手段，与基地有关的恐怖组织开始采取这种血腥的战术，试图吓退西方人，赢得更多穆斯林的支持。其次，"圣战"恐怖主义突破地域限制的，其袭击对象的泛化，以及经常在有重要的社会政治意义的时刻发动袭击则是提醒人们暴死的危险始终与人们相伴随行。最后，恐怖手段的高技术化。网络、移动通信等现代信息手段的广泛运用乃在于提高恐怖活动的效率，减少己方损失。它使人员招募、资金筹集、技战术培训以及行动协调变得更加隐蔽、便捷，从而使全球大规模恐怖组织的形成以及大规模连环袭击更为便利。特别应指出的是，恐怖分子使用大规模杀伤性武器的威胁已迫在眉睫。

第二节　民航恐怖犯罪行为的变化

针对民航的恐怖袭击随着形势的变化不断花样翻新，传统的袭击方式已经被越来越广泛而深入地认识，各国对其防范也就更加严密，恐怖分子为了逃避打击，总要想方设法千方百计地用新的手段、新的方法去实施新的犯罪，美国"9·11"事件后，国际民航组织理事会批准了"国际民航组织航空保安行动计划"若干项目，其中第 12 个项目：法律事项的研究结论之一就是发布了《关于涵盖新的和正在出现的对民用航空的威胁的法律措施的研究》，[1]该文件认为"新的威胁"是指采用以前未认为会对民用航空造成严重威胁的方法、行动或物品的行为。"正在出现的威胁"是指设想可用

---

〔1〕 薛荣国等：《航空保安法导论》，中国民航出版社 2008 年版，第 19 页。

于非法干扰行为，但尚未被采用或被记载过用于针对民用航空的那些现有方式、行为或物品。根据研究结论，国际民航组织罗列了6种行为，构成了新的和正在出现的对民用航空的威胁。根据这几年的民航安全形势看来，这6种威胁代表了近些年和未来一段时间内对民航恐怖袭击的新方式、新的行为特点，总结分析这些新的特点，对于我们制定相关措施，有的放矢、更好地保障民航安全，更有效地防范和打击针对航空恐怖主义具有非常重要的意义。

一、利用肩扛式地对空导弹等武器在地面袭击低空飞行的航空器

目前，全球有50万~75万枚的肩扛式防空导弹，其中不少扩散至民间流入黑市，被民间武装和恐怖组织持有。[1] 20世纪80年代，美国向阿富汗游击队提供了1000多枚"毒刺"肩扛式防空导弹，阿富汗武装人员曾用它击落苏联的多架飞机。虽然它们中的大多数已被消耗，但有400多枚下落不明，流向民间黑市。普通的肩扛式防空导弹在黑市上用5000美元就可以买到。因其携带方便、操作简单且威力大，早已被国际民航组织列为最大的安全威胁。恐怖分子已在世界各地多次使用肩扛式导弹对民航客机甚至军用飞机发起攻击，造成了重大人员伤亡。1970年到2013年遭到自地面导弹袭击的140架飞机中，125架是由肩扛式防空导弹击中，其中包括40架民航客机。2002年11月，在肯尼亚的蒙巴萨，恐怖分子用肩扛装置发射了2枚导弹，险些击中一架刚刚从蒙巴萨国际机场起飞的以色列民航客机，引起各方特大恐慌。美国方面坚持认为，"基地"组织可能是这起恐怖事件的幕后策划者。在俄罗斯，车臣非法武装也多次使用这种导弹袭击俄联邦军的飞机。2002年，车臣叛军曾用肩扛式导弹击毁了一架俄军M-26运输直升机，造成机上100多人丧生；2003年，又有一架俄军直升机被肩扛式导弹击落，造成3人死亡。而在伊拉克，由于担心遭到肩扛式导弹的袭击，巴格达国际机场很长时间处于关闭状态。肩扛式导弹的长度只有一米多，既小且轻，但却可以对距离地面3000~5000米的空中目标进行有效的打击。这样一个有效射程的高度对于1万米以上高度巡航的客机显然是无可奈何，因此主要用来攻击起降阶段客机。由于民航飞机的飞行

---

〔1〕"美国民航客机起降成活靶 肩扛式导弹是大患"，载 http://news.sina.com.cn/w/2003-08-14/1607566325s.shtml，2003年8月14日访问。

线路和起降时间较为固定,加之在起降时的飞行速度较慢,飞行高度又恰好在肩扛式导弹的射程之内,因而比军用飞机更容易成为恐怖袭击的目标。

此类导弹也称单兵肩扛式防空导弹,是防空导弹系列中体积最小、重量最轻、射程最近、射高最小的轻型防空武器。主要是具有三大优点:一是价格低廉。低廉的价格使许多发展中国家甚至组织都买得起,而它却可以用来攻击价值几百万甚至数千万美元的飞机。二是操作简便。便携式防空导弹可由单兵携带,便于使用,一旦发现敌情,扛在肩上就能射击,由行军状态转入战斗状态只需几秒钟。整件武器也具有极佳的隐蔽性,主要的零部件都可以拆开放在旅行箱或高尔夫球袋里,稍微接受过训练的人都可以迅速地把它们组装起来。三是耐用性好。据英国防部官员透露,经英军测试,许多种类的便携式防空导弹在水中浸泡 30 分钟或从 1.8 米的高度落到混凝土地面后仍可以照常发射。目前,全球多达 27 个恐怖组织和反政府武装集团拥有型号不一、数量不等的便携式防空导弹。现在大约有 5 万枚便携式防空导弹已处于失控状态,每年约有 1000 多枚通过非正规渠道流到危险组织和恐怖分子手中。便携式防空导弹的扩散如此严重,一旦恐怖分子利用它袭击得逞,其造成的人员伤亡、财产损失乃至政治影响都会达到相当高的规模。从这个意义上看,毫不起眼的便携式防空导弹也应该算得上"大规模杀伤性武器"。恐怖组织已储备了足够数量的这类导弹,并有能力将其投入袭击各国民用机场、民航飞机。有关专家评估,5 万枚的数量对国际安全来说是个极大挑战,这些导弹中即使有 1/10 被恐怖分子获取并企图用于恐怖袭击,也将对全球民航客机的安全构成极大威胁,让旅行者们在"偶然想起时"感到不踏实。

针对便携式防空导弹越来越大的威胁,国际民航运输协会(IATA)向国际民航组织 35 届大会提交的有关航空保安问题的报告中明确提出:限制非法销售和运送人工便携式防空系统(MANPADS),"为了努力达到消除人工便携式防空系统造成的威胁,或至少将这种威胁减少到最低程度的目的,必须从各国共享更好的情报开始,急切需要制定一个更有效,更严格的全球框架以限制这种武器提供给非授权的团体或个人,并限制非法销售和运输这种系统越过国际边界。"国际航空运输协会的报告和国际民航组织的这些规定究竟能有多大的实际效果现在还不能轻易得出结论。

二、利用航空器做武器

(一)利用航空器做武器的行为表现[1]

国际恐怖组织为达到其政治目的不择手段,原本是世界和平交往、人员友好往来载体的民航客机,却有可能成为恐怖分子利用的工具和制造恐怖事件的目标。2001 年 9 月 11 日,"基地"组织劫持 4 架美国国内航班客机撞毁世贸大厦和五角大楼,使人们见证了航空器作为武器攻击地面目标的可怕。至此,传统的劫炸机犯罪形式彻底被颠覆,再也没有哪个国家敢轻视劫机行为可能带来的巨大损失。民航客机一旦被恐怖分子劫持,就立即成为一个飞行的"炸弹",随时会对地面目标造成伤害。载满燃油的飞机就像一枚飞行中的炸弹一样冲向地面建筑物,高强度的冲击和超大威力的爆炸燃烧几乎可以瞬间摧毁任何被击中的目标,号称永远不会倒的美国世贸中心"双子大厦"正是被两架飞机在顷刻之间拦腰折断,随后焚毁坍塌。由于被劫持的民航客机上往往载满了无辜的乘客,使得政府在确知飞机被恐怖分子劫持以后,也不愿意直接作出对被劫飞机进行截击攻击的决定。对被劫持飞机进行武器攻击,等于变相的对无辜平民进行攻击,虽然达到了反恐的目的并保护了地面目标,但由此带来的连带损失和社会影响,会让政府投鼠忌器,难以抉择。再者,飞机被劫持以后,可能要经过很长时间才被发现,在这段时间内,恐怖分子可能已经驾驶飞机接近撞击目标;或者,即使劫机行为被及早发觉,并启动拦截程序,但在这个过程中恐怖分子也很有可能临时改变攻击目标,对就近重要建筑物或居民区进行攻击,其损失也依然很大。因此,恐怖分子劫持航空器作为武器攻击地面目标这种犯罪方式,是国际民航界和各国政府必须正视的威胁,因为其危害性之大、之烈、之深远恐怕很少有恐怖行为可以比拟。

(二)利用航空器做武器的刑事处罚

现有国际公约将非法劫持航空器列为一种犯罪,尤其是 1970 年《海牙公约》第 1 条。但是,滥用航空器作为武器造成地面伤亡和损害,现有公约却未明确规定为犯罪,尽管这些公约可能零星地涵盖了这一行为的某些组

---

〔1〕 陈现涛:"应对新型恐怖威胁的民航空防安全体系革新研究",载《中国民用航空飞行学院》2009 年第 39 期。

成部分。例如,1971 年《蒙特利尔公约》第 1 条第 1 款第 2 项涵盖了滥用航空器而造成对该航空器的破坏、《蒙特利尔公约》第 1 条第 1 款第 1 项涵盖了滥用航空器涉及机上暴力行为。但是,这些条款不能涵盖滥用航空器作为武器的所有方面。例如,使用劫持的航空器谋杀空中或地面的无辜人员,这是一种远比只是劫机而未造成任何伤亡要严重得多的犯罪,但《海牙公约》或《蒙特利尔公约》未能将此种行为包括进去。[1]

《北京公约》第 1 条第 1 款第 6 项规定:"利用使用中的航空器旨在造成死亡、严重身体伤害,或对财产或环境的严重破坏。"第 2 条规定了"使用中"的含义,即从地面人员或机组人员为某一特定飞行而对航空器进行飞行前的准备时起,直至降落后 24 个小时止,该航空器被视为是在使用中;在任何情况下,使用期间应当延长至本条第 1 项中规定的航空器飞行中的整段时间。我国《刑法》第 114 条规定,以放火、决水、爆炸以及投放毒害性、放射性、传染病病原体等物质或者以其他危险方法危害公共安全,尚未造成严重后果的,处 3 年以上 10 年以有期徒刑;第 115 条规定以放火、决水、爆炸以及投放毒害性、放射性、传染病病原体等物质或者以其他危险方法致人重伤、死亡或者使公私财产遭受重大损失的,处 10 年以上有期徒刑、无期徒刑或者死刑。以过失犯前款罪的,处 3 年以上 7 年以下有期徒刑;情节较轻的,处 3 年以下有期徒刑或者拘役。此类行为是否可以按以危险方法危害公共安全罪论处需要分析以其他危险方法危害公共安全的具体含义。刑法理论上公认,以危险方法危害公共安全罪罪中的"其他危险方法"必须参照放火罪、决水罪、爆炸罪与投放危险物质罪的行为方式来进行认定,只有在危险性上与放火等具有相当性的方法,才能构成《刑法》第 114 条所规定的"其他危险方法,首先从性质上来说,成立"其他危险方法"的行为本身,必须在客观上具有导致多数人重伤或者死亡的内在危险,在认定"其他危险方法"时,理应以故意杀人与故意伤害致人重伤或死亡作为参考的标尺;其次,从程度上而言,成立"其他危险方法"的行为本身,必须同时具备导致多数人重伤或死亡的直接性、迅速蔓延性与高度概然

〔1〕 董念清:"民航运输面临的新威胁与国际航空保安法律的完善",载《中国民用航空》2007 年第 8 期。

性。[1] 利用航空器做武器本身会造成不特定的多数人伤亡或者使公私财产遭受重大损失的危险，具有与故意杀人与故意伤害致人重伤或死亡相一致的性质，同时这类犯罪对其侵害的对象和可能造成的危害后果，在“9·11”事件中可以看出，利用航空器做武器在不存在介入其他因素下同样会合乎规律地导致造成严重的危害结果，而且危险现实化的进程非常短暂与迅捷，行为所蕴涵的危险一旦现实化便会迅速蔓延和不可控制，致使局面变得难以收拾。因此，利用航空器做武器的危害行为可按我国刑法规定的以危险方法危害公共安全罪处罚，当然如果利用劫持航空器等方法控制了航空器然后，利用航空器做武器的应当按照数罪并罚的规定对犯罪嫌疑人进行定罪量刑。

三、使用航空器非法释放、排放生化核武器等危险物质

这种行为指的使用航空器故意投放毒害性、腐蚀性、放射性、传染病病原体等物质，危害公共安全的行为。危险物质比毒害性物质的外延更广泛，“毒害性”物质，系指能对肌体发生化学或物理化学作用，因而损害肌体、引起功能障碍、疾病甚至死亡的物质。如氰化物、砒霜及其他各种剧毒品。所谓放射性物质，是指含有能自发放射出穿透力很强射线的元素的物质。这类物质通过自身的衰变可放射出 a、p、r 等射线；放射性物质进入环境后，可造成对大气、水体和土壤的污染，对长期受到放射性物质辐射的人来讲，各种癌症、白血病发病率明显增高；放射物质还可通过食物链经消化道以及呼吸道进入人体，对人体产生内辐射，损伤人体的组织器官，危害机体，使人患贫血、恶性肿瘤等疾病。[2] 生化武器，旧称细菌武器，生物武器是生物战剂及其施放装置的总称，它的杀伤破坏作用靠的是生物战剂，生物武器的施放装置包括炮弹、航空炸弹、火箭弹、导弹弹头和航空布撒器、喷雾器等，以生物战剂杀死有生力量和毁坏植物的武器统称为生物武器；化学武器是以毒剂的毒害作用杀伤有生力量的武器，美国拥有 2.7 万吨毒剂的化学武器，俄罗斯拥有约 4 万吨毒剂的化学武器，化学武器的特点是杀伤途径多，毒剂可呈气、烟、雾、液态使用，通过呼吸道吸入、皮肤渗透、误

---

〔1〕 劳东燕：“以危险方法危害公共安全罪的解释学研究”，载《政治与法律》2013 年第 3 期。

〔2〕 吴孟栓、罗庆东：《刑法立法修正适用通解》（1997 ~ 2001），中国检察出版社 2002 年版，第 263 页。

食染毒食品等多种途径使人员中毒;持续时间长,毒剂污染地面和物品,毒害作用可持续几小时至几天,有的甚至达数周;其缺点是受气象、地形条件影响较大。[1] 根据我国刑法,该罪是危害公共安全犯罪中的重罪。《刑法修正案(三)》主要补充和修订了刑法关于打击恐怖活动犯罪,维护公共安全和社会秩序方面的规定,其中第 1 条规定将刑法第 114 条修改为:“放火、决水、爆炸以及投放毒害性、放射性、传染病病原体等物质或者以其他危险方法危害公共安全,尚未造成严重后果的,处三年以上十年以下有期徒刑。”第 2 条规定将刑法第 115 条第 1 款修改为:“放火、决水、爆炸以及投放毒害性、放射性、传染病病原体等物质或者以其他危险方法致人重伤、死亡或者使公私财产遭受重大损失的,处十年以上有期徒刑、无期徒刑或者死刑。”该修正案将刑法原第 114 条和第 115 条中的“投毒”修改为“投放毒害性、放射性、传染病病原体等物质”。[2]

在司法实践中,能够证明投毒犯罪的直接证据极少,投放危险物质罪证据应用上,投放危险物质罪在证据的形成、存在方式上具有不同于一般刑事犯罪的特点,其不仅具有一般刑事证据的共性特点,还具有复杂性、隐蔽性、科技性等特点,这对投放危险物质罪证据的发现和收集提出更高的要求,办案机关获取犯罪的直接证据困难;投毒案件中使用毒物的种类繁多,不同种类的毒物的毒理作用又各不相同,即使是同一毒物,因其比配不一致,也导致不同的症状反映,对于毒物来源、主要品种成分等的调查比较困难;投放危险物质罪存在着证据收集的复杂性、隐蔽性等特征,侦查人员要强化证据收集意识,依法客观全面地收集证据,及时地固定证据、妥善保管证据。[3] 同时在审查及出庭时忽视对毒物剂量及其药理特点结合伤害、死亡特征进行具体的分析与说明;此毒物与彼毒物、同样毒物之间,因成分、剂量差异,会表现出不同中毒症状;因此该类案件也给侦查人员、公诉人员的工作延伸提供了较大的空间。[4] 投放危险物质案件此类案件中的所需的证据体系一般包括证明投放危险物质犯罪主体的证据材料,证明

〔1〕“生化武器技术”,载 http://baike.baidu.com/view/426176.htm。

〔2〕黄华生:“论投放危险物质罪的几个问题”,载《人民检察》2003 年第 5 期。

〔3〕刘秀明、张志华:“论投放危险物质罪的证据应用”,载《广西政法管理干部学院学报》2013 年第 4 期。

〔4〕陈海鹰:“投放危险物质罪的证据审查”,载《人民检察》2005 年第 8 期。

投放危险物质犯罪主观方面的证据材料，证明投放危险物质犯罪客体及客观方面的证据材料，由于投放危险物质案件的特殊性，目击嫌疑人犯罪的证人及被害人指认嫌疑人犯罪的情况很少出现，直接证据一般仅为嫌疑人口供。[1] 此类案件间接证据体系主要包括，与犯罪动机、目的有关的证据，如反映嫌疑人怨恨、奸情、图财、营利等方面的证人证言；犯罪发生前嫌疑人所作的准备行为方面的证据，如察看现场情况、准备危险物质的言行等；认定犯罪时间、地点的证据，如各种物证或人证证明嫌疑人具备时间并案发前曾出现在现场；犯罪现场的事实证据，如被害人的尸体、现场留下的与犯罪有关的各种痕迹物品；犯罪工具的证据，如在嫌疑人住所提取到的盛放危险物质的器皿物体；犯罪嫌疑人案后的异常行为，包括案后的行踪、异常表现及自我掩饰行为的证据；与犯罪事实有某种联系的时间、空间、气候或其他活动的事实的证据等；证明嫌疑人获取危险物质的来源的证据。[2]

四、核恐怖主义威胁

(一)核恐怖主义的概况

2007 年 7 月 7 日生效的《制止核恐怖主义行为国际公约》，是联合国框架内的第 13 个反恐公约，其首次对核恐怖犯罪行为做出了清晰界定，不仅填补了现有反恐公约体系的空白，完善了打击恐怖主义的国际法律框架，还为各国预防和惩治核恐怖犯罪提供了法律依据。结合该公约，可以将核恐怖主义犯罪定义为：通过拥有、制造、使用或威胁使用放射性材料或放射性装置，或以致使放射性材料外泄或有外泄危险的方式利用或破坏核设施，意图造成生命、财产或环境严重损害，以实现恐怖主义目的的行为。[3] 依据《制止核恐怖主义行为国际公约》第 2 条的规定，核恐怖主义犯罪的行为主要表现为：第一，任何人非法和故意地拥有放射性材料或制造或拥有一个装置，或以任何方式利用放射性材料或装置，或以致使放射性材料外泄或有外泄危险的方式利用或破坏核设施。第二，任何人在显示威胁确实

---

〔1〕 张小川、王光杰："侦办投放危险物质案件证据体系的构建及审查"，载《中国科技投资》2013 年第 30 期。

〔2〕 熊英文、池进、吴秋玫："投毒杀人案件侦查取证研究"，载《江西公安专科学校学报》2002 年第 2 期。

〔3〕 王青："核恐怖主义犯罪防范研究"，吉林大学 2011 年博士学位论文，第 17 页。

可信的情况下,威胁实施利用放射性材料或装置,或以致使放射性材料外泄或有外泄危险的方式利用或破坏核设施的犯罪;威胁实施或使用武力,非法和故意索要放射性材料、装置或核设施。

据蒙特利国际研究所的标准,核与辐射恐怖事件可以分为使用、威胁使用、拥有、企图获得、策划和恶作剧等几类。[1] 美国全国辐射防护与计测委员会第138号报告总结了涉及放射性物质的恐怖事件,并将其分为两大类:放射性散布事件和使用核武器。其中,放射性散布事件包括放射性弥散装置、蓄意破坏固定核设施引起的放射性弥散以及爆破未产生裂变的核武引起的弥散。[2] NCRP进一步把放射性弥散事件分为涉及放射性活度小的源且影响范围有限的事件和涉及大量放射性物质且影响范围大的事件。结合国际上1998～2006年有关核与辐射恐怖事件(或征兆)的实例,围绕核与辐射恐怖事件可能涉及的材料,放射性物质、核设施等场所和容易发生危险的场所,将核与辐射恐怖事件进一步分为6大类:涉及核武器、核材料的恐怖事件,涉及动力堆的恐怖事件,涉及研究堆、核装置的恐怖事件,涉及乏燃料、放射性废物储存装置的恐怖事件,涉及放射源的恐怖事件和核与辐射恐吓或恶作剧事件。[3] 2002年美国国家反恐怖科技委员会出版的美国科技反恐概要(Making the ation Safer—The role of Science and Technology in Countering Terrorism)大致将核与辐射恐怖对国土安全的威胁分为三类,即偷盗国家所有的核武器或核武器部件、经过必要的改良被恐怖分子使用、通过偷盗或挪用特殊材料产生制造的简易核装置以及攻击核反应堆及用过的核燃料或攻击放射性装置等。我国学者参照国外的分类方法,将核和辐射恐怖事件分为以下两类:“放射性散布事件”和“核武器或粗糙核装置恐怖袭击事件”。

(二)核恐怖主义的威胁

2001年美国恐怖袭击事件的发生、巴基斯坦核武器之父卡迪尔·汗建

---

[1] 夏治强:《反核化生爆恐怖——威胁·防范·处置》,化学工业出版社2009年版,第85页。

[2] 潘自强:《美国国家辐射防护和测量委员会.涉及放射性物质的恐怖事件管理》,陈竹舟等译,原子能出版社2002年版,第88页。

[3] 杨东、刘森林、於凡:“北京核与辐射恐怖事件风险分析”,载《中国安全科学学报》2008年第6期。

立的“核武器黑市”的曝光、苏联解体导致的对核危险材料管制的放松以及“基地”组织对核武器的寻求，这一切使国际社会认识到：将恐怖主义与核武器扩散交织在一起的核恐怖主义不再是假想，核恐怖主义已经成为当前和未来国际和平与安全面临的最严重的挑战之一。[1] “9·11”事件后核恐怖主义进入美国政府的战略议题，“9·11”事件促使美国国家安全战略的根本转型，能够给美国国家安全带来根本性威胁的不是传统的政治刺杀、炸弹爆炸这类低烈度的恐怖主义袭击，而是类似于“9·11”事件的倾向于制造大规模伤亡的新恐怖主义。[2] 美国国家安全战略的关切点发生了根本的变化，全球范围内的恐怖主义组织以及任何试图获得或使用大规模杀伤性武器（WMD）或武器制作材料的恐怖主义分子，或支持恐怖主义的国家成为其主要关切点。2010 年 4 月 13 日，奥巴马在美国华盛顿召开的核安全峰会开幕式上发表讲话指出：“基地”组织等恐怖主义网络企图获取制造核武器的材料，他们一旦得逞，毫无疑问会使用这种武器。如果他们这么做，将给世界带来巨大灾难，造成生命的巨大损失，并使世界和平与稳定遭受重大打击。[3] 反核恐怖主义在美国核战略中地位提升的过程中，奥巴马政府反核恐怖主义政策呈现出如下几个特点：核恐怖主义和核扩散被奥巴马政府视为美国国家安全的同等威胁；将核恐怖主义对美国国家安全的威胁与对国际安全的威胁融合起来，从而把美国安全与全球安全结合在一起；将反核恐怖主义政策与美国其他核军控政策结合起来。[4] 尽管国际原子能机构认为，恐怖分子制造核裂变装置的可能性非常小，原因是恐怖分子必须获得足够的武器级纯度的铀或者钚，然后还要拥有成熟的技术及设备将之建造成裂变炸弹。但要注意的是，恐怖组织通过非法途径获得一定量的武器级核材料，即有可能制成最简易的裂变型粗糙核装置。恐

---

〔1〕 高宁：“防范核恐怖主义的国际法对策分析”，载《中国人民公安大学学报》（社会科学版）2007 年第 3 期。

〔2〕 龚洪烈：“‘9·11’事件以来美国的反核恐怖主义政策”，载《国际论坛》2006 年第 4 期。

〔3〕 The White House ,Office of the Press Secretary ,“ Remarks by t he President at the Opening Plenary Session of the Nuclear Security Summit” ,April 13 ,2010. http://w w w. whitehouse. gov/the – press – office/remarks – president – opening – plenary – session – nuclear – security – summit.

〔4〕 姜振飞：“核恐怖主义与奥巴马政府核战略”，载《当代亚太》2011 年第 4 期。

怖分子只是想制造爆炸,造成恐怖,而不是大规模毁灭建筑。因此,这种可能性就大大增加了。[1]

(三)反核恐怖主义的法律文件

当前,反核恐怖主义的国际法依据主要有联合国安理会第1540号决议、《核材料实物保护公约》及其修正案、《制止核恐怖行为国际公约》等,联合国安理会第1540号决议的主要目的是要求各成员国采取措施,防止非国家行为体获得核生化武器及其运载工具。“决议”确定了“非国家行为者”的基本概念和防止向“非国家行为者”扩散的必要性。要求各国建立有效的国家管制,并向安理会特设的委员会报告决议执行情况。《核材料实物保护公约》是民用核材料实物保护领域中唯一的国际法文书,其修订案于2005年在公约缔约国大会上获得通过。中国于2009年9月14日向国际原子能机构递交《核材料实物保护公约》修订案批准书,从而成为继俄罗斯之后,第二个递交该公约修订案批准书的核武器国家。《公约》的主旨是,保护核材料在国际运输中的安全,防止未经政府批准或者授权的集团或个人获取、使用或扩散核材料,并在追回和保护丢失或被窃的核材料,惩处或引渡被控罪犯方面加强国际合作,对《公约》范围内的犯罪建立普遍管辖权,防止核武器扩散。《公约》由序言、正文和两个附件组成,其主要内容是:缔约国确保对在其境内的核材料或装载于属其管辖的船舶或飞机上的核材料,在国际运输中按附件规定的级别予以保护;缔约国承诺不输出或输入,亦不准许他国经其陆地、内河航道、机场和海港过境运输核材料,除非取得保证该材料已按附件规定的级别受到保护;在核材料被偷盗、抢劫或受到威胁时,缔约国应向任何提出请求的国家提供合作,以追回失落的核材料;规定了犯罪定义、管辖权,对被控犯罪的起诉和引渡程序;除对国内使用、储存和运输中的民用核材料所明确作出的承诺外,《公约》不影响缔约国对此种材料的主权权力;缔约国之间对公约的解释和适用发生争端时,首先应协商解决,协商无效,经争端任何一方请求,应提交仲裁或国际法院裁决。对后两种争端解决程序,公约允许保留;规定了核材料的分类办法,以及相应的实物保护级别。《制止核恐怖行为国际公约》公约由序言

---

〔1〕 夏治强:《反核化生爆恐怖——威胁·防范·处置》,化学工业出版社2009年版,第78~79页。

和28条正文组成,主要内容是:对"放射性材料"、"核材料"、"核设施"等概念进行了界定;要求缔约国采取必要的立法和其他措施,将核恐怖主义行为规定为刑事犯罪;规定各缔约国应当开展引渡和刑事司法协助等司法合作,共同打击核恐怖主义犯罪;对以收缴等方式获得的放射性材料、核设施或者装置的保管、储存和运输都做了规定;规定了公约的争端解决机制;规定了公约的生效、修改和退出程序。公约规定,核恐怖行为主要有三类:一是以危害人、财产和环境为目的,拥有放射性物质或核装置;二是出于同样目的,使用放射性物质、核装置或破坏核设施;三是为达到这些目的,威胁使用或企图拥有放射性物质和核装置。公约要求各国政府根据本公约采取必要的立法措施,以确保那些制造、参与、组织和策划核恐怖行为的个人能受到惩罚。对于涉嫌制造核恐怖行为的个人,各国政府必须予以起诉或将其引渡到别国受审。公约还要求各国为打击核恐怖行为加强情报交流,并加强对本国放射性物质的监管。

国内法反核恐怖主义的法律文件主要有国务院《关于严格执行我国核出口政策有关问题的通知》、《核出口管制条例》、《核两用品及相关技术出口管制条例》、《核进出口及对外核合作保障监督管理规定》。《刑法修正案(三)》将非法制造、买卖、运输放射性物质的行为定为犯罪行为,第125条规定,"非法制造、买卖、运输、邮寄、储存枪支、弹药、爆炸物的,处三年以上十年以下有期徒刑;情节严重的,处十年以上有期徒刑、无期徒刑或者死刑;非法制造、买卖、运输、储存毒害性,放射性、传染病病原体等物质,危害公共安全的,依照前款的规定处罚;单位犯前两款罪的,对单位判处罚金,并对其直接负责的主管人员和其他直接责任人员,依照第一款的规定处罚。"2010年通过的《制止与国际民用航空有关的非法行为的公约》形成了《北京公约》第1条第1款(i)项,其规定任何人非法地和故意地在航空器上运输、导致在航空器上运输或便利在航空器上运输:任何炸药或放射性材料,并明知其意图是用来造成、或威胁造成死亡或严重伤害或损害,而不论是否具备国内法规定的某一条件,目的是为了恐吓人群,或胁迫某一政府或国际组织采取或放弃采取任何行为;或任何生物武器、化学武器和核武器,并明知其是第二条中定义的一种生物武器、化学武器和核武器;或任何源材料、特殊裂变材料,或为加工、使用或生产特殊裂变材料而专门设计或配制的设备或材料,并明知其意图将用于核爆炸活动或未按与国际原子能机构的保障协定置于保障措施下的任何其他核活动;或任何对设计、制造或运载生物武器、化学武器和核武器有重大辅助作用的设备、材料或软件或相关技术,且其意图是用于此类目的。该人即构成犯罪。我国刑法中能与运输危险材料罪相衔接的规定有2个条款4个罪名:即《刑法》第125条非法制造、买卖、运输、邮寄、储存枪支、弹药、爆炸物罪和非法制造、买卖、运输、储存危险物质罪;刑法第151条走私武器、弹药罪与走私核材料罪。[1] 我国非法运输危险物质罪以"危害公共安全"作为其犯罪构成要件,损害结果一般是指致人重伤、死亡或者造成公私财产的严重损失,非法运输危险物质罪是实害犯,而非抽象危险犯,我国《刑法》对运输危险物质行为处罚范围的设置明显窄于公约的规定,我国《刑法》对非法运输危险物质罪客观要件范围的限缩,使得预防犯罪分子利用危险物质实施更严重侵害行为的法律效果降低,与公约设置运输危险材料罪的目的不完全相合因此,建议我国《刑法》能对非法运输危险物质罪的客观构成要件作出修改,使其与公约的规定相协调,更为有效地预防和打击恐怖主义犯罪。[2]

五、利用电子、网络在民航领域实施恐怖犯罪

(一)网络恐怖主义的定义

1997年首先提出"网络恐怖主义"一词的是美国加州情报与安全研究所资深研究员柏林·科林,认为它是"网络与恐怖主义相结合的产物"。同年,美国联邦调查局专家马克·波利特将网络恐怖主义定义为"有预谋的、有政治目的的针对信息及计算机系统、程序和数据的攻击活动,它是由次国家集团或秘密组织发动的打击非军事目标的暴力活动"。[3] 2000年2月,英国在《反恐怖主义法案2000》中第一次明确提出了"网络恐怖主义"的概念。"9·11"事件发生6个星期后,美国国会通过的反恐《2001法案》,将"网络恐怖主义"列为新的法律术语。美国FBI把计算机恐怖主义

---

〔1〕 张莉琼:"《北京公约》中的运输危险材料罪及其在中国的立法转化",载《河北法学》2013年第11期。

〔2〕 张莉琼:"《北京公约》中的运输危险材料罪及其在中国的立法转化",载《河北法学》2013年第11期。

〔3〕 Mark Polite. A Cyber terrorism Fact of Fancy?[C]. Proceedings of the 20th National Information Systems Security Conference,1997:285-289.

定义为：是指一些非政府组织或秘密组织对计算机信息系统、计算机程序和数据进行有预谋、含政治动机的攻击，以造成严重的暴力侵害。[1] 我国学者刘优良在《网络恐怖主义对公共信息安全的挑战与对策》中提出“网络恐怖主义（cyber terrorism），是指由特定组织或个人以网络为手段和活动空间，有预谋、有政治目的的软暴力攻击活动。它针对或利用信息、计算机程序和数据以及网络系统制造恐怖气氛，威胁、破坏公共信息社会和相关政府、国家利益，其危害足以导致人们心理的恐慌、财产的损失甚至人员的伤亡。”[2] 虽然各个国家、学者对网络恐怖主义的定义界定不完全相同，各有各的说法，但大体几点还是相近的：第一，网络恐怖主义的实行者主要是非政府组织或个人；第二，网络恐怖主义的受害方可以是个人，可以是国家，也可以是建筑设施设备；第三，网络恐怖主义的目的是破坏政治稳定，威胁国家安全，威胁公民人身安全，造成大范围的心理恐慌，影响国家、人民的生产生活秩序；第四，实施网络恐怖主义的手段是通过网络，尤其是互联网的通信链接功能。尽管没有统一的概念，但国际社会的共识是，与传统意义上的恐怖主义一样，恐怖组织一切与网络有关的活动都可列入网络恐怖范畴，包括恐怖宣传、招募人员、传授暴恐技术、筹措资金、组织和策划恐怖袭击、实施网络攻击和破坏等，都应视为危害社会公共安全的行为。所以，我们可以界定，网络恐怖主义是恐怖主义向网络信息技术领域扩张的产物，是非政府组织或个人抱有政治目的地利用网络，以网络为凭借，目的是破坏国家安全防御设施，破坏目标国的政治稳定、经济安全，制造大范围心里恐慌，迅速造成轰动效应，扰乱社会秩序，属于一种暴力性的攻击。[3] 第 68 届联合国大会第 4 次评审并通过了《联合国全球反恐战略》，根据中国提出的修改意见，这份决议首次写入打击网络恐怖主义的内容。面对网络恐怖主义，各国应携手打击，决不能让互联网成为恐怖主义滋生蔓延的土壤。

---

〔1〕 赵秉志：《国际恐怖主义犯罪及其防治对策专论》，中国人民公安大学出版社 2005 年版，第 15 页。

〔2〕 刘优良：“网络恐怖主义对公共信息安全的挑战与对策”，载《湖南大学学报》2007 年第 69 期。

〔3〕 苏莉：“国际网络恐怖主义的治理及其对中国的启示”，载《湘潭大学》2012 年第 6 期。

（二）网络恐怖主义对民航领域的威胁

恐怖主义的本质特征之一就在于其恐惧性，包括美国的“9·11”事件在内，传统恐怖方式造成的恐怖效应，由于地缘以及与国家、人们生活关联度等因素的影响，其扩散规律是由中心向四周减量辐射，波及的范围和危害程度是有限的、可控制的，最终必定会限制在一定的区域和社会中，恐惧性因此适可而止。而网络恐怖主义则不同，其不仅破坏“信息社会眼睛”和“第三传媒”的网络传媒，而且直接毁损人们日益依赖的网络系统，其扩散规律必然是等量，甚至有时是增量地由事件中心向外辐射，波及的范围和危害程度是无限的、难以控制的；一次局部的网络恐怖事件，往往会在很大范围内连锁反应，从而使信息社会的大部分或全部陷入混乱盲目状态，甚至引发社会危机；这种新的恐怖方式较传统方式而言，更具有难以预测性、突发性和象征性，一旦发生，必然加剧人们心理上对信息社会的不信任感，甚至留下核冬天一样的长期损害，从而也加剧了下一次网络恐怖事件的恐怖效应。[1] 斯蒂芬·科恩斯在《联合部队季刊》上发表文章宣称，2007年，美国国务院承认有兆兆字节的信息丢失，同样的，美国国防部丢失的信息等同于国会图书馆纸印文件（printed pages）所载信息的2倍，黑客如此弥漫性地渗透在美国工业安全局的每个角落，以至于该机构不得不完全断开网络连接。[2] 放眼世界，尤其是日本和欧美，无论是其电力、金融、能源等国家重要基础设施，还是卫星、飞机、航天等军事技术，以及教育、商业、文化等社会各方面，都日益依赖网络系统而进行，当超过100亿美元的网络经济建立在20世纪70年代的网络基础上时，人们有理由严肃地质疑其安全性。[3] 2011年5月，美国国防部网络政策副助理部长罗伯特·巴特勒（Robert Butler）在向参议院国土安全及政府事务委员会作报告时指出，“网络攻击已如此普遍，具备了对美国任何基础设施进行大规模攻击的可能性……美国国会和行政部门是网络攻击的目标，每月所遭受的攻击大约有

〔1〕 刘优良：“网络恐怖主义对公共信息安全的挑战与对策”，载《湖南大学学报》2007年第69期。

〔2〕 Stephen W. Korns, “Cyber Operations: The New Balance”, Joint Force Quarterly, Issue 54, 3rd quarter2009, p. 99.

〔3〕 纪尧姆·格拉莱：“如果互联网崩溃”，载《参考消息》2005年第9期。

18亿次”。[1] 网络恐怖主义活动造成的经济损失是巨大无比的。法国信息安全俱乐部指出,几位邪恶的黑客摧毁了一家银行的安全系统和所有账户记录,这家银行为此损失2000万美元。[2] 在民航领域,民航机场日常管理运行,空中交通管制、航空器的运行等方面无不很大程度上依赖于信息网路,网络恐怖分子利用互联网和其他计算机网络系统非法侵入民航重要网站,攻击民航信息网站,更改、破坏民航信息数据,进行恐怖主义思想宣传、招募成员等活动。2001年2月至2002年3月,为披露外星人存在于地球上的机密情报,英国黑客加里·麦金农(Gary McKinnon)入侵了美国军方和美国国家航空和航天局(NASA)的电脑网络,并称其发现了美国军方掩饰UFO和外星技术的证据,令美国军方遭受了有史以来最为严重的入侵,使其蒙羞。[3] “9·11”事件后,作为加强安全防范的有效措施,美国参议院以99票对1票的绝对优势,通过了爱国者法案,强化政府对网络安全的监控与管制,为执法部门的调查认证,尤其是为互联网和电子邮件调查的取证扫清了法律障碍;为使反网络恐怖袭击有法可依,美国国会举行了多次听证会,并在此基础上于2002年10月在参众两院分别通过了反恐怖主义法案,法案将黑客攻击视为恐怖主义行为之一,并把打击网络恐怖主义列为其中的一项重要内容。[4]

(三)以电子、计算机攻击民航设施的刑事处罚

电子攻击和以计算机为基础的攻击产生了类似的法律影响,因此可用类似的法律机制加以处理。例如,使用无线电发射器或其他手段进行的电子攻击可干扰、改变或欺骗用于空中航行目的的信号,而以计算机为基础的攻击可以破坏、改变或损坏对于航空器运行而言至关重要的数据。虽然攻击的手段和目标不同,但他们有两个共同特点:第一,攻击的目标是民用航空中无形和非实体的因素,如信号、数据和情报;第二,攻击者无须现身,或将某物放置在航空器或机场上以实施攻击。他们可以从遥远和不明场

---

〔1〕 “Pentagon to help protect U. S. cyber assets, infrastructure”, May 2011, http://www.homelandsecuritynewswire.com/pentagon – help – protect – us – cyber – assets – infrastructure.

〔2〕 让·吉内尔:《互联网上的间谍战》,新华出版社2000年版,第143页。

〔3〕 Chris Capps, “Hacker Gary McKinnon Finds Hope”, July 2010, http://www.unexplainable.net/UFO – Alien/Hacker – Gary – McKinnon – Finds – Hope.shtml.

〔4〕 刘助仁:“美国强化信息安全管理”,载《国家安全通讯》2003年第4期。

所来实施这些行为。因此,《东京公约》适用于"在航空器内"的犯罪或犯有行为的人(第1条第2款)不一定适用。处理在航空器内进行的非法劫持的《海牙公约》也不适用。如果攻击者欺骗信号或篡改用于空中航行目的的计算机数据,这些可由《蒙特利尔公约》第1条第1款第(5)项涵盖。该项宣布,如果有人非法和蓄意地"传送他明知是虚假的情报,从而危及飞行中的航空器的安全",则构成一种犯罪。如果有人干扰或封锁而不是欺骗信号,这一条款是否适用则不是十分明确。此外,根据1971年《蒙特利尔公约》第1条第1款第4项,如果有人非法和蓄意地破坏或损坏航行设施或妨碍其工作,如任何此种行为将会危及飞行中航空器的安全,则构成一种犯罪。因此,如果某些电子攻击和以计算机为基础的攻击的目标构成空中航行设施的一部分,则此种攻击可由这一条款涵盖。"空中航行设施"一词可能需要解释。例如,可提出的一个问题是,航空器上驾驶员所使用的计算机是否被认做航空电子设备而成为航空器的一部分,或成为空中航行"设施"或两者皆是。可提出的另一个问题是,信号本身,即使是用于空中航行目的,是否构成空中航行设施。目前这一情况还不明确。[1]

六、国际社会应对民航新型恐怖袭击的措施与困境

当前,国际社会正面对恐怖主义的一次回潮。恐怖活动的形式和手段都有所发展,表现为暴力极端主义活动肆虐、国外受训的恐怖分子"回流"、网络社交媒体成为传播策划暴恐活动的新阵地等突出问题。反恐形势依然严峻,反恐斗争任重道远。2014年以来,恐怖主义的发展以伊斯兰国的骤然兴起作为最显著的标志。面对异常迅猛发展的这股恐怖主义威胁,世界各国急忙采取各种措施来防范,唯恐恐怖主义威胁蔓延到自己的国家。

目前和以后相当长一段时间,恐怖主义的袭击方式已经发生了这样的变化,"独狼式"恐怖袭击成为欧美国家面临的主要恐怖威胁形式;在一些发展中国家,以连环式爆炸、自杀式爆炸、路边炸弹和武装袭击为主。而他们袭击的重点目标是:民航客机、火车、公共汽车、体育场馆等。现代科技历来就是一把"双刃剑",在为社会造福,推动社会进步的同时,也为恐怖分子所利用,恐怖分子不断利用新的高科技手段制造出新型的恐怖装置。

---

〔1〕 董念清:"民航运输面临的新威胁与国际航空保安法律的完善",载《中国民用航空》2007年第8期。

2014 年 7 月美国反恐官员根据截获的情报认为,“基地”组织已制造出微型炸弹,试图骗过机场安检系统制造空难或携带这些炸弹赴美发动袭击。“基地”组织已能制造像手机电池那样小的炸弹。假使极端分子将这种微型炸弹冒充手机电池带上飞机,由于飞机飞行时是处于增压状态,即便这是颗小的炸弹,它一旦被引爆也会造成机毁人亡的灾难性后果。恐怖分子试图用微型炸弹炸毁西方航空公司飞机的尝试已经不是第一次了。2001 年 12 月,机场安检人员在鞋底中发现炸弹。2004 年,在饮料中发现炸弹。2006 年,当英国破获了企图炸毁民航客机的恐怖阴谋后,英国军情五处代表处长伊莉莎・曼宁汉・布勒在 11 月 9 日指出:恐怖分子使用的手段正变得越来越复杂。“我们已经发现了自制的简易炸弹。未来的袭击很可能来自化学袭击、细菌以及放射性物质,甚至核武器的袭击。”〔1〕2009 年圣诞,在内衣里发现炸弹。2011 年,发现钢笔的墨水胆里也有炸弹。别看这些炸弹小,威力可不比普通炸弹差,甚至当量还超过普通炸弹。这样的爆炸物可能已经流入了伊斯兰国和叙利亚“支持阵线”(Front al – Nosra)的成员手中。

面对这样的一种越来越复杂的反恐局面,世界各国无不小心谨慎不断提升反恐水平,在应对现代恐怖主义对民航的袭击方面可以说是步步惊心,2014 年 7 月开始,法国政府国内机场安检再次升级,提升民航的安全保卫水平,对飞往美国的航班加强了安全措施。但出于“保密”原因,法国民航总局未透露具体采取了哪些安保措施。2014 年夏季,平均每天有 47 个航班从巴黎戴高乐机场飞往美国。美国国土安全部 2014 年 7 月 3 日宣布了加强机场安检计划,要求从欧洲、中东和非洲直飞美国的航班要重点检查乘客的手机,笔记本电脑和其他电子设备,看有无暗藏爆炸装置。

现代科技始终是反恐的利器。近日法国专家成功研发出一种能辨识一架民航机的真正身份的系统装置。〔2〕现在所有的航空管制系统都建立在一个假设上,亦即所有从民航机的转发器(无线电信标机)自动返回的信息都是正确的。整体来说,直至目前,所有人都满足于这个假设。问题是,

---

〔1〕 载 http://news. sohu. com/20061111/n246323165. shtml,2014 年 10 月 14 日访问。

〔2〕 参见 http://china. cnr. cn/qqhygbw/201407/t20140727_516046973. shtml,2014 年 10 月 1 日访问。

一旦遇上劫机时，完全很有可能出现一个恐怖分子试图鱼目混珠，把所劫持的飞机冒充成另一架飞机，以混骗航空管制人员，并可能因此延误了军事干预行动。据称，此项发明就可以解决这个问题。

"要打击恐怖主义，光靠战争是不能成事的"，〔1〕对恐怖主义的军事打击是不能从根本上解决问题的，面对恐怖主义的威胁，全世界需要更多的合作和智慧，需要作出更多的努力，在未来民航反恐的道路上，对于世界各国来说都是任重而道远。尽管恐怖威胁形势严峻，但是，通过全世界民航人的共同努力，在防范和控制航空恐怖主义方面会取得成效的，国际民航组织秘书长雷蒙·邦雅曼在 2012 年 9 月国际民航组织高级官员会议上指出："我们已经充分准备好预见、发现和处置现代恐怖主义带来的花样不断翻新的威胁，我们可以把安保措施对航空业界带来的负面影响减到最小。"〔2〕

---

〔1〕 载 http://news.163.com/06/0908/15/2QGQKNR6000120GU.html，2014 年 10 月 7 日访问。

〔2〕 载 http://www.caacnews.com.cn/newsshow.aspx? idnews = 202175，2014 年 10 月 24 日访问。

图书在版编目(CIP)数据

航空恐怖主义犯罪的防范与控制 / 林泉著. -- 北京：法律出版社, 2015.7(2022.7 重印)
(中国民航大学法学文库)
ISBN 978 - 7 - 5118 - 8020 - 8

Ⅰ. ①航… Ⅱ. ①林… Ⅲ. ①民用航空 - 反恐怖活动 - 世界 Ⅳ. ①D815.5

中国版本图书馆 CIP 数据核字(2015)第 121046 号

航空恐怖主义犯罪的防范与控制
HANGKONG KONGBU ZHUYI FANZUI DE FANGFAN YU KONGZHI

林 泉 著

策划编辑 周丽君
责任编辑 周丽君
装帧设计 乔智炜

出版发行 法律出版社
编辑统筹 法律应用出版分社
责任校对 晁明慧
责任印制 刘晓伟
经　　销 新华书店

开本 A5
印张 11　**字数** 328 千
版本 2015 年 9 月第 1 版
印次 2022 年 7 月第 5 次印刷
印刷 三河市龙大印装有限公司

地址:北京市丰台区莲花池西里 7 号(100073)
网址:www.lawpress.com.cn
投稿邮箱:info@lawpress.com.cn
举报盗版邮箱:jbwq@lawpress.com.cn

销售电话:010 - 83938349
客服电话:010 - 83938350
咨询电话:010 - 63939796

书号:ISBN 978 - 7 - 5118 - 8020 - 8
定价:35.00 元

凡购买本社图书,如有印装错误,我社负责退换。电话:010 - 83938349